영유아발달

CHILD DEVELOPMENT

From Prebirth To Age Six

머리말

인간은 각기 다양한 모습으로 살아가며 전 생애에 걸쳐 발생하는 발달적 변화는 수태의 순간부터 죽음에 이르기까지 지속적으로 일어난다. 인간의 전 생애에 걸쳐 나타나는 발달적인 양상이나 특징들은 발달단계에 따라 구분되어 설명될 수 있다. 이 중에서 영유아기의 신체, 운동, 언어, 인지, 정서, 사회성 등 각 영역에서의 발달은 전 생애발달과정에 결정적인 영향을 미친다. 또한 이러한 인간발달은 사회의 변화와 밀접한 관련이 있는데, 특히 현대사회는 빠른 속도로 변화를 요구하며 이는 인간발달 전반에 직간접적으로 영향을 미치고 있다. 최근에 끊임없이 화두가 되고 있는 자녀 수의 감소, 맞벌이 부부의 증가, 보육 및 유아교육의 문제 등은 영유아발달과 직접적으로 연관이 있는 물리적 환경으로, 이러한 환경적 변화 속에서 어떻게 하면 영유아의 적응적 발달을 이룰 수 있을지 고민할 시점에 이르렀다.

영유아발달을 집필하게 된 것은 이 같은 시대적 상황에 따른 결과였다. 보육교사를 양성하기 위한 교과과정의 변화로 인해 그동안 영아발달과 유아발달이라는 과목으로 구분하여 다루었던 내용을 좀 더 과학적이고 통합적으로 영유아발달에 대한 학습을 도모하는 교과과정이 생기면서 본 교과에 대한 필요성이 대두되었기 때문이다. 이에 따라 파워북 출판사에서 2013년에 발간된 《영아발달》과 2014년에 발간된 《유아발달》의 저자들의 뜻을 모아 두 교재의 내용을 통합하여 재정리하고, 영유아발달 전반을 학습함에 있어 강조되어야 할 내용을 위주로 재편하였다.

이 책은 영유아발달 교과목을 통해서 반드시 다루어야 할 내용들을 한 학기 동안 학습할 수 있는 분량으로 구성되어 있다. 전체는 3부로 제1부는 발달의 기초, 제2부는 발달의 실제, 그리고 제3부는 발달과 환경요인으로 이루어져 있고, 이는 다시 11장으로 나누어진다. 세부 구성 및 역할을 담당한 저자는 다음과 같다. 제1장은 발달의 개념(박선영), 제2장은 발달이론(박응임), 제3장은 발달연구방법(김상희) 제4장은 생의 시작과 태내기 및 출생(박선영),

제5장은 영유아기 신체운동발달(이주연), 제6장은 영유아기 인지언어발달(이사라), 제7장은 영유아기 정서사회성발달(한세영), 제8장은 도덕성발달(박응임), 제9장은 발달이상 및 발달측정(박민선), 제10장은 가족 내외적 환경요인(김지신), 제11장은 유아교육기관 및 어린이집에서의 영유아발달(송승민)을 다루고 있다.

영유아발달에 관한 이 책은 연구자, 보육교사, 유치원교사, 아동상담사, 아동복지사 그리고 실제로 영유아를 기르고 있는 부모들이 보다 전문적인 지식을 습득하고자 할 때 유용하게 활용할 수 있는 내용으로 구성되었다. 대학의 전공 및 교양과목 교재로서 인간발달에 대한 체계적인 지식이 필요한 아동학, 유아교육학, 보육학, 아동복지학, 심리학, 교육학 및 사회복지학 등 다양한 전공의 학부생 및 학생들에게도 많은 도움이 될 것으로 기대된다.

본 교재가 출간될 수 있도록 도와주신 김재원 전무님을 비롯하여 파워북 출판사에 감사드리며, 앞으로 아동학 전문 분야에서 활동할 모든 관계자가 이 책을 통해 실제적이고 전문적인 지식과 정보를 얻을 수 있기를 바란다.

2018년 1월

저자 일동

차례

PART 1
발달의 기초

CHAPTER

01

발달의 개념

1. 발달의 기본 사항 | 2. 발달의 쟁점

CHAPTER 01

인간의 삶은 난자와 정자가 만나 수정되는 순간부터 시작된다. 영유아 또한 끝없이 변화하면서 성장하고 발달한다. 본 장에서는 발달의 개념을 정의하고, 발달 단계의 구분을 이해하며, 영유아발달에 보편적으로 적용되는 발달의 원리와 영유아발달연구에서 지속적으로 쟁점이 되고 있는 이슈에 대해 살펴보고자 한다.

1. 발달의 기본 사항

1) 발달의 개념

대개 발달development은 생애 주기 전반에 걸쳐 시간의 경과에 따라 지속되는 양적 · 질적 변화를 포함하지만, 이런 변화가 반드시 발달을 의미하지는 않는다. 예를 들면, 이사를 한다든가, 새 옷을 입는다든가 하는 단순한 변화가 발달을 뜻하지는 않는다. 진정한 발달은 개인이 환경에 잘 적응하게 되는 결과를 동반한다. 따라서 발달은 보다 복잡한 행동, 사고, 정서를 이해하고 경험할 수 있는 개인의 역량을 향상시킴으로써 환경에 대한 적응을 증진시키는 지속적인 성장과 변화(Steinberg, Vandell & Bornstein, 2011)로 정의할 수 있다.

전생애적 관점life span view에서 발달은 청년기 이후 성인기와 노년기에 나타나는 질적 변화도 포함한다. 청년기 이후 성인기부터 일어나는 모든 변화가 감소와 퇴보만으로 이루어져 있지는 않다. 예를 들어, 노년기에는 청년기에 비해 기억력은 감퇴하지만, 다양한 경험을 통합하여 현실적으로 가장 적합한 대처방안을 찾는 종합적 판단능력과 문제해결능력에 있어서는 아동기나 청년기보다 더 증가한다.

요약하면 발달은 유전적 기제와 환경의 영향을 받아 신체적 · 심리적 · 사회적 측면에서 역동적으로 발생하는 양적 · 질적 변화를 의미하며, 이는 궁극적으로 환경에 대한 유기체의 적응을 이끌어 낸다.

2) 발달의 영역

인간의 발달은 다음의 세 가지 영역에서 이루어진다.

(1) 신체운동발달

생물학적 발달과 관련된 것으로 신체발달과 신체를 움직이고 사용하는 운동능력에서의 발달을 의미한다. 신체적 변화와 성장, 신장과 체중 증가, 운동기능의 발달, 호르몬 변화, 뇌와 감각기관발달 등으로 이루어진다.

(2) 사회정서적 발달

정서의 분화, 기질, 애착, 자아개념 및 자기이해, 대인관계 및 대인기술, 부모자녀 관계, 가족관계, 우정, 자아존중감, 사회성, 친밀성, 수줍음, 도덕성, 성격의 안정성과 변화 등의 개념적 변인들로 구성된다.

(3) 인지발달

언어를 포함해 지능, 기억, 지각, 학습, 사고, 지식, 추론, 문제해결, 창의성 등에서의 변화와 발달로 구성된다.

이상 세 가지 발달범주는 독립적으로 작용하기보다는 서로 긴밀한 상호작용 속에서 서로의 발달을 자극하거나 정체시킬 수 있다. 신체운동능력의 발달은 영아의 활동범주와 탐색활동을 확장시키면서 인지발달을 촉진한다. 이는 동시에 부모를 포함한 주변 사람들의 관심과 상호작용을 이끌어 내면서 사회정서발달을 자극한다. 또 인지발달은 타인의 정서에 대한 민감한 추론과 이해를 자극하여, 대인 간 교감과 상호작용을 가능하게 하고 결과적으로 사회성발달에 영향을 미친다. 이처럼 생물학

그림 1-1 발달의 세 영역

적 과정과 인지과정, 사회정서과정은 각자의 영역 안에서 전진적으로 발달하는 한편, 다른 범주들 간에 영향을 주고받으면서 서로의 발달을 촉진한다.

세 발달영역 간의 경계가 분명하지 않은 경우도 있다. 예를 들면, 뇌발달은 신체발달의 일부이면서 인지발달의 일부이기도 하다. 도덕성발달은 인지발달과도 상관이 있지만 정서발달과도 상관이 있다. 그러므로 발달의 세 범주는 발달을 구조화하여 좀 더 쉽게 이해하기 위한 보편적 기준일 뿐이며, 영유아의 발달은 세 영역의 밀접한 상호연관성 속에서 바라봐야 한다.

3) 발달의 단계

학자들은 연령대에 각기 다르게 나타나는 발달특성을 기준으로, 주로 전진적 발달이 이루어지는 생의 초·중기를 태내기, 영아기, 유아기, 아동기, 청소년기로 범주화한다. 특히, 영아기는 신체발달이 급속도로 이루어지는 시기이므로, 초기와 후기를 구분하여 영아 후기를 걸음마기로 명명할 수 있다. 이런 맥락에서 태내기는 수정부터 출생까지, 신생아기는 출생 이후부터 생후 1개월까지, 영아기는 생후 1~18개월까지, 걸음마기는 생후 18개월부터 만 2세까지, 유아기는 만 3~5세까지, 아동기는 만 6~11세까지, 청소년기는 만 12~18세까지로 구분할 수 있다. 각 발달단계는 새로운 발달적 변화와 함께 나타나고 이에 따른 역량과 경험의 확장이 이루어진다.

표 1-1 연령별 발달특징

발단단계		연령	발달특징
태내기 (prenatal period)	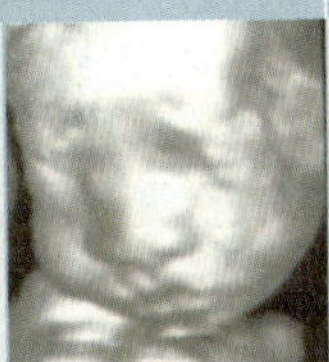	수정~출생	수정부터 출산까지의 기간으로 태아가 모체 배 속에 있는 약 9개월간의 기간에 해당된다. 난자와 정자가 결합해 만들어진 세포가 모체의 배 속에서 하나의 생명체로 빠르게 성장한다. 모체의 자궁 내에서 태아의 신체조직이 구성되고 만들어진다. 신체의 발달이 일생 중 가장 빠르게 이루어진다.
영아기 / 신생아기 (newborn baby)	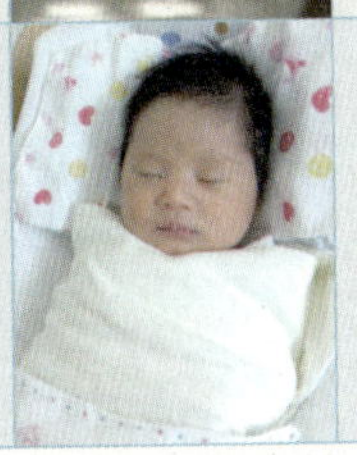	출생~ 1개월	세계보건기구(WHO)에서는 출생 후 약 4주간을 신생아기로 규정하고 있다. 신생아가 모체에서 빠져나와 하나의 독립된 생명체로서 삶을 시작하고, 모체 밖의 새로운 환경에 적응하는 단계이다. 외부에 의존적이기는 하지만 나름대로 생존에 필요한 능력을 가지고 있다. 신생아는 출생 시 모든 감각기관이 작동하며 첫 호흡과 동시에 체온조절, 배설작용, 영양섭취 등 신진대사활동이 시작된다.

발단단계			연령	발달특징
영아기	영아기 (infancy)	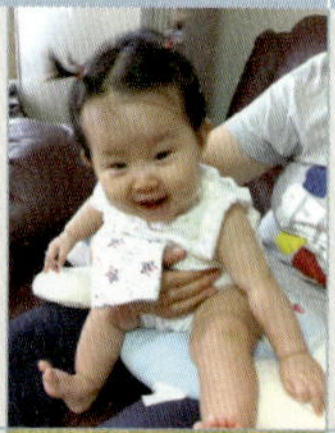	1~18개월	태내기 이후 인간발달에서 신체적 급등이 일어나는 첫 번째 시기이다. 양육자와의 긴밀한 유대 속에서 신체운동과정뿐 아니라 인지발달과 정서발달에서도 최초의 극적인 변화들이 나타난다. 첫돌 무렵에 부모에 대한 애착이 형성된다. 걸음마를 시작하고 초보적인 언어 사용이 이루어지며, 이차 정서가 나타나는 등 정서적 분화가 조금씩 세분화된다.
	걸음마기 (toddlerhood)		18~36개월	최근에는 발달편차가 비교적 큰 영아기를 좀 더 세분화해서 영아기와 유아기 사이에 걸음마기를 위치시킨다. 대부분 이 시기에는 월등한 신체운동능력의 변화와 함께 이로 인한 급격한 사회정서적 변화가 시작된다. 특히, 신체의 자율성으로 인해 영아기보다 더 큰 독립성과 자기주장성이 나타나기 시작한다. 자아인식이 본격적으로 시작되고 타인과 사물에 대한 관심과 탐구가 잘 드러난다.
유아기 (early childhood)			만 3~5세	초등학교 입학 이전의 시기로서 모든 발달범주에서 충분한 성숙과 변화의 모습을 보여 주고 본격적인 사회화가 시작된다. 자유로운 신체운동발달로 인해 자기통제와 자조능력이 눈에 띄게 향상되며, 주변 환경에 대한 독자적이고 적극적인 탐색과 대인 간 상호작용이 활발해진다. 또래관계 등 대인관계의 확장이 이루어지면서 사회정서적 발달이 더욱 섬세해진다. 이전 단계에 비해 인지와 언어발달이 유창하고 창의력과 상상력 등이 풍부해진다.
아동기 (middle childhood)			학령기 만 6~11세	학령기에 해당되는 시기로 모든 발달이 완만한 속도로 이루어진다. 유아기의 자기중심성이 사라지고 자신에 대한 이해뿐 아니라 타인과 세상에 대한 조망능력이 증진된다. 본격적인 교육환경과 사회체제 속으로 들어가는 시기로, 이전 시기의 발달양상들이 더욱 고차원적으로 세련되어지고 향상된다.
청소년기 (adolescence)			만 12~18세	제2차 성징이 나타나는 시기로서 신체운동발달과 변화가 최고조에 이른다. 이에 부응해 심리적 · 정서적 변화가 극적으로 나타나기도 하며 때로 심리적 갈등과 어려움이 표면화된다. 아동기와 성인기 사이에서 모호하고 양가적인 태도를 취하며, 부모 및 사회와 관련해 저항적 사고와 행동양식을 고수하기도 한다. 특히, 또래관계가 심리적 · 사회적 적응에 영향을 미친다. 추상적 · 형식적 사고가 심화되고 독립적 주체로서의 정체감 형성과 학습영역의 문제가 중요하게 부각된다.

4) 발달의 원리

> Box 1-1
>
> **:; 발달의 원리**
>
> - 발달은 일정한 순서와 방향으로 이루어진다.
> - 발달은 연속적이지만 속도는 일정하지 않다.
> - 발달에는 개인차가 있다.
> - 발달의 각 영역은 상호밀접하다.
> - 유기체는 발달에서 능동적이다.
> - 발달은 탄력적이다.
> - 발달은 미시환경뿐 아니라 거시환경의 영향을 받는다.
> - 발달은 생물학적 요인과 사회문화적 요인의 상호작용 속에서 이루어진다.
> - 발달은 전생애 동안 일어난다.

(1) 발달은 일정한 순서와 방향으로 이루어진다

인간의 발달은 종 특유의 체계와 유전적 청사진 안에서 대체로 일정한 단계를 거친다. 발달이 고정된 순서와 방향성을 갖는다는 것은, 이전 단계에 기반하여 다음

> Box 1-2
>
> **:; 신체운동발달의 원리**
>
> **❶ 두미발달**(cephalocaudal development)
>
> 신체발달은 머리에서 아래로 진행된다. 머리를 들 수 있게 된 후에 가슴을 들고 팔 근육을 이용해 뒤집기가 가능해진다. 그 다음 하체가 발달하면서 앉을 수 있고 다리 근육이 발달하면서 기어 다니게 된다. 이후 완전히 혼자 서고 걸을 수 있게 된다.
>
> **❷ 근원발달**(proximodistal development)
>
> 중심부에서 말초 방향으로 발달이 이루어진다. 심장, 위, 폐 등의 내부 기관이 발달하고, 팔과 다리, 그 다음 손목과 발목, 다음에는 손가락과 발가락이 발달한다.
>
> **❸ 세분화의 발달**(general to specific development)
>
> 전체적인 활동에서 세분화된 활동으로, 단순한 것에서 복잡한 것으로 분화한다. 대근육이 소근육보다 먼저 발달하므로 물건을 잡으려고 팔을 뻗을 수는 있지만 엄지와 검지손가락으로 작은 물건을 잡는 것은 더 나중에 나타난다.

그림 1-2 발달의 순서(머리부터 아래 방향으로)

단계가 진행되고 발달이 목적지향적 과정 속에서 이루어진다는 의미를 갖는다. 이전 단계에서 다음 단계로 진행된다는 것은 발달이 더 높은 차원과 수준으로의 상승적 · 전진적 변화를 지향함을 나타낸다.

(2) 발달은 연속적이지만 속도는 일정하지 않다

발달은 수정의 순간부터 죽는 순간까지 전 생애를 통해 지속적으로 진행되지만, 그 속도는 발달시기와 발달영역에 따라 차이가 난다. 가령, 영아기는 신체발달의 급등기로 신장과 체중이 급속도로 발달하며, 유아기에는 어휘력이 크게 풍부해진다. 두뇌발달은 태내기와 출생 후 첫 2년 동안에 가장 급속한 성장을 이루고, 언어발달은 신체의 이동능력locomotion이 획득된 후에 더욱 가속화된다(박성연, 2006). 청소년기에는 2차 성징의 발달을 포함해 신체성장과 변화가 매우 빨라진다.

(3) 발달에는 개인차가 있다

발달은 보편적인 순서와 방향이 있지만 발달속도와 발달결과는 아이의 인종, 연령, 성별, 양육환경, 유전인자 등에 따라 상당한 개인차를 나타낸다. 흔히 아프리카계 미국인 아동들은 유럽의 아동보다 발달이 더 빠른 편이다. 언어발달은 여아가 남아보다 평균적으로 빠르고 신체발달은 남아가 여아보다 더 빠른 경향을 보인다. 같은 연령이라도 아동 간에 신장과 체중의 차이가 크며, 생후 10개월 전후로 첫 단어를 말하는 아기가 있는가 하면 20개월이 되어서도 한두 단어를 말하지 못하는 아기도 있다.

(4) 발달의 각 영역은 상호밀접하다

인지, 언어, 신체, 운동기능, 사회정서발달 등의 영역은 상호 밀접한 연관이 있어서, 서로의 발달을 유기적으로 촉진시키기도 하고 지연시키기도 한다. 가령, 신체 및 운동기능의 발달이 빠른 아이는 주변 인물의 관심과 반응을 더 많이 이끌어 내면서 언어를 포함한 인지발달과 사회성발달이 촉진되고, 이에 긍정적인 자아개념을 형성하기도 한다. 까다로운 기질의 유아는 양육자의 부정적 정서반응을 야기하기 쉽고, 이 과정에서 유아의 정서적 까다로움이 강화되어 사회성발달이 지조하게 될 수도 있다. 언어와 인지발달이 늦은 유아는 양육자와 주변 인물의 상호작용을 덜 이끌어 내면서 자칫 인지발달뿐 아니라 정서발달에도 부정적 영향을 받을 수 있다. 또 주양육자로부터 세심한 보살핌과 신체적 접촉을 받지 못한 영아들은 신체적 성장장애와 정서적 결핍이 나타나기 쉽다.

(5) 유기체는 발달에서 능동적이다

아동은 환경의 영향 속에서 수동적으로 존재하는 것이 아니라, 주변의 환경과 사람들에게 자극을 주고 영향을 미침으로써 자신에게 되돌아올 환경의 영향을 조형한다. 아이가 가지고 있는 성격과 신체발달특성, 기질적 요인, 유전적 변인 등은 궁극적으로 자신이 처하게 되는 환경맥락에서의 효과를 통제한다. 예컨대, 안정애착아면서 사교성 있는 유아는 양육자와 주변 사람들의 긍정적 관심과 온화한 훈육을 이끌어 내며, 유아도 그러한 환경적 자극에 긍정적으로 반응하고 결과적으로 긍정적 사회정서발달을 나타내기 쉽다. 반면, 까다로운 기질의 유아는 양육자의 부정적 정서와 반응을 유발하며, 이러한 부정적 양육태도는 유아의 까다로움을 더욱 강화할 수 있다. 또 아기의 옹알이는 어머니의 적극적인 언어적 반응을 유도하고, 이에 고무되어 옹알이가 더욱 강화되고 확장될 수 있다.

(6) 발달은 탄력적이다

생애 초기의 발달경험은 이후 발달의 초석이 되나, 이후 조우하는 환경과 경험도 발달지도에 큰 영향력을 행사한다. 가령, 초기 발달적 결핍은 이후 바람직한 환경과 적절한 자극 등을 통해 상쇄될 수 있다. 최근 들어 탄력성회복력, resilience은 다양한 분야의 연구들을 통해 중요성이 부각되고 있다. 인간발달에서 탄력성은 역경을 겪으면서 발달적 성취와 기능이 잠시 정체되었으나, 이후 다시 예전의 적응수준을 회복하고 어려움을 극복할 수 있는 유기체의 능력 혹은 특성을 의미한다. 전생애적 발달에서 탄력성과 가소성plasticity은 발달의 여러 측면에서 확인된다. 발달적으로 매우 열악하고 취약한 환경에도 불구하고 환경의 제약을 넘어서 긍정적 발달을 성취하는 아동들이 있다. 특히, 신체적 · 인지적 발달과 달리 심리정서적 발달은 외적 자극과 환경적 영향에 민감하게 반응하므로 탄력성이 보다 크다고 볼 수 있다. 예컨대, 초기의 불안정애착으로 인한 부정적 효과는 이후 바람직한 중재 환경의 개입을 통해 상당 부분 완화되고 극복되는 것으로 많은 연구에서 보고되고 있다.

(7) 발달은 미시환경뿐 아니라 거시환경의 영향을 받는다

발달은 일차적 · 직접적 환경으로서 부모와 가족뿐 아니라 아동과 가족이 거주하고 소속되는 사회, 정치체계, 문화 등의 영향을 받는다. 한 사회의 보편적 가치관과 관습, 문화 등은 사회구성원들에게 표준적인 발달모델을 제시하고, 이는 양육자가 아동을 키우는 양육방식에 직 · 간접적으로 영향을 미친다. 즉, 아이의 발달은 부모의 양육행동과 가족이라는 미시환경에 따라 다르며, 문화, 경제, 정치, 역사 등을 포괄하는 거시환경에 따라서도 상이하다. 오랜 경제적 불황과 전쟁, 정치적 격변기의 사회상은 아동발달에 직 · 간접적으로 효과를 발휘할 수 있다. 또 어린 시절 활자화된 책을 통해 글을 배우고 독서를 하고 사고를 신장시키는 아이와, 디지털 시대의 전자기기에 익숙한 아이의 사고형태는 다를 것이다.

(8) 발달은 생물학적 요인과 사회문화적 요인의 상호작용 속에서 이루어진다

발달은 수정에서 죽음까지 지속적으로 진행되는 과정으로 생물학적 · 심리적 · 사회적 영향이 복합적으로 작용하여 진행된다(Lerner et al., 2005 ; Berk, 2007에서 재인용). 인간이 선천적으로 가지고 태어난 유전적 요소와 생물학적 요소는 이후 경험하는 사회문화적 환경 및 체계와 서로 역동적으로 영향을 주고받는다. 개인의 생물학적 특성은 발달의 최적화를 위한 사회문화적 환경을 선택하고 조형하며, 역으로 이러한 환경은 생물학적 특성의 발현과 강도에 영향을 미친다. 이를테면 내향적이고 수줍음이 많은 아이는 많은 사람들과 친교를 맺기보다는 소수의 사람들과 관계 맺는 것을 더 선호하고, 이러한 한정된 사회적 참여는 다시 아이의 내향적 성향을 강화할 수 있다.

(9) 발달은 전생애 동안 일어난다

발달에 관해 지금까지 기술한 여러 원리와 전제들은 전생애적 관점으로 다시 한 번 체계화될 수 있다. 엘더Elder의 생애이론 도입과 함께 연령과 관련된 변화가령, 노화를 탐색하는 과정에서, 발달은 전생애과정과 역사적 시간의 추이 속에서 양적, 질적으로 이루어진다는 사실이 밝혀졌다. 이러한 전생애적 관점의 대표적인 학자인 발트Baltes는 발달에서 다음과 같은 몇 가지 기본 전제들을 가정한다.

첫째, 전생애에 걸쳐 신체적 영역, 인지적 영역, 사회정서적 영역에서 변화가 일어난다.

둘째, 발달은 심리적 · 생물학적 · 사회적 힘이 복합적으로 작용하는 다차원성multi-dimension을 지닌다. 이러한 각 측면의 발달과정은 서로 영향을 주고받아서, 가령 신체운동발달은 정서 및 사회성발달과 인지발달에도 큰 영향을 미친다. 또 발달은 두 가지 측면에서 다방향성multi-direction을 갖는데, 먼저 각 발달시기마다 성숙과 쇠퇴가 같이 나타난다(Santrock, 2008). 가령, 한 가지 재능과 역량에 집중했을 때 다른 능력의 발달은 쇠퇴할 수 있다. 각 발달영역 안에서도 다방향성이 나타나 기억능력이 양적으로 증가하여도 질적 기능과 사고능력은 저하될 수 있다.

셋째, 발달은 유연성과 가소성이 존재한다. 발달은 다방향적인 변화 가능성을 가지고 있다. 걸음마기의 불안정애착아가 아동기에서 일관적으로 불안정애착아로 자라는 것은 아니다.

넷째, 발달은 생물학적 · 문화적 · 역사적 · 사회적 영향 등 여러 근원으로부터 영향을 받기에, 발달적 변화의 경로와 모습은 매우 다양하다. 여기에는 연령에 따른 규범적 변화와 영향규범적-연령적 영향, normative age-graded influence, 특정 시대의 경험과 역사에 따른 규범적 영향규범적-역사적 영향, normative history gradede-influence, 그리고 각 개인의 고유한 발달사에 따른 비규범적 영향nonnormative influence 등이 있다(Berk, 2007 참조).

규범적-연령적 영향은 모든 인간이 특정 연령대에서 비슷하게 경험하는 생활사건life event에 따른 영향이다. 가령, 만 3세에 유치원에 입학하고 만 6세에 초등학교에 들어가며 20대에 대학생이 되는 식의 일련의 유사한 생활사건들을 겪으면서, 유사하게 작용하는 경험의 영향들이 있다.

규범적-역사적 영향은 특정 시대에 살면서 그 시기의 독특한 사회문화적 사건의 영향을 받는 것을 말한다. 가령, 전쟁경험 세대와 전쟁을 경험하지 못한 세대, 베이

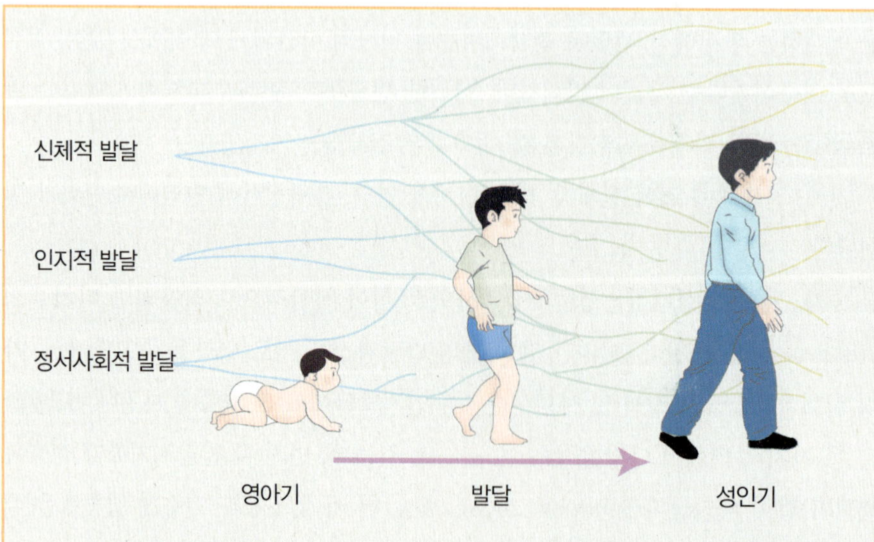

그림 1-3 전 생애에 걸친 다양한 발달경로 : 발달의 역동적 · 체계적 관점

비붐 세대와 그 이후의 세대, IMF의 직접적 영향을 받은 세대와 그렇지 못한 세대, 디지털 정보화를 경험하며 자란 세대와 그렇지 못한 세대 간에는 사고와 가치, 행동에서의 발달적 차이가 있을 수 있다.

비규범적 영향은 개인이 개별적으로 경험하는 특별한 개인적 사건의 영향을 의미한다. 가령, 사고나 질병, 가족의 해체 등은 다른 사람들과 공유하지 않는 개인 고유의 경험으로서, 이로 인해 발달과정과 발달결과가 달라질 수 있다. 개개인의 발달에서는, 특히 비규범적 사건의 경험이 더 큰 영향을 미치며, 이것은 개인 간 발달차이를 만들어 내는 중요한 환경변인이 된다.

최근에는 발달의 개인차와 역동성, 보편성을 설명하는 데 전생애적 관점과 함께 역동적 체계 관점dynamic systems perspective이 유용한 것으로 받아들여지고 있다. 이에 따르면 아이의 사고, 신체, 물리적 · 사회적 세계는 서로 유기적인 통합된 체계를 형성하고 있으며, 이 체계들의 역동적 상호작용으로부터 새로운 기술의 습득이 원활하게 이루어진다(Fischer & Bidell, 1998). 예컨대, 어느 한 부분에서 성장이든 발달적 결핍이든 변화가 이루어지면 이런 변화에 맞추어 다른 체계와 관계에서도 상응하는 변화가 나타난다. 신체적 변화, 뇌의 성장, 인지적 성숙 등은 서로 유기적으로 상호작용하여 한 개체의 발달을 조형한다. 가령, 신체적 성숙은 새로운 기술의 습득을 가능하게 하고, 이는 물리적 탐색을 포함한 환경과의 관계에서 기존의 관계양식이 아닌 새로운 관계양식을 구조화하도록 만든다. 한 체계에서의 변화는 다른 체계에서의 유기적 변화를 자극하고 유기체는 자신의 발달과 행동을 재조직하게 된다. 또한 보편적이고 유전적인 기질과 기본적인 발달의 규칙성이 존재하기는 하지만 그 안에서 유기체가 보여 주는 발달적 편차와 개인차는 수없이 다양하다. 결과적으로 이는 발달의 역동성을 보여 준다.

2. 발달의 쟁점

최근까지 발달에 관한 다양한 접근의 연구들이 이루어져 왔고, 그 성과들에 비추어서 우리는 아동발달에 대한 지식과 인식의 폭을 넓힐 수 있었다. 그러나 인간이라

Box 1-3

발달의 쟁점

- 발달은 유전인가, 환경인가?
- 유전과 환경은 발달에 어떻게 작용하는가?
- 발달은 연속적인가 비연속적인가?
- 발달에는 결정적 시기가 있는가?
- 초기 경험과 후기 경험 중 어느 것이 더 발달에 중요한가?

는 특별한 종種을 연구하는 이상 여기에는 하나의 궁극적 정답은 없으며, 인간발달을 하나의 이론으로 설명하거나 체계화할 수는 없다는 것이 사실이다.

1) 발달은 유전인가 환경인가? : 본성과 양육

영국의 경험주의 철학자인 로크Locke, 1632~1704가 인간의 마음을 빈 석판blank slate[1]에 비유하면서 양육으로 대표되는 환경을 옹호하고, 프랑스의 사상가 루소Rousseau, 1712~1778가 선천적 본성을 강조한 이래, 유전과 환경에 대한 해명은 인간 이해의 출발점이 되었다. 골턴Galton, 1822~1911이 처음으로 1874년 '본성과 양육nature vs. nurture'이라는 용어를 사용한 이래로, 이는 많은 사상가와 연구자들의 논쟁의 중심에 존재했다.[2] 즉, 오랫동안 학계에서 논쟁을 불러일으켜왔던 주요한 쟁점 중 하나는 인간발달에서 유전적 요소와 환경적 요소 중 어느 것이 더 중요하고 설명력이 있는가에 관한 논의이다. 이는 아동발달에서 아이의 본성과 양육 중 어느 것이 더 큰 영향력을 행사하는가에 대한 물음으로 이어지며, 같은 맥락에서 성숙이 중요한가 학습이 중요한가 라는 질문으로도 제기된다.

먼저 유전론의 견해를 살펴보면, 로렌츠Lorenz, 1903~1989처럼 발달의 유전적 효과를 강조하는 성숙론자maturationist나 유전론자nativist들은 타고난 유전적 시간표에 따라 발달이 이루어지며, 생래적 요인이 발달을 주도한다고 본다. 환경이 발달을 촉진

1) 라틴어인 tabula rasa에서 유래함

2) 본성은 생물학적으로 타고나는 것으로 부모로부터 받은 유전적 정보를 말한다. 양육은 출생 전후의 심리적 · 신체적 발달에 영향을 주는 가족적 · 물리적 · 환경적 · 사회적 체계의 영향을 의미한다.

하거나 저해할 수는 있지만 기본적으로 발달은 타고난 본성이나 성숙요인에 따라 이루어진다는 것이다. 가령, 신체운동발달은 양육환경이나 개인에 큰 상관없이 일정한 순서와 방향에 따라 이루어져, 기기가 나온 후에 걷기가 가능해진다. 언어 · 인지발달에서도 한 단어로 이루어진 일어문을 말한 다음에야 두 단어 문장을 말할 수 있다. 영아가 기어 다니고 걸음마를 하며 옹알이를 하고 한 단어를 말하는 것은 학습에 의한 산물이 아니라 인간 종의 성숙에 따른 변화의 모습이다. 또 누구나 일정한 시기에 보편적인 2차 성징이 출현한다는 점도 이러한 유전론의 입장을 대변해준다. 성숙론적 발달을 주장한 홀Hall, 1844~1924과 함께, 쌍생아를 대상으로 계단 오르내리기 훈련효과를 연구한 게젤Gesell, 1880~1961은 고전적인 실험에서 훈련으로 인한 학습효과는 성숙요인에 의해 제약을 받는다고 주장하면서 발달의 일관적인 순서를 역설했다. 이처럼 신체발달뿐 아니라 유전의 주 효과가 존재하는 발달 측면으로는 지능발달을 들 수 있다. 지능의 분명한 예측변인으로 신체적 특징 중 뇌의 용량크기을 들 수 있는데, 뇌의 구성요소인 백색질white matter과 회색질gray matter은 유전인자의 지배를 크게 받는다고 한다. 최근까지도 활발하게 연구활동을 하는 대표적 행동유전학자 플로민Plomin은 쌍생아들을 대상으로 한 많은 대규모 종단연구들을 통해 유전의 우월성을 역설하였다.

환경론자들은 생물학적 요소보다는 아이가 경험하는 환경적 요소가 발달을 주도한다고 본다. 스키너Skinner, 1904~1991와 왓슨Watson, 1878~1958 등 대표적인 행동주의의 고전 대가들은 환경과 경험의 중요성을 강조했다. 환경에는 개인의 신체적 · 심리적 환경과 사회문화적 · 물리적 환경 등 다양한 변인들이 존재한다. 모든 유기체에 존재하는 종 특유의 발달성향이나 개인차를 만들어 내는 독특한 유전적 성향도, 궁극적으로 환경적 효과로 인해 발현 정도가 달라지고 개인적 편차를 나타낸다는 것이 환경론자들의 견해이다. 환경론자들은 아동발달에 영향을 미치는 대표적인 미시환경 변인으로 부모의 양육행동을 꼽는다. 부모의 양육행동은 자긍심, 성취동기, 도덕적 추론, 친사회적 행동 등 사회정서적 발달을 포함해 아이의 다양한 발달모습에 직 · 간접적으로 큰 영향을 주는 것으로 많은 연구에서 확인되었다.

가족 내 형제들의 상이한 발달을 초래하는 원인을 규명하는 과정에서 비공유환경nonshared environment에 대한 관심이 대두되었다. 공유환경shared environment은 부모의 성격특성, 가족의 사회경제적 지위, 지역사회 등 가족 내 형제가 똑같이 공유하

그림 1-4 게젤

는 환경적 변인들을 말하고, 비공유환경은 형제를 다르게 만드는 환경적 영향으로 정의된다(Plomin, 1989). 형제마다 경험하는 생활사건, 또래관계, 질병의 경험 등이 다르며, 같은 부모라도 자녀들의 기질, 성별, 출생순위 등에 따라 부모의 양육행동과 태도가 달라진다. 환경론자의 입장에서 보면 같은 부모와 동일한 가정환경에서 자란 형제라고 할지라도, 제각기 다른 특성을 갖게 되는 것은 그들이 경험하는 비공유환경과 변인에 기인하는 것이다(박성연, 2006).

최근에는 본성과 양육의 논쟁에서 그 동안 소홀이 다루어졌던 태내기에 대한 인식이 더욱 부각되고 있다. 본성을 중시하는 입장은 유전자의 결정을 강조하고 반대

Box 1-4

성정체성발달에 대한 본성론의 입장

1967년 캐나다에서 일란성 쌍생아 중 한 아이가 생후 8개월이 되던 어느 날 포경수술 중에 의료 사고로 페니스를 잃는다. 아이의 부모는 당시 뉴질랜드 출신으로 성심리의 중립성을 주장해 명성을 얻고 있던 존 머니(John Money) 박사의 권유로 아이를 성전환수술을 시켜 여자로 키운다. 수술은 철저히 비밀에 부쳐졌고 그날부터 아기는 여자의 성으로 살아가게 된다. 이 사례는 일란성 남자쌍생아 중 한 명은 계속 남자로, 다른 한 명은 환경과 교육을 통해 여자로 성장하게 되었다는 점에서 당시에 큰 주목을 받았다. 많은 사람들의 이목을 집중시켰던 이 사례를 가지고 존 머니를 포함해 여권운동가들은 본성과 양육 간의 첨예한 논쟁에서 양육의 승리를 외쳤다. 즉, 성은 타고나는 것이 아니라 만들어진다는 것이다. 외국뿐 아니라 국내에서도 여권운동가들 사이에서 이 사례는 성정체성의 문제를 얘기할 때 최근까지도 자신들의 주장을 입증하는 사례로 거론되었다. 그러나 시간이 지나 성정체성의 혼란으로 괴로워하던 아이는 열네 살 되던 해에 자신이 남자로 태어났다는 사실과 의료사고로 페니스를 잃고 여자로 성전환 수술을 받게 되었다는 사실을 부모로부터 듣고, 바로 남자로 되돌아가기를 결심한다. 남성으로서의 삶을 시작한 소년은 2000년에 가명으로 자신의 삶을 책으로 출간했고, 이후 2004년 안타깝게도 자살로 비극적 생을 마쳤다. 이 사례는 성정체성은 인위적인 환경으로 바꾸는 것이 어렵다는 사실을 역설적으로 보여 주었다. 발달의 어떤 측면을 가지고 어떤 맥락에서 논하느냐에 따라 늘 논쟁은 존재하지만, 적어도 이 사례에서 본성은 양육보다 훨씬 더 강력하게 작용했다고 볼 수 있다.

로 양육을 강조하는 입장은 출생 이후 환경의 영향에 무게를 두지만, 이 둘 모두 자궁 속 환경에서 유전자 발현이 어떻게 이루어지는가에 대해서는 큰 관심을 두지 않았다. 그러나 근래에는 태내기 경험이 출생 후 발달에 중요한 효과를 발휘하는 것으로 연구들에서 보고된다.

2) 유전과 환경은 발달에 어떻게 작용하는가? : 유전과 환경의 상호작용

발달영역과 발달단계, 그리고 시대적 분위기에 따라 발달에서 유전과 환경 중 어느 하나를 더 강조하는 입장이 있지만, 1990년대 이후에는 인간발달에 대한 유전과 환경의 상대적 중요성을 인식하고 둘 간의 상호작용의 효과를 보다 강조하는 추세이다(Reiss, 2003 ; Rutter, 2002). 각 발달영역과 발달시기마다 유전이 우세할 수도 있고 환경이 우세할 수도 있지만, 대체로 발달에는 유전과 환경이라는 두 대립적 요소의 상호작용이 존재한다.

유전과 환경의 두 요소가 어떻게 상호작용하는 가에 대한 입장은 학자들마다 다를 수 있지만, 대개 유전은 환경의 작동범위를 정해주고 환경은 유전이 설정해 준 그 한계범위 내에서 발달을 촉진시키거나 억제시킬 수 있다는 견해가 많다. 특히, 신체발달이나 인지발달은 부모에게서 받은 유전인자로부터 발달의 한계가 어느 정도 정해지고, 그 범위 안에서 아이가 경험하는 다양한 환경자극가정환경, 학습경험, 식습관과 영양상태 등에 따라서 타고난 유전적 소질이 발현된다. 인지발달의 경우 발달에 필요한 심리적 · 인지적 구조는 선천적으로 결정되지만, 이후 두뇌발달과 인지적 성숙에서는 유기체의 학습경험과 사회적 상호작용에서 되돌려 받는 적절한 환경적 피드백이 필요하다.[3] 즉, 아이는 자신의 유전적 특성과 관련된 환경을 물려받는다(Plomin & DeFries, 1998). 이는 유전과 환경의 상호작용을 강조하면서도 유전이 발달의 기본 토대를 준비해주는 것으로 볼 수 있다(Harris, 1998; Rowe, 1994).

또한 유전과 환경의 상호작용 과정에서 두 변인을 원인과 결과의 이분법적 구도

3 이를테면 피아제(Piaget)의 이론에서 인지발달은 생물학적 성숙과 환경의 상호작용으로 이루어지는 조합이다. 유기체는 인지발달의 토대를 이루는 인지도식(schema)을 선천적으로 지니고 있으며, 이를 바탕으로 환경과의 작용 속에서 학습이 이루어진다. 유기체가 환경으로부터 받는 피드백은 '동화(assimilation)'와 '조정(accommodation)'이라는 두 메커니즘을 통해 학습으로 경험된다.

로 나누는 것은 쉽지 않아서, 유전과 환경 중 어느 것이 더 선행하는가를 정확히 판단하는 것은 힘들다. 이를테면 부모는 일란성쌍생아를 다르게 양육하고 이 쌍생아들은 서로 다르게 행동한다면, 여기에서 부모의 상이한 양육행동이 아이들의 행동 차이의 원인이 되는지, 아니면 결과가 되는지에 명확한 판단은 할 수 없다. 즉, 부모가 아이를 대하는 방식은 아이의 기질과 행동에 대한 결과반응일 수도 있고 반대로 기질과 행동 차이의 원인일 수도 있다. 이런 맥락에서 유전과 환경의 상호 간 양상은 순환적인 모습을 보여 준다.

요약하면 유전은 환경을 통해 효과를 발휘하고 환경은 유전을 경유해 발달에 영향을 미친다. 이러한 맥락 속에서 다음은 유전과 환경의 작용이 발달에 미치는 영향을 설명하는 몇몇 이론적 모델들을 살펴보기로 한다.

(1) 반응범위 모델

반응범위range of reaction는 고테스만Gottesman(1974)이 제안한 개념으로 유전이 발달의 반응범위의 좁고 넓음을 결정한다는 것이다. 각 개인은 고유한 유전적 특징으로 인해 환경변화에 다르게 반응한다. 가령, 자극이 부족한 열악한 환경이 촉진적이고 지지적인 환경으로 바뀌게 될 때, 어떤 아이의 인지적 성취는 급격히 증가하는 반면 어떤 아이는 점진적으로 증가한다. 이는 동일한 환경이라도 유전적 성향이 어떠냐에 따라 유기체가 나타내는 반응과 발달적 표현이 달라질 수 있음을 의미한다.

그림 1-5 고테스만

또한 선천적으로 발달이 가능한 범위가 정해져 있고, 그 안에서 환경의 풍요도와 결핍 정도에 따라 발달의 수준이 달라진다는 의미를 갖는다. 유전은 특정한 행동과 발달을 좌우할 뿐만 아니라, 환경변인을 같이 고려할 때 개인이 보여 줄 수 있는 가능성 혹은 반응의 범위를 결정하는 데 중요한 역할을 한다. 스카Scarr(1984)의 설명을 들어 보면, 중간 정도 키의 유전자를 가진 아이가 결핍된 환경에서 자랄 경우 평균보다도 작은 키로 성장할 수 있으나, 반면 좋은 환경에서 자란다면 평균보다 큰 키로 자랄 수 있다. 그렇지만 작은 키 유전자를 가진 사람은 아무리 풍족한 환경에서 자라도 평균을 크게 웃도는 큰 키로 자라기는 어렵다는 것이 지배적인 의견이다.

(2) 호로비츠의 모델

아동이 타고난 특성과 환경은 대체적으로 발달에 각각 선형적인 주 효과를 만들어내는 것으로 보여진다. 선천적 특성이 우수하거나 좋은 환경인 경우에 발달은 긍정적인 반면, 타고난 특성이 취약하거나 결핍된 환경일 경우 발달은 양호하지 못할 것으로 판단된다. 그러나 유전과 환경의 두 요인이 상호작용할 경우 발달적 효과는 반드시 선형적으로만 나타나는 것은 아니다. 또한 두 요인의 상호작용 양상은 아동마다 달라서 동일한 환경도 아이의 타고난 특성이 어떠한가에 따라 발달에 다르게 영향을 미친다.

호로비츠Horowitz(1987)에 따르면 탄력성이 큰 아동은 열악한 환경에서도 잘 발달하고B, 취약성을 타고난 아동도 양호한 환경에서는 적응적인 발달수준을 보일 수 있다C. 타고난 특성이 취약하고 환경도 열악할 경우에 발달은 가장 뒤떨어진다D.

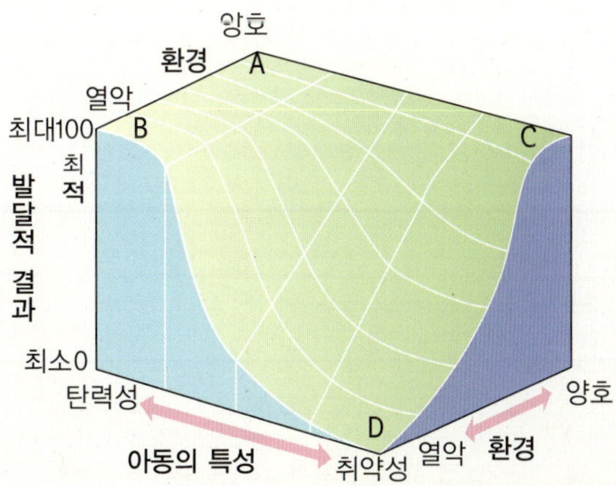

그림 1-6 호로비츠의 모델 : 유전과 환경의 상호작용

출처 : Bee(1997).

(3) 애슬린의 발달모델

환경이 발달에 영향을 미치는 방식에도 여러 가지가 있어, 애슬린Aslin(1981)은 이

를 다섯 가지 모델로 제시하였다그림 1-7. 첫째, 성숙모델에 따르면 발달은 환경의 영향을 받지 않고 내재된 프로그램과 타고난 성향에 의해 이루어진다. 둘째, 유지모델은 타고난 성향에 의해 성숙이 이루어지고, 성숙에 의해 도달한 발달수준을 유지하기 위해서는 환경의 경험이 필요하다는 것이다. 성숙에 의해 나타난 운동기술을 사용하지 않아 소멸되는 경우가 그 예이다. 셋째, 촉진모델은 성숙에 의해 서서히 나타날 수 있는 행동이나 기술이 환경의 경험으로 인해 더 빨리 발달한다는 것으로, 마지막에 이르게 되는 발달수준은 동일하다. 넷째, 조정모델은 성숙에만 의존하면 획득할 수 없는 수준의 발달을 환경으로 인해 영구적으로 획득하는 경우이다. 생애 초기에 양질의 영양공급이나 지적 자극을 경험한 아동은 성인기 이후까지 건강과 높은 지능을 가질 수 있다는 것이 예가 될 수 있다. 다섯째, 유도모델은 환경의 경험

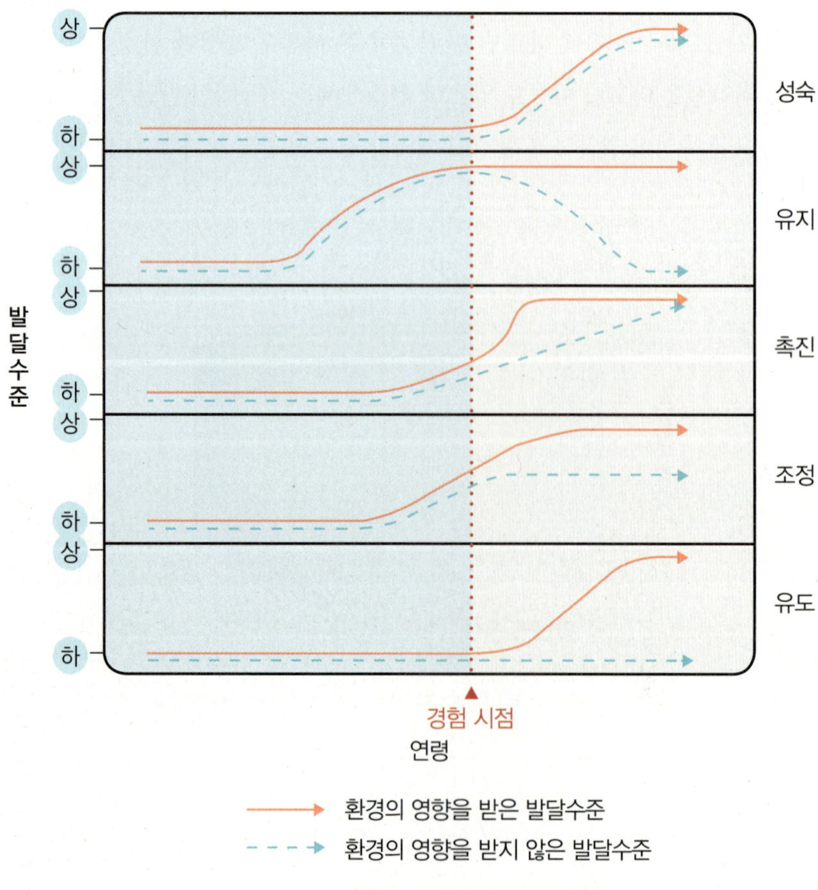

그림 1-7 애슬린의 다섯 가지 모델

없이는 전혀 이룰 수 없는 행동이나 기술의 획득을 설명한다. 예를 들어, 피겨스케이팅은 학습과 훈련의 경험이 없으면 전혀 발달할 수 없는 기술이다.

(4) 스카와 매카트니의 유전-환경 상관관계 모델 : 교류적 관점

유전과 환경은 다양한 경로를 통해 상호작용하기 때문에 이 둘의 효과를 명확히 분리하는 것은 사실상 어렵다. 1980년대 전생애적 발달이 주목받기 시작하면서 유전과 환경이 발달에 미치는 영향은 유전 혹은 환경의 직접적인 주 효과main effect나 상호작용효과interaction effect 대신, 교류효과 관점transactional effect에서 봐야 한다는 견해들이 우세하였다(박성연, 2006 참조). 교류적 관점은 유전과 환경이 이차원적으로 상호작용하기보다는 아동의 특성이 환경에 영향을 미쳐 변화를 가져오고, 다시 이 환경적 변화가 아동의 행동과 특성에 영향을 미쳐 변화를 초래한다고 본다. 따라서 이전의 상호작용모델에서 나타난 발달의 효과가 다소 일시적이고 평면적이라면, 교류모델에서는 생애과정 동안 아동의 특성과 환경이 서로 간에 영향을 미쳐 변화를 만들어 내는 역동성이 나타난다.

이런 관점을 반영해서 스카Scarr(1993)는 유전과 환경의 상관관계 양상이 세 가지로 구조화될 수 있음을 주장했다. 스카가 주장한 유전-환경 상관관계gene-environment correlation의 개념에 따르면, 타고난 유전자는 우리가 만나는 환경에 영향을 미치고 그 방식은 시간적 변화와 연령에 따라 달라질 수 있다. 또 개인이 처하게 되는 환경은 개인의 유전자가 반영된 환경적 효과를 만들어 낼 수 있다. 이 모델에 따르면 환경은 개인의 유전자형에 근거하여 어느 정도 예측이 가능하다. 결국 유전자형이 다른 아이들은 각각 다른 환경 속에서 성장하게 된다는 전제를 추론할 수 있다. 스카와 매카트니Scarr & McCartney(1983)가 제시한 모델을 살펴보면 다음과 같다.

① 수동적 유전-환경 상관관계(passive genotype-environment correlation)

생물학적 부모는 자녀에게 자신의 유전형과 함께 이에 맞는 환경을 제공하고, 자녀는 부모의 유전과 환경적 성향을 물려받는다. 예컨대, 운동을 좋아하는 외향적인 부모는 이러한 환경을 아이에게 제공하고, 부모의 그런 유전적 성향을 받은 아이는 자연스럽게 운동과 외향적 활동을 좋아하게 된다. 특히, 어린아이의 경우 자신의 환경을 통제할 수 없으므로 부모로부터 일방향적인 유전–환경적 영향을 받게 되는 수동적 위치에 놓이게 된다.

② 촉발적 유전–환경 상관관계(evocative genotype-environment correlation)

특정 유전자를 가진 사람은 그에 맞는 특정환경을 창출하고 그런 환경을 더 쉽게 경험하게 된다. 아이의 독특한 유전형질이 특정한 물리적 · 사회적 환경을 유발하고, 이 환경은 역으로 아이의 본래 특성을 강화할 수 있다. 가령, 기질적으로 까다로운 아이일수록 조용한 아이보다 엄하고 통제적인 양육환경을 경험하기 쉬우며, 이는 다시 아이의 까다로운 기질적 특성을 강화할 수 있다. 또 형제간 다른 기질은 부모의 상이한 양육방식을 유발한다. 즉, 유전적 성향이 아이의 행동에 영향을 미치고 이는 아이를 대하는 부모의 태도와 행동에 영향을 미친다. 따라서 부모는 자녀의 유전적 차이에 반응react하는 것이며, 이는 '자녀에게서 부모로 이어지는 영향child-to-parent effects'(Harris, 1998)인 것이다.

③ 능동적 유전–환경 상관관계(active genotype-environment correlation)

인간은 자신의 성향에 맞는 적절한 환경을 스스로 모색하고 만들어 나가는데, 스카는 이를 적소 선택niche-picking이라 한다. 나이가 들어가고 선택과 통제의 폭이 넓어지면서 아동은 자신의 본성에 부합하는 환경을 더 적극적으로 추구하고 개척해 나간다. 외향적인 아이는 또래들과의 사교행위와 집단활동을 더 선호하고 그러한 환경을 추구하지만, 내향적 성향의 아이는 혼자서 하는 활동을 더 좋아하고 친구들과의 어울림에 소극적으로 참여하기 쉽다. 적소 선택은 가령 일란성쌍생아가 이란성쌍생아나 다른 사람들과 비교해 성격이나 배우자 및 친구 선택, 정치사회적 태도 등에서 왜 보다 더 일치하는가를 설명해줄 수 있는 개념이다(Rushton & Bons, 2005).

인간의 발달과정에서 세 가지 유전–환경 상관관계의 상대적 중요성은 연령에 따라 달라질 수 있다. 어린 시절에는 성인이 제공하는 환경의 영향이 크므로 수동적 유전–환경 상관관계가 보편적이지만, 후기 아동기나 청소년기에는 아이들 스스로 자신의 환경을 선택하고 조형할 수 있으므로 촉발적 유전–환경 상관관계와 능동적 유전-환경 상관관계가 상대적으로 더 비중이 커진다고 볼 수 있다(Santrock, 2009). 또 지능지수의 경우 연령이 증가할수록 유전자의 영향이 높게 나오고 환경의 영향은 낮게 나온다고 한다. 유전자가 지능지수 차이에 미치는 영향은 유아기에 20%, 유년기에는 40%, 그리고 성인기에는 60%, 중년기 이후에는 80%로 높아진다(McGue et al., 1993). 이처럼 지능의 유전 가능성이 연령에 따라 증가하는 이유는 성인이 될수록 개인이 환경과의 상호작용에서 환경의 영향을 일방적으로 받기보다는 자신의 유전적 성향에 따라 환경을 선택하기 때문인 것으로 해석된다(Neisser et al., 1996).

- 주 효과 모델

유전 \ 환경	좋음	나쁨
좋음	좋음	좋음
나쁨	나쁨	나쁨

유전론적 견해

유전 \ 환경	좋음	나쁨
좋음	좋음	나쁨
나쁨	좋음	나쁨

환경론적 견해

- 상호작용효과 모델

유전 \ 환경	좋음	나쁨
좋음	좋음	좋음
나쁨	나쁨	나쁨

- 교류효과 모델

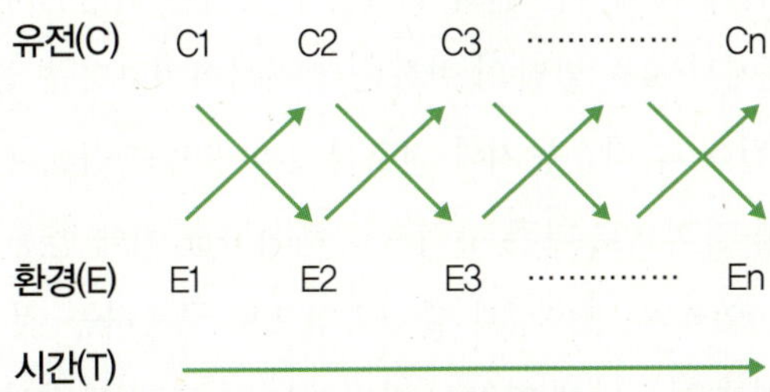

그림 1-8 주 효과 모델, 상호작용효과 모델, 교류효과 모델

출처 : 박성연(2006).

3) 발달은 연속적인가 비연속적인가?

인간의 발달이 일생 동안 점진적으로 이루어지는지, 아니면 특정한 발달이 나타나는 단계가 있어 이전과는 다른 새로운 변화가 가능해지면서 발달이 이루어지는지에 따라, 발달은 연속성continuity과 비연속성discontinuity으로 범주화할 수 있다.

(1) 발달은 점진적이고 연속적이다

행동주의 등 단계stage를 나누지 않는 이론들이 주장하는 입장으로, 인간발달에서 발달시기별로 특징적으로 보이는 변화들은 사실 계속적인 변화와 학습의 결과로서 앞의 발달과 이후의 발달이 질적으로 다르지 않다는 것이다. 발달적 변화는 누적적으로 나타나며 처음의 발달모습이 양적으로 증가하거나 확장된다. 가령, 연령이 증가하면서 아기는 한두 단어를 얘기하다 문장을 사용하며 신장과 체중은 점차적으로 증가한다. 수정부터 죽음까지 인간의 발달은 어떤 특정단계에서 보여지는 발달의 성취가 갑작스러운 변화로 보여지기도 하지만, 연속적 발달의 관점에서 바라보면 시간에 걸쳐 진행된 연속적인 변화일 뿐이다.

(2) 발달은 비연속적이고 단계적이다

발달의 질적 특성을 강조하는 입장으로 발달은 서로 독립적이고 질적으로 상이한 여러 단계들로 이루어지며, 각 단계에서는 다른 단계들과는 질적으로 구분되는 독특한 특성과 변화가 나온다는 것이다. 이러한 단계이론에서 발달은 단계가 있는 층계를 오르는 듯한 방식으로 이루어지며, 아동이 다음 단계로 올라갈 때는 빠른 변화 기간이 되고 한 단계 내에서는 변화가 없는 안정기가 뒤따른다고 가정한다. 따라서 비연속적 발달론에서 보는 발달의 변화는 점진적이기보다는 급격한 모습을 보인다(Berk, 2006). 예컨대, 감각운동기와 전조작기의 영아는 다른 관점으로 세상을 추론하고, 사물에 대해 질적으로 다른 방식으로 해석하고 이에 반응한다.

그렇지만 발달을 이렇게 연속성과 불연속성으로 구분하는 것은 다소 모호할 수 있는데, 사실상 어떻게 보느냐에 따라서 발달에는 두 가지 관점이 모두 작용하기 때문이다. 추상적이고 고차원적인 사고가 발달의 어느 단계에서 나타났을 때 이전과

그림 1-9 발달의 연속성과 비연속성

는 다른 갑작스러운 비연속적 발달 모습이라고 생각할 수 있지만, 반대로 이를 연속적 관점에서 본다면 오랜 시간에 걸쳐 축적된 변화의 산물인 것이다. 또한 연속적 발달이 이루어지는 과정에서도 질적으로 다른 변화가 진행될 수 있다.

4) 발달에는 결정적 시기가 있는가?

결정적 시기critical period는 유기체를 둘러싼 내·외적 사건들이 발달에 최대한 영향을 미치는 짧은 기간을 가리키는 것으로, 유기체의 발달에서 어떤 특정발달이 이루어지는 특별한 시기가 있다고 전제한다. 즉, 발달이 특정시기에 이루어지지 않으면 치명적 손상을 입으며 이후에는 회복이 어렵다는 전제를 담고 있다. 이는 발달에서 선천성과 성숙의 영향을 반영하는 관점으로, 발달이 이루어지는 특정시기가 후천적으로 결정되는 것이 아니라 선천적으로 계획되어 있다는 점에서 생물학적 영향을 강조한다고 볼 수 있다.

발달시기와 발달영역을 고려했을 때 태내기 발달을 포함해 인지 및 신체발달은 사회정서발달과 비교해 결정적 시기의 개념이 보다 더 강하게 적용된다. 생물학적으로 타고난 발달시간표의 지배를 많이 받는 발달영역일수록 결정적 시기 개념은 더욱 유효하다. 예컨대, 생후 초기 몇 년에 걸쳐 적절한 언어적 자극을 받지 못하고 방임된 경우, 이른바 언어습득의 결정적 시기를 지난 이후에 초기의 언어적 결핍을 회복하고 정상범주의 발달성취를 이루는 것은 어려운 것으로 보고된다.

로렌츠Lorenz의 각인imprinting이론에 영향을 받은 초기 애착이론가들은 결정적 시기 이후에는 애착 형성이 어려운 것으로 많이 생각했다. 그렇지만 언어나 신체운동 등 특정한 몇몇 발달을 제외하고는 발달의 탄력성과 가소성, 그리고 유기체의 변화 가능성을 고려할 때 결정적 시기가 꼭 절대적인 것만은 아니다. 어린 시절 발달의 결핍은 극심하지만 않다면 이후 지지적 환경 속에서 충분히 회복될 수 있다는 것이 많은 연구에서 입증되었다. 예를 들어, 태내기의 뇌발달이 임신부의 심각한 영양결핍이나 약물중독에 의해 손상을 입으면 이후에도 회복이 어려울 수 있다. 그러나 양육자와 영아의 애착관계 형성은 영아기 때 이루어지는 것이 가장 적합하고 바람직하지만, 영아기에 다소간의 손상을 입더라도 유아기와 아동기를 거쳐 부모의 양육행동이 변화하면 개선될 여지가 크다는 것이 중론이다.

이런 맥락에서 최근 결정적 시기보다 더 많이 고려되는 '민감한 시기민감기, sensitive period'는 선천성과 성숙의 요소에 덧붙여 유기체의 탄력성과 회복력을 고려하는 개념이다. 민감기의 개념은 유기체가 발달을 이루는 데 최적의 시기가 있고 그 시기에 자극이나 기회가 주어지면 가장 민감하게 반응하여 최적의 발달을 이룰 수 있으나, 혹 이 시기에 발달이 이루어지지 않는다 하여도 회복이 불가능하지는 않음을 암시하고 있다. 이런 관점에서 특히 심리정서발달에서는 결정적 시기보다는 민감기라는 조금 더 완화된 표현의 개념이 타당해 보인다.

Box 1-5

언어발달의 결정적 시기

촘스키(Noam Chomsky)는 일종의 보편적 문법인 언어습득장치(LAD : Language Acquiring Device)를 이야기하며서 천성적인 언어습득능력을 주장했다. 이에 대해 하버드대학의 심리학자 렌느버그(Eric Lenneberg)는 그러한 선천적인 언어습득론에 동의하고, 1967년 《언어의 생물학적 기초》라는 책에서 뇌나 발성기관의 특징 때문에 언어학습능력의 결정적 시기가 어린 시절에 존재하며 그 이후에는 언어습득이 불가능하다고 주장했다. 언어는 취학 전에 성숙의 과정을 거치면서 빠르게 획득된다. 뇌 손상을 입을 경우 결정적 시기를 지나 뇌 기능의 탄력성과 가소성이 떨어졌기 때문에 언어습득이 힘들다고 보았다. 다소 극단적인 견해로도 보이지만 이러한 실례를 보여 주는 사례는 곳곳에서 보여진다. 이러한 사례들에 비추어 보건대, 언어습득은 대체적으로 유전적으로 계획된 발달시간표에 따라 이루어지며 결정적 시기가 존재한다.

- 1920년 인도에서 선교사에게 발견된 두 소녀는 늑대소녀로 알려졌는데, 발견되었을 당시 각각 7살과 3살쯤으로 추정되었다. 웅크린 네 발로 기어 다녔으며 한 어미 늑대가 여자 아이들과 두 마리의 진짜 늑대새끼를 함께 기르고 있는 것을 발견하여 구조되었다. 두 소녀는 발견된 후에도 옷을 입히면 찢고 생고기만 먹으려 하여 문명사회에 적응하지 못했고, 잠꼬대도 늑대처럼 으르렁 거리는 소리를 낸 것으로 전해졌다. 귀도 아주 밝았는데, 이상하게도 사람 목소리에는 둔감하여 초기 언어경험의 중요성을 보여 준 사례라고 할 수 있다. 작은 아이인 아말라는 오래지 않아 병에 걸려 죽었고 큰 아이인 카말라는 발견된 지 9년 후인 16세에 병으로 세상을 떠났다. 그때까지 언어학자들의 지원과 도움에도 불구하고 3살 정도의 언어수준에 머물렀다.
- 새터데이 미얀(Saturday Mthiyane)이라는 소년은 남아프리카에서 원숭이들과 함께 생활하다가 1987년에 발견되었다. 당시 5살 정도 돼 보였으며, 토요일에 발견되었다고 하여 이름을 새터데이(Saturday)라고 지었다. 이 소년은 학교에 보내 사회에 적응시키려는 주변사람들의 노력에도 불구하고 처음에는 다른 아이들을 때리고 물건을 부수는 원시적인 폭력 성향을 보였고, 10년이 지나도 익힌 음식을 싫어하고 옷을 싫어하는 등 문명에 적응하지 못했다. 두 발로 걷는 것을 배웠지만 말은 여전히 못했다고 보고되었다.
- 미국의 대도시 로스앤젤레스에서 발견된 지니(Genie)는 1970년 13살 때 부모에 의해 옷장 속에 가둬져 키워지다가 발견된 사례이다. 부모는 지니를 10년 넘게 옷장 속에 가둬두고 음식은 주었지만 조금이라도 소리를 내면 때리고 학대하였는데, 13살의 지니는 발견되었을 당시 할 수 있는 말이 '그만해(stop it)'와 '이제 그만(no more)'밖에 없었고, 몸집이 몹시 작고 기어 다녔으며, 딱딱한 음식을 씹지 못했다고 한다. 심리학자와 언어학자들의 지원으로 단어는 많이 배웠지만 결국 문법은 습득하지 못했는데, 측정된 IQ로 미루어 지적장애아가 아닌데도 그에 비해 언어능력이 현저히 떨어지는 것으로 보고되었다.

출처 : http://feral-children.com

5) 초기 경험과 후기 경험 중 어느 것이 더 발달에 중요한가?

흔히 발달영역에 따라, 초기와 후기의 시기 구분을 어떻게 규정하는가에 따라, 발달의 어느 시점에서 환경적 경험의 효과를 논하는가에 따라, 그리고 경험의 특성에 따라, 즉 이 모든 것들에 따라 초기 경험과 후기 경험의 중요성이 각각 달라진다. 초기 경험을 강조하는 학자들은 초기 발달이 이후 발달을 조형한다고 생각한다. 가령, 초창기 애착이론가들에 따르면 초기에 적절하고 민감한 양육이 결핍될 경우 이후 발달은 부정적 경로를 따르기 쉽다.

반면, 어떤 학자들은 초기 경험의 절대적 안정성을 부정하면서 이후 경험이 초기 경험의 효과를 상쇄하거나 보완해줄 수 있다고 본다(Baltes, 2000 ; Greenspan & Shanker, 2004). 이들에게 발달은 역동적인 변화과정이며 아동은 발달과정에서 노출되는 환경적 자극에 지속적으로 탄력적으로 반응한다. 초기 발달적 결핍은 이후 바람직한 양육행동과 환경을 통해 완화되고 극복된다. 따라서 후기의 민감한 양육과 환경자극은 발달 초기만큼이나 중요하며 전생애적 발달을 거쳐 새로운 발달을 조형할 수 있다. 한 연구에 따르면 비교적 유전적 특성이 강한 위축되고 억제된 아이들도 시간이 지나면서 이후에는 그런 모습을 많이 보이지 않은 것으로 나타났다(Kagan & Snidman, 1991).

요약하면 전생애적 관점과 인간발달의 가소성 및 탄력성을 생각할 때 초기 경험의 절대적 영향력은 예전만큼 지지를 받지 못한다고 볼 수 있다. 초기 경험이 발달의 초석을 마련해줄지라도 이후 경험하는 환경은 초기 경험만큼이나 중요한 인자로 보여진다. 후기 경험의 중요성은 발달에서 연속성뿐 아니라 불연속성도 크게 작동한다는 사실을 보여 준다.

CHAPTER

02 발달이론

1. 정신분석이론 | 2. 학습이론 | 3. 인지발달이론 | 4. 발달맥락적 관점

CHAPTER 02

아동발달이론은 아동이 발달하는 과정에서 실제로 수집한 자료, 사실(fact)들이 서로 어떻게 관련되어 있는가를 논리적으로 그리고 통합적으로 정리해놓은 일련의 진술문이다(Thomas, 2000). 각 이론마다 발달에 미치는 유전과 환경의 영향력에 대한 입장의 차이가 있으며, 발달과정에 대한 설명이나 기술(description)에 있어서도 강조하는 내용이 각기 다르다(이민희 · 정태연 공역, 2004). 따라서 어느 한 이론만으로 아동의 발달을 전체적으로 이해하기는 어렵다. 예를 들어, 아동의 성격발달을 설명하는 데는 정신분석이론이 더 적합할 수 있지만, 아동의 인지발달에 대한 현상을 설명하기 위해서는 피아제(Piaget)의 인지발달이론이 더 적합할 수 있다.

1. 정신분석이론

정신분석이론에서 인간은 대부분 인식할 수 없는 동기와 갈등에 의해 움직인다고 가정하며, 정신이 모든 인간행동의 기초가 된다고 하였다. 정신분석이론의 대표적 이론가로는 심리성적 이론을 제시한 프로이트S. Freud와 심리사회적 발달이론을 제시한 에릭슨E. Erikson을 들 수 있다. 프로이트는 정신분석이론의 창시자로 어린 시절의 경험이 한 개인의 성격발달 형성에 중요한 영향을 미친다고 보고, 특히 아동의 발달사를 중요시하였다. 이런 입장은 인간본성 이해에 대해 그 이전 시기와는 다른 새로운 관점으로 이후 발달이론의 발전에 지대한 공헌을 하였다.

1) 프로이트의 심리성적 이론

그림 2-1 프로이트

다윈의 '종의 기원'과 심리학을 창설한 페히너Gustav Fechner는 프로이트Freud, 1856~1939의 지적 발달에 지대한 영향을 미쳤다. 뿐만 아니라 당시 사회적 분위기가 에너지보존법칙에 의해 에너지와 역학에 대한 관심이 고조되었고, 이에 따라 살아 있는 유기체를 역동적인 체계로 보기 시작했는데, 이에 영향을 받아 프로이트는 역동적 심리학을 창설하고 발전시켰다(안귀여루 역, 1996). 프로이트는 신경증과 불안에 시달리고 있는 다양한 환자들을 치료하면서 최면술, 자유연상법free association 그리고 꿈의 분석에 의존해 환자들의 마음속으로 깊이 들어갔다. 이런 가운데 그는 이들에게 이상 증후를 발생시킨 역동적 힘을 발견하고 이런 힘들이 무의식에 존재하고 있다고 생각하게 되었다(안귀여루 역, 1996).

(1) 주요 개념

프로이트는 인간의 성격은 이드id, 자아ego 그리고 초자아superego의 세 가지 요소로 이루어져 있다고 보았다. 정신적으로 건강한 사람은 이 세 가지가 조화를 이루면서 통합되어 있지만, 반대로 이들 사이에 갈등이 일어나면 개인은 심리적으로 부적응을 일으키게 된다.

① 이드

이드id는 성격의 가장 원초적인 부분으로서 생물학적 본능으로 구성되어 있으며 출생 시부터 나타난다. 쾌락원칙의 지배를 받고 있어 내적 자극이나 외적 자극에 의해 발생한 긴장을 즉각적으로 방출해 긴장을 제거하고자 한다. 프로이트는 인간이 태어날 때 이드만 가지고 태어난다고 보았다. 갓 태어난 어린 영아는 욕구를 인내하지 못하고 즉각적으로 해결하려 한다. 하지만 언제나 본인이 원하는 대로 다 이루어질 수는 없고, 어느 정도의 좌절과 불쾌감을 경험하게 되며 이런 경험들이 이드의 발달을 촉진한다. 예를 들어, 음식에 대한 기억은 우리 안에 심상image을 만들고, 아이가 배고픔을 즉각적으로 해결할 수 없을 때 자신도 모르게 음식에 대한 기억 심상을 떠올리며 배고픔의 긴장을 감소시킨다. 또한 이드는 외부세계와 접촉하지 않고, 단지 자아ego에 의해 통제되고 조절되기만 한다. 이 같은 이드는 성격이 형성되는 기초를 이루며 일생 동안 유아기적인 특성을 지닌다(안귀여루 역, 1996 ; 정옥분, 2003).

② 자아

인간이 언제나 이드의 방식으로만 욕구를 해결할 수는 없고 외부의 현실세계와 적절하게 상호작용하는 것이 필요한데, 이런 역할을 해내는 성격체계가 바로 자아ego이다. 자아는 이드와 달리 현실원칙의 지배를 받는다. 현실원칙은 발생한 욕구를 만족시킬 수 있는 실제적 대상이 나타나거나 적절한 형태의 행동으로 긴장을 해소할 수 있을 때까지 에너지 방출을 지연시키는 것이다. 자아는 현실적 지각, 논리적 사고, 문제해결력, 기억력, 판단 등 지적인 활동을 통해 현재 상황을 평가하고 과거 사건을 기억하며, 현재와 미래 행동의 결과를 예측해 의식적이며 합리적으로 욕구를 해결하고자 한다. 자아가 발달한 아이는 배고픔으로 인한 긴장을 울음으로 바로 방출하는 대신, 배고픔을 해결해 줄 수 있는 엄마를 찾는 행동을 나타내게 된다. 자아는 이드와 현실 세계를 연결하는 중간자적인 역할을 하면서 동시에 쾌락을 추구하는 본능과 도덕적 기준을 내세우는 초자아 간의 갈등을 중재하는 역할도 한다(박성연, 2006 ; Shaffer, 2002).

③ 초자아

유아는 3~6세경 부모를 동일시하면서 부모의 도덕적 가치와 기준을 내면화해 초자아superego를 발달시킨다. 초자아는 양심과 같은 도덕적 측면으로 현실이나 즐거움보다 완벽성을 추구한다. 초자아는 자아-이상ego-ideal과 양심conscience이라는 두 가지 하위체계로 구성되어 있다. 아이의 행동이 부모의 도덕기준에 합당하다고 여겨질 때 부모는 보상을 하게 되고, 아이는 부모의 도덕기준을 자신의 것으로 내면화시키면서 자아-이상을 발달시킨다. 반면, 아이가 부모의 도덕기준에 어긋나는 행동을 할 때 부모는 처벌을 하게 되고, 이로 인해 아이는 양심을 발달시킨다. 초자아는 보상과 처벌로 자아를 통제하는데, 초자아의 윤리적 기준에 일치하는 행동을 하면 자아는 보상을 받게 되고, 그렇지 못하면 처벌을 받게 된다(안귀여루 역, 1996).

(2) 성격의 역동

인간의 성격을 이루는 세 가지 구성요소인 이드와 자아 및 초자아는 각기 독립된 실체로 작동하기보다는 서로 밀접한 관계를 형성하고 있다. 즉, 자아는 이드로부터 형성되고 초자아는 자아로부터 나온다. 이들은 서로 대립할 뿐만 아니라 상호작용하고 혼합하는 특성을 지니는데, 이때 정신적 에너지가 작용한다. 정신적 에너지는 본능에서 나오는데, 본능은 신체적 욕구를 해소해 긴장의 상태에서 안정상태로 돌아가는 것이 궁극적 목표이다. 프로이트는 수많은 본능 중 인간이라는 종을 유지하기 위해 필요한 생명의 본능인 성적 본능과 진화론적 관점에서 무기물로 되돌아가려는 속성을 나타내는 죽음의 본능인 공격적 본능을 가장 본질적인 본능으로 보았다. 그리고 모든 삶의 본능이 사용하는 에너지를 리비도libido라고 정의하였다. 이 같은 리비도는 일정한 순서로 발달에 따라 신체에 집중되는 부위가 달라지는데, 이에 따라 발달단계가 구분된다표 2-1(박성연 · 백지숙 · 안지영 · 오미경 · 이사라 · 이주연 · 임희수 · 전춘애 · 지연정 · 한세영, 2011 ; 정옥분, 2003).

한편, 프로이트는 인간의 정신을 빙산에 비유하고 의식, 전의식, 무의식의 세 가지 수준으로 이루어져 있다고 보았다. 물 위에 떠 있는 작은 부분을 의식으로 보고 보이지 않는 부분은 무의식으로 보면서, 무의식은 자신이 전혀 인식하지 못한다고

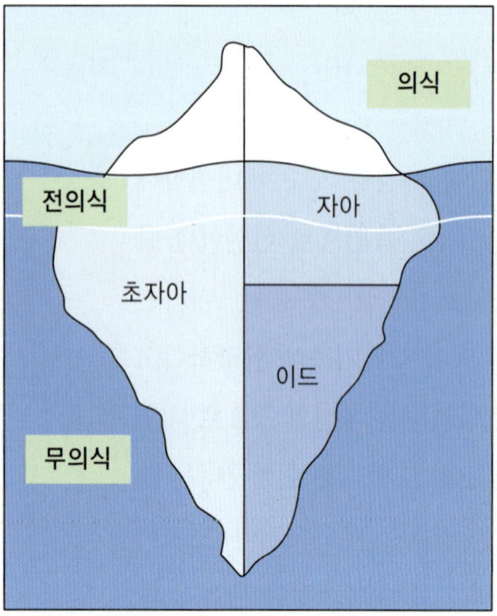

● 그림 2-2 의식수준과 성격의 구조

보았다. 의식은 개인이 의식하고 있는 정신작용으로 지각, 운동활동, 감정을 통해 외부세계와 접촉하거나 꿈, 심상, 사고 같은 개인 내적 세계와 접촉한다. 의식수준은 인간생활의 일부를 차지하며, 잠시 의식수준에 있다가 빠르게 무의식이나 전의식으로 사라지게 된다. 전의식은 평상시에는 의식되지 않으나 기억, 회상, 사고의 과정을 거쳐 노력하면 의식으로 불러올 수 있는 생각과 감정을 말한다. 전의식은 무의식과 의식영역을 연결해준다. 무의식은 의식에 비해 정신의 훨씬 더 많은 부분을 차지하고 있는데, 개인의 의지만으로는 쉽게 의식될 수 없어 접근하기 위해서는 최면, 자유연상 등 특별한 노력이 필요하다. 무의식은 인간의 사고와 행동을 통제하고 지배하는 보이지 않는 힘으로 작용한다. 그리고 자신과 사회가 용납할 수 없는 감정, 사고, 충동을 억압하고 있어 개인으로 하여금 내적 갈등을 경험하게 한다(박성연, 2006 ; 박성연 외, 2011 ; 정옥분, 2003).

(3) 발달단계

프로이트는 성격은 계속적으로 변하고 발달한다고 보았다. 성적 에너지의 원천인 리비도가 신체의 한 부위에서 다른 부위로 옮겨가면서 심리성적 발달이 진행되는데, 심리성적 발달단계는 다섯 단계로 구분된다 표 2-1. 각 단계에서 추구하는 욕구가 적절하게 충족되어야 다음 단계로 무난하게 발달하는데, 지나치게 충족되거나 반대로 결핍되면 아동은 그 단계에 고착fixation하게 되고 다음 단계로 발달해나가는 것을 방해받는다. 따라서 부모가 생후 초기 몇 년 동안 자녀의 생물학적 욕구를 어떻게 다루었느냐가 건강한 인성발달에 결정적인 요소가 된다. 또한 세 가지 성격요소인 이드, 자아, 초자아 간의 상대적 균형은 청년기 말에 완성되어 개인에 따라 갈등이나 좌절에 대해 독특한 반응양식을 나타내게 된다(박성연, 2006 ; 정옥분, 2003 ; Shaffer, 2002).

표 2-1 프로이트의 심리성적 발달단계

단계 및 연령	주요 발달특성
구강기 (출생~1세)	리비도가 입에 집중되며, 영아는 빨기, 씹기, 물기와 같은 구강활동으로부터 쾌락을 얻는다. 과잉 또는 과소 충족일 경우 구강기 고착 성격이 된다.
항문기 (1~3세)	리비도가 항문에 집중되고 배뇨와 배변활동으로 쾌락을 만족시킨다. 배변훈련을 엄격하게 하면 항문기 고착 성격을 갖게 되어 자기 억제를 심하게 하거나 불안이 높은 성격을 형성한다.
남근기 (3~6세)	리비도가 성기로 옮겨가면서 생식기 자극을 통해 쾌감을 얻는다. 유아는 오이디푸스 콤플렉스(남아)와 일렉트라 콤플렉스(여아)를 극복하기 위해 동성의 부모를 동일시하면서 부모의 도덕기준과 성역할특성을 자신의 것으로 내면화한다.
잠복기 (6세~사춘기 이전)	리비도의 힘은 비교적 평온하게 잠복상태에 있게 되어 정서적 안정을 얻는다. 대신 학업과 활발한 놀이에 집중하게 되며 또래와의 관계 속에서 사회적 · 지적 기술을 발달시킨다.
생식기 (사춘기 이후)	성적 충동이 다시 나타나며 잠복기에 확립했던 이드, 자아, 초자아 간의 균형을 다시 잃게 되고, 이성에 대한 관심이 커진다.

한편, 성적 본능과 공격적 본능의 욕구를 충족하고자 하는 이드와 사회체제의 도덕적 가치를 강조하는 초자아는 서로 상반된 목적을 추구한다. 이 때문에 이들 간에 긴장이 발생하고 이를 중재하는 역할을 자아가 맡게 되는데, 이때 불안을 경험할 수 있다. 불안이 너무 강해 현실적 방법으로 해결하기 어렵고 자아가 위협을 받을 때 자신을 보호하기 위해 방어기제를 사용한다표 2-2. 적절한 방어기제의 활용은 불안을 감소시켜 정신건강에 도움이 되기도 하지만, 방어기제를 지나치게 활용하게 되면 비현실적이며 미성숙되어 개인의 성장을 방해하고 건강한 정신의 발달에 도리어 해를 끼치게 된다.

표 2-2 다양한 방어기제

구분	내용
억압 (repression)	불안한 생각과 경험을 의식으로부터 밀어내서 전의식이나 무의식으로 감추는 상태를 뜻한다.
퇴행 (regression)	불안하거나 괴로울 때 거의 어떠한 제재도 받지 않았던 어렸을 적의 행동을 함으로써 안정을 찾으려 한다. 동생을 보게 된 어린아이가 손가락을 빨거나 이불에 오줌을 싸는 것 등은 퇴행의 좋은 예이다.
투사 (projection)	불안을 일으키는 생각이나 상황을 다른 사물이나 다른 사람의 탓으로 돌림으로써 불안에서 벗어나려 한다. 시험성적이 나쁜 학생이 자기가 공부를 충분히 하지 않았음에도 그 탓을 시험문제 출제방식이 잘못되었다고 탓하는 경우가 이에 속한다.
승화 (sublimation)	부적절한 성(性)적, 공격적 충동을 공부나 일, 운동 등 사회적으로 용납되는 행동으로 분출시킴으로써 불안을 해소한다.
반작용 형성 (reaction formation)	근심스러운 감정 대신 그와 정반대되는 행동으로 대치하는 경우를 말한다. 자기가 싫어하는 사람에게 오히려 친절하게 대한다든지, 아주 하고 싶어 하는 일을 전혀 흥미가 없다는 식으로 행동하여 자신의 느낌과 다른 행동을 한다.
합리화 (rationalization)	하고 싶은 일이나 해야 할 일을 못했을 때 또는 정당하지 않은 행동에 대해 사실과 다른 이유를 들어 불안을 해소하고 편안해지려 하는 행동이다. 이솝우화에서 보듯이 먹고 싶은 포도를 보고도 먹을 수 없는 경우, 저 포도는 아직 덜 익어 시고 맛이 없을 거라고 하며 자기를 위로한다고 해서 '신 포도의 기제'라고도 한다.
부정 (denial)	가장 원초적인 방어기제로 무의식적으로 현실 자체를 부정하는 것이다. 외부세계의 현실에 초점을 맞추고 우리의 기억에서 그 현실을 완전히 차단해버리는 것이다. 어린 딸의 죽음을 인정하지 않고 어머니가 아이가 잠시 여행을 갔다가 돌아올거라고 믿는 행동이 이에 속한다.
동일시 (identification)	다른 대상을 무의식적으로 동일시해 자신의 불안을 해소하려는 기제로 다른 사람의 태도, 신념, 가치 등을 자신의 것으로 채택하면서 다른 사람의 특성을 자신의 성격으로 흡수하는 것을 말한다.
전이 (displacement)	어떤 대상에 대한 성적 에너지를 충족시킬 수 없을 때 덜 위험한 다른 대상으로 표현하는 것을 말한다. 부모에게 화난 것을 동생에게 분풀이 하거나, 아이를 낳지 못하는 여성이 애완동물에게 집착하는 것을 들 수 있다.
보상 (compensation)	성격, 재능, 신체 등에 있어서 결함이나 실패가 있다고 생각될 때 다른 분야에서 특별한 인정을 받아 이를 극복하고자 하는 방어기제로 건설적인 성향을 띠기도 한다.

출처 : 박성연(2006), p. 47 ; 정옥분(2003), pp. 144~148.

2) 에릭슨의 심리사회적 이론

에릭슨Erikson, 1902~1994은 프로이트의 초기체계를 훨씬 넘어서는 정신분석적 이론을 추구하고 있다. 에릭슨은 아동을 생물학적 충동에 의해 움직이는 수동적 존재가 아니라 스스로 환경에 적응하려는 능동적 존재로 보았다. 그리고 인간행동의 기본적 동기를 성적 본능으로 본 프로이트와 달리, 다른 사람과 함께 하려는 사회적 욕구를 강조하고, 사회를 생물적 또는 성적 욕구에 대한 방해나 불만의 근원으로 보는 대신 자아의 발달을 가져오는 긍정적인 힘으로 보았다(박성연, 2006). 에릭슨의 가장 중요한 저서로 《아동기와 사회》를 들 수 있는데, 이 책에서는 발달단계를 8단계로 제시하고, 각 단계들이 각 문화권에서 어떻게 전개되는지 보여 주었다(정옥분, 2003).

그림 2-3 에릭슨

(1) 주요 개념

에릭슨은 인간의 심리사회적 발달은 전생애를 통해 지속되며, 내적 본능 및 욕구와 외부세계의 사회적 · 문화적 요구 간의 상호작용으로 인해 발달이 이루어진다고 보았다. 각 개인은 특정한 단계에 적절한 기술과 능력을 발달시키고자 하는 목표를 가지고 있으며, 따라서 개인의 성격특성은 고정되어 있지 않고 수정되는 과정에 있다고 하였다(박성연 외, 2011).

또한 생의 특정 시점에서 경험하는 사회적 요구, 즉 발달과업이 있으며 이를 해결해나가는 과정에서 주요한 위기나 갈등에 직면한다고 보았다. 각 단계의 위기를 성공적으로 해결하면 잠재적 가능성을 강화해 건강한 발달을 이루게 되지만 그렇지 못할 경우 부정적 결과를 초래할 수 있다. 하지만 위기의 성공적 해결은 반드시 긍정적 측면만을 의미하는 것이 아니라, 긍정적인 측면과 부정적 측면의 균형을 이루는 것을 의미한다(정옥분, 2003). 개인이 각 단계에서 위기를 어떻게 해결하는가에 따라 성격 형성이 달라진다.

그리고 심리사회적 발달단계에서 이전 단계는 다음 발달단계의 기초를 제공하지만 특정단계의 위기를 해결하지 못했다고 해서 그 단계에 머물러 있는 것이 아니라, 생물학적 성숙이나 사회적 압력에 의해 일정 연령이 되면 다음 단계로 발달이 진행된다. 다만, 이전 단계에서 해결하지 못한 것은 다음 단계의 새로운 과업과 갈등을 일으키게 된다(정옥분, 2003).

(2) 발달단계

에릭슨은 인간의 발달을 출생에서부터 죽음에 이르기까지 전생애적 과정으로 보

표 2-3 에릭슨의 심리사회적 발달단계

단계 및 연령	사회적 요구 또는 발달과업
기본적 신뢰감 대 불신감 (영아기 : 출생~1세)	자신의 기본적 요구를 돌봐주는 주 양육자와의 관계를 통해 기본적 신뢰감을 형성한다. 영아의 요구에 대한 어머니의 일관성 있는 반응은 어머니와 세상에 대한 기본적 신뢰를 갖게 한다.
자율성 대 수치심과 회의감 (걸음마기 : 1~3세)	혼자 걷고 먹는 등의 운동능력발달과 함께 주변환경을 적극적으로 탐색하고 선택하는 과정에서 자율성을 발달시킨다. 그러나 스스로 해낼 수 없거나 실수를 하면 수치심이나 회의감을 갖게 된다.
주도성 대 죄의식 (유아기 : 3~6세)	새로운 것을 시도하는 자발성, 능동적이고 목적지향적인 행동 및 책임지는 행동을 통해 주도성을 발달시킨다. 이때 실패를 경험하거나 사회의 기준에 못미치는 것에 대해 죄의식을 갖는다.
근면성 대 열등감 (아동기 : 6~12세)	중요한 사회적 · 학업적 기술을 숙달시키면서 근면성을 발달시키는 시기로 그렇지 못할 때 열등감을 지니게 된다.
정체감 대 정체감 혼미 (청소년기 : 12~20세)	급격한 신체변화와 사회적 역할 및 책임에 대한 요구가 늘어나고, 자신의 실체나 역할에 대해 생각하며 사회적 · 직업적 정체감을 확립시킨다. 자기가치와 직업목표 등의 탐색과정에서 자아에 대한 갈등이 길어지면 역할혼미가 생기고 부정적 자아정체감을 형성한다.
친밀성 대 고립감 (성인 초기 : 20~40세)	자기 자신에 대한 관심에서 벗어나서 직업과 배우자 선택에 관심을 갖게 되고, 타인과 친밀한 관계를 형성하는데, 그렇지 못할 경우 고립감을 경험한다.
생산성 대 침체감 (성인 중기 : 40~60세)	가족을 부양하고 직업에서 생산적 발휘를 통해 다음 세대를 이끌어 주는 것 등으로 생산성을 발달시키지만, 자기에게만 몰두하고 자신의 만족을 위해서만 에너지를 사용하면 침체감을 경험한다.
자아통합 대 절망감 (노년기)	자신의 삶을 회고했을 때 만족스럽고 가치 있게 받아들일 수 있으면 자아통합을 이룬 것이나 그렇지 못하면 자신의 삶이 실패하였고 타인을 원망하며 죽음을 두려워하는 절망감을 경험한다.

출처 : 박성연 외(2011), p. 50 ; 송길연 · 정유경 · 이지연 · 정윤경(2006), p. 57 ; Shaffer(2002).

고, 발달단계를 8단계로 제시하였다 표 2-3. 프로이트이론은 어느 발달단계에서 욕구를 제대로 해결하지 못하면 그 단계에 고착되어 버린다고 보았으나, 에릭슨은 그 단계에서 위기를 해결하지 못하더라도 다음 단계로 진행할 수 있는 회복의 가능성을 열어두었다(박성연 외, 2011).

3) 정신분석이론의 평가

프로이트는 무의식적 동기 개념을 가장 먼저 주장하였으며 생의 초기 경험의 중요성에 대해 강조했고 최초의 성격이론을 성립하였다. 또한 발달단계, 성격의 구조, 방어기제와 같은 핵심개념으로 인간이해의 새로운 지평을 열었다는 점에서 프로이트가 아동발달연구에 미친 영향은 지대하다. 하지만 프로이트의 이론은 성적인 욕구를 지나치게 강조하고 신경증을 앓고 있는 자신의 환자들의 경험에 기초한 것을 보통 사람들에게 적용하는 데 문제가 있다는 점과 연구방법의 객관성과 정확성이 떨어진다는 점 때문에 많은 비판을 받고 있다(박성연 외, 2011 ; 정옥분, 2003).

한편, 에릭슨은 프로이트와 달리 인간의 합리적 · 적응적 본성에 초점을 두면서 자아의 기능을 강조하였고, 사회문화적 역할을 자아발달을 가져오는 긍정적 힘으로 받아들이며 중요하게 여겼다. 또한 인간의 발달을 전생애적으로 노년기까지 확장시켜 보았다는 점에서 많은 지지를 받는다. 그러나 에릭슨의 이론은 발달의 원인이 모호하다는 점과 각 단계로의 전환이 어떻게 이루어지는지 그 기제가 명확하지 않다는 점이 문제점으로 지적된다(박성연 외, 2011 ; 정옥분, 2003 ; Shaffer, 2002).

2. 학습이론

학습은 경험의 결과로 인해 나타나는 비교적 영속적인 행동의 변화를 의미한다. 학습이론은 학습을 일으키는 직접적인 환경요인이 되는 자극과 그로 인한 반응 간의 관계를 밝히고 있다. 학습이론에서 인간의 행동은 외부에서 어떤 자극을 경험하는가에 따라 달라질 수 있다고 본다. 따라서 인간을 수동적 존재로 인식하며, 인간의 내면적 동기나 사고과정의 변화보다는 직접 관찰이 가능한 외현적 행동의 변화에 초점을 두고 있다. 또한 발달은 천성이나 유전적 소질이 아니라 외부환경에서 경험하는 자극에 따라 점진적으로 나타나며 양적인 변화를 일으키는 것으로 보기 때문에 연령에 따른 발달적 양상이나 발달단계는 제시되지 않는다(박성연 외, 2011 ; Kalat & Shiota, 2007 ; Shaffer, 2002).

1) 파블로프의 고전적 조건형성이론

생리학자였던 파블로프Pavlov, 1849~1936는 자신의 실험실에 데리고 있던 피험동물인 개에게서 우연한 반응을 발견한 것이 계기가 되어 고전적 조건형성이론을 발전시켰다. 실험실에서 개에게 음식을 주면 자연스럽게 침을 분비하는데, 이것은 자연스럽게 나타나는 타고난 반사행동이다. 그런데 개는 입 안에 음식이 들어가기도

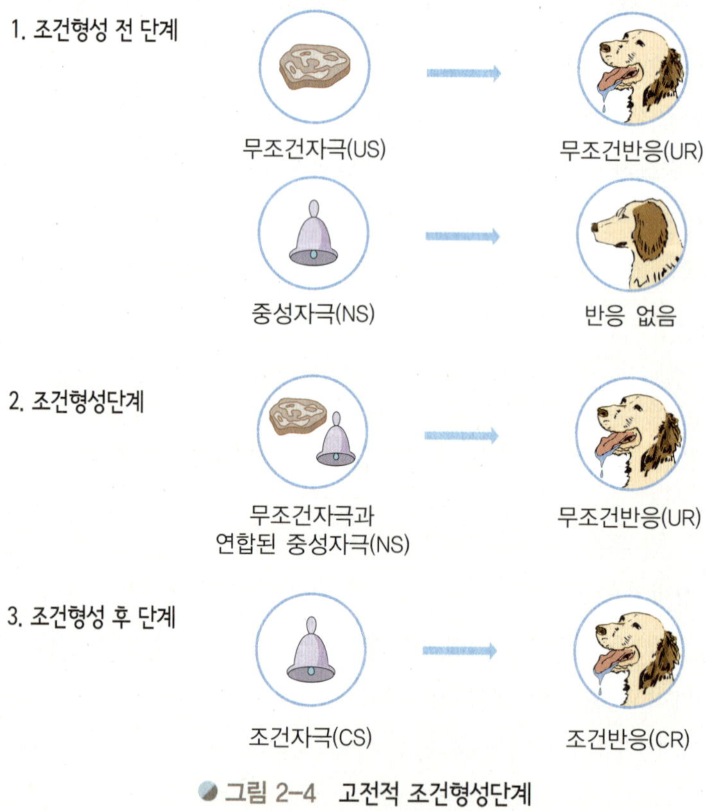

그림 2-4 고전적 조건형성단계

전에 발소리를 듣거나 음식이 가까이 오기만 해도 침을 분비한다는 사실을 발견하였다. 이는 반사행동을 일으키지 않는 중성자극예 : 발소리, 종소리에 대해 반사가 조건형성 되었다는 것을 의미한다(박성연 외, 2011 ; 정옥분, 2003).

이 과정에서 음식은 무조건자극US : Unconditioned Stimulus으로 개에게 침을 분비하는 무조건반응UR : Unconditioned Response을 일으킨다. 이때 중성자극NS : Neutral Stimulus인 종소리를 들려주면 개는 별다른 반응을 나타내지 않다가, 음식을 줄 때마다 종소리를 함께 들려주면 종소리는 무조건자극인 음식과 결합해 조건형성이 이루어지고, 이후에는 종소리만 들려줘도 침을 분비하게 된다. 조건 형성이 이루어진 후 침을 분비하게 하는 종소리는 조건자극CS : Conditioned Stimulus이 되고, 종소리를 듣고 흘리는 침은 조건반응CR : Conditioned Response이 되는 것이다그림 2-4.

파블로프의 고전적 조건형성이론은 학습이론의 기초를 마련했으며, 자극과 반응의 연합이라는 개념을 통해 학습이 이루어지는 원리를 보여 주었다(박성연 외, 2011).

2) 왓슨의 행동주의이론

왓슨Watson, 1878~1958은 '행동주의behaviorism'라는 용어를 최초로 사용하고, 외부환경의 경험이 개인의 특성을 결정한다고 보는 환경결정론적 입장을 주장하였다. 왓슨은 "나에게 12명의 건강한 아기를 주면 그들의 재능, 취미, 성향, 능력, 적성 그리고 인종에 관계없이 의사, 법률가, 예술가, 사업가뿐만 아니라 거지와 도둑에 이르기까지 원하는 대로 만들 수 있다"라고 하였다.

왓슨은 고전적 조건형성원리가 인간의 행동과 정서에도 적용이 가능한지 알아보고자 했는데, 흰쥐에 대해 공포반응을 나타내지 않던 11개월 된 앨버트에게 흰쥐를 보여 줄 때마다 큰 소리를 함께 제시하자 앨버트가 나중에는 흰쥐만 보고도 공포반응을 보여 인간의 정서도 조건형성될 수 있음을 입증하였다. 왓슨의 또 다른 업적은 이미 조건형성된 정서를 체계적 둔감법systemic desensitization을 적용해 처음으로 되돌리는 탈조건형성deconditioning을 제시한 것이다.

3) 스키너의 조작적 조건형성이론

그림 2-5 스키너

스키너Skinner, 1904~1990는 왓슨의 주장을 이어받아 자극과 반응S-R이론에 바탕을 둔 많은 연구를 수행하였다. 특히, 그는 인간의 행동은 고전적 조건형성이론에서 제시하듯이 비자발적이고, 수동적이며 기계적인 반응으로만 구성되지 않고, 유기체 스스로 행동을 일으키고 환경을 통제하는 자발적인 조작의 특성을 지닌다고 보았다(박성연 외, 2011). 그리고 그는 동물과 인간은 모두 좋은 결과를 가져오는 행동을 반복하며 좋지 않은 결과를 가져오는 행동은 억제하게 된다는 조작적 조건화operant conditioning 이론을 소개했다.

우연히 한 행동에 뒤따르는 결과자극가 긍정적이면 앞으로 행동이 일어날 가능성이 증가되는데, 이 같은 자극을 강화reinforcement라고 하였다. 강화에는 긍정적 강화와 부정적 강화가 있는데, 둘 다 어떤 행동이 발생할 확률을 증가시키는 것이다. 긍정적 강화는 칭찬, 음식, 돈과 같은 보상을 주어 이전 행동을 반복할 가능성을 증가시키는 것이고, 부정적 강화는 불쾌하게 여기는 것을 제거해 줌으로써 보상을 주는 것이다. 예를 들어, 한 유아가 어린이집에서 친구와 놀 때 자신이 가지고 놀던 장난감을 친구와 함께 갖고 놀았는데, 선생님이 이를 보고 칭찬을 하게 되면 유아는 앞으로도 선생님의 칭찬을 기대하고 놀이시간에 친구와 함께 나누면서 놀이하는 행동을 자발적으로 더 많이 나타내게 될 것이다.

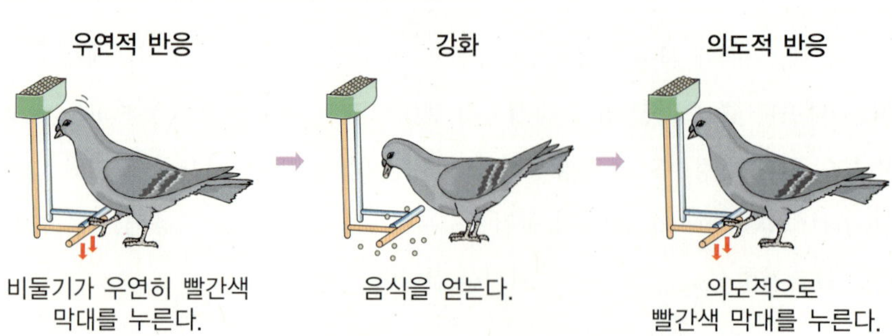

그림 2-6 조작적 조건형성과정

반면, 벌punishment은 앞으로 일어날 행동의 빈도를 감소시키는 것으로, 어떤 행동 뒤에 따른 결과로 인해 고통이나 불이익을 경험하면 자연스럽게 그 행동의 발생 빈도가 줄어든다는 것이다. 이런 원리를 적용해 아동의 행동을 바람직한 방향으로 조형shaping하는 과정들을 행동수정behavior modification이라 지칭한다(박성연, 2006 ; Kalat et al., 2007 ; Shaffer, 2002).

4) 반두라의 사회학습이론

그림 2-7 반두라

반두라Bandura, 1925~는 인간인 동물과 달리 전통적 학습이론인 조건형성을 통한 학습에서 보여 주는 것처럼 환경이나 자극에 대해 수동적으로 반응하는 존재가 아니라 자신의 발달에 능동적인 역할을 하는 존재로 보았다. 사회학습이론social learning theory은 아동의 인지적 과정이 학습에서 중요한 요인이 된다고 본다(박성연 외, 2011). 특히, 다른 사람이 행동하는 것을 관찰하고 능동적인 인지과정을 통해 학습이 일어나는 관찰학습을 중요한 발달과정으로 보았다. 예를 들어, 유아들이 가상놀이장면에서 어머니 또는 아버지 역할을 할 때 보여 주는 행동은 평소 어머니와 아버지가 하는 행동을 관찰하고 모방하는 것이다.

(1) 주요 개념

아동은 행동과 행동결과 간의 관계에 대해 능동적으로 이해하려는 인지적 존재이다. 따라서 본 것을 단순하게 모방해서 학습하는 것이 아니라, 모델의 행동을 주의 깊게 관찰하고 정보를 부호화하며 저장하는 형태의 인지적 처리과정을 통해 학습이 이루어진다. 이 같은 관찰학습observational learning에서는 모델이 영향력이 있거나 모델의 행동이 긍정적 강화를 받을 때 그 행동을 더 잘 따라하게 되는데, 이러한 모방행동을 대리강화vicarious reinforcement라 부른다. 그리고 자기 스스로 가치 있다고 생각하는 행동을 하면서 스스로 강화를 받는 자기강화self-reinforcement에 의해서도 학습이 일어난다.

관찰학습에서 성공적인 모방이 일어나기 위해서는 주의, 기억, 운동재생, 동기유발의 네 가지 과정이 필요하다(박성연 외, 2011 ; 정옥분, 2003).

① 주의

관찰학습이 일어나기 위해서는 우선 모델의 행동에 주의attention를 기울여야 한다. 모델에 대한 유사성성, 연령, 인종 등, 애정, 사회적인 힘유능함, 지위, 인기 등 등의 요인이 모델에 대해 주의를 집중시키는 데 영향을 미친다.

② 기억

행동이나 사건의 중요한 형상을 심상이나 말과 같은 상징을 사용해 기억memory하는데, 부호화나 반복연습과 같은 과정은 기억을 내면화하고 나중에 그 순서를 재생하는 데 도움을 준다.

③ 운동재생

관찰을 통해 알게 된 행동을 운동기술 연습을 통해 본인의 것으로 만드는 것을 운동재생motor reproduction이라고 한다. 이전에 관찰한 내용을 신체적으로 직접 수행하는 과정에서 스스로 교정하고 연습해서 모델의 행동과 일치시켜보려 하는데, 성공적 모방을 위해서는 학습자가 이 모든 행동을 수행할 수 있어야 한다.

④ 동기유발

새로운 행동을 학습한 것에 대해 강화요인에 대한 기대가 있어야 그 행동을 하려고 하는 동기가 유발motivation되어 관찰한 행동을 따라하게 된다. 조작적 조건형성이론에서는 강화가 학습하는 과정에서 필요한 요소이나, 관찰학습에서는 강화가 습득된 행동을 실제 수행하도록 하는 역할을 한다. 강화에는 직접강화, 대리강화 등이 있다.

(2) 상호결정론 모델

한편, 반두라는 발달이 일어나는 과정은 환경이 아동에게 영향을 미치는 일방향적인 과정이 아니라, 개인과 환경 간의 양방향적 상호작용과정이 일어나는 것으로

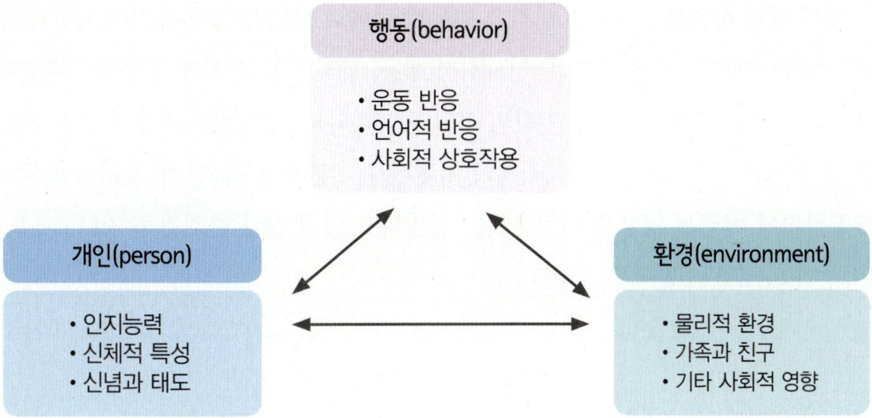

그림 2-8 반두라의 상호결정론 모델

출처 : 송길연 외 공역(2006), p. 64.

상호결정론reciprocal determinism 모델을 주장하였다. 발달은 능동적인 개인과 환경 그리고 행동의 세 요소 간의 상호작용에 의해 이루어진다그림 2-8. 아동은 자신이 원하는 환경을 선택하고, 환경이 아동의 행동에 영향을 미치기도 하지만, 아동의 행동 역시 환경에 영향을 미친다. 이처럼 발달은 아동과 환경 간의 지속적인 상호작용에 의해 일어나며, 이 과정에서 아동은 자신의 성장과 발달에 영향을 주는 환경을 만드는 데 능동적으로 개입하고 있다는 것이다(Shaffer, 2002).

5) 학습이론의 평가

학습이론에서는 구체적으로 관찰할 수 있는 행동을 대상으로 발달에 대해 다루고 있어 객관적이며 과학적으로 인간의 심리에 접근했다는 점에서 많은 기여를 했다. 그러나 관찰 가능한 행동에 대해서만 접근하였고, 행동발달을 기본단위로 보고 인간을 이해하려고 했기 때문에 발달의 전반적인 측면을 총체적으로 고려하는 데 한계를 나타냈다. 특히, 고전적 조건형성이론과 조작적 조건형성이론과 같은 전통적 학습이론은 인간발달에 미치는 환경의 영향을 지나치게 강조해 인간의 인지적 측면이나 내적인 동기를 소홀히 다루었고 발달에서의 능동적인 역할을 간과했다는 비판을 받는다.

이와 달리 사회학습이론은 인간을 능동적 존재로 보고 인지적 요인의 역할에 대한 이해를 넓혔다. 또한 공격성, 친사회적 행동, 성역할 등 사회화 과정에서 관찰학습의 중요성을 부각시키면서 인간의 사고와 사회와의 연관성을 보여 주었다. 하지만 관찰학습이 일어나는 과정에서의 인지체계가 어떻게 발달하는지, 그리고 발달이 관찰학습에 어떻게 영향을 미치는지는 설명하고 있지 않아 한계점을 지니고 있다(박성연 외, 2011 ; 정옥분, 2003).

3. 인지발달이론

인지발달이론은 발달과정에서 아동을 능동적으로 환경에 적응하고, 스스로 사고하며, 정보를 처리하고 적극적이며 주도적으로 활동하는 능동적 존재로 인식한다. 따라서 아동이 어떻게 사고하는가와 시간이 지남에 따라 아동의 사고가 어떻게 변화하는지에 초점을 둔다(Shaffer, 2002). 여기에서는 피아제Piaget의 인지발달이론, 비고츠키Vygotsky의 사회문화적 인지이론, 정보처리이론에 대해 알아본다.

1) 피아제의 인지발달이론

아동의 사고에 대한 이해에 있어서 피아제Piaget, 1896~1980의 업적은 위대하다. 동물학자였던 피아제는 지식의 기원을 밝히는 인식론epistemology에 관심을 갖고 논리와 사실을 혼합한 그만의 독특한 발생학적 인식론을 주장하였다. 그에 따르면 지식이나 인식은 정지된 것이 아니라 능동적으로 신체적 또는 정신적 행동을 취하는 과정 중에 형성된다. 그는 임상법을 적용해 아동의 사고과정에 접근하였으며, 아동의 사고과정은 지적 수준이 낮은 것이 아니라 성인과 완전히 다른 사고과정을 지니고 있음을 밝혔다. 또한 인간의 성장에 따라 인지과정이 질적으

그림 2-9 피아제

로 변화하는 것을 보여 주는 인지발달단계와 더불어 인지구조와 인지발달의 원리들을 제시하였다(박성연 외, 2011 ; Berk, 2000 ; Shaffer, 2002).

(1) 주요 개념

피아제는 인지발달이론에서 인간은 자신의 행동을 스스로 이끌어 가는 적극적인 존재인 능동적인 유기체로 보았으며, 유기체의 변화는 외적인 것이 아니라 내적인 변화라고 보았다. 그리고 인간은 환경의 요구에 적응하려는 보편적 성향을 타고나므로 지능을 유기체가 환경에 적응하는 기본적인 생활과정으로 정의하고, 획득된 지식의 내용이나 상태보다는 지능의 발달과정을 중요시했다. 여기서 적응은 유기체가 즉각적인 상황의 요구에 대처할 수 있는 능력을 의미하는 것으로 지능이 발달한다는 것은 이 같은 적응능력이 커지는 것을 의미한다. 따라서 인지적 발달은 환경에 대한 적응과정을 통해 인지적 구조를 형성하고 이를 점점 더 분화시켜 가는 과정으로 볼 수 있으며, 이때 적응과 평형이라는 원리가 작용한다(박성연, 2006 ; 박성연 외, 2011 ; 이민희 · 정태연 공역, 2004 ; Shaffer, 2002).

① 도식

피아제는 인지구조의 기본단위를 도식schema으로 보았다. 도식은 아동이 환경의 어떤 측면들을 이해하기 위해 구성하는 조직화된 사고 유형 또는 행위 유형으로 아동이 경험을 통해 구성해 나간다. 최초의 도식은 빨기 또는 잡기 등의 반사적 도식이었다가 여러 가지 경험을 통해 점차 분화되며 보다 복잡한 행동도식을 이루고 이후 정신적 도식으로 발달해간다.

② 적응

적응adaptation은 환경과의 효율적 상호작용을 통해 도식이 변화하는 과정으로, 동화assimilation와 조절accommodation이라는 상호보완적인 활동이 포함된다. 동화assimilation는 현재 가지고 있는 도식에 맞추어 새로운 대상이나 정보를 이해하는 것이다. 이에 반해 아동이 현재 가지고 있는 도식과 맞지 않는 환경적 대상이나 정보를 경험할 경우 인지적 비평형disequilibrium이 일어나며, 기존의 도식을 변화시켜 적응을 이루려고 하는데, 이를 조절accommodation이라 부른다. 조절이 일어나고 나면

도식은 질적으로 발달하게 된다. 동화와 조절의 과정은 평형의 원리에 의해 유도되며, 이러한 과정을 통해 인지가 발달해간다.

③ 평형

인지발달은 계속되는 동화와 조절에 의해 이루어지는데, 이 과정에서 인간이 타고난 기능적 성향인 평형equilibrium의 원리가 작용된다. 평형은 유기체가 유기체와 외부환경 간 또는 유기체 내에서 경험하는 인지적 요소들 간에 균형상태를 애써 유지하려는 경향을 말한다. 아동은 평형과 비평형을 왔다 갔다 하면서 더 효율적인 도식을 발달시키게 된다. 푸들을 보고 강아지라고 부른다는 것을 알게 된 영아가 엄마와 길을 지나가면서 좀 더 큰 진돗개를 보고 강아지라고 할 때 이것은 동화assimilation라는 인지적 활동을 나타낸 것이다. 이때는 자신이 가지고 있던 도식과 외부환경의 대상이 일치하므로 인지적 평형상태를 이루게 된다. 그런데 어느 날 엄마와 친구집에 놀러갔다가 고양이를 보고 강아지라고 했더니 엄마는 강아지가 아니라 고양이라고 했다. 이때 영아의 인지적 평형은 깨지고 영아 내에서는 인지적 균형을 이루기 위해 자신이 가지고 있던 기존의 도식을 변화시키는 조절accommodation이라는 인지적 활동이 일어나게 되며 다시 평형을 찾게 된다. 이런 모든 과정들이 인지발달과정이다.

(2) 인지발달단계

피아제는 인지발달단계를 4단계로 제안했다표 2-4. 여기서 인지발달은 내적 성숙이나 외적 교육에 의해 이루어지기보다 아동의 능동적 행동을 통해 보다 분화되고 포괄적인 인지구조를 형성해 나가는 과정이다. 각 단계는 질적으로 다른 특성을 지니며, 그 이전 단계의 구조들이 통합되어 나타나기 때문에 어느 단계를 뛰어넘을 수 없다. 그리고 단계의 순서는 불변적이므로 모든 아동은 동일한 순서로 단계를 거쳐 간다. 다만, 아동마다 각 단계를 다른 속도로 통과하므로 실제로 단계에 제시된 연령은 중요하지 않다(박성연 외, 2011).

① 감각운동기

출생에서 2세까지의 시기로, 출생 시에는 단순한 반사만 나타내다가 이후 감각

표 2-4 피아제의 인지발달단계

단계	발달시기	특징
1단계 : 감각운동기 (sensory-motor stage)	출생~ 2세	• 감각 경험과 신체활동을 통해 외부 세계를 인식한다. • 대상영속성이 발달한다.
2단계 : 전조작기 (preoperational stage)	2~7세	• 상징과 내적 이미지를 사용하여 사고한다. • 자기중심적인 특징을 가진다. • 언어발달과 상상놀이가 시작된다.
3단계 : 구체적 조작기 (concrete operational stage)	7~11세	• 구체적인 사물과 행위에 대해서 조작하는 능력을 가진다. • 보존개념, 탈중심화 능력이 발달한다.
4단계 : 형식적 조작기 (formal operational stage)	11세 이후	• 추상적인 사고를 한다. • 가설적인 수준에서 논리적 · 체계적으로 사고하는 능력이 발달한다.

출처 : 박성연 외(2011), p. 58.

적 경험과 신체활동과 같은 행동도식을 통해 외부세계를 탐색하고 이해한다. 또한 환경에 적응하고 환경을 탐색하는 시기로, 분리된 감각도식들이 점차 복잡한 감각도식으로 협응이 이루어지며, 감각운동기sensory-motor stage의 말기에 이르면 대상영속성이 충분히 발달한다

② 전조작기

2~7세에 해당하며, 상징을 사용할 수 있게 되면서 언어와 심상으로 사물과 사건을 표현하기 시작하지만, 정신적 조작능력의 발달이 덜 이루어져 눈에 보이는 대로 사물과 사건을 이해하고 비논리적 생각을 하게 된다. 또한 전조작기preoperational stage에는 타인의 조망을 고려하지 못하는 자기중심성을 나타내고 문제의 한 측면에만 주의를 기울이는 중심화된 사고의 특성을 나타낸다.

③ 구체적 조작기

구체적 조작기concrete operational stage는 7세부터 시작해 11, 12세 혹은 이후까지도 이어지는 시기로, 조작적 사고가 가능해진다. 문제를 해결하거나 이유를 추론하는 과정에서 좀 더 체계적이며 효율적인 책략과 규칙을 사용한다. 가역적 사고가 가능해지면서 보존개념이 형성되고 분류화, 서열화가 가능해지나, 여전히 현재나 구

체적 사물에 국한된 사고능력을 나타낸다.

④ 형식적 조작기

형식적 조작기formal operational stage는 청소년기 이후의 시기로, 구체적이고 실제적인 대상에 대해서만 사고하는 것에서 벗어나 추상적이며 가설적인 상황에 대해 정신적 조작을 할 수 있다. 가설적이며 체계적인 연역적 사고가 가능해지므로 자료를 과학적으로 조직하고 추리하며 가설을 설정하고 검증하는 것이 가능해진다.

2) 비고츠키의 사회문화적 인지이론

그림 2-10 비고츠키

비고츠키Vygotsky, 1896~1934의 사회문화적 인지이론에서는 인지발달에 대한 사회문화적 요인의 기여를 강조하면서 인간의 행동은 사회문화적 배경과 분리해서 생각할 수 없다고 보았다. 한 사회의 문화적 특성인 사회문화적 가치, 관습, 이데올로기, 고차적 정신기능 등은 사회적 상호작용을 통해 전수된다.

사회적 상호작용을 통해 사회 또는 개인 간 수준에서 먼저 일어난 인지발달은 그 후에 개인적·심리적 수준에서 일어나는 과정으로 이어진다.

아동은 지식을 더 많이 가진 구성원과의 상호작용을 통해서 그 문화에서 필요한 능력과 삶의 방식을 배우고, 자신이 이미 알고 있는 지식과 기술에 새롭게 경험하는 것들을 통합해 인지발달을 이루게 된다(박성연 외, 2011 ; Kalat et al., 2007).

비고츠키의 주요 개념은 다음과 같다.

(1) 근접발달영역

근접발달영역ZPD : Zone of Proximal Development은 아동이 독립적으로 과제를 수행해 성취할 수 있는 실제적 발달수준과 성인의 지도나 자신보다 더 유능한 또래와의 협력과 상호작용을 통해 도달할 수 있는 잠재적 발달수준 간의 중간 영역을 말한다. 도움이 없다면 발달수준이 실제적 수준에 머물겠지만, 도움을 받을 경우 근접발달

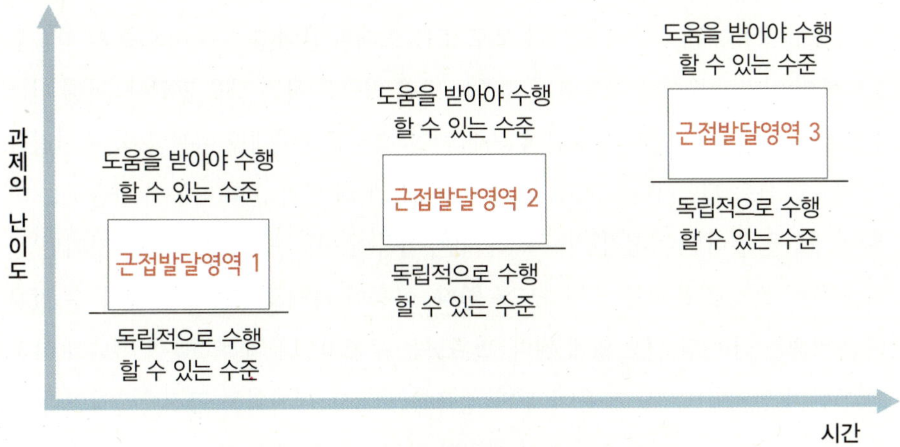

그림 2-11 근접발달영역과 발달수준의 변화

출처 : 박성연(2006), p. 70.

영역이 넓어지면서 발달수준은 더 상향될 것이다. 이 영역에서는 섬세한 가르침이 중요하며 새로운 인지발달이 이루어지는 것을 기대할 수 있다(정옥분, 2006).

근접발달영역에서도 아동마다 도달할 수 있는 잠재적 발달수준은 차이를 나타낸다. 예를 들어, 처음에 아동 A와 아동 B가 교사의 도움 없이 혼자 힘으로 수학문제를 풀 수 있는 실제 수행능력은 60점으로 비슷했지만, 교사의 도움을 받고 난 후 아동 A의 수행능력은 80점으로 향상되었고, 아동 B의 수행능력은 90점으로 향상되어 개인차를 나타냈다.

(2) 발판화(비계화)

발판화scaffolding, 비계화란 아동이 과제를 보다 잘 이해하고 스스로 해결할 수 있도

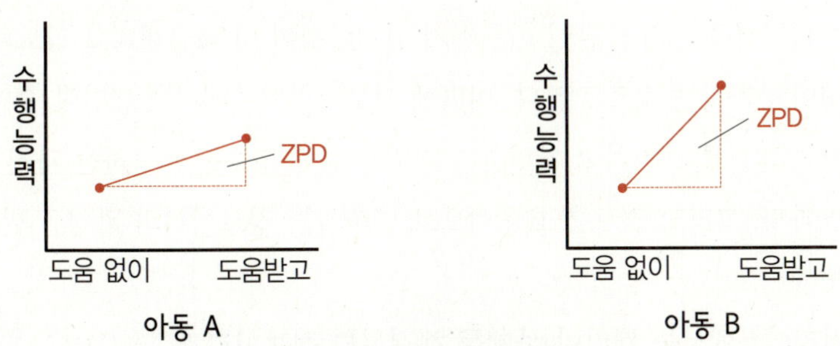

그림 2-12 근접발달영역의 개인차

출처 : 정옥분(2006), p. 234.

록 아동보다 유능한 수준의 교사나 부모 또는 또래의 안내 및 도움이 아동의 학습을 도와주어 인지적 향상을 가능하게 해주는 발판 역할을 하는 것을 말한다. 이때 어느 정도로 도움을 줄 것인가는 성인이 모두 책임지는 것이 아니라 아동과 함께 결정하는 것으로 아동 개인마다 그리고 과제의 성격에 따라 달라진다. 아동이 학습하는 내용이 새로운 것이면 직접적 지시를 하지만, 아동이 어느 정도 알고 있는 것이면 힌트를 주어 스스로 문제를 해결하도록 한다. 아동이 과제를 혼자서 해결할 수 있게 되면 비계는 더 이상 필요 없게 된다. 발판화는 구체적인 문제해결뿐만 아니라 아동의 전반적 인지발달에도 도움이 된다(정옥분, 2003). 발판화는 근접발달영역과 밀접한 관련이 있는 개념으로 아동이 최적의 발달수준에 이를 때까지 임시적으로 성인이나 또래가 지원을 하는 것을 의미한다.

한편, 개인은 사회적 경험을 통해 자신이 접하고 있는 세계에 대해 사고하고 해석하는 방식들을 구성하게 되는데, 이때 사회적 경험을 심리적으로 표현하는 주요 방법은 언어이다. 비고츠키는 언어는 아동의 인지발달에 매우 중요한 역할을 하는데, 언어를 통해 자신의 생각과 행동을 능동적으로 조절하게 되고 아동이 하는 혼잣말은 인지발달에 매우 중요한 역할을 하는 것으로 보고 있다.

3) 정보처리이론

정보처리이론information-processing theory은 1970년대 이후로 플라벨Flavell에 의해 발전되었는데, 인간의 인지과정을 정보가 투입input되고 처리되어 결과를 산출output하는 컴퓨터에 비교하였다(박성연 외, 2011). 정보처리이론에서는 인지발달이란 연령의 증가에 따라 컴퓨터의 하드웨어에 해당하는 뇌와 신경계의 발달과 소프트웨어에 해당하는 기억책략 등의 발달이 이루어져 인지과정이 더 복잡해지고 정보처리과정의 효율성이 증가하는 것으로 본다. 이밖에 정보처리이론에서는 개인이 주위환경에서 들어오는 정보를 조작하고 처리하는 기억을 통해 정보를 저장하는 과정, 정보를 전환하는 과정, 그리고 정보를 효율적으로 인출하는 정보처리의 과정을 밝히는 데 관심을 둔다.

정보처리이론에서는 개인이 문제를 해결하는 정보처리과정을 그림 2-13과 같이 설명한다. 개인은 감각기관을 통해 외부의 정보를 받아들이는데, 이때 정보는 정보

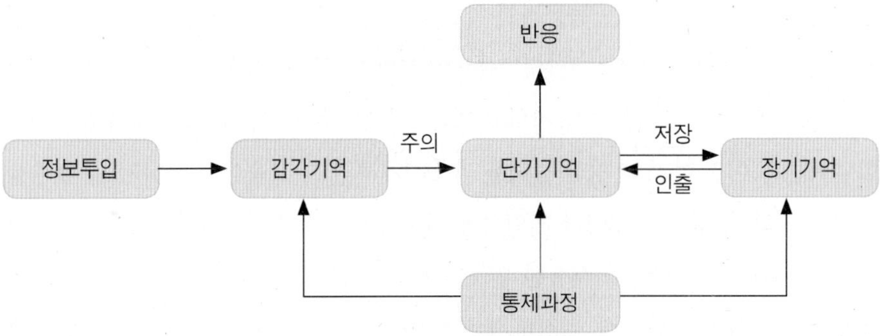

그림 2-13 **정보처리과정**

출처 : 박성연 외(2011), p. 60.

투입과정을 통해 두뇌에 들어와 감각기억과정을 거치게 된다. 감각기억과정에서 주의를 기울이지 않은 정보는 그대로 사라져버리지만 주의를 기울인 정보는 단기기억으로 넘어간다. 단기기억에 들어온 정보는 부호화, 반복연습, 조직화 및 의미부여 등 기억책략의 도움으로 장기기억으로 저장되거나 그렇지 못한 정보는 잊혀지게 된다.

정보처리이론에서 인지발달은 정보처리과정의 효율성이 증가하는 것이다. 나이든 아동이 어린 아동보다 수학문제를 더 잘 푸는 것은 나이든 아동의 기억용량이 어린 아동보다 더 크고, 소프트웨어에서의 변화처럼 수학문제를 푸는 방법에서도 더 효율적이기 때문이다. 즉, 연령이 증가하면서 기억하는 능력이 발달하고, 아동이 가진 정보의 내용이 확장되면서, 정보인출과정에서도 기존의 정보와 새로운 정보를 쉽게 연결시켜주기 때문에 학습이 잘 이루어진다고 본다. 뿐만 아니라 연령의 증가와 함께 인지전략을 선택하는 과정에서도 효율성이 더 높아지기 때문에 문제해결을 잘 해나갈 수 있게 되는 것이다. 따라서 정보처리이론에서는 투입과 산출의 관계, 정보처리의 효율성에 대한 분석을 기초로 각 연령층 또는 개인의 발달수준을 파악한다(박성연, 2006 ; 박성연 외, 2011).

4) 인지발달이론의 평가

인지발달연구에 끼친 피아제의 영향력은 매우 깊고 광범위하다. 아동을 스스로 인지구조를 구성해 나가는 능동적인 학습자로 인식하는 구성주의적 관점을 제시함으로써 아동 이해에 새로운 관점을 제시했고, 아동의 사고가 어른의 사고와 질적으로 서로 다른 독자적인 특성을 지니고 있다는 것을 발견했다. 그러나 피아제의 인지발달이론은 어린 아동의 지적 능력을 과소평가하였고, 교육이나 문화가 실제 수행능력에 미칠 수 있는 영향이나 개인차에 대해 언급하지 않았다는 점에서 비판을 받고 있다. 뿐만 아니라 그가 사용한 연구방법인 임상법은 언어적 표현기술이 부족한 어린 유아에게 사용하는 데 적절하지 못해 아동의 실제 능력을 과소평가할 수 있으며, 인지발달에만 초점을 맞추고 사회적 · 정서적 발달을 설명해 주지 못한다는 점에서 제한점이 있다.

이에 반해 비고츠키는 아동의 인지발달에서 문화적 특수성을 강조하면서, 사회의 문화적 · 역사적 맥락이 아동의 발달에 중요한 역할을 한다고 주장하였다. 그리고 학습에서 교사나 유능한 또래와의 사회적 상호작용을 중요시 여겼다는 점과 근접발달영역 및 비계화 등 새로운 개념을 제시한 것은 새롭다. 하지만 근접발달영역의 개념이 모호하며 인지발달에 미치는 생물학적 측면을 간과했다는 점에서 비판을 받고 있다(박성연 외, 2011 ; 정옥분, 2003).

한편, 전반적인 지식구조를 이해하려는 피아제의 인지발달이론에 비해 정보처리이론은 보다 더 구체적이고 기능적인 인지측면을 다루며, 보편적 발달양상 외에 발달의 개인차에도 관심을 둔다. 그리고 무엇보다 발달을 단계적이 아니라 연속적인 과정이라고 주장하는 점에서 피아제이론과 큰 차이를 나타낸다(박성연, 2006 ; Shaffer, 2002). 하지만 정보처리과정이 일어나는 맥락이나 개인의 욕구, 능력 등의 관련성은 간과했다는 점에서 비판을 받는다(박성연 외, 2011).

4. 발달맥락적 관점

아동을 둘러싼 환경은 시간의 흐름과 함께 변화해가며 동시에 여러 환경들이 서로 관련되어 있는 맥락적 특성을 지닌다. 따라서 아동발달연구에서도 아동이 살아 움직이는 맥락 속에서 역동적으로 관계를 주고받으면서 이루어 가는 발달적 경로와 발달적 현상들에 대해서 관심을 가지게 되었다. 여기서는 대표적으로 동물행동학적 이론과 생태학적 체계이론에 대해 알아볼 것이다.

1) 동물행동학적 이론

동물행동학ethology은 진화론적 관점에서 인간과 동물의 행동을 연구하는 학문으로 인간발달에서 생물학적 역할을 강조한다(정옥분, 2006). 모든 유기체는 생존적 가치를 높이는 종 특유species-specific의 행동을 선택하면서 환경에 적응적인 방식으로 발달한다. 모든 종의 구성원은 생물학적으로 프로그램된 여러 행동을 가지고 태어나는데, 이 행동들은 진화의 산물이며, 생존에 기여한다는 점에서 적응적이다. 이 이론에서는 적응적인 행동의 유전에 관심을 가지는 동시에 적응에 성공하기 위해서는 적절한 환경이 필요하다는 사실도 인정한다(박성연 외, 2011).

(1) 로렌츠의 각인이론

로렌츠Lorenz, 1903~1989는 동물행동연구에 다윈의 진화론적 관점을 도입해 자신의 이론을 발전시켰다. 그는 동물의 행동을 관찰하면서 각 동물에게 선천적으로 생존 가능성을 높이는 행동 패턴이 있다는 것을 발견했다. 이 중 가장 잘 알려진 것이 각인imprinting이다(정옥분, 2003).

그림 2-14 로렌츠

① 각인

각인imprinting은 동물이 태어나서 처음 접하는 대상에게 애착을 형성하는 선천적 특성으로, 어린 오리 새끼는 부화한 후 처음 접하는 대상인 어미에게 각인되어 어미를 따라다니는 종 특유의 행동을 보인다. 이런 행동은 어미로부터 먹이를 얻어먹고 보호를 받을 수 있기 때문에 생존을 위한 적응행동으로 볼 수 있다. 이때 각인은 제한된 기간 내에서만 일어나는데, 만약 이 기간 동안 어미가 없으면 어미를 닮은 다른 대상에게 각인이 일어날 수도 있다. 로렌츠는 동물의 종에 따라 각인되는 대상의 범위가 다르다는 것을 발견했다.

② 결정적 시기

그림 2-15 로렌츠의 각인현상

각인현상에 대한 관찰은 결정적 시기critical period의 개념으로 발전되었다. 유기체는 적응적 행동을 습득하도록 생물학적으로 준비가 되어 있는 일정한 시기가 있는데, 이를 결정적 시기라고 한다. 이 시기 동안 적절한 환경적 자극이 주어져야 각인이 일어날 수 있으나, 이 시기가 경과해버리면 그 동물로 하여금 다른 대상에게 애착하도록 하는 것은 불가능하다(박성연, 2006 ; 정옥분, 2003 ; Shaffer, 2002).

인간발달의 경우에도 생물학적으로 특정시기에 발달이 더 잘 이루어지도록 준비되는 최적의 시기가 있는데, 이는 결정적 시기라고 지칭하기보다 민감한 시기sensitive period 또는 최적의 시기optimal period 개념으로 사용할 수 있다(박성연 외, 2011).

(2) 보울비의 애착이론

그림 2-16 보울비

보울비Bowlby, 1907~1990는 동물행동학적 이론을 인간을 대상으로 연구했는데, 인간 역시 동물과 마찬가지로 생물학적으로 프로그램된 다양한 행동을 보인다고 주장하였다. 그는 특히 아기와 양육자 간의 애착관계를 연구해 애착이론을 발전시켰다. 이후 에인스워스Ainsworth, 1913~1999는 '낯선 상황실험'을 통해 애착을 측정하였으며 애착 유형을 구분하였다.

① 주요 개념

- 애착attachment : 애착은 영아와 양육자 간의 친밀하고 강한 정서적 유대관계를 언급하는 것으로 영아의 생존과 심리적 안정을 위해 필수적인 것으로 여겨진

다. 보울비는 영아가 양육자에게 매달리고 가까이 있으려는 행동을 보이는 것은 진화의 과정에서 형성된 것으로 생존을 위한 행동이며 적응과정에 속한다고 보았다.

또한 보울비는 영아와 주 양육자 간에 형성하는 애착관계는 이들 간의 상호작용과정에서 영아가 경험하는 양육의 질에 영향을 받는다고 보았다. 따라서 개인마다 애착관계의 질은 다를 수 있다. 동시에 이 같은 관계의 형성에 결정적 시기 개념이 작용하는데, 인간발달에서는 이를 민감기sensitive period로 지칭하였다. 애착관계 형성의 민감기는 생후 첫 3년 정도의 기간으로 이 시기에 주 양육자 또는 가까운 사람들과 정서적 유대관계를 형성하지 못하면 이후의 생애에서 친밀한 정서적 관계를 형성하는 데 더 많은 어려움을 겪게 된다.

- 애착 유형 : 에인스워스와 그의 동료들(1978)은 '낯선 상황실험'을 통해 애착유형을 세 유형으로 구분하였고 이후 후속 학자들의 연구에서 유형이 추가되어 다음과 같이 크게 네 가지 유형을 들 수 있다(박응임, 1995).
  - 안정애착secure attachment : 연구대상의 65% 정도를 차지하는 유형으로 영아는 낯선 상황에서 어머니를 확인하며 주위를 탐색한다. 어머니가 없을 때는 불안해하며 울거나 어머니를 찾다가, 어머니가 돌아오면 반갑게 맞이하면서 쉽게 안정을 얻는다.
  - 회피애착avoidant attachment : 낯선 상황에서 어머니에게 별로 신경 쓰지 않으며 독립적으로 탐색활동을 보인다. 어머니가 나가도 울거나 불안해하지 않고, 어머니가 다시 돌아왔을 때도 어머니를 반기지 않고 무시하거나 회피한다.
  - 저항애착resistent attachment : 낯선 상황에서 어머니가 함께 있을 때도 어머니에게서 떨어지지 못하고 탐색을 별로 하지 않는다. 어머니가 나가면 심하게 분리불안을 보이며, 어머니가 돌아왔을 때 어머니와 접촉은 시도하지만 어머니로부터 안정감을 얻지 못하고 울음을 그치지 않으며 어머니를 밀쳐버리는 양가감정을 나타낸다.
  - 혼란애착disorganized attachment : 불안정애착이 가장 심한 형태로 어머니가 나갔다가 다시 돌아왔을 때 얼어붙은 표정으로 어머니에게 접근하거나 어머니가 안아줘도 먼 곳을 쳐다보는 등의 비조직적이고 모순된 행동을 보인다.

표 2-5 애착형성의 4단계

단계	발달시기	특징
1단계	출생~3개월	비변별적 반응 : 빨기, 젖 찾기 등의 각종 반사, 미소, 응시, 눈 마주치기 등 양육자와 근접을 유지하려고 하며 감각적으로 접촉하여 양육자의 특성을 알아간다.
2단계	3~6개월	낯익은 사람에게 초점 맞추기 : 친숙한 성인에 대해 선택적인 반응으로 표현한다.
3단계	6개월에서 3~4세	능동적 접근 추구 : 애착 대상에 대해 능동적으로 접근하려는 목적을 가지고 행동한다.
4단계	3~4세 이후	동반자 행동 : 부모에 대해 근접과 사랑을 유지하기 위해 부모의 행동에 영향을 줄 수 있는 다양한 행동을 시도한다.

출처 : Ainsworth(1982) ; 박응임(1995), pp. 9~10에서 재인용.

② 애착형성단계

에인스워스의 애착형성단계는 크게 4단계로 구분된다표 2-5. 1단계에서 영아는 대부분의 사람에게 비변별적 반응을 보이며 다음 2단계에는 친숙하고 낯익은 사람에게만 선택적으로 반응을 나타낸다. 3단계에 접어들어 영아는 주 양육자인 애착대상에게 능동적으로 접근하려 하면서 분리불안과 함께 강한 애착을 나타낸다. 마지막 4단계에서 유아는 내적 작동모델internal working model을 형성하면서 주 양육자인 애착대상이 떠나가도 다시 돌아온다는 것을 이해할 수 있게 되면서 자신과 주 양육자의 요구를 서로 맞추어 나가는 동반자와 같은 관계로 행동한다.

(3) 동물행동학적 이론의 평가

각인이론은 발달에 대한 생물학적 · 환경적 영향에 덧붙여 진화론적 견해를 더해 아동발달 이해에 대한 관점을 확장하였다. 특히, 결정적 시기의 개념과 종에 따라 각인의 대상과 범위가 다르다는 사실을 밝혀낸 점은 뛰어나다. 하지만 학습의 역할을 무시했다는 비판과 함께 자연관찰법에 의존한 연구는 어려움과 한계를 지닌다.

보울비의 애착이론은 20세기 후반의 사회 및 정서적 행동연구에 지대한 영향을 미쳤으며, 울음과 미소 같은 아동의 행동이 단순한 표현행동에 그치는 것이 아니라 부모의 사랑과 보살핌을 유발하는 자기 생존을 위한 반응행동으로서의 중요성을 깨닫게 해주었다. 뿐만 아니라 아동양육, 심리치료, 입양 등에서 접촉과 관계형성에 대한 중요한 기초 자료를 제공해 주었다. 반면, 보울비의 애착이론은 연구대상을 유아기에 한정시켰다는 지적과 함께 생물학적 기초와 결정적 시기를 지나치게 강조한다는 비판을 받고 있다(박성연, 2006 ; 박성연 외, 2011 ; 정옥분, 2003 ; Shaffer, 2002).

2) 생태학적 체계이론

생태학적 체계이론ecological systems theory은 인간의 발달을 사회문화적 관점에서 이해해야 한다고 본다. 브론펜브레너Bronfenbrenner, 1917~2005에 의하면 아동은 자신을 둘러싼 여러 수준의 환경체계와 직·간접적으로 상호작용하면서 발달해 나간다. 그는 아동발달에 직접적으로 영향을 주고받는 부모나 가족 등을 넘어서서 포괄적이고 간접적인 사회, 정치, 문화의 영향에 대해서도 체계화해서 설명하고 있다(박성연 외, 2011).

그림 2-17 브론펜브레너

(1) 주요 개념

환경체계는 미시체계, 중간체계, 외체계, 거시체계, 시간체계의 다섯 가지 환경체계로 세분화된다그림 2-18. 인간은 능동적인 존재로 일방적으로 환경체계의 영향을 받기만 하는 것이 아니라 환경에 영향을 미치기도 한다. 가족, 학교, 직장, 지역사회 등과 같은 환경체계 역시 항상 고정되어 있지 않고 끊임없이 변화하는 특성을 지니며, 각 체계들끼리도 서로 상호작용하면서 개인의 발달에 영향을 준다. 또한 각 체계가 미치는 영향력과 관계의 속성은 인간의 발달단계에 따라 달라진다. 영아기에는 부모를 비롯한 대리양육자보육교사, 아이돌보미 등와 같은 미시체계의 영향력이 더 크지만, 청소년기에는 유행과 대중매체 같은 외체계와 거시체계의 영향력이 커지게 된다(박성연, 2006 ; 박성연 외, 2011 ; 정옥분, 2003).

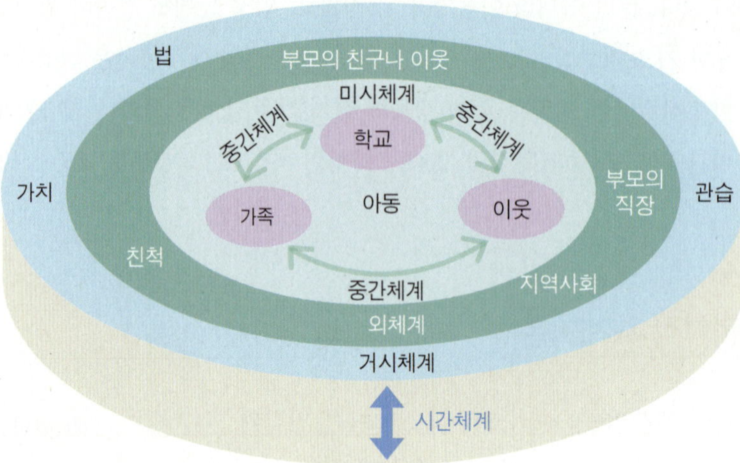

그림 2-18 생태학적 체계이론

① 미시체계

아동을 둘러싼 근접환경으로 아동과 직접 상호작용이 일어나는 환경체계를 일컫는다. 미시체계microsystem로는 아동의 가족, 친구, 보육기관, 학교, 이웃이 포함되며, 집의 크기, 보육기관의 시설, 학교 운동장 등도 포함된다.

② 중간체계

중간체계mesosystem는 미시체계들 간의 상호관계나 연결을 의미한다. 즉, 부모와 교사와의 관계, 부모와 또래와의 관계 등이 이에 속한다. 중간체계들 간의 관계가 밀접하면 할수록 아동의 발달은 순조롭게 진행된다. 예를 들어, 유아를 보육기관에 처음 보낼 때 유아의 특별한 습관이나 심리적 특성에 대해 교사와 미리 충분한 교류가 이루어지면 교사가 미리 대처할 수 있어 유아가 보육기관에서 적응하고 생활해 나가는 데 어려움이 줄어들 수 있다.

③ 외체계

외체계exosystem는 아동이 직접 경험하지 않지만 발달에 영향을 미치는 사회적 환경을 의미한다. 예를 들어, 부모의 직업, 정부기관, 교육제도, 대중매체 등이 속한다. 부모의 직업은 아동이 직접 일하는 것은 아니지만, 부모의 근무시간, 직장분위기,

휴가, 전근 등으로 아동의 발달에 영향을 미친다. 부모가 직장에서 스트레스를 많이 느끼면 자녀에게 정서적으로 편안하게 다가가기 힘들 수 있다. 또한 부모가 토요일에도 근무하는 직장에 다닐 경우, 아동은 학교에 가지 않기 때문에 혼자서 집에서 지내야 하므로 어려움이 야기될 수 있다.

④ 거시체계

거시체계macrosystem는 미시체계, 중간체계, 외체계를 포함하며, 아동이 속한 문화, 관습, 전통, 이념, 법률 등의 환경을 포함한다. 아동이 속해 있는 사회문화적 배경은 아동의 발달에 지속적인 영향을 미친다. 거시체계는 일반적으로 다른 체계보다 오랜 시간에 걸쳐 안정적이지만 때로는 급격한 사회적 변화에 따라 변화를 가져오기도 한다.

⑤ 시간체계

시간체계chronosystem는 전생애에 걸쳐 시간의 흐름에 따라 일어나는 환경적 사건 및 변화를 포함한다. 시간체계는 역동적이고 계속 변화하는 성질을 갖는데, 아동이 성장하면서 겪게 되는 외적인 사건이나 개인 내적인 사건이 해당된다.

⑥ 생태학적 전환

한 체계 또는 둘 이상의 체계가 주요한 전환을 겪는 중대한 변화를 의미한다. 생태학적 전환ecological transition은 전생애에 걸쳐 자연스럽게 이루어지기도 하고, 주요한 전환은 민감성과 불안감을 고조시켜 아동발달을 강화하거나 저해할 수 있다. 입학, 졸업, 결혼, 이사와 같은 생태학적 전환은 새로운 변화에 대한 적응과 역할변화가 요구된다.

(2) 생태학적 체계이론의 평가

발달에 대한 다른 이론들이 아동의 환경을 협소하게 설명한 데 비해 생태학적 체계이론은 인간발달에 미치는 다양한 환경의 영향 및 환경 간의 관계가 미치는 영향, 그리고 사회역사적 환경의 영향을 강조하고 체계화한 점에서 높이 평가받고 있다. 또한 개인–과정–맥락 모형 등 보다 세분화된 과정 중심적 연구방법을 통해 중재 프로그램이나 정책방향을 위한 실질적인 제언을 제시하는 데 크게 기여했다. 그러나 한편으로 이 이론은 지나치게 포괄적이어서 모든 맥락을 고려한 연구를 진행하기에 사실상 어려움이 많다. 또한 발달에 영향을 미치는 생물적 요소나 인지적 과정에 대한 관심이 거의 없다는 점에서 제한점을 지닌다.

CHAPTER

03

발달연구방법

1. 아동연구의 목적 | 2. 아동연구의 일반적 과정
3. 아동연구의 접근방법 | 4. 아동연구와 연구윤리

CHAPTER

03

아동을 어른의 축소판으로만 생각하였던 아동관은 17세기를 지나서야 아동이 그들만의 고유의 특징을 가지고 있는, 어른들의 관심과 배려가 필요한 존재로 인식되기 시작하였다. 이에 따라 점차 아동에게 실제적인 도움을 주기 위한 연구의 필요성이 대두되었다. 특히, 20세기를 전후하여 아동에 대한 다양한 발달이론이 나오기 시작하면서 아동의 객관적인 이해를 위한 각종 검사도구가 개발되었고, 이와 함께 아동연구도 구체적이고 체계적으로 이루어질 수 있었다.

1. 아동연구의 목적

아동연구는 아동의 각 연령에 따른 발달특성 및 연령변화에 따른 발달변화 양상을 이해하기 위하여 수행된다. 즉, 아동연구는 아동의 발달특성에 대한 기술description과 더불어 어떠한 과정을 거쳐 발달변화가 일어나며 왜 그런 발달과정을 보이는지를 설명한다explain. 또한 아동의 행동을 예언prediction하여, 결과적으로 아동을 건강하게 성장발달시키기 위한 방법은 무엇인지를 파악하고 환경적인 통제control를 통해 아동의 바람직한 발달을 도모하기 위해 활용하는 데 그 목적이 있다(박성연, 2006).

따라서 아동의 발달에 관한 현상과 과정을 기술하는 것은 아동연구의 가장 기본적인 목적이 된다. "유아가 사용하는 언어의 수준은 어른과 어느 정도 차이가 있으며 그 차이는 어떤 과정을 거쳐서 어른과 같아지게 될까?", "왜 유아는 사물을 전체적으로 이해하기보다는 자기가 보는 관점에서만 이해하려고 하고 어떤 과정을 거쳐 이러한 자기중심성을 극복하게 될까" 등의 의문에 답하기 위해서는 유아의 행동과 반응을 장시간 관찰하면서 자료를 수집해서 이를 분석해 보아야 한다. 한편, 질문지나 면접을 통하여 다수 아동의 보편적인 발달의 특징을 이해할 수 있으며, 때론 특정한 아동에 대한 사례연구를 통하여 구체적인 정보를 얻기도 할 것이다(황혜정 · 문혁준 · 안선희 · 안효진 · 이경옥 · 정지나, 2011).

유아발달을 연구하는 실제적 의의는 다음과 같다(정혜욱 · 이옥형, 2011 : 24–25).

첫째, 부모의 자녀양육방법에 도움을 준다. 즉, 부모에게 양육지침을 제공하여 문제행동을 일으킬 가능성을 최소화할 수 있는 효과적인 방법을 제공해 준다.

둘째, 아동전문가교사, 사회사업가, 소아정신과 의사 등는 아동의 전반적 발달을 이해하고, 시대에 따른 발달의 변화 및 경향 등의 지식을 통해 자신의 영역에서 도움을 받는다.

셋째, 유아를 위한 교육과정 구성 및 교육정책 수립에 적용된다.

넷째, 사회문제의 많은 부분이 영유아기와 밀접한 관련이 있으므로 이를 해결하는 데 도움을 준다.

그러므로 우리가 연구결과를 믿고 이를 아동의 이해와 발달을 도모하기 위한 유익한 정보로 사용하기 위해서는 무엇보다도 객관적이고 타당하며 신뢰할 수 있는 연구방법을 사용해야 할 것이다.

2. 아동연구의 일반적 과정

문제를 해결하기 위한 과정은 일반적으로 연구문제를 제기하고 가설을 설정한 후 이를 검증하기 위해 연구를 수행하고 수집된 자료를 분석하여 그 결과를 제시하는 다섯 단계를 거친다(곽금주 · 김경은 · 김근영 · 김연수 · 이강이 · 한세영 공역, 2012).

(1) 1단계 : 문제제기

가장 중요한 단계로 이론, 과거연구 혹은 의문이나 지적 호기심 등의 결과로 생기는 문제를 제기하는 것이다.

예를 들면, '어머니는 딸보다 아들을 더 엄하게 양육하는가?', '왜 그런 일이 일어날까?'라는 의문에서 시작된다. 이때의 문제는 상당히 포괄적인 범위 안에서 제기되므로 매우 포괄적일 수도 혹은 매우 구체적일 수도 있다. 좋은 문제는 좋은 가설을 설정할 수 있게 해주고 다시 좋은 연구가 되도록 해준다.

(2) 2단계 : 가설설정

가설이란 경험적으로 검정 가능하고, 지지 혹은 지각할 수 있는 예측을 말한다. 이 단계에서는 연구하려는 문제를 정확하고 구체적으로 정의하게 된다. 또한 제기된 문제에 대한 답을 얻기 위해 조사해야 할 요소는 무엇인지를 파악해야 한다. 그 요소들은 연령, 성별, 사회경제적 지위와 같은 매우 단순한 것에서부터 복잡한 것까지 다양할 수 있다.

예를 들면, "어머니는 딸보다 아들을 더 엄하게 양육할 것이다."를 들 수 있다.

(3) 3단계 : 가설검증을 위한 연구수행

예를 들면, 딸을 가진 어머니와 아들을 가진 어머니의 두 집단을 골라 자식들이 말을 듣지 않을 때 어떻게 하는지를 묻는 설문지를 배포한다.

(4) 4단계 : 가설검증

자료를 분석하고 두 집단 어머니의 답변이 다른지를 면밀히 조사한 후, 가설이 지지되었는지 아니면 기각되었는지를 결정한다.

(5) 5단계 : 결과발표

과학자들은 그들의 결론과 방법론을 기고함으로써 동료과학자들이 그 결과를 평가하고 연구를 재현할 수 있도록 한다. 반복검증같은 방법론이지만 다른 연구자가 다른 피험자를 대상으로 연구결과를 반복하는 것은 원래 연구를 확증할 수도, 반증할 수도 있다.

3. 아동연구의 접근방법

아동연구방법은 어떤 관점에서 분류하는가에 따라 다양하게 분류될 수 있다. 연구의 이용목적에 따라 기초연구와 응용연구로, 논리적 형태에 따라 연역적 연구와 귀납적 연구로, 변인의 조작에 따라 기술적 연구, 실험적 연구로 분류되기도 한다. 또한 자료의 수집과 분석에 따라 질적 연구와 양적 연구로 분류되거나 관찰연구, 자기보고연구, 사례연구 등으로 분류되기도 한다. 한편, 연구 실시시간에 따라서는 횡단적 연구와 종단적 연구, 단기종단적 연구, 출생동시 집단연구 및 발생과정 분석연

표 3-1 다양한 분류에 따른 아동연구방법

분류기준	연구방법 종류
연구의 이용목적	기초연구, 응용연구
논리적 형태	연역적 연구, 귀납적 연구
변인의 조작	기술적 연구, 실험적 연구
자료의 수집과 분석	질적 연구, 종적 연구
	관찰연구, 자기보고연구, 사례연구, 문화기술적 연구
연구 실시시간	횡단적 연구, 종단적 연구, 단기종단적 연구, 출생동시 집단연구, 발생과정 분석연구

구 등으로 분류되기도 한다표 3-1.

이상의 다양한 분류방법 중 크게 자료수집, 연구변인 조작 및 연구 실시시간에 따른 분류를 구체적으로 살펴보고자 한다(김영천, 2012 ; 박성연, 2006 ; 조성연 · 이정희 · 천희영 · 심미경 · 왕혜정 · 나종혜, 2005 ; 장휘숙, 2010).

1) 자료수집에 따른 분류

아동연구들은 보통 관찰, 질문, 검사라는 세 가지 방식을 통해 아동에 대한 정보를 얻는다.

이러한 자료수집방법을 통해 크게 관찰법, 자기보고법, 사례연구법, 문화기술적 연구법 등이 행해진다.

(1) 관찰법

관찰법observation은 어떤 행동이 일어날 때마다 그것을 관찰하고 기록하여 자료를 수집하는 방법이다. 영유아는 언어발달이 미숙하여 자신의 생각이나 감정을 언어로 표현하기 어렵고 검사 상황 자체가 영유아에게 스트레스가 될 수 있기 때문에 검사결과의 정확성에 대한 신뢰를 얻기 힘들다. 반면, 관찰법은 아동을 더 잘 이해하기 위해 아동의 행동을 자세히 살펴보고 기록하며, 그와 관련된 환경적인 측면을 기술하는 계획된 방법으로 영유아의 행동을 연구하는 가장 적절하고 신뢰할 수 있

표 3-2 관찰법의 종류

구분		내용
관찰 시 통제 유무	자연관찰	자연스러운 상황에서 아동의 행동을 관찰
	구조화된 관찰	관찰하고자 하는 장면이나 상황, 시간 및 관찰하고자 하는 행동을 발생시키는 조건 등을 통제하는 관찰
관찰자 참여 유무	참여관찰	관찰자가 관찰 현장에 직접 참여하여 어떤 역할을 수행하면서 자신이 보고자 하는 유아의 특성을 관찰하고 인터뷰하면서 연구
	비참여관찰	관찰자가 일방경(one-way mirror)을 통해 관찰하거나, 현장에서 직접 관찰할 수밖에 없는 상황에서는 어떤 활동에도 참여하지 않고 관찰하는 방법

으면서도 비교적 용이한 역사가 가장 오래된 연구방법이다.

아동발달연구에서 관찰법은 예비연구나 보충자료의 수집, 질적 연구, 현상을 기술하거나 인과적 가설을 검증하기 위한 연구의 일차적 자료수집 등의 다양한 목적으로 활용된다. 관찰법은 관찰 시 통제 여부 및 관찰자의 참여 여부에 따라 표 3-2와 같이 분류된다.

① 자연관찰

유아를 그들의 자연스러운 일상생활 안에서 관찰하는 법을 말한다. 예를 들어, 또래 간의 상호작용을 관찰하기 위해 일방경이 설치되어 있는 유치원에서 유아들의 자유 놀이 활동시간에 그들의 상호작용을 관찰하여 연구하는 것이다.

② 구조화된 관찰법

연구 목적에 따라 연구자가 관찰하기 원하는 행동이 나타날 수 있는 상황을 미리 세팅해 놓거나 과제를 제공해 준 다음에 유아의 행동을 관찰하는 것으로 환경에 기인하지 않는 행동에서의 개인의 차가 명확히 드러나는 장점이 있다.

③ 참여관찰법

또래 간의 상호작용을 위해 연구자가 직접 또래들의 선생님이 되어 그들과 함께 시간을 보내면서 자신이 보고자 하는 유아들의 특성을 관찰하고 인터뷰하면서 연구하는 방법이다.

장점은 실제 자신이 보고자 하는 내용을 자연스럽게 일상생활 안에서 관찰할 수 있다는 점이다. 그러나 단점은 연구자가 보고자 하는 행동이 관찰상황에서 잘 발생할 수 있느냐의 문제이다. 연구주제에 따라서 나타나기 어려운 행동일 경우 많은 시간과 노력이 요구된다.

관찰내용을 기록할 때는 일정한 형식에 따라 일관성 있게 기록해야 한다. 크게 표 3-3에서 제시한 것처럼 서술 형식narrative type, 행동목록 형식checklist type, 평정척도 형식rating scale type 등으로 분류된다.

관찰법의 장점으로는 관찰자가 보고자 하는 내용을 자연스럽고 객관적으로 볼 수 있다는 점이다. 교육현장에서 교육계획을 작성하는 데 필요한 기초자료를 제공

표 3-3 관찰내용의 기록방법

구분	내용
서술 형식	유아전기나 일화기록처럼 일정한 양식에 구애받지 않고 기록
행동목록 형식	사전에 행동목록을 준비하여 특정행동이 나타날 때마다 표기
평정척도 형식	특정영역의 행동에 대해 관찰자가 판단하여 그 정도를 준비된 평정척도에 표기

해 주고 다음 활동의 계획을 세우며 활동을 평가하는 데 도움을 준다.

관찰법의 단점으로는 관찰자의 편견이나 선입견이 개입되기 쉽다. 특히, 자연적 관찰인 경우에는 보고자 하는 행동이 나타날 때까지 기다려야 하고, 질적인 측면이 강한 자료의 경우에는 수량화가 어려워 분석이 힘들며, 소수만을 대상으로 연구하는 데 따른 시간과 노력이 많이 드는 단점이 있다.

따라서 연구자가 관찰하기를 원하는 행동이 나타날 수 있는 상황을 미리 세팅해 놓거나 과제를 제공한 다음에 유아의 행동을 관찰하는 구조화된 관찰법을 이용하기도 한다. 그러나 구조화된 관찰법의 단점은 참가자가 낯선 환경에서 부자연스럽게 행동할 수 있다는 점이다. 어머니는 관찰을 의식하여 좋은 행동을 의도적으로 나타낼 수 있으며 아이들에게도 그렇게 유도할 수 있다.

Box 3-1

구조화된 관찰법의 예

감정조절을 측정하기 위해 유아가 자신의 감정을 다스리는 모습을 볼 수 있는 상황을 만들어 준 뒤 이를 관찰한다. 어머니가 유아와 노는 중간에 유아가 좋아할 만한 물건(호루라기, 풍선, 스티커 등)과 좋아하지 않을 만한 물건(양말조각, 신생아용 딸랑이, 부서진 선글라스 등) 총 10개를 들고 방으로 다시 들어간다. 그 다음 아동에게 이 물건을 자신이 좋아하는 순서대로 나열해 보도록 시킨다. 연구자가 원하는 행동이 확실히 발생할 수 있도록 해준다.

출처 : 곽금주 외 공역(2012).

(2) 자기보고식 방법

자기보고식 방법은 연구대상자가 유아의 능력이나 태도, 생각, 과거의 경험을 묻는 질문에 응답하는 것으로 반구조적인 임상면접법에서부터 구조적 면접법, 질문지법, 검사법에 이르기까지 다양하다. 이때 질문이 구두로 제시되면 면접법인터뷰이 되고, 질문이 쓰인 설문지 형태로 주어지면 질문지법이 된다.

설문지나 면담은 개방식주관식 답변이거나 구조적객관식 답변일 수도 있다. 잘 만들어진 자기보고법은 연구에서 중요하며 널리 사용되는 도구이다. 장점은 많은 자료를 관찰법보다 짧은 시간 내에 적은 비용으로 모을 수 있다는 점이다. 그러나 연구 참가자의 정확한 답변을 얻어내는 것이 어렵다. 그러므로 답변을 익명으로 처리한다고 약속하여, 질문사항을 신중하게 선택하게 하고, 인터뷰 시에는 참가자와 좋은 신뢰관계를 유지하여 단점을 줄이기 위한 노력이 요구된다. 또한 비슷한 질문을 일정한 간격을 두고 물어봄으로써 답변의 일관성을 판단할 수 있다.

이 방법은 문장이나 언어능력이 미숙한 영유아들에게는 사용할 수 없다는 단점이 있다. 그러나 이들을 돌보는 교사나 부모를 대상으로 질문지를 실시하여 정보를 얻을 수는 있다. 질문지를 통해 얻을 수 있는 정보로는 영유아의 연령, 형제관계, 부모의 사회인구학적 특성, 영유아의 기질, 행동특성, 건강상태, 부모의 양육행동, 양육신념, 양육효능감 등과 같은 환경적 요인들이 있다.

반구조적인 임상면접법은 피아제Piaget가 사용한 방법으로, 아동의 응답에 따라 융통성 있게 질문의 내용을 바꾸기도 하고 대화식으로 하여 아동의 생각을 확장시키기도 한다. 그러나 이러한 방법은 연구자의 면접능력에 따라 서로 다른 자료를 얻을 수 있다는 문제점이 있다. 반면, 정해진 질문에 따라 면접하는 구조적 면접은 이러한 문제점을 해결하고 보다 효율적으로 자료를 얻을 수 있다는 이점이 있다. 질문지법이나 면접법 등 자기보고식 방법은 깊이 있는 정보를 얻지 못한다는 제한점이 있고, 특히 영아에게는 적절하게 사용할 수 있는 연구방법이 되지 못한다는 단점이 있다.

① 면접법

면접법은 언어표현이 가능한 면접자와 피면접자가 일대일로 대화를 나누면서 면접자가 피면접자에 대한 정보를 수집하는 방법이다.

피면접자의 대답이 적절하지 못할 때 추가로 질문하여 답을 알아내려는 고도의 면접기술이 요구되므로 연구자의 충분한 면접훈련이 요구된다. 또한 면접자에 따른 영향을 줄이기 위해서 본 면접이 시행되기 전에 피면접자와의 친밀감라포 형성이 필요하다.

② 질문지법

질문지법은 응답자로 하여금 일련의 질문에 대해 자신의 생각을 스스로 기입하도록 하여 자료를 수집하는 방법이다. 도구를 만들고 실시하는 것이 용이하기 때문에 자기보고서 연구에 가장 빈번하게 사용된다. 질문지라는 도구를 사용하며, 개방형 질문자유기술형과 폐쇄형 질문구조적 질문으로 나눌 수 있다.

질문지법의 장점은 시간과 노력, 비용이 적게 들어 경제적이고 간편하며, 동시에 많은 응답자로부터 정보를 얻을 수 있고, 폐쇄형 질문의 경우에는 신뢰도가 높다.

단점은 글을 읽을 수 있어야 하고, 응답자의 문장이해력과 표현능력에 의존하기 때문에 문맹자나 연령이 너무 어리거나 노인인 경우에는 실시하기 곤란하다. 또 응답자의 동기수준이나 응답내용의 진위를 알기 어렵고, 응답자의 응답상황을 통제하기도 어렵다. 질문지의 회수율이 낮고 편파적인 표집을 할 가능성도 있다.

③ 표준화된 검사

검사는 일련의 구조적 자극을 제시하여 아동이 반응한 것을 기초로 개인차를 측정하고, 이를 통해 자기 이해를 증진시키며, 해당 아동을 분류, 선발, 진단하는 체계적인 절차이다. 일반적으로 지적 수준지능, 기억력 등, 심리적 특성기질, 자아존중감 등 등을 측정하기 위해 다양한 표준화된 검사를 실시한다.

장점으로는 표준화된 검사들은 면밀하게 개발되어 신뢰도와 타당도를 입증받은 것으로, 많은 사람들의 자료로 축적된 과거연구에 기초한 '규준'이 있기 때문에 특정 아동의 점수를 다른 연구에서 실시된 아동의 점수와 비교해 볼 수 있다.

단점으로는 연구자가 관심을 갖는 주제를 정확하게 측정할 수 있는 표준화된 검사가 없는 경우도 많다. 또 표준화검사의 내용이 길고, 도구를 구매해야 하기 때문에 경제적 부담이 될 수 있다. 그래서 연구자가 직접 만드는 경우도 있으나 타당도와 신뢰도의 문제를 고려해서 신중하게 만들어야 하므로 만들기도 실시하기도 힘들다. 특히, 검사는 함부로 사용하면 부작용을 유발할 수 있으므로 전문적인 훈련을 받은 전문가에 의해서만 실시되어야 하며, 검사를 받는 아동의 권익에 위배되지 않도록 비밀이 보장되어야 한다. 또한 아동이 대상일 경우에는 아동에게 심리적 상처를 주지 않는 범위에서 검사를 실시해야 한다.

(3) 사례연구법

사례연구case study는 '임상적 방법'이라고도 한다. 개인 혹은 가족을 집중적으로 연구하며, 주로 발달적인 문제가 있는 특정 아동을 보다 심층적으로 이해하고자 할 때 사용하므로 한두 명의 아동을 깊이 있게 연구할 때 사용되는 방법이다. 면접, 관찰, 검사 등의 다양한 방법을 이용하여 개인과 환경과의 관계에 대한 정보를 수집한 뒤에 이를 종합하여 해석한다. 프로이트Freud의 심리성적 발달, 피아제Piaget의 인지발달은 다 사례연구에서 기인했다.

아동을 대상으로 사례연구를 하는 목적은 정상적인 아동의 발달을 도와주기 위해, 어려움에 처해 있는 아동의 문제를 진단하여 적절한 처치나 치료계획을 세우기 위해, 문제를 야기한 아동의 심리적 기능과 경험을 가능한 한 완전하게 알아내고자 하는 데 있다. 따라서 사례연구는 다양한 측면의 정보를 수집하여 조직함으로써 아동을 한 사람의 독특한 존재로 이해할 수 있도록 도와준다.

장점은 첫째, 아동의 발달과정에 대해 다양한 방법으로 정보를 수집한 뒤 이를 조직적이고 구체적으로 기록하기 때문에 다른 연구에 대한 통찰을 제공해 준다. 둘째, 수집된 현재의 자료를 분석함으로써 미래의 행동을 예언할 수 있도록 도와준다. 셋째, 연구자로 하여금 한 아동을 이해하기 위하여 다양한 접근방법을 시도할 수 있게 해준다.

단점은 첫째, 광범위하게 자료를 수집하고 분석해야 하므로 시간과 노력이 많이 든다. 둘째, 문제가 있는 아동인 경우에 즉각적인 도움을 주기 어렵다. 셋째, 질적인 자료의 특성상 신뢰도나 타당도 검증에 어려움이 있다. 넷째, 특정한 사례를 대상으로 하여 소수 아동의 경험에 의존하기 때문에 연구결과의 일반화에 문제가 있다. 다섯째, 아동과 가까이 있으면서 자료를 수집하기 때문에 연구자의 입장에서 객관성이 결여될 수 있다. 여섯째, 연구자는 연구대상자의 대답을 이끌도록 특정한 질문을 유도할 수도 있고, 연구자가 선호하는 특정 이론에 맞춰서 연구대상자의 답변을 잘못 해석할 수도 있다. 일곱째, 사례연구는 자유로운 형식을 취하고 있기 때문에 연구결과를 다른 사례연구와 비교하기도 힘들고, 다른 종류의 연구결과로 확증하기도 어렵다(조성연 외, 2005).

(4) 문화기술적 연구법

주로 문화인류학에서 사용하는 방법인데, 아동의 발달에 대한 문화의 영향에 대한 관심이 많아지면서 아동발달연구자들이 이를 아동연구에 적용함에 따라 점차 그 사용도가 증가하고 있는 방법이다. 문화기술적 연구는 한 개인을 이해하고자 하는 데 목적이 있는 게 아니라 특정 문화나 사회집단의 가치관과 사회적 과정을 이해하고자 할 때 주로 사용하는 방법이다.

'현장관찰연구'라고도 하며 문화기술적 연구는 주로 서술적이고 질적인 분석방법을 사용한다. 해당 문화에 대한 심도 있는 관찰과 기록을 통해 그 문화에 대한 다양한 지식을 제공해 주지만 때로 타인의 관점을 이해하려 하기 때문에 기존의 결과들을 뒤엎기도 한다. 또한 현장에 있는 연구자는 자신의 존재로 인해 그 문화에 끼치는 영향을 최소화하려고 노력하지만 그래도 연구자 자신의 문화에 대한 가치관이나 연구자가 관심을 가지고 있는 이론적 배경 등으로 인해 어떤 상황을 선택적으로 관찰하거나 잘못 해석하는 실수를 범할 수도 있다(조성연 외, 2005).

2) 변인의 조작에 따른 분류

연구자가 연구문제나 가설을 검증하기 위해 독립변인과 종속변인 간의 관계를 살펴보기 위한 연구방법에는 크게 상관연구와 실험연구로 구분할 수 있다.

(1) 상관연구

두 개나 그 이상의 변인들을 관찰하여 그들 사이에 어떠한 연관성이 있는지를 연구한다. 상관corelation이라는 것은 두 가지의 관계나 연결을 의미한다.

상관이 되는 것은 ① 변화하고, ② 셈하거나 점수화하거나, ③ 평정하거나 측정할 수 있는 것이면 된다. 두 개의 변인이 같이 변화할 때, 우리는 변인 간의 '상관관계'가 있다고 말하며, 이때의 상관은 정적positive일 수도 부적negative일 수도 있다.

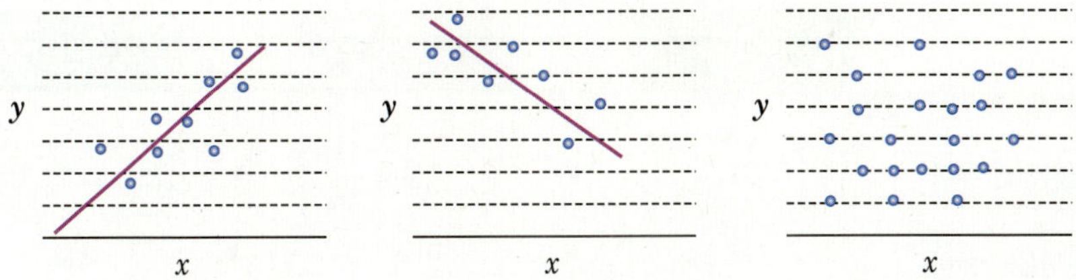

강한 정적 상관(.84) 강한 부적 상관(−.84) 상관관계 없음

그림 3-1 상관관계 유형

출처 : Papalia, D. E., Olds, S. W., & Feldman, R. D.(1999).

정적 상관은 두 개의 변인이 같은 방향으로 움직일 때를 말한다. 그러나 완벽한 상관관계는 거의 나오지 않는다. 예를 들어, 부모의 신장과 자녀의 신장은 비교적 정적 관계를 보인다.

부적 상관은 두 변인이 반대방향으로 연관되어 있는 경우로, 한 변인의 높은 수준은 다른 변인의 낮은 수준과 연관되어 있는 것을 말한다. 예를 들어, 인터넷으로 시간을 많이 보낼수록 사회성은 낮아진다.

상관은 −1.0매우 높은 부적 상관에서 +1.0매우 높은 정적 상관의 범위를 갖는다. 발달과학에서는 .2(−.2) 정도면 약한 상관, .5(−.5) 정도면 중간 상관, 그리고 .8(−.8) 정도면 높은 상관에 해당한다.

상관연구의 결과들은 현상들이 서로 연관이 되는지를 결정하는 데 매우 유용하지만, 변인 간의 인과관계에 대해서는 말해줄 수 없다. 그럼에도 상관연구는 아동발달연구에 있어 가장 많이 사용되고 있는 기법이다. 왜냐하면 상관연구 자체는 인과관계에 대해서는 말해줄 수가 없지만 인과관계를 알아내기 위한 첫 번째 단계는 어떤 현상의 '원인'과 '결과'가 될 만한 변인들이 최소한 서로 관련이 있다는 것을 밝히는 일이기 때문이다.

(2) 실험연구

인과관계를 알 수 있는 유일하고 신뢰할 만한 방법은 실험연구이다. 실험연구에서 연구자는 통제권을 가지고 단순히 행동을 관찰하거나 자료를 모으는 것이 아니라, 실험 참가자의 행동을 변화시켜 그 결과를 연구한다.

실험연구는 연구 참가자를 두 그룹으로 구분하여 교육 프로그램에 참가하는 처

	사전 언어검사		동화책 읽어주기		사후 언어검사
실험집단 유아	O1	▶	실시	▶	O2
통제집단 유아	O3	▶	미실시	▶	O4

그림 3-2 실험연구의 예

치집단혹은 실험집단과, 연구에 참여를 위해 뽑혔지만 교육 프로그램에는 참가하지 않는 통제집단으로 나눈다. 각 집단을 선발하기 위해서는 무선할당법radom assignment을 쓴다.

실험연구에서 연구자가 보고자 하는 결과를 관찰하기 위해 투입하거나 조작하는 요소, 혹은 비실험연구에서 보고자 하는 결과를 예측하기 위한 변인을 독립변인independant variable이라고 한다. 반면에 실험연구에서 보고자 하는 결과, 비실험연구에서 다른 요인에 의해 예측되는 변인을 종속변인dependant variable이라고 한다. 따라서 실험연구에서는 연구자가 보고자 하는 독립변인 이외에 종속변인에 미칠 수 있는 다른 변인들의 영향을 통제해야 한다. 변인의 처치를 한 실험집단이 처치를 하지 않은 통제집단과 연구결과의 차이가 있는가를 비교하여 독립변인 효과의 유무와 정도를 파악하게 된다.

실험연구의 가장 큰 장점은 '통제'로 독립변인과 종속변인의 인과관계를 밝힐 수 있으며 단기간에 할 수 있다는 점이다.

반면에 단점은 연구자가 모든 실험의 측면을 설계하고 통제하기 때문에, 자료가 수집되는 상황은 인공적이거나 부자연스러우며, 실제 삶에 적용하기 힘들 수도 있다. 어떤 실험은 실험대상자에게 임의로 해를 끼치기 때문에 실험적으로 연구할 수 없는 주제들도 많다.

이러한 단점을 보완하기 위해서 아동을 실험실에 오게 하는 대신, 아동에게 친숙한 환경인 학교나 가정에서 실험적인 조건의 변화를 주는 현장실험법field experience을 계획하기도 한다. 이것은 실험을 위하여 자원자를 모집하는 것이 아니라, 이미 실생활에 존재하는 집단을 연구하는 방식을 취한다. 예를 들어, 특정 지역에서 비처벌적인 양육방식을 가르치는 프로그램예 : 최근 부모교육 프로그램 중 좋은 아버지가 되기 위한 프

표 3-4 변인의 조작에 따른 연구법의 분류

종류	목적	특징	장점	단점
상관 연구	변인 간 관계 규명	연구대상의 현 상황을 변화시키지 않고 정보 획득	변인 간 관계규명	인과관계 추론 곤란
실험 연구	인과관계 규명	독립변인을 조작하여 종속변인에 대한 효과 검증	인과관계 추론	• 실험실 실험 시 일반화 곤란 • 현장 실험 시 가외변인 통제 곤란

로그램이 있는지를 알아보고 그 프로그램에 참가했던 부모들과 참가하지 않았던 부모들의 자녀들을 비교하는 것이다. 이런 경우, 우리는 프로그램에 참가한 '처치집단'과 참가하지 않은 '통제집단'을 자연스럽게 수집할 수 있다. 하지만 여기서 나오는 결과의 차이는 프로그램에 참여한 부모는 그렇지 않은 부모와 달리 더 자녀교육에 적극적이었기 때문이거나 애초에 자녀가 문제가 있어 참여했기 때문에 나타난 차이일 수도 있기 때문에 자연실험법을 쓸 경우에는 집단 간의 차이가 교육 프로그램에 그 원인이 있다고 결론을 내릴 수가 없다.

3) 시간에 따른 분류

유아발달에 관한 연구는 연령에 따른 성장과 발달에 주된 관심을 가지고 진행되기 때문에 시간의 경과에 따른 발달적인 일관성과 변화를 측정하기 위해서 크게 종단적 연구와 횡단적 연구 및 단기종단적 연구, 출생동시집단 설계, 발생과정 분석설계 등의 연구가 진행된다.

(1) 종단적 연구

종단적 연구longitudinal study는 같은 연령의 아동을 대상으로 장기간 정해진 간격에 따라 반복하여 관찰하고 측정하는 방법이다. 한 집단을 대상으로 이루어질 수도 있고, 몇 개의 집단을 대상으로 할 수도 있다. 외국의 경우에는 대규모 종단연구가 많이 수행되고 있는데, 대표적인 종단연구로는 미국 NICHD의 Early Child Care 종단연구와 Berkeley Growth Study36년 등이 있다. 우리나라의 경우에는 1968년 한국행동과학연구소 창설 이후 몇몇 종단적 연구가 진행되어 오고 있다(조성연 외, 2005).

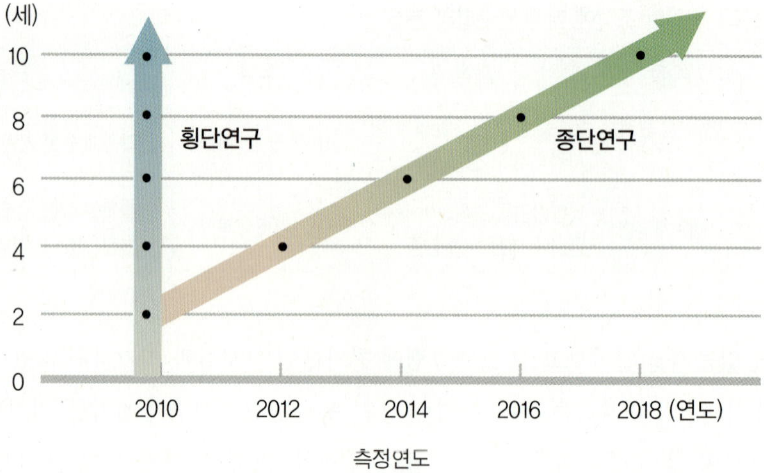

그림 3-3 횡단적 연구설계와 종단적 연구설계(2, 4, 6, 8, 10세 아동의 행동발달을 연구하는 경우의 예)

장점은 첫째, 발달변화와 안정성을 직접 연구할 수 있게 해준다. 둘째, 동일한 아동을 대상으로 동일한 세팅과 도구를 쓰기 때문에 연구자는 그들 연구에서 나타나는 변화가 시간에 따른 결과임을 밝힐 수 있다.

단점은 첫째, 시간과 비용이 많이 든다. 둘째, 한 연구에 오랜 시간이 걸리므로 연구대상자들이 중간에 포기하거나 그냥 연락이 끊길 수도 있어서 연구를 마칠 때까지 확보하기가 어렵다. 셋째, 장기간 연구에 참가하여 반복의 효과가 측정하는 행동을 평상시와 다르게 나타낼 수도 있다. 예를 들면, 여러 차례 반복적으로 장기간 연구자를 만나야 하므로 평상시보다 측정 시 더 긍정적 태도를 보일 수도 있다. 넷째, 종단연구 도중에 발생한 특정한 사건이 연구결과에 영향을 미칠 수도 있다예 : 911 테러사건이 뉴욕시 아동의 정서발달에 미친 영향.

(2) 횡단적 연구

횡단적 연구cross-sectional study는 동일한 시기에 각각 다른 연령의 아동들을 대상으로 어떤 특정발달과정을 조사하는 연구이다. 예를 들어, 2014년에 각각 3세, 5세, 7세 집단을 대상으로 공격적 행동에 대한 자료를 수집하고 결과분석을 통해 연령에 따라 공격적 행동의 표현에서 어떠한 차이가 있는지를 규명하게 된다. 횡단적 연구는 시간에 따른 발달변화과정을 보여 줄 수 없는 대신 각기 다른 연령집단 간의 평균적인 행동을 측정한다.

장점은 첫째, 종단연구보다 시간, 노력, 비용 등이 덜 든다. 둘째, 결과가 즉각 산출되고, 셋째, 반복 측정에 따른 효과가 제거되며, 넷째, 잘만 통제된다면 연령차에 대한 다른 설명들을 배제할 수 있다.

단점은 결과에 영향을 미칠 수 있는 다른 특징들예 : 가족, 환경, 성, 지능 등이 각각의 연령집단에 따라 제대로 할당되지 않는다면, 그들 간의 차이는 연령별 특성이 다르기 때문인지 아니면 동시대 효과cohort effect 때문인지를 파악하기가 어렵다는 점이다. 따라서 연구자는 각 연령집단의 다른 특징들이 서로 같도록 노력해야 한다.

동시대효과란 연령대가 다른 사람들은 다른 시대를 살아왔고 다른 경험을 해왔다는 사실이 원인이 되어 나타나는 영향으로 횡단연구에서 발견된 연령차를 설명하는 데 장애요소로 작용한다. 나이가 비슷한 집단들 간의 동시대효과는 크지 않지만예외 : 911 사건 10년의 연령차를 두고 태어난 사람들은 다른 세대를 살고 있고, 이것이 그들의 성격이나 가치체계, 기술, 믿음 등에 의미 있는 영향을 미칠 수 있다.

(3) 단기종단적 연구

단기종단적 연구short-term longitudinal study는 연령이 각기 다른 집단을 시간을 두고 추적하여 횡단적인 동시에 종단적으로 연구하는 방식계열설계연구라고 부르기도 함을 말한다. 이 연구에서는 보통 연령집단을 연구 기간 동안 서로 겹쳐지도록 선택한다. 2세, 4세, 6세 아동을 대상으로 한 4년 연구를 예로 들자면, 2세 아동은 6세가 되었을

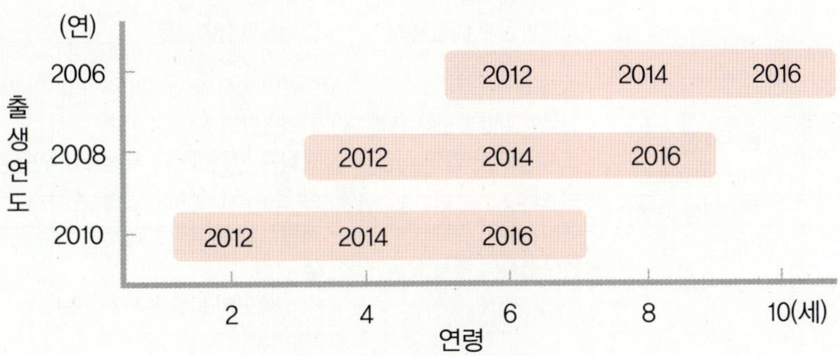

그림 3-4 단기종단적 연구설계

때, 4세 아동은 8세가 되었을 때, 6세 아동은 10세가 되었을 때 추적이 된다. 이렇게 함으로써 연구자는 총 8년에 걸친 2~10 발달 패턴을 4년의 연구로 획득할 수 있으며, 또 같은 연령집단의 아동이지만 예 : 1차 연구에서 2세였다가 2차 연구에서 4세가 된 아동집단과 1차 연구에서 4세였던 아동들의 자료 비교 다른 동시대효과를 가진 집단의 비교가 가능하다.

장점은 횡단적 연구보다는 비용과 시간이 많이 들지만 연구되는 연령 범위에 따라서는 종단적 연구보다 빨리 진행될 수 있으며, 또한 횡단적 연구에서 발생하는 동시대효과의 문제나 집단의 동일성 문제를 어느 정도 해결할 수 있다는 점이다.

단점은 횡단적 연구처럼 연구 참가자의 사회경제적 수준이나 가족상황, 기타 다른 변인들을 맞추기가 쉬운 일이 아니라는 점이다.

(4) 출생동시집단설계

시대별 역사적 환경의 영향을 규명하기 위해 각각 다른 시기의 동일한 연령대의 특징을 비교해 보는 방법이다. 그러나 이 방법에서 연령별 발달변화나 경향을 파악하는 것은 곤란하다 예 : 부모세대와 자녀의 유아기 평균 체중 및 신장 비교.

표 3-5 시간에 따른 아동발달연구방법

종류	목적	특징	장점	단점
종단적 연구	연령 증가에 따른 아동의 성장과 발달 특성 및 변화 양상에 대한 이해	한 연령층의 동일한 대상에 대한 장기적 연구	• 발달과정에 대한 정확하고 전반적인 정보 제공 • 질적 자료 수집 • 발달에 대한 환경과의 상호작용 규명 • 인과관계 규명 • 오염변인에 대한 통제	• 비경제적 • 연구대상 선정 시의 편파성 • 시간경과에 따른 연구대상자의 탈락과 그로 인한 연구결과의 편파성 • 동일영역의 상이한 검사도구의 반복사용에 의한 편파성 • 연구계획 변경 곤란
횡단적 연구	여러 연령층에 대한 전반적이고 개략적인 발달특성 이해	한 시점에서 여러 연령층의 연구대상 표집 연구	• 경제적 • 발달의 일반적 경향 이해 • 조사, 측정방법의 타당성 검토 • 예비가설의 검토 • 연구결과의 즉시 활용	• 연령별 발달의 세부적 변화 파악 곤란 • 가외변인의 통제 곤란 • 표집된 연령집단의 특성으로 인한 정확한 연구결과의 도출 곤란 • 개략적인 발달과정기술로 인과관계 규명 곤란 • 각 연령군의 동질성 확보 곤란

종류	목적	특징	장점	단점
단기 종단적 연구	짧은 시간 동안 중복되는 여러 연령층 대상 표집연구	단기간 내에 연령별 발달특성을 비교적 정확하게 파악 가능	• 종단적 접근방법에 비해 경제적 • 출생동시집단의 효과 산출 • 표집으로 인한 편파성 감소	• 횡단적 접근방법에 비해 비경제적 • 연구대상의 탈락으로 인한 문제
출생 동시 집단 설계	시대별 비교	각 시대의 특성을 다른 시대와 비교 가능	시대별 역사적 환경 영향 규명	연령별 발달변화나 경향 파악 곤란
발생 과정 분석 설계	세심한 발달 특성 규명	연구대상이 매일 혹은 새로운 과제에 숙달할 때마다 그것이 시작된 시점으로부터의 변화과정 추적	• 발생과정에서의 철저한 규명 • 발달과정에 대한 독특한 통찰력 제공	• 연습효과로 인한 발달 경향의 왜곡 가능 • 연구대상의 순간적 행동에 대한 집중적인 노력 필요 • 연구대상이 변화할 수 있는 시간 예측 곤란

출처 : 조성연 외(2005), pp. 124~125에서 일부 인용.

(5) 발생과정 분석설계

연구대상이 매일 혹은 새로운 과제를 숙달할 때마다 그것이 시작된 시점으로부터의 변화과정을 추적하는 연구방법이다. 발생과정을 철저히 규명하고 발달과정에 대한 독특한 통찰력을 제공해 준다.

4. 아동연구와 연구윤리

1) 연구윤리

연구윤리란 연구 수행의 전 과정에서 연구자의 성실성과 책임성이 절실히 요청된다는 점을 강조하고, 이와 관련된 모든 논의를 포함하는 분야를 지칭한다. 즉, 연구윤리란 연구자가 정직하고 정확하며, 성실한 태도로 바람직하고 책임 있는 연구를 수행하기 위해 지켜야 할 윤리적 원칙 또는 행동양식이라고 말할 수 있다.

따라서 연구윤리는 연구자가 바람직한 연구를 수행하기 위해 절차적 투명성과 내용적 정직성을 확보하는 것으로 여기서 핵심 가치는 정직성과 책임성이라고 할 수 있다. 특히, 연구 수행과 결과 도출에 있어서 날조, 변조, 표절일반적으로 FFP라고 함 등 의도적인 연구 부정행위를 금지하는 것으로 연구자로서 정직성을 확보하는 것이라고 할 수 있다.

연구자로서의 정직성이란 연구윤리의 높은 기준을 유지하는 데 초점을 둔 용어로서 바람직한 연구 수행이 어떤 것인지를 잘 보여 준다. 여기서 말하는 정직성은 내용의 정직성과 연구 수행과정절차에서의 세심함과 정확성이 필요함을 의미하는 완전함 혹은 온전함 등의 의미를 담고 있다.

연구 수행은 학문 분야에 따라, 추구하는 목적에 따라, 혹은 방법에 따라서 그 범주가 다양하고 특수한 측면이 있지만, 모든 학문 분야에서 연구자들이 바람직한 연구 수행을 위해 반드시 연구윤리에 대해 올바르게 이해하고 실천해야 한다는 점은 공통적이라고 할 수 있다(연구윤리정보센터 ; http://www.cre.or.kr)

2) 연구윤리의 강조 배경

과거 실증주의연구 패러다임에서는 연구 참여자의 복지에 대해서는 무관심했던 것이 사실이다. 때문에 만인을 위한 객관적인 연구결과를 얻을 수 있다면 연구 참여자의 이익과 복지가 위험에 노출되더라도 개의치 않는 것이 일반적이었다.

그러나 인간 삶의 개선과 이해를 목적으로 하는 사회과학연구에서 연구자가 연구 참여자를 윤리적으로 고려하면서 연구하지 않는다면 그 연구는 자체적으로 모순에 빠진 연구가 된다.

이에 따라 질적 연구에서는 연구윤리와 관련하여 연구 참여자의 복지가 침해되는 경우를 다음 세 가지로 지적하였다.

- 연구 참여자에게 연구의 목적 또는 사실내용을 거짓으로 알리는 경우
- 연구자의 자발적인 참여 동의 없이 강제적으로 연구에 참여시키는 경우

• 연구자에게 연구결과를 제공하지 않는 경우

우리나라도 최근 연구윤리가 강화되면서 2008년 12월에 한국연구재단 지정 연구윤리정보센터가 창립되었다대전 유성구 엑스포로 123번길 27-5. 2013년에는 연구자를 위한 저작권 매뉴얼이 발간되었고, 2012년에는 〈연구윤리 정보사례집〉과 〈함께 나누는 연구윤리 이야기 에피소드〉를 발간하였다. 한편, 2012년 경제 · 인문사회연구회에서도 〈연구윤리 평가기준 및 사례집〉이 발간되었다.

3) 아동과 연구윤리

아동연구는 연구의 객관성을 위해, 연구결과의 일반화를 위해 될 수 있는 한 많은 아동의 자료를 수집한다. 그러나 최근까지도 아동자료의 수집과정에서 아동들이 어떻게 연구대상자로 선정되고 참여하고 있는지에 대해 연구자들은 관심을 기울이지 않았던 것이 사실이다. 즉, 대부분의 아동연구들이 연구대상자 선정과정이 주로 표집의 타당성, 또는 과학성을 제시하려는 목적에서 설명되고 있을 뿐 표집과정에서 아동의 자발적 의사로 연구 참여가 이루어졌는지, 혹시라도 아동에게 심리적 부담을 주는 척도의 검토과정이 있었는지에 대해 진술된 연구는 극히 드물다.

최근까지도 우리 사회는 연구대상자를 선정, 참여시키는 모든 연구과정을 연구자의 상식과 양심에 맡겨 왔다.

아동을 대상으로 연구를 수행할 때, 아무리 연구가 인류에게 도움을 줄 수 있다고 할지라도, 아동의 건강이나 안녕, 혹은 인간으로서의 존엄성을 손상시키는 연구는 수행할 수 없다. 특히, 통제된 상황하에서 수행되는 아동연구방법들은 윤리적 문제를 불러일으킬 수 있다. 아동은 성인과는 달리 성장과정에 있기 때문에, 조그마한 좌절이나 긴장에 의해서도 쉽게 손상을 입을 수 있으며, 그 결과 정상적 성장이 저해될 수 있다. 아동은 아직도 지식이 부족하고 판단능력이 미숙하기 때문에 어른들이 사소하다고 생각하는 사건에 의해서도 큰 위해를 입을 수 있으므로 아동연구는 성인연구와는 다른 제한점을 갖는다(장휘숙, 2010).

그러므로 아동이 연구자로 참여할 경우에는 그들이 어떤 해로운 영향을 받을지도 모른다는 점에 우선적으로 주의를 기울여야만 한다. 아동은 지식과 경험이 부족

∴ 꼬마 앨버트의 공포실험과 연구윤리

Box 3-2

100년 전 꼬마 앨버트에게 공포를 학습시켰던 실험은 오늘날 관점에서 본다면 상당히 비윤리적 연구로 지탄받아야 할 것이다. 앨버트는 하얀 털에 대한 공포를 학습한 후 이것이 소거되는 학습을 배우기 전에 아쉽게도 연락이 끊겼다. 아마도 앨버트는 평생 하얀 털에 대한 공포를 느끼며 살았을지도 모른다.

출처 : 곽금주 외 공역(2012), p. 39.

하여 연구에 참여한다는 것이 무엇을 의미하는지 정확하게 이해하지 못할 뿐만 아니라 판단력이 부족하고, 연구대상이 된 것 자체가 부담스러워 상처를 받을 수도 있다. 따라서 연구에 참여하는 동안 아동은 여러 가지 심리적인 긴장이나 불안, 스트레스 등을 경험할 수 있기 때문에 연구자는 대상 부모나 보호자의 동의는 물론이고 연구대상 아동에게도 함께 동의를 구할 필요가 있다. 또한 아동연구의 결과가 아동들에게 이익을 가져온다 하더라도 연구과정에서 아동 개인의 권리가 침해되는 일이 정당화될 수는 없다(이옥, 2003).

한편, 미국아동발달연구학회Society for Research in Child Developmen(1993)에서 발간한 윤리 규정집의 내용을 살펴보면 다음과 같은 원칙을 제시하고 있다(곽금외 공역, 2012에서 재인용). 첫째는 무해한 절차이다. 연구자들은 아동에게 신체적 혹은 심리적으로 해를 입힐 수 있는 어떠한 절차도 사용해서는 안 된다. 이것과 다른 이유들로 인해, 모든 대학과 연구단체들은 연구자의 연구계획을 승인하는 연구위원회를 조직해야 한다. 둘째는 사전 동의서를 받아야 한다. 연구자는 아동이 알 수 있도록 연구에 대해 설명하고, 영아의 경우 야기될 수 있는 불편함에 대해 주목할 수 있는 절차를 통한 후에 연구 참가자의 자발적인 연구 참여 의사를 얻어야 한다. 또한 거의 모든 상황연구가 학교의 정상적인 교육 프로그램의 일환일 경우만 예외에서 연구자는 부모의 서면동의가 필요하다. 연구의 어느 시점에서도 연구가 아동의 안위를 위협하거나 예상치 못한 결과가 의심된다면 연구자는 즉각 그 사실을 부모나 보호자에게 공지해주고 상황을 교정하도록 노력을 기울여야 한다. 셋째는 비밀 보호의 의무이다. 연구자는 그들의 기록이나 비공식적인 논의, 공개된 논문 등에 연구 참여자의 정보를 공개하지 않아야 한다. 넷째는 사후설명의 의무이다. 연구가 끝난 직후, 연구자는 연구 참여자에게 연구에서 사용된 모든 '속임수'와 연구의 목적에 대해 설명해야 한다. 또한 연구자는 그들의 연구결과가 연구 참여자에게 큰 영향을 미칠 수 있으므로, 공식적인 발표나 비공식적인 조언 등을 할 때 유의할 필요가 있다. 다섯째, 함의의 보고이다. 연구 발표 시 연구자는 그 발견이 인간과 사회에 주는 함의를 함께 밝혀야 한다. 또한 그 발견이 대중매체 등에 의해 잘못 해석되거나 잘못 인용되지 않도록 최선의 노력을 기울여야 한다. 여섯째, 불법행위의 감시 의무이다. 연구자를 고용한 대학과 기관들은 연구자들이 윤리적 규범에 따라 연구하는지를 모니터할 연구위원회를 조직할 법적 의무를 가진다. 이 연구위원회는 연구가 실시되기 전에 연구내용을 심사하며, 진행되는 도중이나 이미 끝난 연구들의 모든 종류의 불법행위와 혐의점을 조사한다.

이 외에도 연구자는 아동의 성별에 따라 편향된 시각을 갖거나, 성별 간의 작은 차이를 확대 해석해서는 안 된다(장휘숙, 2010). 또한 가난한 하류계층 가정의 아동이나 다문화가정, 한부모가정, 조손가정, 장애가정 등 현대사회에서 나타날 수 있는 다양한 가정의 아동에 대해 부정적인 고정관념을 지니고 있어서는 안 된다.

PART 2
발달의 실제

CHAPTER

04

생의 시작과 태내기 및 출생

CHAPTER

04

인간의 생명은 정자와 난자가 만나 결합하는 수정의 순간부터 시작되어 자궁 속에서 온전한 생명체로의 출발을 준비한다. 본 장에서는 생의 첫 출발과 태내기 및 출생과 관련된 내용을 살펴보고자 한다.

1. 생의 시작

1) 수정 : 임신의 과정

남성의 정자sperm와 여성의 난자ovum가 만나 수정fertilization을 해서 생명체가 출발한다. 난자는 인체 내에서 가장 큰 세포로 여자는 출생 전부터 이미 500만 개의 미성숙한 난자를 가지고 있다. 월경menstruation이 시작되면서 양쪽 난소에서 한 달에 한 개씩 번갈아 난자가 배출된다. 난소에서 배출된 난자는 나팔관으로 들어오고 이때 나팔관을 통해 들어온 정자를 만나 수정이 이루어진다. 수정은 월경 시작 14일경부터 가능하며, 이 기간 내에 수정이 되지 않으면 정자와 난자는 수정능력을 상실하며 2주 후에는 다시 월경을 시작한다. 월경이 시작된 날부터 약 14일 후에 일어나는 배란ovulation은 평생 동안 약 400회 정도 이루어진다.

난자 크기의 약 40분의 1 정도로 작은 정자는 사정될 때 한 번에 약 3억~4억 개 나온다. 난자와 달리 편모가 있어 꼬리운동과 근육의 수축 등으로 난관까지 헤엄쳐 간 많은 정자들 중 300~500개 정도가 난자에 이르게 되고, 그중 한 개의 정자

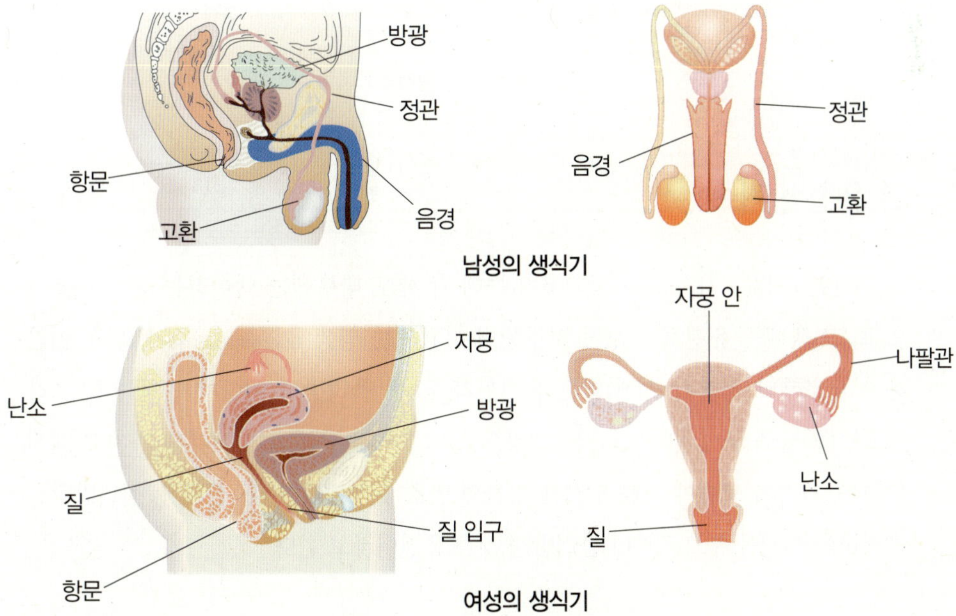

그림 4-1 남성과 여성의 생식기

만이 난자와 만난다. 이렇게 정자의 핵과 난자의 핵이 결합해 하나의 새로운 세포체를 형성하는 과정을 수정이라 하고, 새로 생긴 단일세포를 수정란fertilized ovum이라고 한다.

수정란이 첫 번째 세포분열과정에서 두 개로 나누어지면 일란성쌍생아MT : Monozygotic Twin가 된다. 이들은 유전인자가 같으므로 성이 같을 뿐 아니라 외모도 비슷하다. 만약 두 개의 난자가 배출되어 두 개의 정자와 만나면 이란성쌍생아DT : Tizygotic Twin가 나온다. 이들은 유전인자가 다르므로 성이 다를 수도 있다. 최근 불임치료 과정에서 이란성쌍생아는 더욱 많아지고 있다.

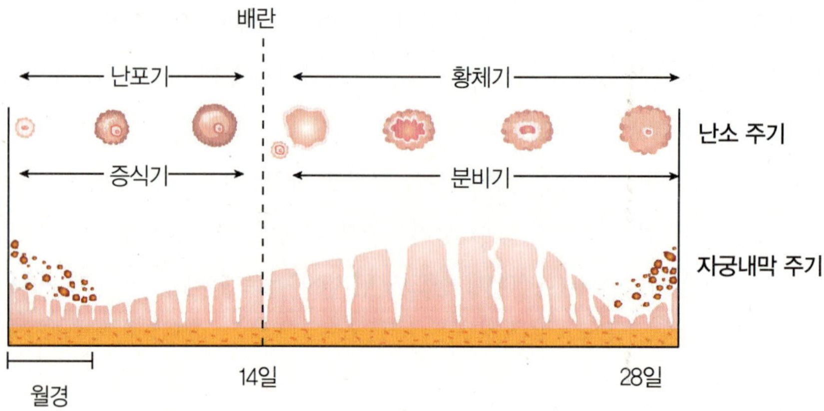

그림 4-2 월경주기

2) 유전적 기초

인간은 수많은 세포로 구성되어 있는데 각 세포 내부에는 핵이라는 중심 구조가 있고, 그 핵에는 유전적 정보가 저장되어 전달되는 염색체chromosomes가 있다. 인간은 부모로부터 염색체 속에 있는 유전인자gene를 물려받고 이 유전인자는 DNA라는 화학물질로 구성된다. 인간은 23쌍으로 이루어진 46개의 염색체를 가지고 태어나는데, 크기와 모습에 따라 염색체 쌍들의 번호가 정해져 있다. 신체 및 심리발달을 조형하는 특성을 부모로부터 물려받는 것을 유전이라고 한다.

여성의 난자는 X성염색체만 가지고 있으나 남성의 정자는 X, Y 두 종류의 성염색체를 가지고 있다. 난자가 어떤 종류의 정자와 만나는가에 따라 태아의 성이 결정되어, 난자가 X성염색체의 정자와 만나면 여아XX가 되고 Y성염색체의 정자와 만나면 남아XY가 된다.

개인마다 염색체와 유전인자의 배열과 특성이 다른데, 여기에는 유전형genotype과 표현형phenotype이 있다. 직접 관찰 가능한 표현형은 개개인의 독특한 특징을 만들어 내는 유전적 정보들의 복합체인 유전형에 기초한다. 그런데 유전형이 달라도 표현형이 비슷할 수 있고 유전형이 같아도 표현형이 다를 수 있다. 이는 표현형이 유전형뿐 아니라 이후 다양한 환경적 영향과 유전의 상호작용 속에서 이루어진 결과이기 때문이다.

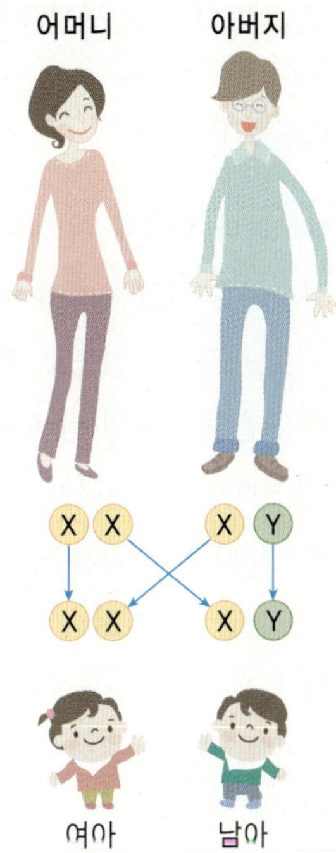

그림 4-3 성의 결정

출처 : 박성연 외(2011).

인간의 몸에는 생명의 기본 구성단위라 할 수 있는 수많은 세포가 있다. 각 세포는 중심에 핵이 있고, 염색체와 유전자는 세포의 핵에 위치한다. 염색체는 DNA로 만들어진 실같이 짜인 구조물로 이루어지며, 이중 나선형 모양의 분자구조를 띠고 있다. 유전자는 유전적 코드를 소유한 DNA의 작은 부분이다.

그림 4-4 세포, 염색체, 유전자, DNA

출처 : Santrock(2004).

3) 유전인자와 염색체 이상

(1) 다운증후군

대부분의 염색체 이상은 난자와 정자가 생성되는 감수분열 시의 오류에서 비롯된다. 다운증후군 Down's syndrome은 최초로 밝혀진 염색체성 질환으로 가장 흔하며 21번 염색체 쌍의 결함으로 초래된다. 정신지체와 언어문제, 기억능력 저하, 운동발달 지체가 나타난다. 외관상으로는 작고 땅딸한 체격, 납작한 얼굴, 짧고 굵은 작은 손, 작은 머리와 작은 귀 및 눈을 가졌고, 눈의 안쪽과 끝이 밑으로 쳐지고 혀가 입 밖으로 나와 있는 얼굴모습을 보인다.

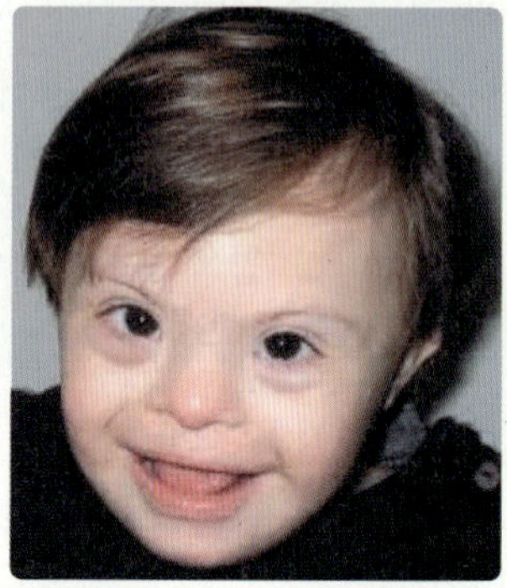

그림 4-5 다운증후군 아이

다운증후군은 신생아 출생 600명당 1명 비율로 발생하는데, 다운증후군 아기의 94%가 정상 부모에게서 태어난다는 점에서 그 원인이 부모로부터의 유전만은 아님을 알 수 있다(Pennington et al., 2003). 다운증후군의 위험은 부모의 나이가 많을 때 높아지며, 특히 어머니의 나이가 35세 이상일 때 발생비율이 높다(박성연 외, 2011에서 재인용 ; Papalia & Olds, 1989).

(2) 성염색체 이상

다운증후군 이외의 상염색체 장애는 발달이 심각하게 손상되어, 유산이 되거나 태어나도 생존확률이 거의 없다. 반면, 성염색체 이상으로 인한 장애는 상염색체 이상보다 더 흔하지만 부정적 영향은 미약하다. 대개 청소년기가 되어서야 인식되며, 23번째 염색체인 성염색체 중 하나가 없거나 더 많은 경우에 나타난다. 터너증후군은 여성, 클라인펠터증후군은 남성에게 나타난다. 생식기를 가지고 있지만 2차 성징의 발달이 지체된다.

① 터너증후군

터너증후군 Turner syndrome은 여자에게서 나타나는 XO 유형으로 약 2,500~8,000명당 1명꼴로 출생한다. 여성적 2차 성징이 지연되고 난소가 제 기능을 못해 임신이 힘들다. 그 외 다른 발달은 정상적이지만 공간지각능력의 장애를 갖는다.

트리플X증후군으로 불리는 XXX 유형의 여아는 어머니의 생식세포 분열 시 X염색체의 비분리로 인해 발생하며 산모가 고령일수록 발생빈도가 높아진다. 신체적으로 크고 언어적 지능이 떨어지며 학습장애나 정신지체의 특성을 보이기는 하나, 2차 성징 발달과 외형적 성장에는 큰 문제가 없다.

② 클라인펠터증후군

클라인펠터증후군Klinefelter syndrome은 남자에게서 나타나는 XXY 유형으로 약 900명당 1명꼴로 나타난다. 성장할 때까지 외관상 차이가 나타나지 않으나, 2차 성징이 나타날 때 가슴이 커지고 고환이 작고 턱수염이 적으며 정자 생산 등에서 발달이 지체된다. 심한 정신지체는 없으나 지적 수준이 떨어지고 학습장애와 언어장애가 나타난다.

XYY증후군으로 불리는 XYY 유형의 남아는 약 1,000명당 1명꼴로 나타나며 키가 지나치게 크지만 2차 성징의 발달은 정상이고 생식도 가능하다.

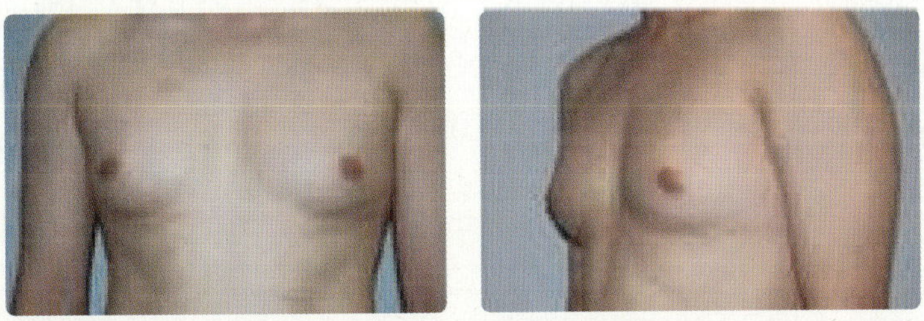

그림 4-6 클라인펠터증후군 남성의 신체

2. 태내발달

태내발달은 최근 들어 그 중요성에 대한 인식이 더욱 커지고 있다. 통상적으로 아이가 나타내는 특성들은 착상과 함께 부모로부터 물려받는 유전적 변인과 출생 이후 만나는 환경적 변인으로부터 비롯된다고 가정해왔다. 그러나 한편으로는 이러한 형질들이 사실 태내기 동안에 형성된 것일 수도 있다는 입장이 관심을 끌고 있다. 그러므로 태내기는 유전과 환경의 영향을 정확히 구분하는 것이 모호하며, 둘의 상호작용과 영향력이 모두 작용하고 있다고 볼 수 있다.

1) 태내기 발달단계

임신기간은 개인에 따라 약간의 차이가 있으나 수정부터 출산에 이르기까지 일반적으로 약 38주 기간을 말한다. 이 기간 동안 수정란이 수란관oviduct에서 자궁으로 이동하는 3~4일의 짧은 기간을 제외하고 자궁 안에서 태내발달이 이루어진다. 이 시기는 발달의 가소성이 큰 시기로서 환경의 영향을 많이 받기 때문에, 건강한 발달을 위해서는 태내발달에 영향을 미치는 여러 환경요인들을 살펴볼 필요가 있다. 정자와 난자가 만나 만들어진 수정란은 출산 전까지 배종기, 배아기, 태내기의 세 단계를 거친다.

(1) 배종기

배종기germinal period는 배란기라고도 하며 수정란접합체이 자궁벽에 착상하는 2주까지의 기간으로 사망률이 상당히 높은 시기이다. 수정란은 급속도로 세포분열을 시작해 수정 후 일주일이 지나면 약 100~150개의 세포로 분열된다. 수정란은 배반포포배낭, blastocyst로 변해 1~2일간 자궁 속을 떠다니다가 내세포 덩어리와 외세

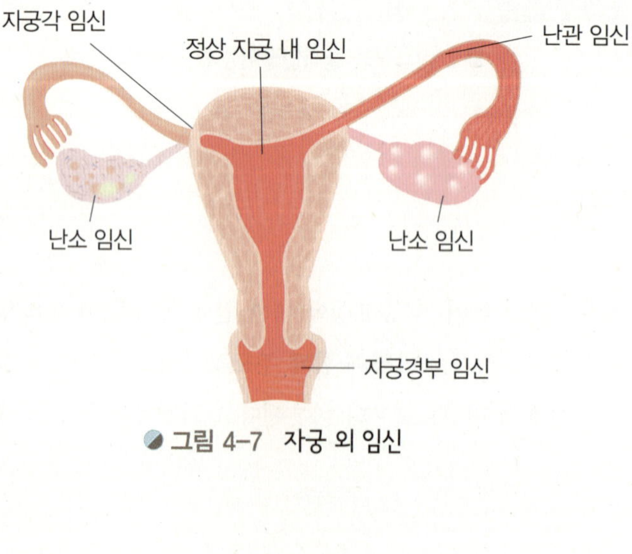

그림 4-7 자궁 외 임신

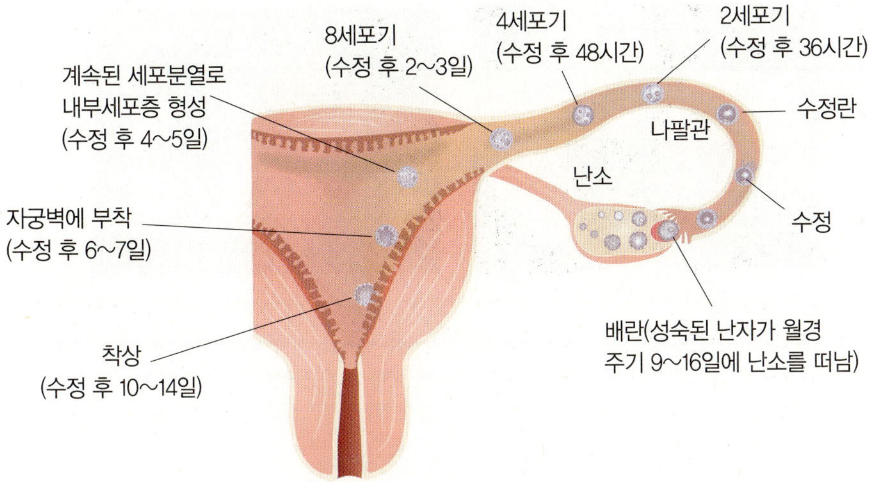

수정에서 2주까지의 기간이다. 난소를 떠나온 난자는 나팔관에서 정자와 결합되어 수정이 이루어진 후 수정란이 되며, 세포분열을 계속하면서 포배낭 상태가 되어 자궁에 이르러 착상된다.

그림 4-8 배종기에 이루어지는 발달

출처 : 이연숙(2006).

포 덩어리로 나뉜다. 내세포 덩어리가 이후 자궁 내에 완전히 착상하게 되면 배아embryo로 성장한다. 외세포 덩어리는 영양배엽영양막, trophoblast으로 불리는데, 자궁벽에 정착해 태아를 보호하고 태아에게 영양분을 공급하는 조직으로 발달한다.

수정 후 7~9일 사이에 일어나는 착상implantation은 수정란이 자궁벽에 자리를 잡는 과정이다. 이것이 완전히 이루어지는 데는 약 일주일이 소요되며 착상과 동시에 배종기가 끝나고 배아기가 시작된다. 난관, 난소, 자궁경부, 자궁각에 착상하는 자궁 외 임신이 나올 수도 있다. 이때 태아는 제대로 발육하지 못하고 유산되거나 난관파열을 일으키기도 하고, 임산부가 복강 내 과다출혈로 사망할 수도 있다.

(2) 배아기

배아기embryonic period는 수정 후 2~8주까지의 기간을 일컫는다. 수정란이 자궁벽에 착상한 시기로 발달이 매우 빠르게 진행되며, 거대한 세포덩어리인 수정란의 명칭이 배아로 바뀐다. 내·외부의 주요 신체기관 및 신경계와 조직이 거의 형성되는 시기이므로 각별한 주의가 필요하며, 이 시기에 발달을 저해하는 요인이 있을 경

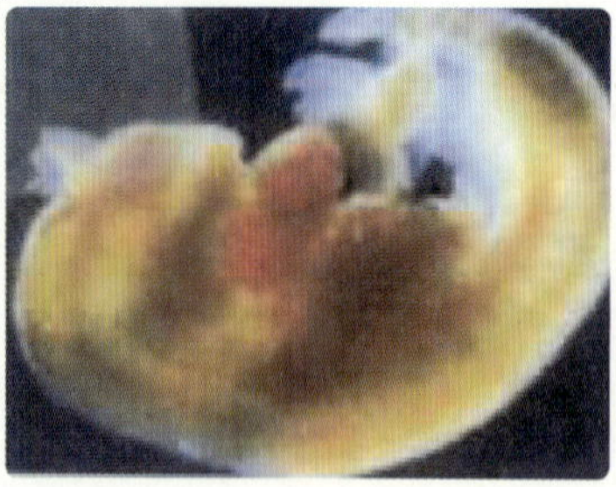

4주

어느 시기보다 빠르게 성장하여 배아는 접합체 크기의 만 배가 되며 심장이 뛰기 시작한다.

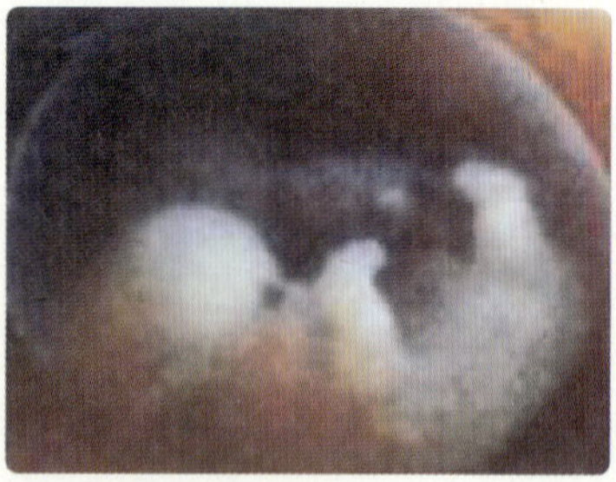

8주

손가락, 발가락, 성기가 형성되고 뼈세포가 출현한다. 크기는 약 2.5cm이며 필요한 모든 기관과 조직을 갖춘 작은 인간이다.

그림 4-9 배아기 발달

출처 : 박성연(2006).

우 영구적이고 치명적인 손상을 입을 수 있다. 즉, 태내환경으로 인한 영향에 가장 민감한 시기로서 임신 첫 3개월 동안인 결정적 시기에 기형과 맹아, 농아 등 대부분의 출생 결함이 생겨난다. 배아기 첫 주 동안 배아판내세포 덩어리은 외배엽etcoserm, 중배엽mesoderm, 내배엽endoderm의 세 개의 분리된 층으로 분리되고, 이 세 개의 층으로부터 신체의 모든 부위가 발달한다.

배아기 말기에는 심장과 뇌 등 순환계와 신경계가 기능을 하고 양수주머니와 태반placenta, 탯줄이 발달한다. 수정 후 6주 무렵에는 태아의 뇌가 활동을 하므로 뇌에 혈액이 공급된다. 임신 2개월이 되면 내부기관이 더 뚜렷해지고 눈, 귀, 코, 턱, 목이 생기며 작은 싹이 팔, 다리, 손가락, 발가락이 된다. 모체도 태아의 존재에 영향을 받기 시작하면서 호르몬 수준이 변화하고 가슴이 커진다. 입덧을 하거나 두통과 피로감이 많아지며 정서적으로도 예민해진다.

표 4-1 수정란의 분화

구분	내용
외배엽	세포의 가장 바깥쪽에 있는 층으로 피부의 표피, 피부조직(손톱, 발톱, 머리카락 등), 신경계, 감각기관(귀, 코, 눈 등)으로 발달
중배엽	세포의 중간층으로서 피부의 진피, 근육, 골격, 순환계, 배설기관 및 생식기관으로 발달
내배엽	세포의 내층으로 간, 췌장, 침샘, 소화기관, 호흡기 계통으로 발달

(3) 태내기

태내기fetal period는 수정 후 9주부터 출생까지의 기간으로 태내기 중 가장 길다. 이때부터 성장하는 유기체를 태아fetus라고 한다. 태아는 임신 3개월이 되면 인간의 형체를 닮기 시작하고 팔다리의 움직임이 나타나며, 외음부가 잘 형성되어 초음파를 통해 성별을 확인할 수 있다.

수동적으로 존재하던 이전과 달리 태아는 여러 가지 자극에 대해 반응을 하며, 4개월 말경이 되면 움직임이 활발해지고 태동이 나타난다. 이 시기 이러한 반응과 움직임은 출생 직후 나타나는 신생아의 반사능력의 토대가 된다. 태반은 임신 5개월 정도에 완성되므로 이전에는 유산의 위험이 상대적으로 더 크다. 특히, 태반은 임신 기간 동안 산모와 태아를 구분하는 역할을 하면서 태아를 보호하는 기능을 한다.

임신 6개월 무렵에는 성장 속도가 다소 둔화되며 시각기능이 발달한다. 이 시기에 태아는 규칙적인 호흡이 가능해지고 손을 꽉 쥐거나 울 수도 있다. 여러 가지 소리의 음과 박자, 남성과 여성의 목소리를 구분하고 낯선 사람과 어머니의 목소리에 유의한 심박수의 변화를 나타낸다(Kisilevsky et al., 2003). 임신 7개월이 되면 모체에서 분리되어 나와도 인큐베이터 안에서 생존이 가능하다. 8개월경에는 태아의 몸 전체에 지방층이 발달하면서 자궁 외부의 온도변화에 적응할 수 있게 된다. 출산 무렵에는 머리가 다리보다 더 무겁고 자궁의 형태로 인해 태아의 머리는 대개 아래로

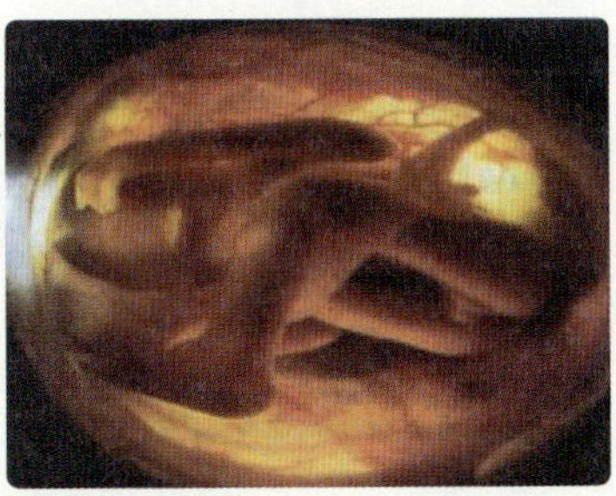

22주 된 태아기

모체나 가족은 태아의 움직임을 느낄 수 있다.

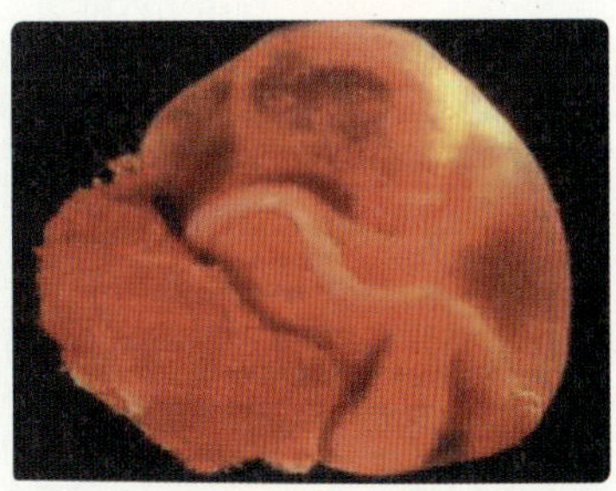

36주 된 태아기

태아가 자궁을 가득 채우고 있다. 영양분을 공급받기 위해 탯줄과 태반이 커진다. 태아는 피부보호를 위한 지방질로 덮혀 있으며 출생 후 체온유지를 위해 지방층이 축적된다.

그림 4-10 태내기 발달

출처 : 박성연(2006).

표 4-2 개월 수에 따른 태내발달의 특징

단계	개월 수	크기와 무게	발달적 특징
배종기	1개월 (만 0~3주)	• 키 0.5~1cm • 몸무게 1g	• 수정란이 착상한다. • 신경, 혈관, 순환계의 기초조직이 완성된다. • 3주 말쯤 심장박동이 시작된다.
배아기	2개월 (만 4~7주)	• 키 1.5~2.5cm • 몸무게 3~5g	• 눈, 귀, 입이 생긴다. • 뇌가 급속도로 발달한다. • 심장이 좌심실과 우심실로 분리된다. • 폐발달의 1단계로 기관지가 생긴다. • 손가락과 발가락이 생기기 시작한다.
태아기	3개월 (만 8~11주)	• 키 8~10cm • 몸무게 15~25g	• 꼬리가 없어지고 하반신이 발달한다. • 외부생식기가 뚜렷하게 나타난다. • 치아가 생기기 시작한다. • 뇌하수체에서 호르몬이 생성되기 시작한다.
	4개월 (만 12~15주)	• 키 16~18cm • 몸무게 110~135g	• 태반과 성대가 완성된다. • 다리가 팔보다 길어진다. • 귀가 바깥쪽으로 발달한다.
	5개월 (만 16~19주)	• 키 20~25cm • 몸무게 300~340g	• 손발과 전신운동이 활발해진다. • 몸에 지방이 생기기 시작한다. • 청각기관이 발달하기 시작한다. • 뇌와 척수가 생기기 시작한다. • 손발에 지문이 형성된다.
	6개월 (만 20~23주)	• 키 28~33cm • 몸무게 570~650g	• 태지가 분비된다. • 소화기 계통이 기능을 발휘한다. • 소장이 이완과 수축을 시작한다. • 폐혈관이 발달한다.
	7개월 (만 24~27주)	• 키 35~37cm • 몸무게 900g~1kg	• 뇌의 사고력이 발달하기 시작한다. • 망막이 발달하고 안구운동을 한다. • 호흡동작을 시작한다. • 뇌 표면에 홈과 톱니 모양이 형성된다.
	8개월 (만 28~31주)	• 키 40cm • 몸무게 1.5kg	• 청각발달과 폐, 소화기관이 거의 완성된다. • 방광에서 소변을 내보낸다.
	9개월 (만 32~35주)	• 키 45~46cm • 몸무게 2.3~2.6kg	• 신장의 기능이 성숙된다. • 피부의 주름이 줄어든다. • 손톱이 완전히 자라고 발톱이 생긴다. • 머리 골격이 단단해진다. • 피하지방이 생성된다.
	10개월 (만 36~38주)	• 키 50cm • 몸무게 3kg	• 몸의 균형이 잡히고 4등신이 된다. • 병에 대한 면역력이 생긴다. • 폐의 기능이 성숙된다. • 신체의 모든 기관이 준비를 마친다.

출처 : 이진용 외(2005).

향하는 뒤집힌 자세를 취하는데, 이는 자궁 내에서 태아가 공간확보를 많이 하도록 하며 출산을 용이하게 한다.

임신 후반기는 출생에 대한 준비기로서 새로운 기관의 형성보다는 이미 형성된 신경계통이 성숙해지고, 근육에는 피하지방이 형성되어 좀 더 인간으로서의 모습으로 완성되어 가는 단계이다. 22주 이전의 태아가 생존능력이 없는 것에 반해 22~26주 사이는 생존이 가능한 시기age of viability이다(Moore & Persaud, 2003).

태아의 피하지방층이 발달하면서 임신 마지막 3개월 동안 태아의 체중이 급속히 증가한다. 이 시기에 자궁 안의 제한된 공간 때문에 태아의 움직임은 줄어들게 된다.

표 4-3 3개월 주기로 본 태내발달

제1단계(첫 3개월)			
	임신 후 4주	8주	12주
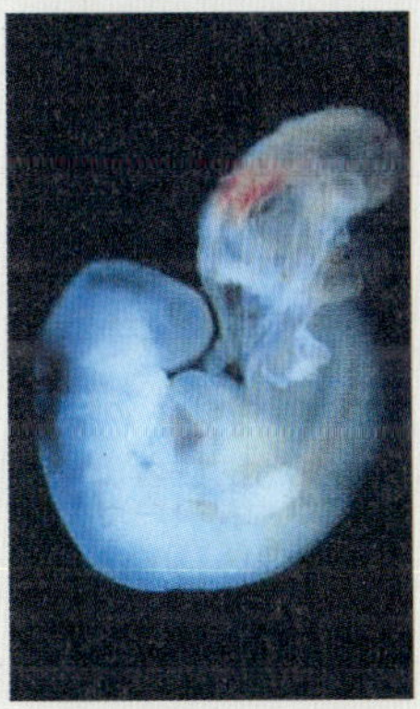	• 2.5mm 미만이다. • 척수, 신경계, 위장조직, 심장, 폐가 발달한다. • 양막강이 신체 전체의 기초적인 조직을 감싼다. • 수정란이라고 불린다.	• 25mm 미만이다. • 눈, 귀, 입, 치아순이 기본적인 형상을 갖추기 시작하면서 안면이 형성된다. • 팔다리를 움직인다. • 뇌가 형성된다. • 심장박동을 초음파로 들을 수 있다. • 배아라고 불린다.	• 약 7.5cm의 키와 약 28g의 무게이다. • 팔다리, 손가락, 발가락을 움직인다. • 지문이 보인다. • 웃고 찡그리고 빨고 삼킬 수 있다. • 성별 구분이 가능하다. • 소변을 본다. • 태아라고 불린다.
제2단계(중간 3개월)			
	16주	20주	24주
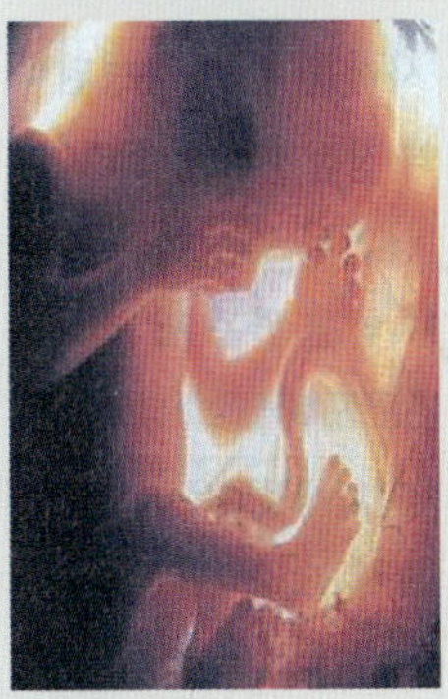	• 약 14cm의 키와 약 113g의 무게이다. • 심장박동이 강해진다. • 피부가 얇고 투명하다. • 솜털(anugo)이 신체를 덮고 있다. • 손톱과 발톱이 형성된다. • 움직임을 통합하여 양수 내에서 구를 수 있다.	• 25~30cm의 키와 225~450g의 몸무게이다. • 일반 청진기로도 심장박동이 들린다. • 엄지손가락을 빤다. • 딸꾹질을 한다. • 머리카락, 속눈썹, 눈썹이 보인다.	• 28~35cm의 키와 450~680g의 몸무게이다. • 피부가 쭈글쭈글하고 태지(vernix caseosa)라는 보호막으로 덮여 있다. • 눈을 뜬다. • 창자 안에 찌꺼기가 쌓인다.

제3단계(마지막 3개월)			
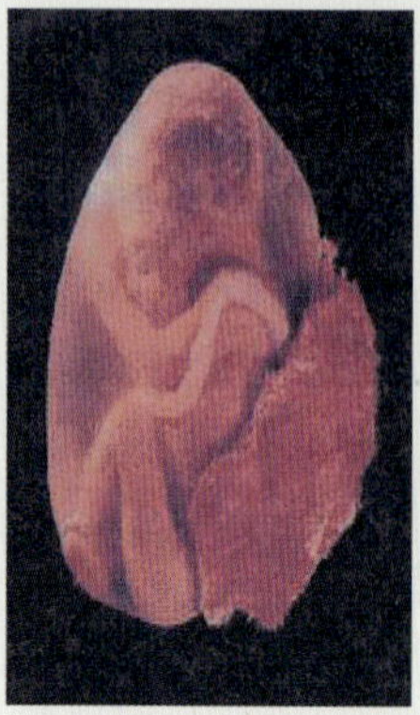	28주	32주	36~38주
	• 35~43cm의 키와 1.1~1.4kg의 몸무게이다. • 지방 함량이 늘어난다. • 매우 활동적이다. • 기초적인 형태의 호흡운동을 보인다.	• 42~45cm의 키와 1.8~2.3kg의 몸무게이다. • 수면 주기와 깨어 있는 주기가 존재한다. • 소리에 반응한다. • 출생 시 어떤 자세로 나올지 예상이 가능하다. • 머리 부분의 근육이 부드럽고 물렁물렁하다. • 간에 철분이 저장된다.	• 48cm의 키와 2.7 kg의 몸무게이다. • 피부가 덜 쭈글쭈글해진다. • 태지가 두꺼워진다. • 솜털이 거의 다 사라진다. • 덜 활동적이다. • 어머니로부터 면역력을 받는다.

주 : 태내 발달을 배종기, 배아기, 태내기로 구분하여 대략적인 발달을 살펴보았으나, 총 임신 기간을 각 3개월씩 3단계로 구분해서 볼 수도 있다. 이때 배종기와 배아기는 1단계에서 시작해서 역시 1단계에서 끝나며, 태내기는 생후 2개월, 즉 1단계가 시작된지 2개월이 되는 시기에 시작해서 2단계를 거쳐 3단계까지 지속된다. 태아의 생존 시기는 적어도 대략 임신 7주에 해당되는 3단계부터 호흡 지원을 통해 가능해진다.

출처 : Santrock(2004).

2) 태내환경과 관련된 변인들

최근에는 모체의 임신으로 시작되는 자궁 내 9개월, 즉 태내기 경험이 출생 이후의 발달 못지않게 중요하다는 관점이 주목받고 있다. 태내기 경험은 유전적 변인 및 출산 이후의 양육환경과 더불어 아이의 신체적 · 정신적 건강과 지능발달, 성격에 큰 영향을 미치는 것으로 나타난다.

(1) 어머니와 관련된 요인들

① 모체의 건강상태

태아는 어머니의 혈액을 통해 영양을 공급받으며, 태아의 영양상태는 어머니가 섭취한 총열량과 적절한 단백질, 비타민, 미네랄 섭취량에 따라 결정된다(Udipi et al., 2000). 임산부의 영양 부족은 직 · 간접적으로 태아의 사산과 저체중아, 조산아, 미숙아 출산 및 산소결핍증과 영구적 뇌손상을 초래할 수 있다. 물론 극단적 영양실조를 제외하고는 태내기 영양결핍이 있어도 출생 후 충분한 영양공급이 주어진다면 그 부정적 효과가 상쇄된다. 즉, 임신 중 모체의 영양부족상태로 인해 영양실조에 처했던 아기들이 출생 후에도 여전히 부적절한 영양상태에 놓이게 될 경우 더욱 위험한 것으로 보고된다.

② 약물

임신 중 약물 복용이 태아에게 치명적인 것으로 널리 알려지게 된 계기는 1960년대 유럽에서 임산부가 복용한 탈리도마이드 Thalidomide 진정제 사례이다. 불면증과 입덧증세를 완화하기 위해 배아기 때 이 약을 복용한 임산부의 아기들에게서 사지발달의 지체가 나타났다(Sorokin, 2002). 또한 산모가 임신 3개월에 유산방지제인 합성 에스트로겐 DESdiethylstilbestrol를 복용한 경우 이후 출산한 여아에서 나중에 자궁기형과 유방암, 남아는 고환과 불임문제가 발생하였다. 임신 후에도 피임약을 복용했을 경우 태아의 심장혈관에 문제가 생겼고 뿐만 아니라 아스피린 과다 복용은 저체중, 사산, 낮은 지능을 야기할 수 있다.

그림 4-11 탈리도마이드 복용 산모들의 아이들

Box 4-1

임신우울증의 중요성

임신 여부와 상관없이 대략 20~40세 사이의 가임 여성들에게 우울증이나 불안장애가 나타날 위험은 전 생애에서 가장 크다고 한다. 적지 않은 임신 여성들이 불안과 정서장애를 경험하고 우울증에 시달리지만, 이는 임신으로 인한 증상과 겹쳐지면서 대부분 크게 주목받거나 발견되지 않는다. 또 산후우울증이 어머니가 자신의 아이를 살해하는 등의 끔찍한 사건들을 통해 조명받고 그 중요도가 인식되는 것에 비해 임신우울증은 사회적으로도 덜 관심을 받는다. 그러나 임신우울증은 오히려 산후우울증보다 더 빈번하게 발생하며 이후 산후우울증에 직접적인 영향을 미치는 것으로 보고된다. 특히, 임신 18~22주 사이의 임신부들이 임신 32주에서 출산 후 8주 사이의 산모들보다 우울증의 강도가 더 크다는 것이 밝혀졌다. 임신우울증을 경험하는 산모는 조산 가능성이 매우 높고 저체중아를 낳을 확률이 높았다. 이는 우울증을 앓는 탓에 산모가 자기관리를 제대로 하지 못하고, 또 우울증 자체가 여성의 신체에 불균형을 초래해 저체중아나 조산아 출산을 유발할 가능성이 크기 때문으로 판단된다.

일각에는 산모가 프로작Prozac 같은 선별적 세로토닌재흡수억제재SSRI 계열의 항우울제를 복용했을 경우 아기의 머리둘레가 정상아보다 작고 신생아에 있어 호흡곤란을 일으키는 것으로 나타났다. 따라서 임신 중 산모의 우울증 자체가 태아에게도 영향을 미치지만 우울증을 치료하기 위해 복용한 약물 또한 부정적 효과를 미칠 수 있음을 염두에 두어야 한다.

③ 음주와 흡연

태아알코올증후군FAS : Fetal Alcohol Syndrome은 임신 기간 중 술을 지나치게 많이 마신 어머니의 자녀들에게 나타나는 비정상적인 증상을 말한다. 이 증후군이 있는 아기는 출생 시 저체중이며 사지 및 안면기형 확률이 높다. 또 출생 후 발달지체와 반사행동의 결함을 나타내고, 수면장애, 과잉활동성, 주의집중력 결핍을 보인다.

흡연으로 인한 니코틴 섭취는 저체중과 유산 및 조산, 호흡기 질환, 돌연사증후군, 아동기 이후의 천식이나 암 등의 발생 가능성을 증가시킨다(Franco et al., 2002 ; Jaakkola & Gissler, 2004). 흡연모의 아이는 소리에 덜 민감하고 근육긴장이 컸으며 촉각이나 시각적 자극에 더 흥분하고 자주 울며, 결국 뇌발달에 부정적 영향을 미칠 수 있다고 보고되었다(Law et al., 2003 ; Sondergaard et al., 2002). 최근에는 직접흡연뿐 아니라 간접흡연도 태아에게 부정적 영향을 미치는 것으로 보고되어 특

알코올이 태아에 미치는 경로 Box 4-2

산모가 임신 중 섭취한 알코올 성분은 태반을 통과해 태아에게 영향을 미친다. 임신부와 태아를 구분하는 역할을 하는 태반은 태아를 보호하기 위해 여러 종류의 장치를 지니고 있다. 그런데 어떤 분자가 태반을 통과할 수 있는지의 여부는 분자의 유해성 여부에 좌우되는 것이 아니라 분자의 크기나 용해성 등에 따라 결정된다. 따라서 크기가 작고 지방에 쉽게 용해되는 분자는 독성 유무와 상관없이 태반이라는 보호막을 지나 태아에게로 유입된다. 알코올을 포함해 이렇게 일단 태반을 지나온 성분은 특히 모체보다 태아에게 엄청난 영향을 미친다.

이유를 정리하면 다음과 같다. 첫째, 태아의 크기가 매우 작으므로 똑같은 양의 화학물질에 노출되어도 어른이 받는 영향보다 훨씬 큰 영향을 받는다. 둘째, 태아의 해독능력과 면역체계가 미성숙하므로 몸 안으로 들어온 약물과 화학물질의 독성을 효과적으로 제거하기가 어렵다. 즉, 태아는 알코올 분해능력이 현저하게 부족하다. 셋째, 태아의 성장속도는 매우 빠르므로 작은 화학물질이 미치는 파급효과와 영향력의 범위도 광범위할 수밖에 없다.

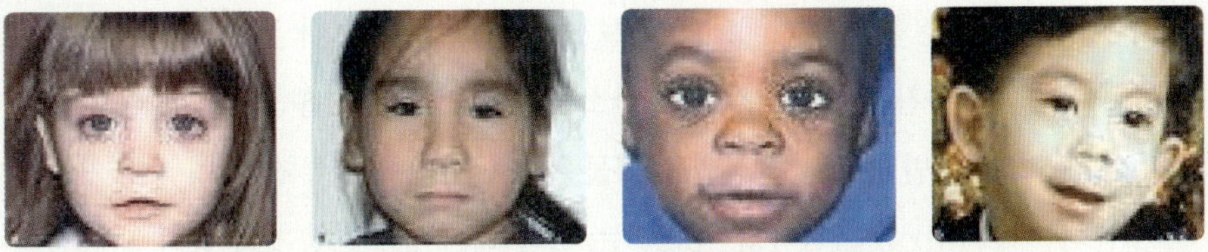

그림 4-12 태아알코올증후군(FAS)을 보여 주는 아이들

히 주의를 요한다.

외국에서는 코카인, 마리화나, 헤로인 등 금지약물이 태아 및 영아의 신체 및 인지발달에 부정적 영향을 미치는 것으로 보고되었다. 또한 임신 중 산모가 정크푸드를 지속적으로 섭취할 경우 신생아의 머리둘레가 작고 체중이 정상아보다 가벼운 것으로 나타나, 음주와 흡연만큼이나 정크푸드가 해롭다는 사실을 알 수 있다.

④ 모체의 질병

풍진rubella은 임산부 자체에게는 가벼운 질병이지만 배아기의 임신 3개월에 감염될 경우 태아에게는 시각과 청각장애, 심장질환, 정신지체 그리고 아동기 정신병의 발병위험 등을 초래할 수 있다. 따라서 임신 계획 이전에 선별검사와 예방접종이 필요하다. 성교를 통해 감염되는 질병인 매독은 태반을 통해 태아에게 감염되어 청각장애, 대뇌손상, 사산 등을 야기한다. 특히, 임신 4개월 이후에 더욱 치명적이어서 풍진처럼 이미 형성된 기관에 심각한 영향을 미친다(Santrock, 2009).

임산부가 임신 3개월 이내에 홍역에 걸렸을 경우 지체아를 낳을 확률이 높으며, 독감, 당뇨, 임질 등도 태아에게 부정적인 영향을 미친다. 후천성 면역결핍증AIDS에 감염된 모체의 태아는 모체와 마찬가지로 AIDS에 감염되어 그 증상을 나타낼 수 있다. 특히, 모유수유를 통한 AIDS 감염은 많은 개발도상국에서 큰 문제점으로 보고된다(Semba & Neville, 1999).

⑤ 모체의 정서상태

모체가 느끼는 강한 불안감과 정서적 스트레스는 유산과 조산, 태아의 저체중, 호흡기 질환, 산소결핍, 영양결핍, 소화장애의 가능성을 증가시키는 것으로 보고된다(Mulder et al., 2002 ; Wadhwa et al., 2001). 임신 기간 중 어머니의 정서상태는 분만과정에도 영향을 미쳐 정서적으로 힘든 어머니는 보다 힘든 분만과정을 겪으며, 이로 인해 아기는 불규칙적으로 산소를 공급받거나 호흡곤란을 겪을 수 있다(Santrock, 2009). 반대로 낙천적인 여성들은 출산과정에서 부정적 영향을 거의 받지 않는다는 연구(Loebel & Yali, 1999)는 결국 태아에게도 긍정적 효과를 가질 수 있음을 보여 준다.

사고나 재난 등의 극단적 스트레스로 인한 외상 후 스트레스 장애PTSD는 모체에 영향을 미쳐 결국 출생 이후 아이에게도 부정적 효과를 갖는다. 한편으로는 전쟁이나 재해 같은 지나치게 과도한 스트레스를 제외한 일상적 스트레스는 성인의 경우와 마찬가지로 모체와 태아에 부정적 영향을 미치지 않으며, 오히려 어느 정도의 적절한 스트레스는 최적의 발달을 이끌어 낼 수 있다고 한다. 가령, 임신 중 일상적 스트레스를 경험한 어머니의 자녀는 생후 24개월 때 평가한 신체운동 및 심리측정검사에서 더 높은 점수를 받은 것으로 나타났다(Dipietro, 2004).

⑥ 모체의 연령과 출산 횟수

최근 35세 이상의 고령출산과 10대 출산이 많아지고 있지만, 의학의 발전으로 출산과정이나 태아에게 심각한 부정적 영향을 미치는 정도는 예전과 달리 생각만큼 크지 않은 것으로 보고된다. 그럼에도 생물학적으로 이상적 가임기간의 모체에서

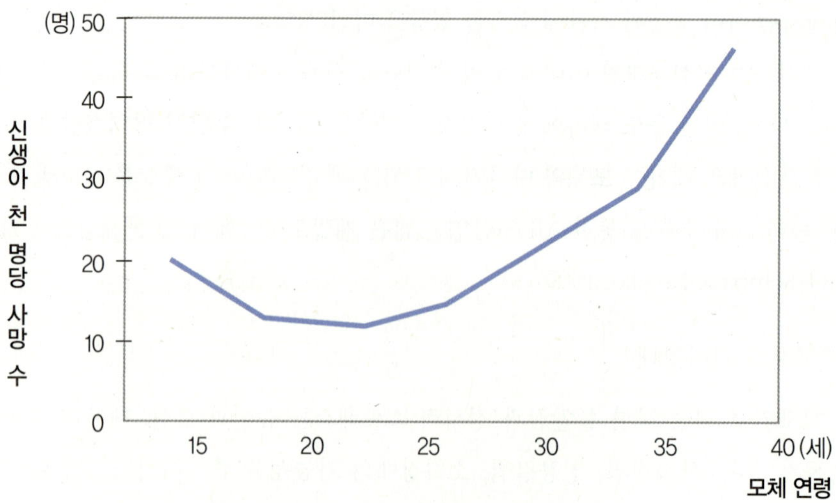

그림 4-13 모체의 연령별 태아사망률

출처 : Shaffer(1999) ; 박성연 외(2011)에서 재인용.

태어난 아이들이 좀 더 건강한 발달을 보이는 것으로 나타난다. 40대 이후 고령 임신은 다운증후군 위험과 함께 임신중독증, 난산, 미숙아출산 비율이 높다. 특히, 10대 임신의 경우 출산 적정연령으로 보는 20~35세 사이의 임신과 달리, 영양실조와 스트레스를 유발시키고 이에 따른 영아사망률과 조산아 출산이 상당히 높다.

산모가 적정 연령에 임신을 할 경우 첫 번째 출산보다는 두 번째 출산의 태내환경이 태아에게 더 좋아서, 둘째 아이부터는 첫째 아이보다 신체가 더 크고 출생결함의 비율이 낮은 경향이 있다. 그렇지만 출산 간격이 너무 짧거나 출산 횟수가 많을수록 이러한 이점은 상쇄되는 것으로 나타난다.

(2) 아버지와 관련된 요인들

태내환경에 대한 관심은 대체로 어머니 관련 요인들에 초점을 두어 왔으나, 최근 연구에 따르면 어머니만큼 아버지 관련 변인도 태아에게 큰 영향을 미치는 것으로 나타났다. 아버지가 50세 이상의 고령일 경우 염색체 결함이 빈번해서 다운증후군 자녀를 출산할 위험이 커지고, 자폐아 출산이 더 높다는 연구결과가 있다. 이는 연령이 많을수록 남성세포의 돌연변이가 증가하기 때문인 것으로 보고된다(Bigner, 2006). 아버지가 특정한 유독 화학약품을 취급하는 직장환경에 노출되는 경우, 저체중아와 미숙아 출산율이 더 높은 것으로 보고되기도 하였다. 흡연은 남성의 정자 수에 영향을 미쳐 생식능력을 저하시키며, 흡연 남성의 자녀는 비흡연 남성의 자녀에 비해 여러 가지 질병에 걸릴 확률이 더 큰 것으로 나타난다(Merewood, 1998).

Box 4-3

아버지 연령의 중요성

기존의 연구들은 주로 어머니의 연령이 많을수록 출산한 자녀가 다운증후군과 같은 유전성 질환에 걸릴 확률이 높다는 데 초점이 맞추어졌다. 그러나 최근에는 오히려 아버지의 나이가 자녀의 정신분열증과 자폐장애 같은 정신장애 발병에 큰 요인이라는 연구가 많이 보고된다. 여성은 평생에 쓸 난자를 한 번에 가지고 태어나 필요할 때마다 배란을 하는 반면, 남성은 매번 새로운 정자를 만들기 때문에 고령일 경우 유전자 결함이 있는 정자를 생산할 가능성이 높기 때문으로 해석될 수 있다. 이와 더불어 최근의 한 연구에서는 산모의 출산연령이 높을수록 아이가 사고로 다치거나 병원에 입원할 확률이 낮아지는 것으로 나타났다. 오히려 산모의 연령이 20세 이하로 어릴 경우 자녀의 사고율은 높아진다고 한다.

최근에는 직접흡연뿐 아니라 간접흡연도 산모에게 영향을 주어, 결과적으로 태아에게 부정적 영향을 미치는 것으로 나타났다. 또 과도한 음주는 남성호르몬인 테스토스테론의 수준을 낮추어서 불임을 유발할 수도 있다.

(3) 환경요인

화학약품과 오염물질, 폐기물 등은 태아에게 유전자 변이와 염색체 이상을 초래하면서 위험한 영향을 미칠 수 있다. 이런 위험물질에는 일산화탄소, 수은, 납, 다이옥신 등이 해당되는데, 이것들에 노출된 아이들은 발달에 부정적 영향을 받는다(Markowitz, 2000).

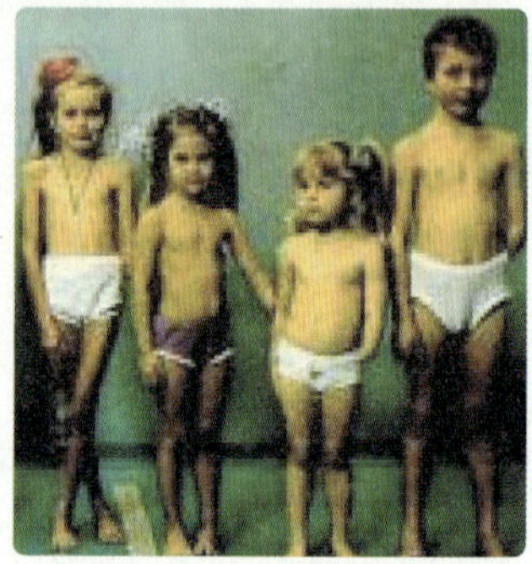

그림 4-14 체르노빌 방사능 누출 피해 아이들

매연과 일산화탄소 등 대기오염과 출산 후 아이에게 나타나는 부정적 결과 간의 관련성은 특히 조산과 저체중, 심장기형에 관한 연구에서 많이 보고되었다(Ritz, 2002). 흔히 볼 수 있는 플라스틱 물질인 합성화학물질 비스페놀A BPA는 남성의 정자생산에 영향을 미치는 것으로 보고된다. 또한 임신 초기 모체가 여드름 치료제로 사용되는 에큐텐에 노출될 경우, 아이는 눈, 귀, 두개골, 두뇌, 심장, 면역체계의 이상을 포함해서 광범위한 유기체적 손상을 경험한다(Berk, 2006). 방사선은 유전자 돌연변이와 염색체 손상을 초래하며, 직업상 방사선에 많이 노출되었던 부모의 자녀는 염색체 이상이 더 많이 나타난다.

(4) 모자간 부적합한 혈액형

어머니의 혈액과 태아의 혈액은 태반에 의해 분리되는데, 임신 말기나 분만과정에서 태아의 Rh+ 혈액이 어머니의 혈액으로 유입되면, Rh−인 어머니는 Rh+에 대해 항체를 형성하게 된다. 이렇게 형성된 항체가 태아에게 유입되면 항체는 태아의 적혈구를 파괴하여 산소공급을 감소시키고 빈혈이나 자연유산, 사산, 귀머거리, 두뇌손상, 뇌성마비, 심장병, 정신지체 또는 출생 후 사망 등을 일으킬 수 있다. 모체가 Rh−, 태아가 Rh+ 인 경우 항체형성에 어느 정도 기간이 소요되므로 첫 번째 임신은 문제가 없으나, 두 번째 임신에서는 어머니의 혈액 속에 항체가 형성되어 큰 문제를 낳을 수 있다. 최근에는 Rh－인 어머니에게 항체형성을 막는 백신을 예방접종하여 어느 정도 위험을 예방할 수 있다.

3) 태내발달의 민감기 및 태내환경의 중요성

앞에서 살펴본 여러 환경적 영향들을 기형발생물질teratogen이라 하는데, 이는 발달하는 배아나 태아에게 악영향을 미치는 감염균이나 질병, 약물, 환경적 요인들을 의미한다(Shaffer & Krpp, 2010 ; 박성연 외, 2011에서 재인용).

기형발생물질의 영향은 먼저 태아의 신체기관이 빠르게 형성되는 시기에 가장 치명적일 수 있다. 기형발생물질이 태내기 중 어떤 시기에 영향을 미쳤는지에 따라 그 결과와 심각함의 정도가 달라지므로, 기형발생물질에 노출되는 시기는 태내발달에서

Box 4-4

기형발생물질

기형발생물질(teratogen)을 의미하는 테라토젠(teratogen)의 어원은 '불구', '기형', '괴물'의 뜻을 담고 있는 그리스의 teras로부터 유래한 것으로, 태아에게 기형을 유발할 수 있는 요인들을 의미한다. 기형이나 장애를 가지고 태어나는 아기들의 사례와 연구를 통해서 학계는 기형발생물질에 관심을 갖게 되었다. 이런 기형발생물질에는 약물, 부적합한 혈액형, 환경오염물질, 질병감염, 영양실조뿐만 아니라 모체의 정서상태, 연령 등 다양한 인자들이 있다. 이 세상에는 수많은 기형발생물질이 존재하므로, 인간은 수태의 순간부터 다양한 경로로 위험에 노출된다. 그러나 이러한 영향의 경로나 과정을 정확하게 밝혀내는 것이 쉽지는 않다(Berk, 2006 ; Santrock, 2009)

❶ **양** : 기형발생물질의 양이 많을수록, 그리고 오랜 시간 접했을 경우 태아에게 미치는 부정적 영향은 더욱 큰 것으로 나타난다. 예컨대, 어머니가 복용한 약물의 양이 많을수록 효과는 더욱 치명적이다.

❷ **노출 시기** : 태내기의 어느 시기에 기형발생물질에 노출되느냐에 따라 미치는 영향과 정도가 달라진다.

❸ **발생 경로** : 기형발생물질의 부정적 효과가 태내기에 곧바로 나올 수도 있지만 출생 이후 시간이 지나서 나타날 수도 있다.

❹ **발생 효과** : 하나의 기형발생물질이 여러 결함을 야기하기도 하고, 여러 개의 기형발생물질이 하나의 동일한 결함을 초래할 수도 있다.

❺ **개인차** : 같은 기형발생물질이라도 모든 태아에게 동일한 효과를 만드는 것은 아니다.

❻ **유전적 취약성** : 어머니와 태아의 유전자형과 태내환경에 따라 기형발생물질이 미치는 부정적 효과는 달라진다.

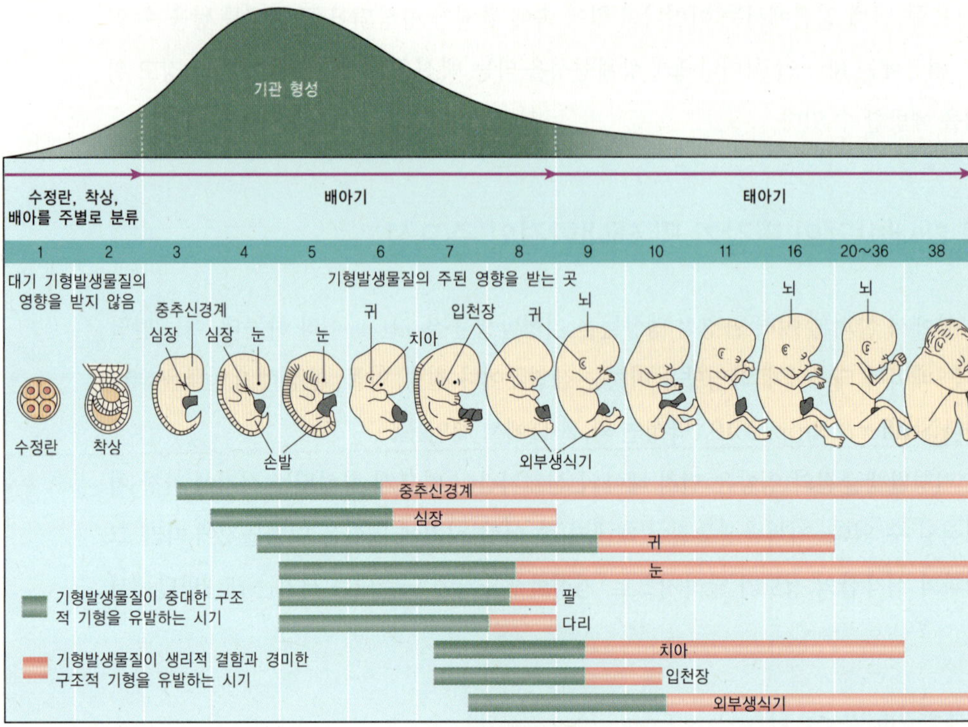

그림 4-15 태내발달의 민감기

출처 : Santrock(2004).

Box 4-5

바커 가설

영국 의사인 데이비드 바커(David Barker)가 1989년 발표한 가설로 당시에는 큰 관심을 끌지 못했으나 이후 후생유전학(유전자의 발현 조절을 연구하는 유전학의 하위 학문)이 발달하면서 태내기 중요성을 보여주는 대표적인 입장이 되었다. 특히, 인간발달에서 환경이 태내기에 부분적으로 영향을 미침으로써 이후 발달을 어떻게 좌우하는가를 제시한다. 바커 가설(Barker hypothesis)에 따르면 출생 당시 저체중아였던 신생아일수록 중년기에 심장질환에 걸릴 확률이 더 높다. 즉, 태내기 때의 영향결핍이 이후 심장질환으로 이어진다는 가설이 그것이다. 당시 의학계는 심장질환의 원인을 운동, 흡연, 식생활 등 성인들의 일상생활 습관에서 주로 찾았으나, 버커는 태내기 때의 영양결핍을 주된 요인으로 분석하였다. 버커는 우연히 잉글랜드와 웨일즈의 가장 빈곤한 지역에서 심장질환 발병률이 가장 높다는 사실을 발견하고, 심장질환은 운동량이 부족하고 기름진 음식을 잘 먹는 사람에게 주로 발병한다고 간주하는 의학계의 통설에 의문을 갖게 되었다. 이에 대한 보다 체계적인 연구를 시도하여 바커는 20세기 초반에 태어나고 연구 당시 중노년기에 있었던 약 1만 5,000여 명의 사람들을 신생아 기록부터 추적해 조사했다. 그 결과 저체중인 신생아일수록 50여 년이 지나 중년기에 심장질환의 발병 확률이 월등히 높다는 사실을 발견했다. 출생 시 저체중이었던 사람들은 수입과 교육, 이외 여러 건강 위험요소를 통제했을 때 심장질환과 뇌출혈로 인한 사망 가능성이 비교집단보다 두 배 이상 높은 것으로 보고되었다(Godfrey & Barker, 2001). 출산 시 저체중을 야기할 수 있는 원인은 조산, 임신 중 흡연, 태반기능의 문제, 둘 이상의 태아 임신 등 여러 가지가 있으나, 그중 영양결핍이 가장 중요한 원인 중 하나로 나타났다. 태아는 영양분이 부족할 경우 간 등의 장기로 가야 할 영양분을 생존을 위해 가장 중요한 장기인 뇌로 모두 보내버리며, 이는 필요한 영양분을 제대로 공급받지 못한 심장이 중년기 이후에 취약해지는 결과를 초래한다.

의 민감기 혹은 결정적 시기와 직결된다고 볼 수 있다. 특히, 배아가 가장 빠른 속도로 성장하는 임신 3~8주의 배아기 때 기형발생물질의 영향은 치명적이다.

4) 태내 진단검사

38주간의 태내기는 인간발달이 시작되는 중요한 시기이다. 현대의학에서는 출생 전에 태아의 상태, 유전학적 문제, 자궁의 상태 등을 미리 살펴보고 진단함으로써, 야기될 수 있는 출생 결함이나 유전적 질병, 기형과 장애 등에 대한 대처가 가능하다. 연령이 많은 산모는 대개 양수검사와 융모막 채취검사를 사용한다.

(1) 양수검사

양수검사amniocentesis는 태아를 보호하는 양막의 아랫부분에서 소량의 양수약 20cc 샘플을 주사기로 채취하는 방법으로, 태아의 성별이나 혈우병을 포함한 다양한

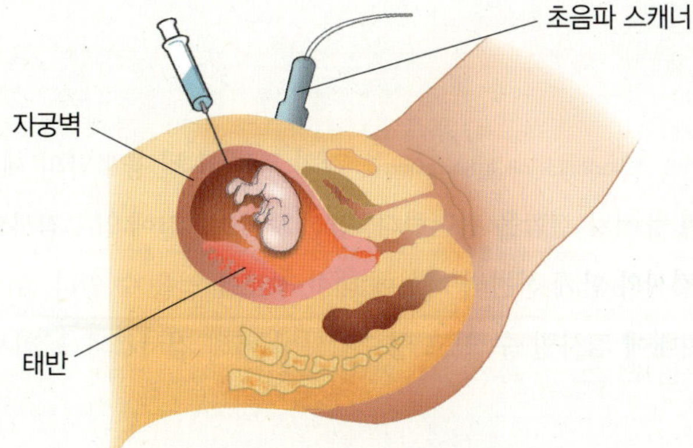

그림 4-16 양수검사

유전적 결함을 판별할 수 있다. 임신 초기에는 양수가 적어 최소 임신 14~16주 이전에는 어려우며(Kuller, 1996), 수정 후 15~18주 사이에 실시한다. 검사결과 확인에 시간이 소요되므로최소 2주 이상 태아에게 심각한 결함이 있어도 유산하기에는 위험이 따른다는 단점이 있다.

(2) 초음파검사

초음파검사ultrasound는 비교적 산모와 태아에게 큰 무리 없이 편안하게 사용할 수 있는 가장 많이 사용되는 검사로 임신 14주 이후에 가능하다. 임산부의 배에 초음파를 투사해 자궁 내부를 사진을 찍어 태아의 영상을 본다. 임신 초기에는 임신의 정상 여부를, 임신 중기에는 태아의 해부학적 기형문제를, 임신 말기에는 태아의 위치와 발육 정도, 태반상태 등을 진단한다. 정확한 임신 기간, 쌍생아 출산 가능성, 자궁 내 이상 등을 알 수 있다. 그러나 염색체 이상과 유전적 질환에 대한 정보는 알 수 없으며, 5회 이상 할 경우 태아의 저체중을 일으킬 위험이 있다고 한다(Santrock 2009). 태아를 초음파로 보는 것은 부모로서의 첫 경험으로 초음파검사가 임신한 여성의 심리상태에 미치는 영향을 살펴본 연구에 따르면, 초음파검사를 했던 임산부들은 불안이 감소하고 태아에 대한 모성적 유대와 애착을 비교집단보다 더 많이 형성한 것으로 나타났다(Boukydis, 2006).

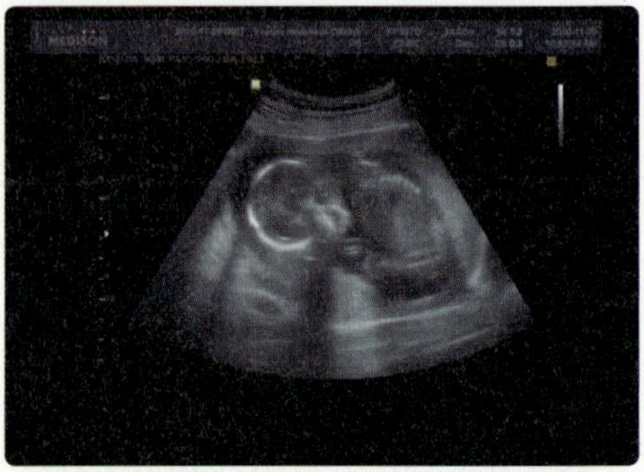

그림 4-17 초음파를 통해 본 태아의 모습

(3) 융모검사

융모검사CVS : Chorionic Villus Sampling는 장차 태반이 될 융모막의 세포를 채취해서 염색체 이상과 유전자 결함을 진단한다. 임신 8~10주 전에 양수검사의 대안으로 실시하고, 양수검사와 함께 선천적 기형에 대한 정보를 얻을 수 있다. 수정 후 6~8주인 임신 2개월 이내에 검사할 수 있고 양수검사에 비해 검사결과를 24시간 이내에 빨리 알 수 있다.

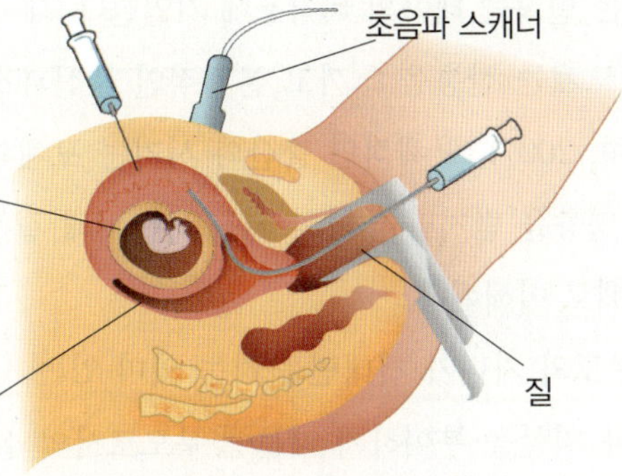

그림 4-18 융모막검사

(4) 산모혈액검사

산모혈액검사AFP : Alpha-Fetoprotein는 태내기에 이루어지는 의학적 진단으로 신경관 장애와 관계있는 혈액 안의 알파페트프로테인alpha-fetoprotein 수준을 측정한다. 임신 14~20주 된 산모가 두뇌 및 척수의 발육에 이상이 있는 태아를 임신하고 있을 가능성이 있을 때만 실시한다(Santrock, 2009). 이 혈액검사에서 AFP수준이 지나치게 높을 경우 태아의 척추나 두뇌 손상 가능성이 있으므로 초음파나 양수검사를 하게 된다.

3. 출산

1) 출산의 개념

출산은 임신의 끝에 성숙한 태아가 자궁 밖으로 나오는 과정을 의미한다. 보통 임신 40주경에 일어나지만 개인에 따라 차이가 있어 의학적으로는 대개 임신 37~42주 사이에 이루어지는 출산을 자연적인 만삭 정상출산으로 본다.

출산은 태아에게는 독립된 개체로 세상에 나오는 사건을 의미하며 따라서 사회적인 생의 시작점이라 볼 수 있다. 출산이 이루어지기 위해서는 자궁이 수축되어야 하고, 자궁수축은 모체의 호르몬 변화에 의해 일어난다. 최근 의학이론에 의하면 이러한 모체의 호르몬 변화는 태아의 뇌작용에 기인한다. 태아의 뇌 시상하부에서 호르몬이 분비되면 모체는 산통을 느끼고 본격적인 출산과정이 시작되기 때문이다(대한산부인과학회, 2007). 구체적인 출산의 시기는 모체의 신체적·심리적 건강상태에 따라서도 영향을 받지만 태아의 뇌작용에 의해 결정된다는 점에서 태아는 출산의 능동적 주체로 이해된다.

한편, 출산은 부모와 자녀가 첫대면을 하는 의미 있는 사건이다. 자녀의 탄생은 부모에게 책임감과 역할을 부여하기 때문에 부모로서의 실제적 시작을 의미한다. 특히, 임신의 주체인 어머니는 임신기간 동안 자신과 동일체로 여겼던 태아를 출산과정을 통해 독립된 객체로 받아들이게 된다(박성연 외, 2011). 이런 측면에서 출산은 아기와 부모 모두에게 새로운 삶의 역할을 부여하는 획기적인 생활사건이라 하겠다.

2) 출산의 과정

임신 마지막 2~3주에는 출산을 준비하는 여러 증상들이 나타난다. 출산을 위해 자궁이 준비되는 증상으로 질의 분비물이 증가하며 태아가 하강하고 움직임이 적어지는 등의 현상이 나타난다. 이러한 준비기간을 거쳐 실질적인 출산의 과정은 태아가 모체의 몸 밖으로 나오려고 본격적인 준비를 하는 시기부터 시작된다. 대개 출산의 과정은 자궁경부가 짧아지고 벌어지는 단계인 개구기, 태아가 자궁경부를 통해 모체의 몸 밖으로 나오는 탄생단계인 태아분만기, 태반의 분리가 이루어지는 태반반출기 등의 3단계로 이루어진다(박성연 외, 2011).

(1) 개구기

개구기는 자궁경부가 짧아지고 부드러워지면서 열리기 시작하는 단계로 출산의 3단계 과정 중 가장 오랜 시간이 걸린다. 처음 아기를 낳는 초산의 경우는 대개 12시간 이상 지속되지만, 출산경험이 있는 산모의 개구기 단계는 일반적으로 초산보다 짧다. 자궁수축은 점점 빠른 속도로 규칙적으로 일어나며, 이를 통해 자궁경부가 확장되고 부드러워져 아기의 머리가 통과할 수 있게 된다.

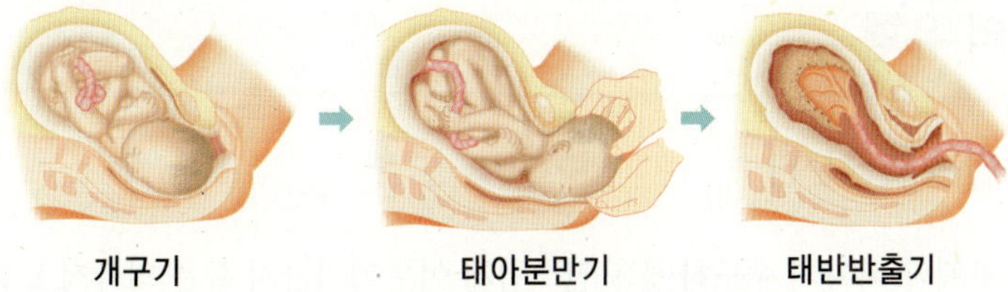

그림 4-19 출산의 과정

(2) 태아분만기

태아분만기는 자궁경부가 약 10cm 정도 열려 아기의 머리가 자궁경부와 산도를 통해 나오기 시작할 때부터 아기의 몸이 완전히 모체 밖으로 나올 때까지의 단계를 의미한다. 만약 태아분만기가 2시간 이상 지속될 경우에는 태아의 산소공급에 문제가 생길 수 있기 때문에 인공적으로 출산을 유도하는 것이 산모와 태아의 안전을 위해 필요하다. 태아분만기의 끝무렵에 아기는 산모의 몸 밖으로 나오지만, 탯줄에 의해 산모의 태반에 연결되어 있는 상태가 된다.

(3) 태반반출기

태반반출기는 출산의 마지막 단계로, 약 5~30분 정도 소요된다. 태반반출기에는 산모의 몸속에 남아 있던 태반과 잔여 탯줄, 기타 물질들이 모체의 몸 밖으로 나온다.

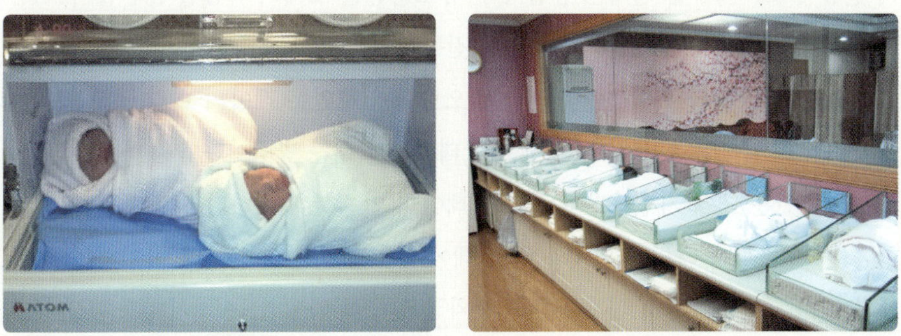

그림 4-20 분만 직후 신생아 및 신생아실의 모습

3) 출산의 유형

(1) 자연분만과 인공분만

출산이 모체와 태아의 주도하에 자연스럽게 이루어지는지 혹은 의학적 도움을 받아 이루어지는지에 따라 가장 기본적 유형인 자연분만과 인공분만으로 나눌 수 있다.

① 자연분만

자연분만은 임신 중기 이후 호르몬의 변화에 의해 모체의 자연적인 자궁수축으로 태아가 질을 통해 출산되는 유형을 말한다. 임신 37~42주 사이에 이루어지는 질 분만을 정상 자연분만이라 하며, 임신 24~36주 사이에 정상적으로 질을 통해 이루어지는 분만을 미숙아 자연분만이라 한다. 임신 42주 이후에 동일한 방법으로 분만하는 경우는 과숙아 자연분만이라 한다. 그런데 임신 42주 이후까지 자연분만이 이루어지지 않을 경우는 태아에게 공급되는 산소량 부족으로 태아에게 문제가 생길 가능성이 있기 때문에, 대개 의학적 도움을 받아 분만을 유도하므로 과숙아 자연분만의 비율은 상대적으로 낮다.

② 인공분만

자연분만과 달리, 산모나 태아의 건강과 안전상의 문제로 인해 의학적 도움을 받아 출산을 하는 경우를 인공분만이라 한다. 대표적인 인공분만으로 제왕절개분만, 유도분만, 흡입분만 등을 들 수 있다. 제왕절개분만은 산모의 복부와 자궁을 절개하여 인공적으로 태아를 꺼내는 방법이다. 유도분만은 모체의 자궁을 출산할 수 있는 상태로 만들기 위해 진통을 가속화하는 진통촉진제를 산모에게 투여하여 의도적으로 출산을 촉발시키는 방법이다. 마지막으로 흡입분만은 태아의 머리 부분을 기계를 이용하여 압착한 후 모체의 질을 통해 태아를 꺼내는 방법이다.

인공출산은 대개 자연분만이 산모와 태아의 안전상 위험하다고 판단될 때 사용한다. 즉, Rh 혈액 타입 불일치와 같이 태아에게 감염 등의 문제를 야기하는 경우, 태아가 거꾸로 위치하고 있거나 태반이 자궁 입구를 막고 있는 전치태반 현상 등으로 질을 통한 출산이 어려울 경우에는 제왕절개 분만법을 통해 출산하는 것이 가능하다. 아기의 머리가 산모의 골반에 비해 상대적으로 크거나 산모의 건강상 문제로 출산 중 산모의 역할을 기대할 수 없을 경우에도 제왕절개 및 흡입분만 등을 사용할 수 있다(Cox et al., 2001). 유도분만은 과숙아의 경우에 많이 사용되는 인공분만방법이다.

한편, 제왕절개분만법은 수술 시 마취로 인해 산모의 적극적 참여가 배제되며, 자연분만과 비교할 때 산모의 회복에 시간이 더 많이 걸리고 분만비용이 비싸다는 단점이 있다. 이러한 이유로 최근에는 제왕절개에 의한 분만을 지양하는 분위기가 산모들 사이에서 나타나고 있다(조복희, 2007).

(2) 기타 분만 유형

최근에는 출산과정에서 다양한 분만 보조방법을 활용함으로써 태아 및 산모, 가족 등 출산 당사자 중심의 출산을 강조하는 경향이 크게 늘고 있다. 여기에는 의학적 약물이나 심리적 훈련의 방법으로 출산의 고통을 줄이는 분만방법뿐 아니라, 분만 시의 외부 환경을 조절함으로써 자연스러운 출산 분위기를 조성하는 분만방법 등이 포함된다(Bigner, 2006).

① 무통분만

무통분만은 마취제를 사용하여 산모의 산통을 줄이는 분만법이다. 마취방법은 제왕절개 수술을 할 때와 같이 허리 부위를 통해 척추를 싸고 있는 경막 외각에 국소마취제를 주입한다(Bourgeois, 2004). 하반신만 작용하는 부분마취를 실시하기 때문에 산모의 의식과 다른 부위의 감각은 살아 있어 의사의 지시에 따라 분만에 적극적으로 참여할 수 있다. 또한 과도한 통증 때문에 생기는 근육긴장을 이완시킬 수 있고, 출산과정에서 나타날 수 있는 산모의 호흡문제로 인한 태아의 저산소증 등을 막을 수 있는 장점이 있다.

그러나 무통분만에 사용되는 마취제의 영향력이 어떠한지에 대해서는 아직까지 일관된 결론이 정립되어 있지는 않다. 일부에서는 무통분만에 사용되는 마취제의 양이 소량이기 때문에 태아와 산모에게 영향을 미치지 않는다고 설명하기도 하지만, 다른 일부에서는 무통분만이 아동발달에 부정적 영향을 미칠 수 있음을 주장한다.

② 르봐이예 분만법

르봐이예 분만법은 프랑스의 산부인과 의사인 르봐이예Leboyer(1975)에 의해 제안된 방법으로, 출산의 주체인 태아와 산모 중심의 분만방법이다. 르봐이예 분만에서는 출산 과정 및 출산 직후 환경에 대한 태아의 적응을 최우선으로 하기 때문에, 출산환경을 모체의 배 속과 유사하게 조성함으로써 태아의 스트레스를 줄이고 출생 후 바깥 환경에 잘 적응할 수 있도록 돕는 방법을 사용한다. 또한 산모와 태아의 유대관계를 중요시하기 때문에 출산과정을 의사가 주도하기보다는 산모와 태아가 주도하도록 한다.

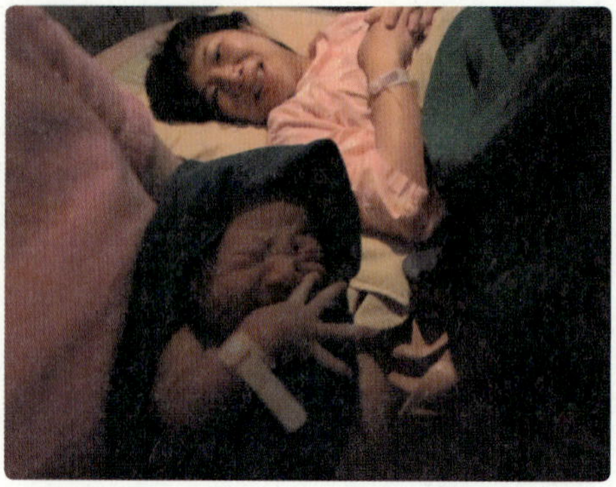

그림 4-21 어두운 조명에서 이루어지는 분만

르봐이예 분만을 위해서는 분만실의 조명을 약간 어둡게 하여 자궁 내 환경과 비슷하게 맞추며, 산모가 평소에 즐겨 듣던 음악을 조용하게 틀어놓고 일체의 외부 소음을 줄임으로써 태아와 산모 모두에게 편안함을 제공한다. 출생 직후 신생아에게 인위적으로 호흡을 유도하기 위해 자극을 주지 않으며, 아기가 엄마 배 위에서 심장소리를 들으며 스스로 폐호흡을 할 수 있도록 시간을 둔다. 탯줄을 자른 후에는 양수와 동일한 온도의 물에 담가 바깥 공기와의 접촉을 줄인다. 이러한 배려들을 통해 신생아는 빛과 소리로 인해 생기는 스트레스로부터 보호받고 산모와의 유대를 강화할 수 있다는 장점을 지닌다.

③ 라마즈 분만법

라마즈 분만법은 프랑스 의사인 라미르Lamaze(1970)가 소개한 방법으로, 연상법, 이완법, 호흡법 등의 심리적이고 육체적인 훈련을 통해 출산 시의 고통을 줄이는 분만법이다. 연상법은 진통 시 기분이 좋고 즐거웠던 일을 생각하여 몸과 마음을 안정시키고 이를 통해 고통을 분산시키는 방법이다. 이완법은 진통 시 온몸의 근육이 경직되는 것을 막기 위해 진통과 진통 사이에 관절의 힘을 빼면서 손목, 팔꿈치, 목, 무릎, 허벅지 등의 근육이완을 시도하는 방법이다. 호흡법은 출산단계에 따라 적절한 호흡법을 적용하여 산모와 태아에게 충분한 산소를 공급하는 것이 목적이다.

라마즈 분만법과 비슷한 유형으로 소프롤로지sophrology 분만을 들 수 있다. 소프롤로지 분만은 근육이완법과 자율훈련법을 요가와 배합하여 만든 분만법으로, 출산이 고통이 아닌 기쁨이라는 자기암시를 통해 적극적으로 분만의 진통을 받아들이게 하는 방법이다. 이처럼 정신수련을 통해 통증을 완화한다는 점에서 라마즈 분만법과 비슷하지만, 소프롤로지는 복식호흡을 하고 남편에게 의존하지 않는다는 점에서 차이가 있다(랜덤하우스코리아, 2006).

④ 수중분만

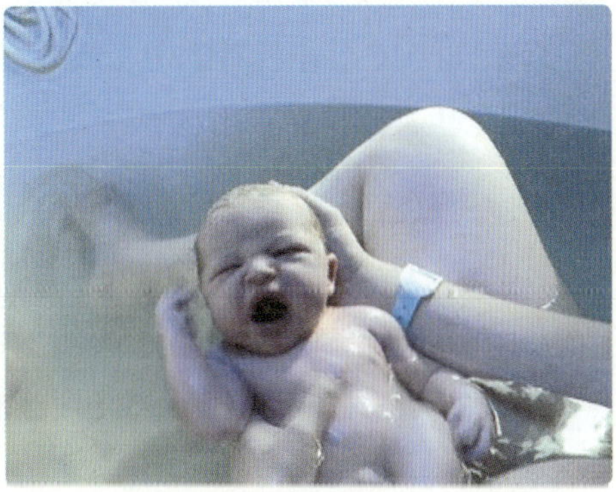

그림 4-22 수중분만 장면

수중분만은 1970년 영국인 의사 오덴트Odent가 물속에서 분만 시 진통완화의 효과가 있다는 논문을 발표하면서 관심을 받게 된 분만법이다. 수중분만은 고대 기록에서도 그 유래를 찾아볼 수 있으나 수중 감염의 우려 때문에 현대 의학에 의해 밀려났다가 여러 가지 장점이 부각되면서 최근 들어 다시 많이 사용되고 있다. 양수와 비슷한 환경에서 분만을 하기 때문에 아기가 자궁 밖의 환경에서도 안정적으로 적응할 수 있다. 또한 진통에 대한 두려움과 긴장을 줄이고 자궁수축으로 인한 통증과 불편함을 줄일 수 있다는 장점이 있다(Odent, 2001).

4) 출산 시의 문제

(1) 출생의 정신적 외상

최근 영아들이 출산과정에서 겪는 부정적 경험에 대한 우려의 목소리가 높아지고 있다. 예전에는 출산의 고통은 산모에게 해당하는 것이며 영아들은 출산 시 고통을 느끼지 않거나 느끼더라도 기억하지 못한다고 여겼다. 그러나 최근 연구에 의하면 영아들은 자극으로부터 보호받았던 안정적인 자궁 안의 환경에서 벗어나 출산과정 동안 처음 경험하게 되는 외부 자극에 따른 스트레스를 경험한다. 그리고 일부 영아들은 그러한 경험에 의해 정신적 외상을 겪고, 이는 이후 발달에 지속적으로 부정적 영향을 미친다고 한다(Papalia, Olds & Feldman, 2006). 이러한 이유로 르봐이예 분만과 같이 태아가 경험하는 스트레스성 외부 자극을 최소화하는 태아 중심 분만에 대한 관심이 증가하고 있다.

(2) 과숙아

과숙아란 임신 38~42주 사이에 태어나는 정상아와 달리 42주를 넘겨 그 이후에 태어나는 아기를 의미한다. 대개 임신 42주가 지나면 모체의 변화로 인해 탯줄을 통해 공급되는 산소 및 혈액의 양이 현저히 줄어든다. 산소 및 혈액량의 감소는 태아의 뇌손상을 야기할 수 있으며 심각한 경우 사망에 이르게 하기 때문에 과숙아에 대한 관리가 요구된다.

과숙아는 출산과정에서도 어려움을 겪을 수 있다. 과숙아는 40주를 넘어 산모의 배 속에서 계속 성장하기 때문에 태아의 크기가 산모의 골반을 통과하여 자연분만을 하기에는 어려울 수 있다. 따라서 대개의 경우 의사들은 42주 이전에 약물을 통한 유도분만을 권유하거나 제왕절개로 의학적 분만을 시도한다.

(3) 저체중아

저체중아는 평균 3.4kg 정도의 정상아에 비해 몸무게가 현저히 적어 2.5kg 이하의 체중으로 태어나는 아기를 의미한다. 저체중아에는 정상분만 주수인 38~42주 사이에 태어났으나 체중이 2.5kg 이하인 경우와, 38주 이전에 태어나는 경우 인 미숙아 모두가 포함된다.

저체중아는 과숙아에 비해 더욱 주의와 관리를 필요로 한다. 이는 저체중이 신생아 사망의 주요 요인이기 때문이며 더불어 이후 발달에서 신체적 · 인지적 · 정서적 문제를 일으킬 확률이 상대적으로 높기 때문이다. 저체중아 중 특히 미숙아의 경우 신체기관이 충분히 발달하지 못한 채 태어나므로, 호흡기와 순환기의 미성숙은 생명을 유지하는 데 어려움을 야기한다. 저체중아의 출산은 많은 경우 유전적 영향을 받지만, 임신기간 중 산모의 영양, 건강, 정서상태 그리고 기타 약물 복용으로 인한 모체의 변화와도 관계가 있다.

CHAPTER

05

영유아기 신체운동발달

1. 신생아기의 신체운동발달 | 2. 영아기의 신체운동발달 | 3. 유아기의 신체운동발달

CHAPTER

05

영유아기는 출생 이후 인간의 전체 생애 중 가장 빠른 발달적 변화를 보이는 시기이다. 또한 영유아기의 발달적 특성이 이후 아동기와 청소년기는 물론 성인기와 노년기까지 지속적으로 영향력을 가진다는 점에서 영유아기는 매우 중요한 시기로 이해된다.

본 장에서는 이러한 영유아기의 발달적 특성 중 신체운동발달에 대해 소개하고자 한다. 출생 직후부터 나타나는 신체, 운동, 감각기관 등의 특성 및 발달적 변화를 발달시기별로 나누어 구체적으로 살펴볼 것이다. 출생 직후의 첫 1개월에 해당하는 신생아기, 생후 2개월부터 만 2세까지의 영아기, 그리고 만 3세부터 취학 전 만 5세까지의 유아기 등 세 시기로 구분하여 각 시기의 신체운동발달의 특성을 소개하고자 한다.

1. 신생아기의 신체운동발달

신생아란 대개 출생 후 4주까지의 아기를 의미한다. 이 시기는 태아가 자궁 속에서 의존적으로 성장하던 것에서 벗어나 독립적인 유기체로 바깥 세상에 적응해 나가는 시기이다. 모체 안에서 태아는 양수에 둘러싸여 성장하였기 때문에 외부로부터의 자극과 충격에 직접적인 영향을 받지 않았다. 그러나 출산과 더불어 신생아는 외부의 모든 자극에 그대로 노출될 뿐 아니라 이전에는 경험하지 못했던 완전히 새로운 환경에 적응해야 한다. 상대적으로 신생아는 신체적, 심리적으로 매우 취약하기 때문에 새로운 환경에 적응하는 데에는 양육자의 특별한 관심과 보호가 필요하다.

1) 신생아의 크기와 외모

(1) 신장과 체중

출생 시의 평균 신장은 남아가 50.8cm, 여아는 50.1cm로 근소한 차이를 보이며, 체중 역시 남아의 경우 평균 3.4kg, 여아는 3.3kg으로 남아가 조금 더 큰 특성을 보인다(대한소아과학회, 1998).

출생 후 며칠 동안 신생아는 섭취하는 양이 적을뿐더러, 폐호흡으로 인해 피부에서 수분이 증발하는 현상이 나타나 체중의 5~10%가 줄어든다(Martorell, Papalia & Feldman, 2013). 그러나 아기가 서서히 바깥 세상에 적응하면서 생후 1~2주가 지나면 출생 시의 체중을 회복하고 안정적으로 체중이 증가한다.

(2) 머리

신생아의 머리는 신장의 1/4 정도의 비율을 보인다. 출생 직후의 아기들은 모체의 자궁 안에서 팔과 다리를 구부리고 있던 자세를 그대로 유지하기 때문에 신장에 비해 머리의 비율이 훨씬 크게 보이기도 한다.

신생아의 머리둘레는 평균 약 34cm 정도이며, 머리뼈는 여러 조각으로 나뉘어 아직 붙지 않은 상태이다. 두개골 사이의 부드럽고 연한 부분을 천문숫구멍이라 부르는데, 출생 직후 신생아의 머리에는 여섯 개의 천문이 있다. 정수리 부분에 위치한 대천문과 정수리 뒤쪽에 위치한 소천문은 아기가 숨을 쉴 때마다 움직임이 나타나기도 한다(정옥분, 2012). 영아의 머리 모양은 생후 18개월경에 완성되는데, 이는 천문이 영아기의 기간 동안 서서히 닫히기 때문이다. 출생 직후의 머리 모양은 개인에 따라 조금씩 차이가 있긴 하나 산도를 통과하는 동안 압력을 받는 경우 기다란 옥수수 모양의 형태corn head를 띠기도 한다.

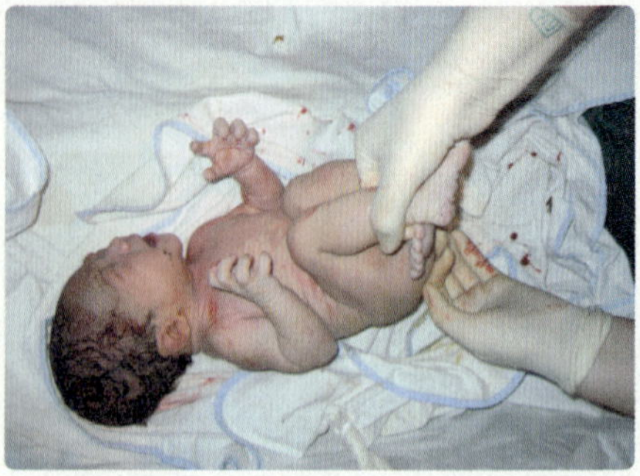

그림 5-1 옥수수 모양의 신생아 머리 형태

(3) 피부

신생아의 피부는 주름이 많고 대개 분홍빛을 띤다. 일부 아기들은 자궁 안에서 피부를 덮고 있던 솜털인 라누고lanugo가 어깨와 등 부위에 많이 남아 있는 경우도 있는데, 이러한 솜털은 신생아기를 지나면서 서서히 빠진다. 또한 신생아는 황백색의 끈끈한 기름띠인 태지vernix caseosa로 덮여 있는데, 이는 감염으로부터 태아를 보호하는 역할을 한다. 태지 역시 신생아기 동안 서서히 떨어져 나간다(Martorell, Papalia & Feldman, 2013).

2) 신체체계

(1) 심장박동 및 체온

신생아는 출생 직후부터 심장에 의한 혈액순환을 시작한다. 출생 직후 정상적인 심장박동은 1분에 100~140회 정도이지만, 신생아기 초기에는 순환기계의 기능이 완전하지 않아 심장박동이 매우 빠르고 불규칙한 특성을 보인다(Martorell, Papalia & Feldman, 2013).

신생아의 체온은 평균 섭씨 37~37.5℃ 정도로 성인보다 다소 높다(정옥분, 2012). 또한 체온조절기능이 완전하지 않아 외부 환경의 변화에 따라 땀을 흘리거나 추위를 타는 정도가 성인보다 심하다.

(2) 호흡기계

자궁 속에서 태아는 양수에 둘러싸여 있으며 탯줄을 통해 모체로부터 산소를 공급받기 때문에 폐를 이용한 호흡은 출생 직후에 이루어진다. 신생아는 출산과정 중 폐 안에 있던 양수를 배출하게 되며 출생 직후 반사적인 행동에 의해 스스로 호흡을 시작한다. 이러한 자발적인 호흡은 바깥 공기에의 노출과 탯줄을 통한 산소공급의 부족 등에 의해 나타난다.

출생 후 5분 이내에 호흡이 이루어지지 않으면 아기는 영구적인 뇌손상을 입는다. 따라서 일반적인 병원의 분만과정에서 의사들은 분만 직후 아기에서 강한 자극을 주어 울음을 터뜨리게 하는 방법으로 폐의 호흡을 유도하기도 한다. 신생아의 호흡은 성인과 달리 복식호흡이 주를 이루며, 정상적인 호흡 수는 1분에 40~50회이지만 불규칙하게 나타나는 경우도 많다(박성연, 2006).

(3) 소화기계

신생아들은 본능적으로 입에 닿는 것을 빨 수 있는 능력이 있다. 따라서 출생 직후의 아기에게 젖을 물리면 바로 모유를 섭취할 수 있다. 그러나 소화기능이 아직 미숙하여 출생 후 약 일주일은 먹는 양에 비해 충분한 영양 섭취가 어렵다. 영양분 섭취에 문제가 있는 경우 신생아는 혈액이 섞인 소변을 배출하기도 한다. 신생아의 위 구조는 성인과 달라 일자의 형태를 띠기 때문에 쉽게 토하기도 한다.

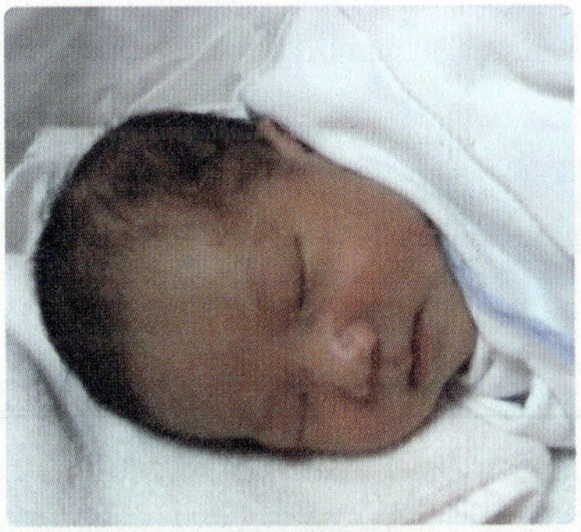

그림 5-2 황달에 걸린 신생아

한편, 출생 후 1~2일 동안 신생아는 끈적이고 검은 초록색의 태변을 본다. 태변은 자궁 속에서 태아가 흡입한 물질들을 배출하는 것이며, 산모의 초유는 신생아의 장운동을 자극하여 태변 배출에 도움을 준다. 신생아기 동안 소변과 대변의 횟수 및 양은 개인차가 매우 크다.

신생아는 간기능이 미숙하여 황달에 걸리는 경우가 많다. 신생아 황달은 정상아의 60~80%에서 나타나는 생리적 황달로 병적 황달과는 구분된다. 신생아 황달은 대개 생후 3~4일경에 나타났다가 생후 7~10일 정도에 저절로 사라지며, 피부와 눈동자가 노란색을 띠고 모로반사와 같은 놀람반사가 약해지는 증상을 보인다(하정훈, 2012).

3) 초기 반사행동

반사행동이란 외부 자극에 대해 신생아가 보이는 자동적이고, 무의식적이며, 선천적인 반응을 의미한다. 초기 반사행동의 대부분은 생후 6개월에서 1년 사이에 사라진다는 점에서 의식적인 행동과는 구별된다. 신생아들은 27개의 주요한 반사행동을 보이는데, 먹이찾기반사나 파악반사 등과 같은 반사행동은 생존과 보호의 본능적인 욕구와 관련이 있다. 주요 반사행동 중 몇 가지를 살펴보면 다음과 같다(Martorell, Papalia & Feldman, 2013).

(1) 파악반사

신생아의 손바닥을 자극하면 강하게 주먹을 쥐어 손에 닿은 것을 잡는다. 이때 신생아의 악력이 매우 강하여 파악반사를 보이는 상태에서 잡아당기면 신생아의 몸 전체를 들어 올릴 수 있을 정도이다. 파악반사는 임신 7개월경의 태아 때부터 관찰되며 생후 4개월경 사라진다. 진화론적 입장에서 파악반사는 젖을 먹거나 보호받기 위해 어미에게 매달렸던 행동이 나타나는 것으로 설명되며, 다윈반사Darwinian reflex라고도 한다.

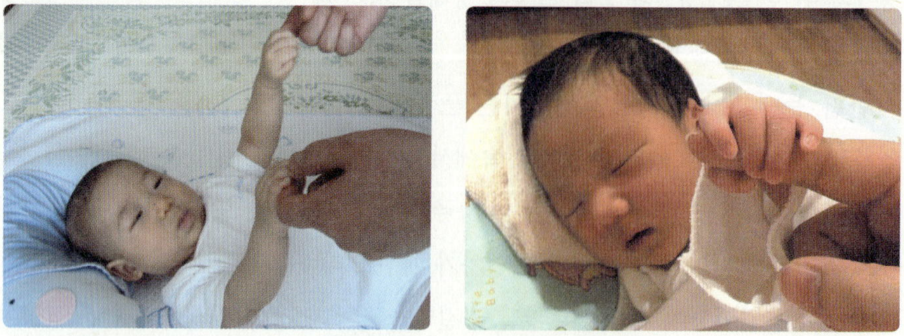

그림 5-3 파악반사

(2) 먹이찾기반사

신생아의 뺨이나 아랫입술을 손가락이나 젖꼭지로 자극하면 신생아는 자극의 방향으로 머리를 돌리고 입을 벌려 빨기 행동을 한다. 먹이찾기반사는 출생 시부터 나타나 생후 9개월경 사라진다.

(3) 모로반사

모로반사Moro reflex는 놀람반사라고도 하는데, 신생아를 떨어뜨리거나 큰 소리를 들려주면 머리를 뒤로 젖히고 팔다리와 손가락을 뻗는 행동을 보이는데, 이때 두 팔은 무엇을 껴안듯 활 모양을 취한다. 모로반사는 임신 7개월경에 나타나 생후 3개월경에 사라진다.

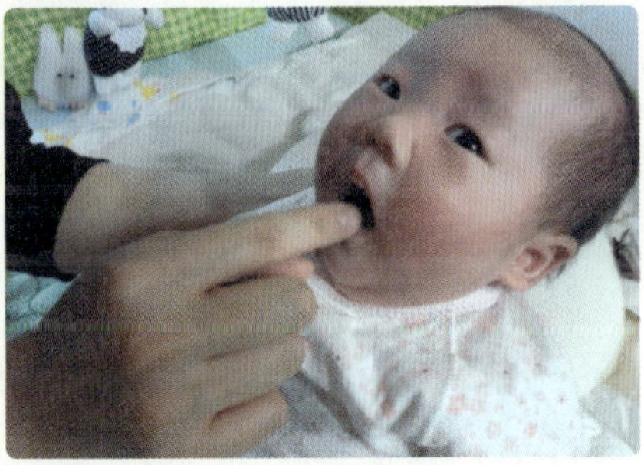

그림 5-4 먹이찾기반사

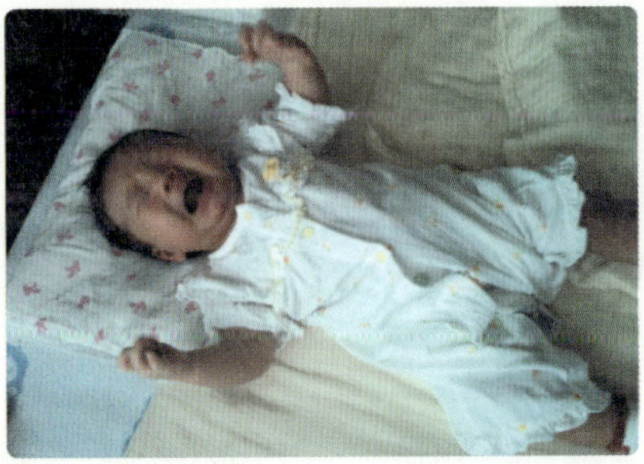

그림 5-5 모로반사

(4) 목강직반사

신생아는 등을 바닥에 대고 눕히면 한쪽으로 고개를 돌리고 선호하는 방향으로 팔과 다리를 뻗는다. 그리고 반대편의 팔과 다리는 구부리는 행동을 보인다. 이러한 목강직반사는 임신 7개월경에 나타나 생후 6개월경에 사라진다.

(5) 뱁킨반사

신생아는 양쪽 손바닥을 동시에 자극하면 입을 벌리고 눈을 감으며 머리를 앞으로 구부리는 반사행동을 보이는데, 이를 뱁킨반사Babkin reflex라 한다. 뱁킨반사는 출생 시 출현하여 생후 3개월경에 사라진다.

(6) 바빈스키반사

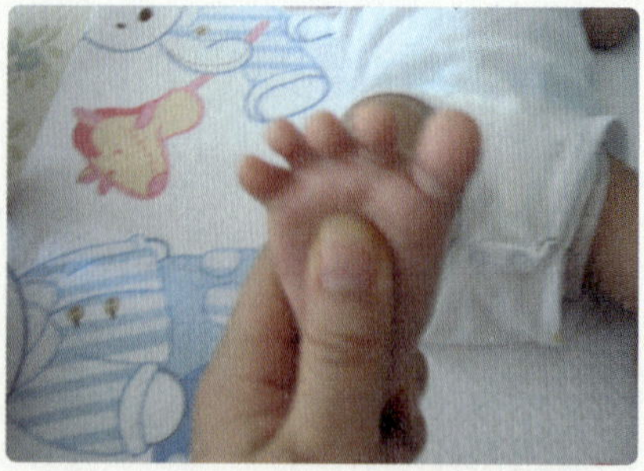

그림 5-6 바빈스키반사

바빈스키반사Babinski reflex는 신생아의 발바닥을 건드리면 발가락을 폈다가 오므리는 반사행동을 의미한다. 이러한 행동은 출생 시 나타나 생후 4개월경에 사라진다.

(7) 걸음마반사

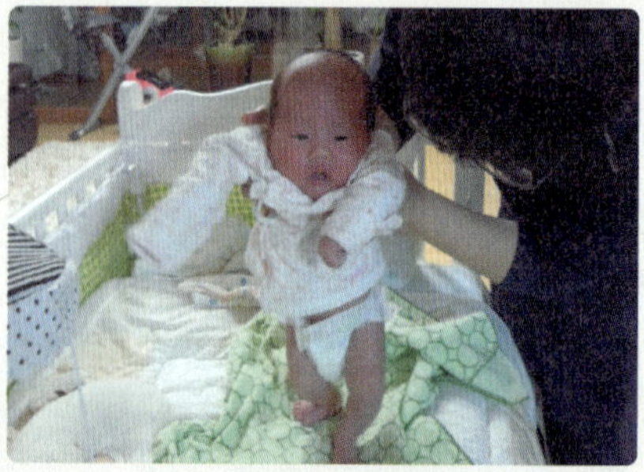

그림 5-7 걸음마반사

신생아는 팔을 부축하여 평평한 바닥에 맨발이 닿게 세우면 다리를 번갈아 걷는 행동을 보인다. 이를 걸음마반사라 하며 생후 1개월경에 나타나 4개월경에 사라진다.

(8) 수영반사

신생아는 얼굴이 아래를 향하도록 하여 물속에 담그면 수영을 하는 듯한 움직임을 보인다. 이러한 수영반사는 생후 1개월경에 나타나 4개월경에 사라진다.

4) 초기 감각능력

(1) 촉각과 고통

촉각은 태내기 중 가장 먼저 발달하는 감각이며, 생후 첫 몇 달 동안 가장 많은 발달을 보인다. 앞서 살펴본 다양한 초기 반사행동은 신생아기 동안 나타나는 촉각의 성숙과 관계가 있다.

신생아기에 경험하는 고통은 이후 영아기의 고통에 대한 민감성에 영향을 준다. 즉, 출생 직후에 고통을 많이 경험하는 경우 고통에 더 민감해진다(Martorell, Papalia & Feldman, 2013). 경험적 연구에 의하면 출생 시 할례를 경험한 영아들은 그렇지 않은 영아들에 비해 고통에 더 민감하게 반응했는데, 이러한 연구결과는 신생아기의 촉각발달을 가늠할 수 있는 정보가 된다.

(2) 후각과 미각

후각과 미각은 자궁에서부터 발달하기 시작하여 이미 태아의 경우에도 단맛과 쓴맛을 구분할 수 있다(박성연, 2006). 출생 시 후각과 미각은 거의 완성되어 태어나며, 신생아기에는 맛에 대한 선호도를 보인다. 이러한 선호도는 선천적인 것으로 신맛, 쓴맛, 짠맛에 비해 단맛을 더 좋아한다.

신생아는 특정한 냄새에도 선호도를 보인다. 엄마의 모유와 다른 사람의 모유를 각각 묻힌 가제수건을 생후 6일 된 신생아의 양쪽 볼에 대는 실험을 한 결과, 엄마의 모유가 묻은 수건 쪽으로 고개를 돌리는 행동을 보였다. 이는 신생아들이 다른 사람의 모유보다 엄마의 모유 냄새를 선호한다는 사실을 보여 준다.

(3) 청각

청각기관은 출생 전부터 기능하기 때문에 태아기 때 엄마 목소리와 같이 자주 듣는 소리를 기억하고 그것에 반응하는 행동을 보이기도 한다. 그러나 소리를 구분하는 능력은 출생 후 급격하게 발달하여 생후 1개월경 '바'와 '파'음과 같이 비슷한 음을 구분하게 된다.

청각에 있어서도 신생아는 선호도를 보이는데, 잡음보다는 사람의 목소리, 특히 친숙한 사람의 목소리를 좋아한다. 청각은 언어발달의 주요 요인이므로 청각에서의 문제는 가능한 한 조기에 발견해야 한다.

(4) 시각

시각은 출생 시점에서 가장 늦게 발달하는 감각이다. 신생아의 눈은 약 30cm 거리를 보기에 가장 적합하다. 이는 엄마와 아기 사이의 유대감을 촉진하기에 적절한 거리로, 수유 시 아기를 안는 자세에서 엄마와 아기 사이의 시각 거리에 해당한다.

움직이는 사물을 따라 볼 수 있는 능력과 색에 대한 지각능력은 신생아기 동안에 급격하게 발달하며 영아기 동안 정교해진다. 생후 1개월 된 아기는 움직이는 사물

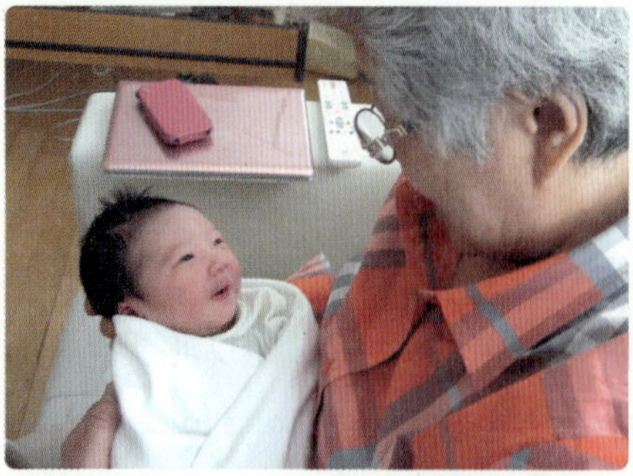

● 그림 5-8 생후 1일 된 아기의 눈맞춤

을 볼 수 있으며, 3개월경에는 물체의 전체 형태를 파악할 수 있고, 약 4개월이 되면 빨강, 초록, 파랑, 노랑 등의 색을 구분하게 된다(Martorell, Papalia & Feldman, 2013).

두 눈을 사용하여 초점을 잡아 깊이와 거리를 지각하게 하는 양안시binocular vision는 약 4~5개월이 될 때까지 발달하지 않는다. 따라서 신생아는 높이와 깊이를 정확하게 지각할 수 없다.

5) 신생아의 의학적 행동 측정

(1) 아프가검사

아프가Apgar검사는 신생아의 신체적 상태를 육안으로 쉽게 판단할 수 있도록 만든 표준화된 검사도구로, 분만 1분 후와 5분 후에 아프가척도를 통해 신생아의 건강 상태를 평가한다(Apgar, 1953). 검사의 내용은 외모, 맥박, 반사행동의 민감성, 근육 활동성, 호흡 등 5개 항목에 대한 평가로 구성되어 있다. 검사의 채점은 각 항목에 대해 0~2점으로 평가하며 10점 만점 중 몇 점에 해당하는지로 신생아의 상태를 판단한다. 7~10점은 신생아의 상태가 양호함을 의미하며, 5점은 발달적 어려움을,

표 5-1 아프가점수 기준

점수	0점	1점	2점
외모 (appearance)	푸른색을 띠며 창백하다.	몸은 분홍색이나 팔과 다리가 푸른색이다.	전신이 분홍색이다.
맥박 (pulse)	거의 없다.	1분에 100 이하이다.	1분에 100~140번이다.
반사민감성 (grimace)	반응이 없다.	찡그린다.	기침, 재채기, 울음
활동성 (activity)	무기력하고 축 늘어져 있다.	• 약하고 비활동적이다. • 사지에 약한 굴곡이 나타난다.	강하고 활동적이다.
호흡 (respiration)	1분 이상 호흡이 없다.	불규칙하고 느리다.	양호하며 정상적인 울음

3점 이하는 생존과 관련된 위급한 상태를 나타낸다. 아프가 점수는 응급처치의 필요성 여부를 조사하거나 신생아의 예후를 판정하는 지표로 많이 이용된다.

(2) 브라젤톤 신생아 행동평가척도

브라젤톤 신생아 행동평가척도NBAS : Brazelton Neonatal Behavioral Assessment Scale는 생후 30일 이전에 신생아의 운동능력, 생리적 조절능력, 상호작용능력의 평가를 통해 자극 및 주위 환경에 대한 신생아의 반응을 측정하는 신경 및 행동검사이다(대한소아재활의학회, 2006). 1970년대 이전에는 신생아기에 인지기능을 평가하거나 그 외의 신경행동학적인 평가를 하는 것이 어려운 일로 여겨졌다. 그러나 1973년 브라젤톤Brazelton이 신생아 신경행동평가를 개발함으로써 그동안 환경자극을 수동적으로 받아들이는 존재로만 여겼던 신생아가 자극을 받으면 이를 차단하거나 익숙한 반응을 보이거나 혹은 잠을 자는 등의 상태변화로 자극에 대응할 수 있다는 것을 알게 되었다.

NBAS는 총 45문항으로 구성된다. 그중 27문항의 생리, 운동, 상태조절, 상태조 직, 사회적 상호작용은 최저 1점에서 최고 9점으로 점수가 높을수록 행동조직능력이 좋음을 의미한다. 18개의 반사항목은 0~3점 척도로, 정상은 2점, 1점 이

표 5-2 브라젤톤 신생아 행동평가척도 영역별 측정내용

영역	내용
습관화	신생아가 잠든 동안 자극을 주었을 때 여기에 반응하고 억제하는 능력
사회성-상호작용 (주의집중)	자극에 주의집중하는 능력과 전반적인 민활성
운동체계	신생아의 활동수준과 운동의 질, 긴장도
상태조직력	각성상태와 상태의 가변성
상태조절능력	• 자극을 낮은 수준에서 높은 수준으로 계속 증가시켰을 때 신생아가 자극 정도에 따라 자신의 상태를 조절해 나가는 능력 • 신생아가 내적 또는 외적 자극에 반응하여, 현재의 각성상태에서 다른 상태로 변화할 수 있는 능력
자율신경	안정성 중추신경계의 항상성 유지와 연관된 스트레스의 징후
반사	비정상 반사의 횟수

하나 3점은 비정상 반응을 의미한다. NBAS에서는 모든 항목을 합한 총점보다 각 항목별, 동군별 안정성을 평가하는 데 의미가 있다. 정상 신생아인 경우 검사 시 시행한 자극의 낮은 역치에도 환경자극에 반응하고 있어 각 항목별로 점수가 높게 나오는 반면, 고위험 신생아인 경우 자극에 대한 반응 역치가 낮고, 반복적인 자극에 익숙해지는 능력이 없어 점수가 낮다(신영희 등, 1999).

6) 신생아의 생활패턴

(1) 수면

신생아는 하루 중 대부분의 시간 동안 잠을 잔다. 생후 1~2일 된 아기들은 하루에 20시간 이상 잠을 자기도 하지만 이러한 수면시간은 개인차가 커서 어떤 아기는 하루에 11시간을 자기도 하고 다른 아기는 21시간을 자는 경우도 있다. 신생아기가 끝나고 영아기로 접어들면 하루 수면시간은 점차 줄어들어 깨어 있는 시간이 많아진다.

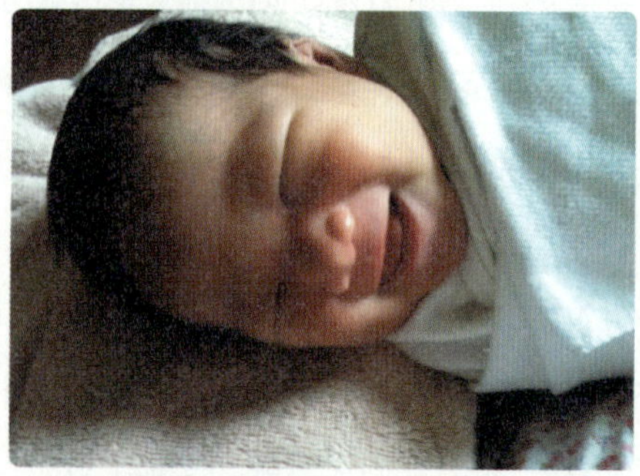

그림 5-9 REM 수면 중 배냇짓을 하는 신생아

신생아는 하루 동안 깊은 수면, 활동적 수면, 졸음 상태, 조용히 깨어 있는 상태, 활동적으로 깨어 있는 상태 등 다섯 가지 상태를 반복하며 생활한다. 대부분의 신생아는 매 2~3시간마다 잠을 깨기 때문에 하루에 6~8번 잠을 자는데, 여기에는 두 가지 수면상태가 모두 포함된다. 즉, 눈을 감고 움직임이 없이 규칙적인 호흡상태에서 이루어지는 깊은 수면인 비활성수면NREM : Non-Rapid-Eye-Movement sleep과 자는 동안 얼굴표정이 바뀌고 눈동자가 빠르게 움직이며 불규칙한 호흡상태에서 이루어지는 활성수면REM : Rapid-Eye-Movement sleep이 2~3시간 간격으로 나타난다.

REM 수면은 어른이 꿈을 꾸는 상태와 유사한 수면상태로, 영아기 동안 전체 수면의 50~80%를 차지한다. 이러한 REM 수면은 6개월경, 영아의 수면의 반 이상이 밤에 이루어지게 되면서 점차 줄어들어 약 30%의 비율을 차지하게 된다. 전체 수면

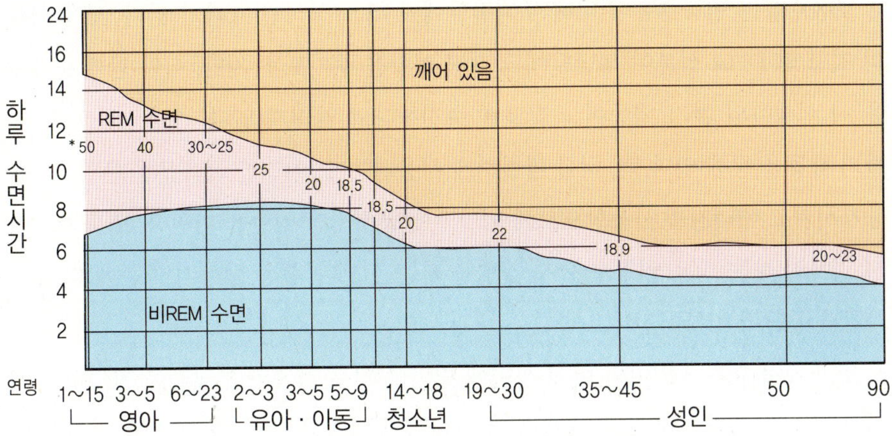

그림 5-10 연령에 따른 REM 수면의 비율변화

중 REM 수면이 차지하는 비율은 일생을 통해 점점 줄어든다(정옥분, 2012).

(2) 수유

신생아는 2시간 정도의 간격으로 하루에 약 8~12번 정도 먹는다. 수유를 시작하는 시기나 방법, 양 등은 엄마와 아기의 건강상태나 환경적 여건에 따라 차이가 있으나 특별히 출산 직후부터 약 2일간 분비되는 모유인 초유는 신생아의 면역력 향상에 탁월한 효능이 있으며 뼈의 강화와 알레르기 예방에도 도움이 되기 때문에 권장된다.

신생아 수유는 크게 모유수유와 인공수유로 나눌 수 있다. 모유수유는 영양 및 건강 측면은 물론 인지발달과 정서발달에서도 우수한 것으로 알려져 있다. 모유는 분유보다 소화가 잘되고, 영양도 좋을 뿐 아니라 알레르기가 적기 때문에 극소수의 특수체질 영아를 제외한 모든 영아에게 분유보다 더 좋다. 영양학적으로 모유와 분유는 그 성분에서 두 가지 차이가 있다. 첫째, 모유는 단백질 · 지방 · 비타민 · 칼슘 · 무기질 등 신생아발달에 필요한 영양소가 골고루 함유되어 있을 뿐 아니라 성장발달에 맞게 그 성분이 변화하기 때문에 생후 6개월까지는 다른 음식의 섭취 없이도 충분한 영양공급이 가능하다. 둘째, 모유는 카세인 단백질 성분이 적어 알레르기를 일으킬 확률이 분유에 비해 일곱 배나 낮다는 보고도 있다(Newman, 1995).

모유수유는 인공수유에 비해 두뇌발달에도 더 긍정적인 효과가 있다. 모유 자체의 지방 및 DHA 성분이 뇌발달에 긍정적 영향을 주기도 하지만, 이와 함께 모유수유 시 신생아의 빨기 행동이 뇌발달을 촉진한다고 알려져 있다. 수유 시 신생아는 빨기 행동을 통해 입과 턱, 혀를 활발하게 사용하는데, 이러한 근육운동은 혈류량을 증가시키고 에너지를 사용함으로써 뇌발달에 긍정적인 영향을 미친다. 또 모유수유 시 영아의 빠는 힘은 인공수유 시 젖병을 빠는 힘보다 훨씬 강하기 때문에 더 많은 자극과 발달이 이루어진다고 한다.

또한 모유수유는 엄마와 아기 사이에 빈번한 피부 접촉과 눈맞춤을 가능하게 하기 때문에 엄마와 아기 모두에게 정서적 만족과 안정감을 줄 수 있으며, 따라서 안정된 애착형성에 도움이 된다. 이 밖에도 모유수유는 산모의 자궁수축을 도와 산후 회복에 도움이 되며 유방암이나 난소암의 위험을 줄여준다(하정훈 · 정유미, 2009).

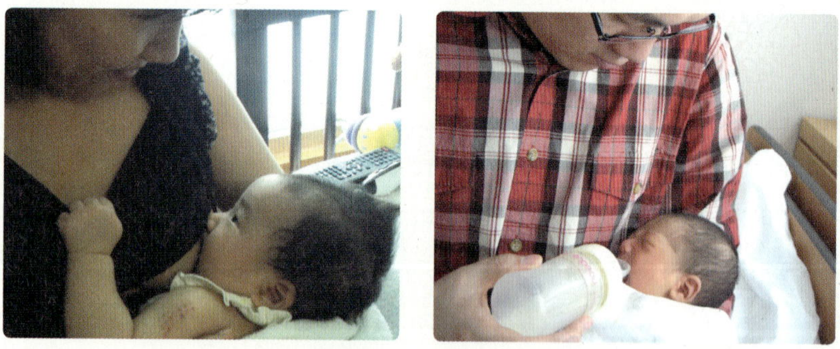

그림 5-11 모유수유와 인공수유

2. 영아기의 신체운동발달

신생아기를 거치며 바깥 세상에 어느 정도 적응을 하게 되면, 영아기 동안 본격적인 신체운동발달이 이루어진다. 영아기의 신체운동발달은 그 속도와 내용에 있어 획기적이며, 영아기는 특히 운동발달의 변화가 매우 두드러지게 나타나는 시기이다. 자동반사행동 위주로 나타나던 영아기 초기의 운동능력은 영아기 후반부가 되면서 자의적으로 신체를 조절할 수 있게 되고 걷기, 뛰기, 달리기 등의 대근육운동

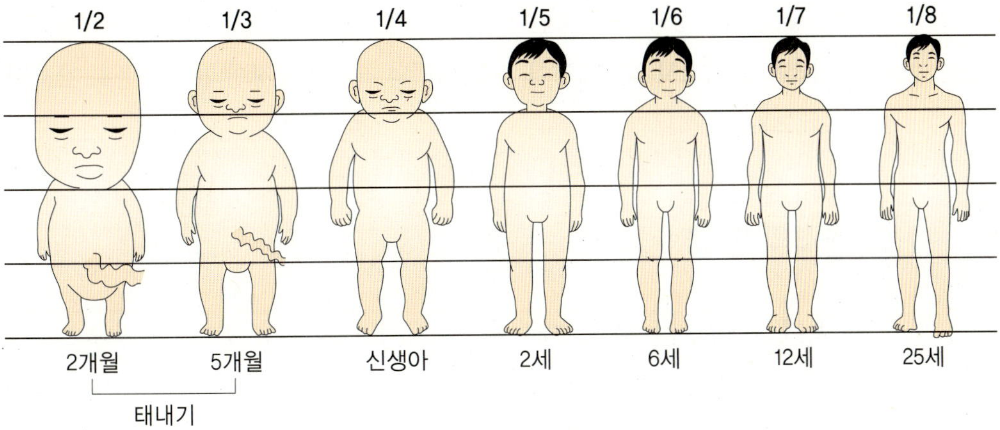

그림 5-12 연령대별 신체 크기 비율

능력은 물론 손의 사용이라는 소근육운동능력의 획기적인 발달을 보이게 된다.

1) 신체 크기 및 비율의 변화

생후 첫 1년 동안 영아의 신장은 출생 시의 약 50% 정도인 25cm 이상 자라게 된다. 즉, 출생 시의 신장은 평균적으로 50~50.8cm 정도인데, 12개월경에는 약 76~77cm, 18개월경에는 약 82~82.7cm로 성장하며, 2세경이 되면 87~88cm 정도로 커져 성인 평균 신장의 절반에 해당하는 성장을 보인다.

체중은 영아기 동안 신장에 비해 상대적으로 급격히 성장하여 출생 시 체중의 세 배가 넘는 증가율을 보인다. 출생 시 평균 3.3~3.4kg의 체중은 12개월경에 약 9.8~10.3kg으로 증가하며, 18개월경에는 11.2~11.7kg으로 성장한다(대한소아과학회, 1998). 체중의 증가는 지방 및 근육의 발달과 관련된다. 영아들은 대개 많은 시간을 누워 있으며, 따라서 걸음마기 이전의 영아들은 섭취하는 영양분에 비해 운동량이 상대적으로 적다. 이러한 이유로 출생 후 약 9개월경까지 체지방이 지속적으로 증가한다.

출생 시의 평균 신장과 체중은 성별에 따라 다소 차이가 있지만 영아기 동안의 신장 및 체중의 증가율은 남아와 여아의 비율이 비슷하다. 따라서 출생 시 여아에 비해 남아가 신장과 체중에서 더 컸던 성차는 18개월경까지 지속된다.

신체 비율의 변화를 살펴보면, 신생아의 경우 머리가 전체 신장의 25%에 해당하여 비율상 머리가 상당히 커 보인다. 그러나 영아기 동안 몸통이 빠르게 성장하며 팔과 다리도 길어져서 약 2세경이 되면 머리의 크기가 신장의 20% 비율로 감소한다(Muzi, 2000).

2) 골격의 발달

출생 직후 매우 의존적인 신체적 특징을 보이던 신생아는 영아기를 지나는 동안 누워 있는 상태에서 발전하여 앉고 서고 걷게 되며 손가락을 사용하는 등의 크고 작은 운동적인 발달을 보인다. 이러한 신체운동발달은 영아기 동안의 골격발달 및 근육발달과 밀접한 관계가 있다. 영아의 골격은 성인과 비교할 때 크기와 강도, 그리고 수에서 차이를 보여 성인에 비해 매우 약하고 유연할 뿐 아니라 적은 수로 이루어져 있다. 영아기 동안 골격은 더 단단해지고 목과 팔다리 등의 골격이 발달함에 따라 다양한 운동적 변화가 가능해진다.

영아기 동안에 이루어지는 골격의 변화 중 눈에 띄는 발달로 치아발달을 들 수 있다. 일반적으로 영아의 치아는 7~8개월경에 아랫니부터 나기 시작하며, 영아기가 끝나는 18개월경에는 위아래 두 개씩의 어금니를 포함하여 총 16개 정도의 치아가 생긴다(박성연, 2006). 따라서 영아기가 끝날 무렵에는 음식을 뜯고 씹는 데 큰 무리가 없는 치아상태를 갖추게 된다.

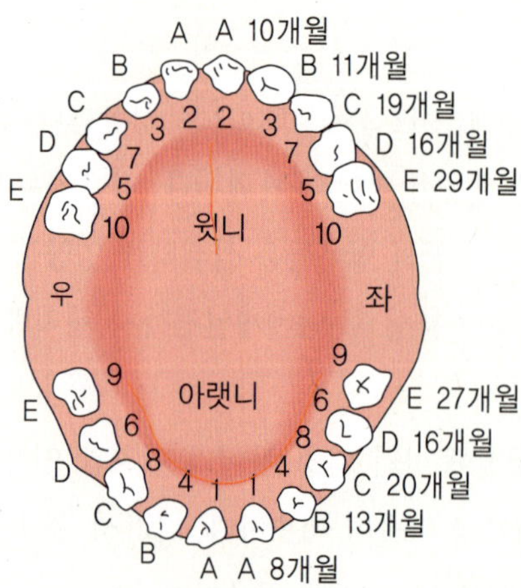

- 숫자는 치아가 나오는 순서
- A : 가운데 앞니
- B : 옆니
- C : 송곳니
- D : 첫 번째 어금니
- E : 두 번째 어금니

그림 5-13 치아가 나오는 순서

3) 뇌와 신경조직의 발달

출산 전 태내기부터 시작되는 뇌의 성장은 영유아기와 아동기를 거쳐 지속적으로 이루어진다. 그리고 출생 후 신생아기와 영아기 동안 뇌의 성장이 급격하게 이루어지며 이후의 신체·인지·정서발달에 기초가 된다는 점에서 매우 중요하다.

(1) 뇌의 주요 발달영역

뇌는 임신 2주경부터 서서히 발달하기 시작한다. 뇌에는 여러 역할을 담당하는 다양한 영역들이 존재하는데, 이 중 척수와 뇌간은 출생 전에 급격한 발달을 이루어 출생 시 거의 완성된 상태로 태어난다. 그러나 소뇌와 대뇌 등의 다른 영역들은 출생 이후 영아기 동안 많은 발달을 보이는데, 특히 생후 1년 동안 가장 빠른 발달을 보이는 영역이 소뇌이다. 소뇌는 감각을 받아들이고 근육의 긴장도를 조절하여 균형과 이동능력을 관장하는 역할을 한다(Martorell, Papalia & Feldman, 2013). 이러한 소뇌의 발달로 인해 영아기에는 감각을 통해 세상을 인지하고 다양한 운동조절 능력을 갖게 된다.

(2) 신경세포

뇌는 뉴런과 아교세포glia cell로 이루어져 있다. 뉴런은 정보를 주고받는 역할을 하는 신경세포로 신경계를 이루는 기본 세포이다. 아교세포는 신경세포들을 둘러싸고 있는 그물구조의 조직으로 뉴런을 지지하고 보호하는 역할을 한다.

영아기에 나타나는 뇌세포의 발달은 뉴런의 양적·질적 성장에 의해 이루어진다. 즉, 신생아기와 영아기 초기의 기간 동안 뉴런의 수는 매우 급격하게 증가하며, 그 구조도 더 복잡해지고 다른 뉴런들과 더 많이 연결되면서 기능도 보다 정교해진다. 예를 들어, 감각뉴런의 정교화는 보다 많은 감각자극을 인지할 수 있게 한다. 또한 근육을 제어하는 운동뉴런의 정교화는 보다 미세한 근육운동을 가능하게 할 뿐 아니라 감각과 운동 사이의 통합을 통해 눈과 손의 협응과 같은 능력이 발달하게 된다.

4) 운동기술의 발달

(1) 운동기술의 발달원리

영아기에 골격과 근육이 성장하고 뇌의 신경조직이 발달함에 따라 영아의 다양한 운동기술도 발달한다. 출생 직후의 신생아가 가지고 있는 운동능력은 매우 제한적이다. 고개를 옆으로 돌리거나 입을 오물거리고 손에 잡히는 사물을 쥐고 팔과 다리를 버둥거리는 정도의 행동을 보이는데, 이는 대부분 반사적 행동이기 때문에 자발적인 운동기술로 보기는 어렵다.

영아의 신체운동발달은 두 가지 발달원리를 따라 비슷한 순서로 이루어진다. 상부–하부원리cephalocaudal principle와 중심–주변원리proximodistal principle가 그것이다.

① 상부–하부원리

상부–하부원리는 운동기술의 발달이 신체의 윗부분에서 아랫부분으로 순차적으로 발달하는 것을 의미한다. 즉, 운동기술의 발달은 머리부터 시작하여 점차적으로 신체의 아랫부분으로 이동하여 발끝으로 향하게 된다는 것이다. 따라서 머리와 목근육이 가장 먼저 성숙하고 가슴과 복부, 허리와 다리의 순서로 발달하게 된다. 이 때문에 운동능력 역시 머리 가누기가 가장 먼저 나타나고 이어서 가슴을 들고 허리를 세워 앉는 행동이 가능해진다. 그리고 마지막으로 다리에 힘이 생기면 순차적으로 서고 걷고 뛰는 운동기술의 발달이 이루어진다.

② 중심–주변원리

중심–주변원리는 상부–하부원리와 함께 나타나는 발달원리로, 운동발달이 신체의 중심에서 주변 말초의 방향으로 순차적으로 나타난다는 뜻이다. 영아는 뒤집기를 통해 몸통을 가누고, 팔을 뻗어 사물을 잡거나 가리키며, 손가락을 사용하여 물건을 잡는 발달순서를 보이는데, 이것이 중심–주변 원리의 예라고 하겠다.

(2) 대근육운동기술

영아기에 발달하는 대근육운동기술에는 머리 가누기, 뒤집기, 앉기, 기기, 서기, 걷기 등이 포함된다. 이러한 운동기술은 누워만 있던 신생아가 1년 정도의 짧은 기간 안에 스스로 이동할 수 있는 획기적인 능력을 갖게 됨을 의미하며, 그러한 능력을 토대로 영아는 주변 환경을 스스로 탐색하고 행동할 수 있는 독립적인 존재로 점차 발달한다. 영아기에 나타나는 대표적인 대근육운동기술의 발달내용은 다음과 같다(박성연, 2006).

① 머리 가누기

머리 가누기는 상부–하부원리에 의해 가장 먼저 나타나는 대근육운동기술이다. 엎드린 상태에서 고개를 들어 올리는 기술은 생후 3주경에 나타난다. 그리고 바로 누워서 머리를 들어올리는 기술은 그보다 조금 더 늦게 발달하여 3개월경에는 45° 이상까지 머리를 들 수 있다.

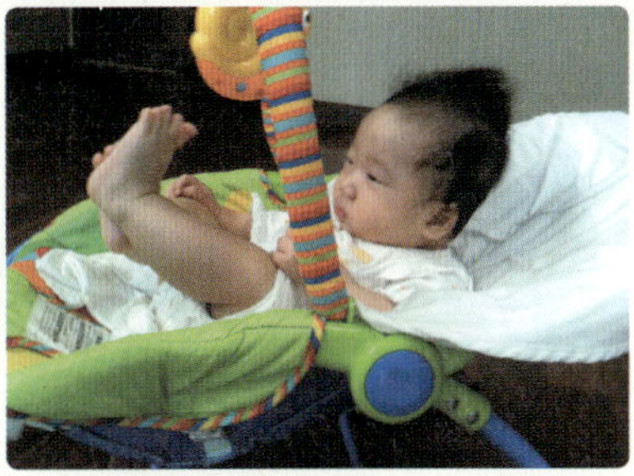

그림 5–14 머리 가누기

② 뒤집기

뒤집기는 등을 대고 바로 누워서 영아 스스로 몸을 뒤집어 엎드린 자세로 바꾸는 운동기술이다. 뒤집기는 제자리에서 몸의 위치를 바꾸는 기술인 동시에 이동기술의 기초가 된다. 영아의 뒤집기는 개인에 따라 차이가 있지만 약 4개월 반경에 나타난다.

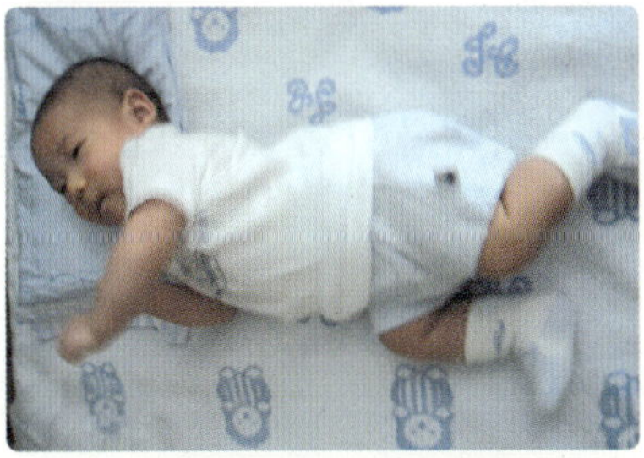

그림 5–15 뒤집기

③ 앉기

몸통을 가누고 허리근육에 힘이 생기면서 영아의 앉기 능력이 발달한다. 6개월경에는 받쳐주거나 기댈 수 있게 해주어야 앉는 것이 가능하나, 점차 혼자 앉아 있을 수 있는 시간이 길어진다. 앉는 자세도 처음에는 허리를 꼿꼿하게 세우지 못하지만 7개월 이후에는 허리를 펴고 앉는 기술을 습득한다.

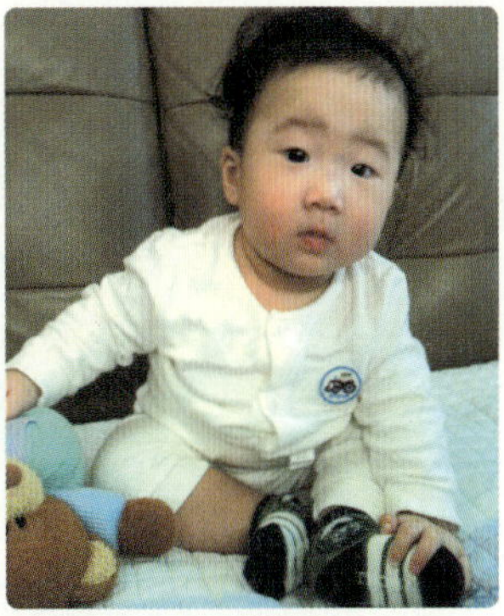

그림 5–16 앉기

④ 기기

기는 동작은 혼자 앉을 수 있게 되는 7개월경에 나타난다. 뒤집기가 이동기술의 기초라면 기기는 이동기술의 본격적인 출현이라 할 수 있다. 기는 형태는 개별 영아에 따라 차이를 보인다. 배를 바닥에 대고 기는 배밀이, 무릎과 손바닥을 이용하여 기는 방법, 그리고 앉은 자세에서 한쪽 다리로 밀어서 기는 방법 등 다양하게 나타나며, 개별 영아에 따라 2~3가지의 기는 방법을 순차적으로 사용하기도 한다.

그림 5-17 기기

⑤ 서기

8~10개월경이 되면 영아는 허리 및 다리근육과 뼈가 강화되어 가구 등의 물건을 잡고 일어설 수 있다. 물건을 잡고 일어서는 행동은 기어 다닐 때와는 다른 더 높은 곳에 위치한 사물에 대한 탐색 호기심과 관련이 있다. 따라서 영아들은 단순히

그림 5-18 서기

물건을 잡고 서 있기만 하기보다는 점차적으로 물건에 기대어 이동하는 단계로 넘어간다. 기대어 걷는 행동에 익숙해지면 10~14개월경에는 혼자 서 있을 수 있는 능력이 생긴다.

⑥ 걷기와 뛰기

걷는 운동기술이 나타나는 시기는 개별 영아에 따라 차이를 보여 빠른 영아들은 11개월경에 걷기 시작하는 경우도 있으나 15개월이 되어야 가능한 경우도 많다. 처음 영아들은 걷기 행동을 할 때 두 손을 모두 들고 걷는 경우가 많은데, 이는 영아의 뇌가 다리를 이용한 새로운 운동기술에 초점을 맞추기 위해 손의 사용을 제한하는 것으로 설명되기도 한다. 뛰는 기술은 18개월경에 나타나는데, 이때는 뒤뚱거리며 뛰기도 하고 보폭이 일정하지 않아 중심을 잃기도 한다.

그림 5-19 걷기

(3) 소근육운동기술

① 손의 사용

영아발달에서 대표적인 소근육운동으로는 손과 손가락의 사용을 들 수 있다. 표 5-3은 월령에 따른 손사용의 발달을 보여 준다. 신생아 때는 손과 팔을 이용한 의식적이고 목표지향적인 행동이 불가능하기 때문에 사물을 잡거나 가리키는 행동을 하지 못한다. 그러나 약 3개월경이 되면 물건을 손으로 잡을 수 있게 되는데, 대개 처음에는 자신의 양손을 맞잡는 행동을 보이다가 점차적으로 손을 뻗어 주변 사물

표 5-3 월령에 따른 손 사용의 발달

신생아	3개월경	5개월경	9개월경

아직 손을 뻗어 사물을 잡지 못한다.	손바닥을 사용하여 사물을 잡는다.	한 손의 물건을 다른 손으로 옮길 수 있다.	손가락을 사용하여 사물을 잡을 수 있다.

을 잡을 수 있다. 이때는 손가락보다는 손바닥을 사용하여 물건을 잡는다. 5개월 정도가 되면 한 손의 물건을 다른 손으로 옮겨 잡을 수 있고, 9개월경이 되면 손가락을 사용하는 보다 정교한 손사용 행동을 보인다(조복희, 2007).

② 손과 눈의 협응

영아기의 첫 1년 동안 손 사용은 정교하게 발달하는데, 이는 손과 눈의 협응을 통해 가능하다. 손과 눈의 협응은 초기 운동발달에서 신체적 영역과 인지적 영역 간의 상호 관련성을 보여 주는 예라 할 수 있다.

손과 눈의 협응은 신체기관의 분화와 통합과정 중 하나로, 감각기관과 지적 능력 발달의 상호 관련성으로 설명된다. 피아제Piaget는 손을 뻗어 잡는 행동이 시각적 안내에 의해 가능하다고 믿었다. 시각적 안내란 예를 들어 눈앞에 놓인 딸랑이를 잡기 위해 먼저 딸랑이가 놓인 위치와 방향을 시각적으로 판단하고 자신의 손과 딸랑이 간의 거리를 인지한 후 딸랑이를 잡을 수 있도록 손의 이동 방향과 거리를 시각적으로 알려주는 방식으로 눈을 사용하는 것을 의미한다(Martorell, Papalia & Feldman, 2013).

표 5-4 월령에 따른 대표적인 운동기술의 발달

월령	특징
1개월	턱을 들 수 있다.
2개월	가슴을 들 수 있다.
3개월	물체를 주면 손을 뻗치나 잡지는 못한다.
4개월	목을 가눈다. 받쳐주면 앉는다. 딸랑이를 흔들고 응시한다.
5개월	물체를 잡는다.
6개월	• 물체를 주면 이미 잡고 있던 물건을 버린다. 이때는 엄지손가락을 사용하지 않는다. • 어린이용 의자에 앉을 수 있다.
7개월	혼자 앉는다.
8개월	• 받쳐주면 선다. • 엄지손가락을 사용하여 작은 물체를 잡는다.
9개월	붙잡고 선다.
10개월	잘 기어 다닌다.
11개월	손을 잡고 이끌어 주면 걷는다.
13개월	계단을 기어오른다.
14개월	혼자서 선다.
15개월	혼자서 걷는다.
16개월	• 손잡이를 잡고 계단을 오르내린다. • 공을 던질 수 있다. • 옆으로 또는 뒤로 걷는다.
24개월	• 달릴 수 있다. • 혼자 계단을 오르내릴 수 있다.

출처 : 조복희(2007), p. 144.

3. 유아기의 신체운동발달

유아기의 신체 및 운동발달은 영아기에 비해 다소 완만하게 변화되지만 지속적이고 꾸준한 성장을 나타낸다. 먼저 신체발달에서 골격과 근육이 증가하고 커지면서 신장과 체중의 증가는 계속 일어난다. 이때 팔, 다리 및 몸의 성장이 머리에 비해 더 많이 일어나며 그 결과 신장 대 머리의 비율은 줄어든다. 각 발달 부위별로 발달속도 및 시기에서 개인차가 크다. 운동발달에서는 대근육과 소근육발달과 함께 몸 움직임이 좀 더 정교화된다. 올바른 식습관, 규칙적인 생활습관을 길러주어야 하며 활발한 움직임에 따른 안전교육이 필요한 시기이다.

1) 신체 크기와 비율의 변화

태아기 및 영아기에 비해 유아기의 발달속도는 다소 완만해지기는 하나 유아기에도 신체발달은 꾸준히 진행된다. 해마다 신장은 5~7cm, 체중은 2~3kg씩 증가하여 체중은 4세가 되면 출생 시에 비해 약 5배, 키는 약 2배가 되는데, 근력에서의 성별 차이는 아직 없고, 어깨와 골반의 근육도 아직 발달하지 않아서 신체적 외형은 남녀가 비슷하다. 머리가 신체에 비해 큰 편이지만 유아기 말이 되면 머리가 무겁고 커 보이는 모습에서 벗어나게 되며, 체지방도 꾸준히 감소하게 되어 전체적으로 통통하던 영아의 모습에서 길고 홀쭉한 모습으로 변신한다. 대체로 남아가 여아보다 신장과 체중의 수치가 약간씩 높은 편이지만 개인차가 있다.

신체의 비율 중 머리의 발달은 3세경이면 성인 크기의 75%의 성장을 보이면서 이후에는 완만한 발달을 보이는 대신 다른 부분의 발달이 빠르게 진행된다. 즉, 발달의 원리에 따라 신체발달이 머리에서 몸통과 팔다리 방향으로 진행되며 이에 따라 이전 아기의 모습에서 체형이 점차 어른에 가까운 모습으로 변해간다.

표 5-5 한국 유아의 신장 및 체중(소아발육 표준치 참고)

나이	신장(cm)		체중(kg)	
	남아	여아	남아	여아
2세	88.0	87.0	12.90	12.50
3세	95.7	94.1	15.00	14.00
4세	103.7	102.2	16.80	16.20
5세	109.6	108.7	18.72	18.14
6세	113.6	112.5	20.40	19.60

출처 : 대한소아과학회(2011).

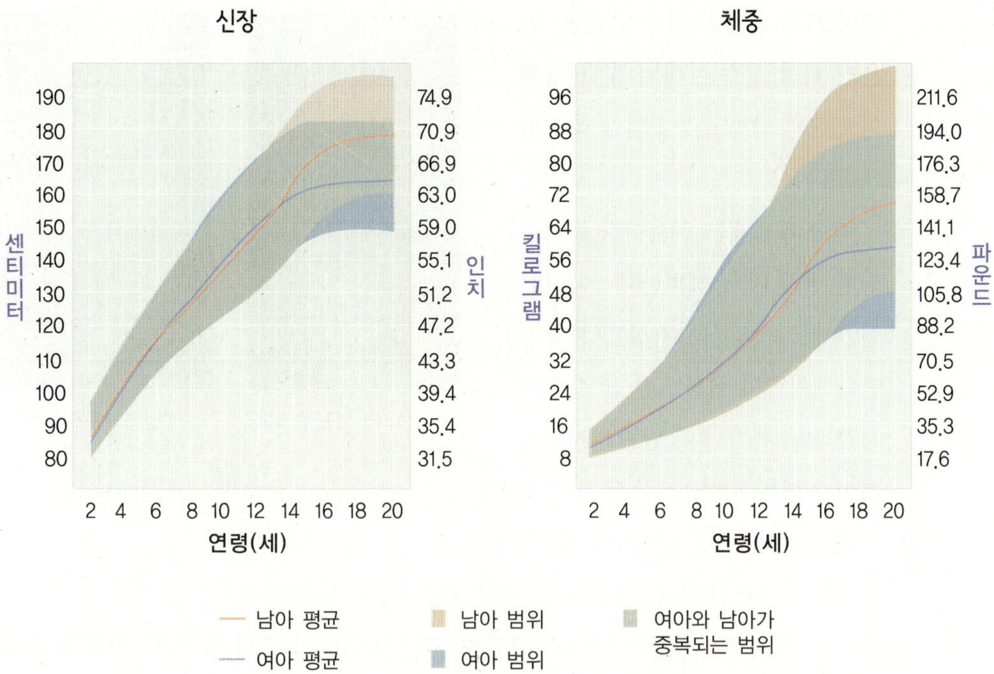

그림 5-20 연령변화에 따른 신체비율의 변화

출처 : 곽금주 외 공역(2012), p. 223.

2) 근육과 골격의 변화

근육의 성장은 출생 이후 서서히 증가하다가 5~6세에 급격히 증가한다. 5~6세가 되면 근육을 구성하는 근섬유의 굵기가 증가하고 근력도 강해진다. 유아기의 근육조직에서는 지방조직이 먼저 발달하는데, 이것은 여아가 남아보다 약간 더 많은 편이지만 근육은 반대로 남아가 여아보다 1.5배 더 많다. 이러한 성별에 따른 지방조직과 근육의 발달 차이로 인해 7세 이후부터 체형에서 서서히 성차가 나타나며 사춘기 이후에는 이러한 성차가 더 부각된다(조형숙 · 박은주 · 강현경 · 김태인 · 배정호, 2013).

(1) 골격의 발달

유아의 골격은 이전보다 더 빠른 속도로 단단해지고 이에 따라 외모도 더 튼튼해지며 몸의 균형을 이루게 된다. 아울러 뼈의 성숙은 대뇌 및 신경계의 성숙과 함께 운동발달을 촉진하게 된다.

뼈는 처음에는 연골이라 불리는 연한 물질로 구성되는데, 이러한 연골세포는 임신 6주경부터 점점 단단해지면서 뼈의 모양을 갖추기 시작한다. 뼈가 점차 단단해지면서 뼈의 길이와 넓이, 조직 등이 계속 변하는 성장과정을 골화라고 한다. 골화는 점진적인 과정으로 영아기부터 청년기까지 계속된다.

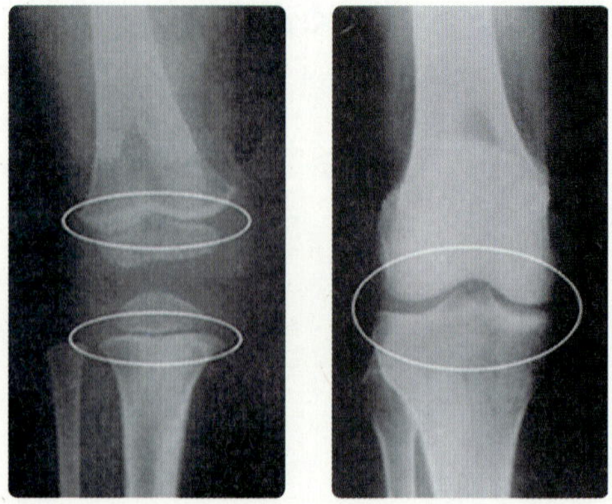

2세 남아의 완전히 열려 있는 성장판

55세 남자의 완전히 닫힌 성장판

그림 5-21 성장판의 변화

유아기 초기에는 몸의 자세가 불안정하다. 영아가 걷기 시작하면서 안쪽으로 굽은 다리가 점차 곧게 펴지기 시작하여 무릎과 팔의 자세는 6~7세경에 이르면 곧게 펴지게 된다.

출생 전후로 신체의 뼈 중 관절과 직접 연결되어 있는 긴 뼈의 끝부분에는 에피피시스epipysis, 일명 성장판가 형성되어 새로운 연골세포가 형성되고 점차 골화가 진행됨에 따라 단단해진다. 성장판에 세포들이 첨가되면서 뼈의 길이나 모양이 변화하는데, 뼈의 성장이 계속됨에 따라 성장판은 점차 얇아지면서 사라지다. 특히, 사춘기 이후 성호르몬 분비와 함께 성장판이 서서히 닫히게 되면 뼈의 성장이 멈추면서 신체적인 성장이 멈추게 된다. 골격 연령은 뼈를 방사선으로 찍어 성장판의 수가 어느 정도인지 또는 뼈가 어느 정도로 서로 맞닿아 있는가에 근거하여 측정된다(박성연, 2006).

(2) 골격 연령

유아의 신체적 성숙도를 측정하는 방법으로 골격 연령을 활용할 수 있다. 골격 연령이란 골격의 성장 정도를 기준으로 한 연령으로 골격 연령이 실제 연령보다 낮으면 골격이 더 성장할 가능성, 즉 키가 더 자랄 가능성이 있음을 의미한다(조형숙 외, 2013).

골격발달의 속도에는 성 차이가 나타나는데, 일반적으로 출생 시부터 여아의 골격 연령은 남아보다 앞서 있는데, 이러한 성차는 영아기부터 아동기까지 점차 커지면서 여아가 남아보다 신체적 성숙이 더 앞서게 되지만 사춘기를 기점으로 역전된다. 이에 따라 사춘기 이후에는 남아의 발달이 현저하여 남아의 신장과 체중이 여아를 대부분 앞서게 된다.

(3) 성장판의 손상

유아는 성인에 비해 골격 조직이 부드럽고 유연하기 때문에 어른에 비해 충격에 손상이 적으며 회복도 빠른 편이다. 그러나 유아기는 대소근육의 발달에 따라 활발한 움직임이 많고 호기심이 많아 새로운 시도를 많이 하는 시기이기 때문에 안전사고가 빈번하게 발생할 수 있다. 유아는 계속 성장하는 과정에 있기 때문에 만약 안전사고로 골절을 겪게 되는 경우에는 성장판이 손상될 수도 있다. 성장판의 손상은 신체발달과 밀접한 관계를 가지고 있어서 손상 시 팔다리의 기형이나 키가 더 자라지 않는 등의 부작용이 발생할 수 있으므로 사고가 발생하지 않도록 예방이 중요하며, 만약 손상을 당했을 때에는 즉각적인 전문적 치료조치가 요구된다.

3) 신체구조 및 기관

(1) 치아발달

치아는 유치와 영구치가 있다. 태아기부터 치아는 잇몸 속에서 자라고 있다가 출생 후 6~8개월부터 유치가 나오기 시작하여 생후 1년이 되면 약 6~8개의 유치가 나오고 생후 2년 반까지 20개의 유치가 모두 나오게 된다.

2~3세경 유치가 전부 나오게 되면 대부분의 음식물을 먹을 수 있게 되고, 유아기 말에는 영구치의 치관이 모두 완성되어 차츰 성인의 식사를 할 수 있는 여건이 갖추어진다. 또한 치아가 발달하고 턱뼈가 확대됨에 따라 영아기의 얼굴 윗부분이 크고 턱이 작던 얼굴은 아랫부분이 성숙하여 전형적인 어린이의 얼굴로 변화된다.

영구치가 나오는 시기는 개인차가 심한데, 보통 6~7세경부터 가운데 앞니와 어금니부터 빠지기 시작하면서 그 밑으로 영구치가 나오게 된다. 이때 유치가 자연스럽게 흔들리면서 빠지고 그 아래에서 새 치아가 나오게 되면 다행이지만 간혹 유치가 안 빠지고 있어서 치열이 바르지 못하게 되면 덧니가 나올 수도 있으므로 주의를 기울여야 한다. 그 후 유치를 갈아가면서 12~13세가 되면 사랑니를 제외한 28개의 영구치가 나온다. 사랑니는 17~21세경에 나온다.

(2) 호흡기관

유아기 초기에는 아직 폐가 완전히 발달되지 않았기 때문에 영아기만큼 빈번하지는 않으나 감기 등의 호흡기 질환을 가끔 앓게 된다. 그러나 5세경이 되면 호흡체계와 면역체계의 성숙이 이루어져 호흡기 질환은 현저히 감소한다(정혜욱 외, 2011).

이처럼 유아기에는 심장이나 호흡작용이 점차 강해지기는 하나 초기에는 불안정하다가 점차 연령이 증가하면서 맥박이 고르게 안정되며 호흡도 깊고 느리게 된다. 2세 때 맥박 수는 110회 정도이지만 6세에 이르러서는 100회 정도로 감소한다.

(3) 소화기관

유아기에는 소화기계도 빠르게 발달하게 되어 소화효소계가 3~4세에 거의 성인과 같은 수준으로 발달한다. 위의 용량 증가 및 대장의 기능도 유아 후기에 거의 발달하여 배변의 특성, 배변시간의 규칙성, 배변조절능력 등을 배우게 된다(김상희 · 김옥성 · 최해연 · 박수선 · 권수연, 2013).

4) 두뇌의 발달

(1) 두뇌의 발달

출생 시 아기의 두뇌 무게는 성인의 25% 정도인 350g밖에 안 되지만 출생 후 꾸준히 증가하여 생후 1년 만에 900g, 2.5세경에 어른의 76% 정도인 1,050g, 5세경이 되면 어른의 약 90%인 1,242g까지 성장하다가 사춘기가 지나면 성인 두뇌 무게인

1,300~1,500g에 도달하게 된다(박성연, 2006). 특히, 6세경에는 정신조작이 가능할 수 있도록 뇌와 두개골 밑의 신경섬유도 거의 성숙하고 신경조직이 갖추어지므로 학교교육을 받을 수 있는 조건이 만들어진다.

(2) 두뇌의 구조

인간의 뇌는 동일한 구조로 이루어져 있으나, 그 기능은 개인에 따라 차이가 있으며, 기능에 따라 대뇌, 중뇌, 소뇌로 분류한다. 머리의 대부분을 차지하는 대뇌는 뇌 중에서 가장 늦게 진화하여 만들어진 것으로 인간만이 가진 문화적인 뇌cultural brain로, 뇌의 다른 부위와 전체적으로 연결되어 있어 인간의 가장 고도의 정신작용을 주관한다(백기자, 2012). 껍데기를 벗겨낸 호두알맹이 모양을 하고 있는 대뇌는 크게 좌반구와 우반구로 구성되며 이 두 반구는 10세까지 발달하는 뇌량을 통해 연결되어 있으면서 긴밀한 상호 협력체계를 갖추고 있다. 각각의 반구는 전두엽, 두정엽, 후두엽 및 측두엽의 네 영역으로 나누어지며 각 영역은 서로 다른 기능을 하고 발달속도가 각기 다르다. 좌반구는 논리적 · 분석적 능력과 관련되며 언어, 과학, 수학, 논리에 관한 정보를 처리한다. 반면, 우반구는 시각적 · 공간적 능력과 관련되며, 미술, 음악, 무용, 체육, 창의력에 관한 정보를 처리한다. 이러한 뇌기능의 분화는 탄생 시 이미 발달되어 있다.

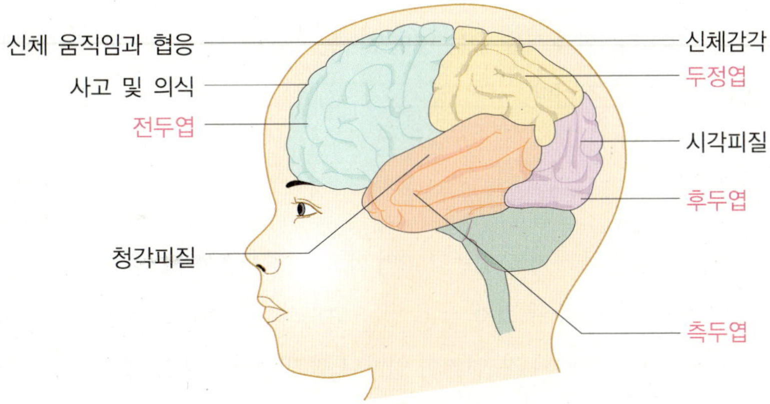

그림 5-22 두뇌의 왼쪽 모습과 대뇌피질

표 5-6 좌뇌와 우뇌의 특징

뇌의 좌반구	뇌의 우반구
• 신체의 오른쪽 부분을 통제한다. • 언어적인 활동, 즉 언어능력, 청각, 언어 기억, 의사결정 등에서 큰 역할을 한다. • 기쁨과 같은 긍정적 정서의 표현 등을 관장한다. • 순서대로 질서 있게 배우고 익혀간다. • 일을 부분적으로 나누어 보고 이에 따라 수행하게 한다.	• 신체의 왼쪽 부분을 통제한다. • 공간지각능력, 즉 거리지각, 지도 읽기, 기하학적 도형에 대한 이해 등에서 큰 역할을 한다. • 촉각, 음악과 같은 비언어적 소리, 슬픔과 같은 부정적 정서의 표현을 관장한다. • 순서 없이 닥치는 대로 배우게 한다. • 일을 전체적(종합적)으로 볼 수 있고 이에 따라 수행하게 한다.

출처 : 조형숙 외(2013), p. 138.

(3) 왼손잡이

뇌의 분화는 왼손잡이의 원인과 관계가 있다. 뇌의 좌반구가 많이 작용하면 오른손잡이가 되고 두 개의 반구가 함께 작용할 때 왼손잡이가 된다. 일반적으로 어릴수록 구분되지 않던 왼손잡이 경향은 점차 늘어나다가 유아의 10% 정도가 왼손잡이로 나타나고, 특히 남아가 여아보다 좀 더 많이 나타난다. 주로 가위 사용이나 글씨 쓰기 시 왼손잡이의 성향을 나타낸다. 우리 사회는 이전부터 왼손잡이를 고집쟁이라고 해서 부정적으로 보는 인식이 강하여 부모는 왼손잡이 자녀에게 강압적으로 왼손 사용을 금하는 경우가 많았다. 왼손잡이가 오른손잡이를 위해 구성된 사회 전반의 설비를 사용하는 데 불편함이 있는 것은 사실이지만 강압적인 교정으로 유아의 자존감을 낮추고 스트레스를 주는 방법보다는 양손을 모두 사용할 수 있도록 유도하는 것이 바람직할 것이다.

(4) 대뇌피질

대뇌피질은 대뇌를 둘러싸고 있는 140억 개의 신경세포가 모여 있는 곳으로, 이곳에서 사고, 판단, 창조 등 우리가 알고 있는 고도의 정신활동이 이루어진다. 머리가 좋다 나쁘다는 대뇌피질의 각 영역이 얼마나 잘 발달했는가로 판별된다. 뇌의 피질부분은 뇌를 덮고 있는 얇은 외부 조직으로 피질은 비록 3cm 정도의 두께지만 뇌의 75%의 세포를 가지고 있다. 피질의 다른 영역들은 각기 다른 기능을 담당한다.

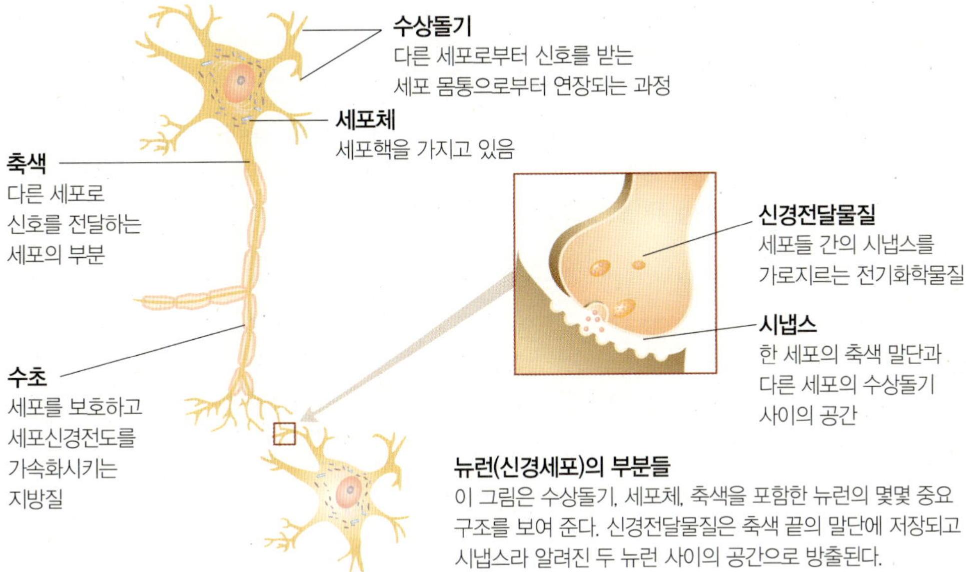

그림 5-23 뉴런(신경세포)의 부분들

출처 : 곽금주 외 공역(2012), p. 238에서 재인용.

시각피질은 시각을 조절하며, 청각피질은 청각을 담당한다. 감각피질은 촉각을 담당하며, 운동피질은 자발적 운동을 조절한다. 또한 좌반구의 두 개의 영역은 언어의 이해영역인 베르니케영역과 언어의 음운 사출영역인 부로카영역을 담당한다(곽금주 외 공역, 2012).

0~3세까지는 두뇌 전체가 골고루 발달하는 시기로 뇌의 신경세포회로인 시냅스가 얼마나 정교하게 발달하느냐가 주요한 시기이다. 다양한 영역의 정보를 왕성하게 전달받을 수 있도록 오감학습을 통한 다양한 영역의 학습이 중요하므로 일방적으로 편중된 학습은 지양해야 한다. 특히, 감정의 뇌가 일생 중에서 가장 빠르고 예민하게 발달하므로 사랑의 결핍은 후일 정신 및 정서장애로 연결되기 쉽다.

반면, 3~6세는 인간의 종합적 사고가 이루어지는 전두엽이 빠른 속도로 집중적으로 발달하는 시기이다. 전두엽은 새로운 행동을 계획하고 조작하며, 문제를 해결하고, 정서를 통제할 뿐만 아니라, 관심을 집중하는 데에도 책임을 맡고 있다. 따라서 전두엽의 발달이 덜 된 유아기 초기에는 충동적이고 집중시간이 짧지만 6세경이 되면 전두엽이 성숙함에 따라 집중력이 강해지고 계획적이며 목표지향적인 행동을

Box 5-1

⁚ 의도적 통제의 실험 : 'Go/No-Go 과제'

컴퓨터에서 웃는 사람의 그림을 볼 때마다 초록색 'Go'버튼을 누르라는 과제를 받았을 때 3세 및 4세 아동들은 충동을 억제하는 데 어려움을 느끼며 그림이 맞지 않더라도 Go 버튼을 누른다. 그러나 6세 유아들은 실수를 할 때도 있지만 대체로 이해하는 반응을 보인다.

출처 : 곽금주 외 공역(2012), p. 242.

할 수 있게 된다. 또한 첫 반응을 거부하고 다른 것을 선택하는 능력인 의도적 통제가 가능해진다. 여기에는 충동억제, 의도적으로 속도를 늦추기, 선택적 주의집중하기큰 형태 안에 숨겨져 있는 작은 형태를 알아보기, 목소리 낮추기, 속삭이기 등과 같이 유아로 하여금 선호되는 행동을 억제하거나 억누르고 행동하기 전에 먼저 생각할 수 있도록 하는 것이 포함된다. 그러므로 전두엽이 발달하는 유아기에는 예의 바르고 인간성 좋은 아이가 될 수 있도록, 특히 예절교육과 인성교육 등을 실시해 주는 것이 중요하다. 한편, 전두엽과 좌반구 대뇌피질의 발달은 언어기술과 운동능력의 급속한 발달과도 관련된다(곽금주 외 공역, 2012 ; 박성연, 2006 ; 서유헌, 2005).

(5) 뇌가소성

신경계의 발달에서 흥미로운 특성은 뇌가소성brain plasticity이다. 즉, 두뇌가 아직 성장과정에 있는 상태에서는 경험에 의해 발달이나 학습이 달라질 수 있다는 것을 의미한다. 시냅스 형성에 의한 수많은 신경들 간의 연결은 두뇌의 회복력에 도움이 된다. 영아기나 걸음마기에는 두뇌의 탄력성으로 출산 시의 산소결핍이나 기타 난산으로 인한 신경계 손상의 회복 가능성이 높은 편이다. 그러나 이러한 뇌가소성은 유아기 이후 점차 낮아진다.

두뇌발달과정은 기본적으로 타고난 성숙 프로그램과 환경 간의 상호작용과정이기 때문에 두뇌성장이 급속히 이루어지는 시기의 긍정적인 환경적 자극이나 경험이 매우 중요하며, 뇌가소성을 고려하여 발달상 문제가 있는 경우에 조속한 대처가 요구된다.

Box 5-2

뇌가소성의 예 : 실어증 및 사시

언어에 관련된 좌반구 손상 시 나타나는 실어증은 일시적이며 유아는 정상적 언어능력을 회복하는 것으로 나타나는데, 이는 3세 이전의 어린 뇌는 특정 부위에 손상을 입었을 때 그것을 보완하기 위하여 자체 내에서 재조직하는 놀라운 생리적 적응능력을 지니고 있기 때문이다. 그러나 연령이 증가하면 생리적 능력의 감소로 성장한 이후의 대뇌 손상 회복은 상대적으로 어려워진다.

시각계 민감기의 한 예는 사시이다. 이는 출생 시 아동의 눈이 제대로 정렬되지 않은 상태로 눈이 코를 향해 교차되어 있거나 귀를 향해 틀어져 있는 것이다. 이러한 상태는 시냅스의 개수가 성인수준에 도달하는 때인 4세 혹은 5세까지는 안경을 통해 교정될 수 있다. 만약 그때까지 교정되지 않으면 유아는 정상적인 입체감삼차원적, 깊이감각을 발달시키지 못한다.

출처 : 곽금주 외 공역(2012), p. 243.

5) 대근육운동발달

유아기에는 대뇌피질의 운동영역이나 지각영역의 발달, 근육과 골격의 강화, 폐활량의 증가, 중심에서 말초로의 신체발달 정교화 등으로 뜀뛰기, 달리기, 뛰어 오르기, 뛰어내리기, 평균대 오르기 등과 같이 몸의 균형을 필요로 하는 대근육활동을 더 잘 할 수 있게 된다. 또한 영아기에 학습된 다양한 신체운동능력들은 유아기의 반복적이고 꾸준한 연습과 활동을 통하여 점차 안정적이고 기술적으로 정교화된다.

(1) 대근육운동발달의 4단계

겔라휴Gallahue와 오즈문Ozmun은 인간의 운동발달을 4단계로 구분하였다. 이 중 유아기는 세 번째 단계인 기본적 운동기에 속한다(유덕순, 2006에서 재인용).

- 반사적 운동기 : 0~1세는 반사적 운동기로 빨기반사, 바빈스키반사, 모로반사, 파악반사 등 반사적 동작이 나타난다.
- 초보적 운동기 : 1~2세는 초보적 운동기로 앉아서 하는 비이동 동작이나 걷기와 같은 이동 동작, 손을 뻗거나 물건을 잡는 등의 조작적 동작 등이 나타난다.
- 기본적 운동기 : 2~7세는 던지기, 받기 등 기본적인 동작을 점차적으로 수행한다.

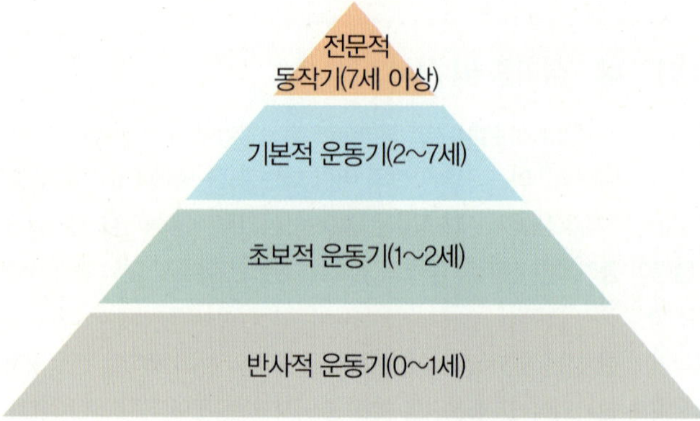

그림 5-24 대근육운동발달단계

- 전문적 동작기 : 7세 이상은 스포츠와 관련된 일반적인 동작에서 점차 세부적이고 전문적인 운동기술을 수행할 수 있다.

(2) 대근육운동발달의 특징

자신의 몸과 관련된 운동기술을 익히는 영아기와 달리, 유아기의 운동발달의 특징은 자신의 몸과 물체와의 관계에 필요한 기술들을 습득한다는 점이다. 예를 들어, 공을 받거나 던질 때, 공의 위치와 상관없이 2세 유아는 두 발을 모아 선 채로 팔을 뻗기 때문에 공을 제대로 잡지 못하고 잘 던지지도 못한다. 3세 유아는 가슴으로 받으려고 다소 팔을 구부리기는 하나 몸을 잘 움직이지 않은 채 잡으려 하므로 잘 잡지 못한다. 5~6세경에는 팔꿈치뿐 아니라 어깨 등 몸체 전체를 움직이고 공의 움직임에 따라 몸체의 중심을 움직이는 등 몸과 물체의 협응이 훨씬 원활해져서 가슴 대신 손이나 손가락으로 공을 잡게 된다.

대근육의 유형에는 걷기, 달리기, 뛰기, 던지기, 공 튀기기, 매달리기, 구르기, 굽히거나 펴기, 돌리기, 균형 잡기 등이 있다. 이러한 대근육운동이 나타나는 시기는 모든 유아에게 보편적으로 비슷한 시기에 나타나므로 각 유아에게 나타나는 시기는 유아의 운동발달 상태를 파악하는 하나의 준거가 될 수 있다. 개인차를 고려한다 해도 만약 각 행동의 출현 시기가 3~6개월 정도 늦게 나타난다면 주의 깊은 관찰이 요구된다(조형숙, 2013).

유아의 연령별 대근육운동 유형의 발달특징은 표 5-7과 같다.

그림 5-25 유아의 대근육운동

표 5-7 대근육운동 유형별 발달특징

유형	2~3세	3~4세	4~5세	5~6세
걷기	율동적으로 잘 걷는다.	팔을 앞뒤로 흔들며 걷는다. 직선 위를 걷는다.	곡선 위를 걸을 수 있다. 평균대 위를 걸을 수 있다.	속력을 내서 잘 달릴 수 있다.
달리기	몸을 뻣뻣하게 세우고 달린다. 방향을 바꾸거나 갑자기 멈추는 것이 어렵다.	유연하게 잘 달리고 출발과 정지를 잘한다.	빨리 잘 달리고 달리면서 방향도 바꿀 수 있다.	속력을 내서 잘 달린다.
뛰기	두 발로 껑충 뛴다.	두 발로 높이 뛰어 오른다. 한 발로 장애물을 뛰어넘는다.	깡충깡충 뛰면서 앞으로 나아간다.	높이뛰기와 멀리뛰기를 할 수 있다. 줄넘기를 한다.
페달밟기	장난감 자동차에 올라타고 두 발로 민다.	세발자전거를 탈 수 있다.	세발자전거를 빠르고 유연하게 잘 탄다.	두발자전거를 탈 수 있다.
오르기	계단을 오를 때 한쪽 발을 먼저 올려 놓고 그 다음 다른 쪽 발을 그 옆에 놓는다. 높은 곳에 올라 갈 수는 있지만 내려오지는 못한다.	계단을 오를 때는 한 발로 차례차례 오르지만 내려올 때는 두 발을 모아서 내려온다.	발을 번갈아가면서 계단을 오르내린다. 사다리, 정글짐, 미끄럼틀 나무 등을 타고 오르내린다.	성인처럼 오르고 내린다.
던지기	목표물을 향해서 공을 던지는 데 두 팔을 사용한다. 발이나 몸은 움직이지 못한다.	몸을 앞뒤로 흔들며 한쪽 팔로 공을 던진다.	팔꿈치를 사용해서 공을 던진다.	발을 앞으로 내밀고 팔을 쭉 뻗어 공을 던진다.

출처 : 정옥분(2002), p. 353.

(3) 연령별 대근육운동발달에 적합한 활동

유아기의 대근육발달에 따른 연령별로 적합한 운동은 다음과 같다(유덕순, 2006).

- 3세는 대근육활동이 활발히 이루어지는 동시에 사회성이 발달하므로 집단 신체활동을 제공해 주는 것이 적합하다.
- 4세는 기본적인 신체운동이 원활하게 이루어지면서 도구를 이용한 놀이가 가능하므로 그네 타기, 철봉 매달리기, 미끄럼 타기, 정글짐 빠져나가기, 평균대 건너기, 공 던지기 등의 기능적인 신체활동을 제공해 주는 것이 좋다.
- 5세는 운동놀이에 대해 매우 의욕적이며 끈기도 있으므로 자전거 타기, 달리기, 철봉 매달리기 등의 운동을 제공해 주는 것이 적합하다.

6) 소근육운동발달

(1) 소근육운동의 특징

소근육운동기술은 손과 손가락의 작은 움직임들이다. 특히, 눈과 손을 협응하며 손기술을 정확히 구사하는 능력으로 미세운동이라고도 한다. 여기에는 쓰기, 그림 그리기, 블록 쌓기, 젓가락질하기, 옷 입고 벗기, 단추 사용하기 등이 포함된다. 이것은 유아의 놀이나 학습 및 생활에 필요한 기술로서 소근육운동의 발달은 상당한 자부심과 성취감을 느끼게 해주는 근원이며, 유아기에 발달되는 독립을 향한 이정표

그림 5-26 유아의 소근육운동

다. 일반적으로 대근육기술은 남아가, 소근육기술은 여아가 우세하다.

(2) 연령별 소근육운동기술

- 3세는 원을 그릴 수 있고 엄지와 검지로 매우 작은 물체를 집을 수 있지만 아직 서투르고, 블록 하나하나를 조심스럽게 놓지만 삐뚤삐뚤하며, 조각그림 맞추기를 하는 경우 조각을 억지로 쑤셔 넣으려 한다.
- 4세는 소근육운동기술이 상당히 발달하여 블록으로 탑을 높이 쌓을 수 있고, 구두끈을 맬 수 있으며, 선을 따라 가위로 오릴 수 있다.
- 5세는 집이나 교회 등 특정의 건물을 블록으로 짓고자 하며, 종이를 반이나 1/4로 접을 수 있고, 글자나 숫자를 베낄 수 있으며, 크레용으로 색칠할 수 있다.

표 5-8 연령별 소근육운동발달

연령	발달내용
3세	• 큰 페그(peg)를 페그판에 꽂을 수 있다. 큰 구슬을 꿴다. • 액체를 좀 흘리면서 부을 수 있다. • 블록으로 탑을 쌓는다. • 손의 정교한 협응이 필요한 일은 쉽게 피곤해 한다. • 원이나 어떤 형태의 모양을 그린다. • 주먹 쥔 모습이 아니라 손가락으로 크레파스를 쥔다. • 옷을 벗을 수(단추를 끼우는 등)는 있으나 입는 데는 도움이 필요하다.
4세	• 작은 페그(peg)를 페그판에 꽂을 수 있다. 작은 구슬을 꿴다. • 모래나 물을 작은 그릇에 담을 수 있다. • 조형물을 높이 쌓을 수 있으나, 공간 지각력이 낮아 쓰러지는 경우가 있다. • 단순한 부품이 있는 놀잇감을 조작하는 것을 즐기며, 가위 사용을 즐긴다. • 단순한 모양을 섞어서 그리고, 단순한 형태로 사람이나 물체의 모습을 그린다. • 도움 없이 입고 벗을 수 있다. 이를 닦고 머리를 빗고 컵이나 숟가락을 제대로 사용한다. • 신발 끈을 꿸 수 있으나, 묶지는 못한다.
5세	• 못질을 할 수 있다. 가위를 능숙하게 사용한다. • 컴퓨터 키보드를 사용한다. • 15개 정도의 퍼즐을 쉽게 맞춘다. • 물체를 분해하고 조립하며 인형 옷을 입히고 벗긴다. • 사람을 그리고, 글자를 알아볼 수 있게 쓴다. • 겉옷 지퍼를 채우고 단추를 잘 잠근다. 구두끈을 매고 옷을 빨리 입을 수 있다. • 블록 쌓기가 정교해진다.

출처 : 박성연(2006), p. 245.

Box 5-3

∴ 소근육발달과 미술

유아에게 미술활동은 오감을 발달시킬 수 있으며, 특히 시지각이 발달한 유아들이 생각과 손의 협응이 잘 이루어지면 남들이 표현하지 못하는 독특한 내용의 그림을 표현할 수 있다. 유아가 미술에 흥미를 갖게 되면 시지각이 발달하고, 뇌와 손의 협응력이 향상되어 대근육과 소근육이 발달하게 된다. 예를 들어, 유아들이 찰흙으로 만들기를 할 때 흙의 가소성은 유아들에게 손의 조작능력과 형태감각을 자연스럽게 길러준다. 또한 유아들이 그리기와 만들기를 하면 손의 조작능력이 향상되고, 뇌와 손의 협응이 잘 이루어져 창의적인 발상도 길러지게 된다.

출처 : 백중열(2013), p. 143.

양손을 동시에 조작하는 능력인 양측 협응능력은 3~4세에 발달하기 시작하지만, 좀 더 정교한 양측 협응능력은 5~6세에 급속히 발달하고, 7세 이후에는 그 증가율이 줄어든다.

3세 유아 그림

4세 유아 그림

5세 유아 그림

그림 5-27 연령에 따른 그리기 능력의 발달

7) 유아기 신체운동발달을 위한 생활관리

(1) 유아기 영양관리

유아기는 영아기에 비해 성장이 완만하고 식욕감소 등 식행동의 변화가 나타난다. 식행동의 변화와 함께 기본적인 생활행동 및 건강습관의 기초가 형성되며 음식에 대한 기호, 식사예절, 위생습관을 통해 식습관이 형성되는 시기이다. 이 시기는 음식을 섭취하는 데 감정적 요인과 심리적 요인이 크게 작용하므로 유아에게 강요하지 않고 칭찬하는 것이 좋으며, 다양한 조리법과 구체적인 식사방법으로 지도해야 한다(김상희 외, 2013).

① 유아기 영양의 특징

유아기 영양의 특징을 기술해 보면 다음과 같다(김상희 외, 2013).

첫째, 유아기는 신진대사가 왕성하여 주요 영양소의 필요량이 성인의 2~3배에 달한다. 최근 연구(보건복지가족부, 2008)에서 3~5세 유아가 아침을 항상 먹는 경우는 70%에 불과하며 점심과 저녁을 모두 먹는 경우는 90%로 나타났다. 유아에게 필요한 영양소가 세 끼 규칙적인 식사를 통해 골고루 섭취될 수 있도록 해야 한다.

둘째, 환경변화에 대한 적응력과 병원균에 대한 저항력이 약하므로 음식의 선택

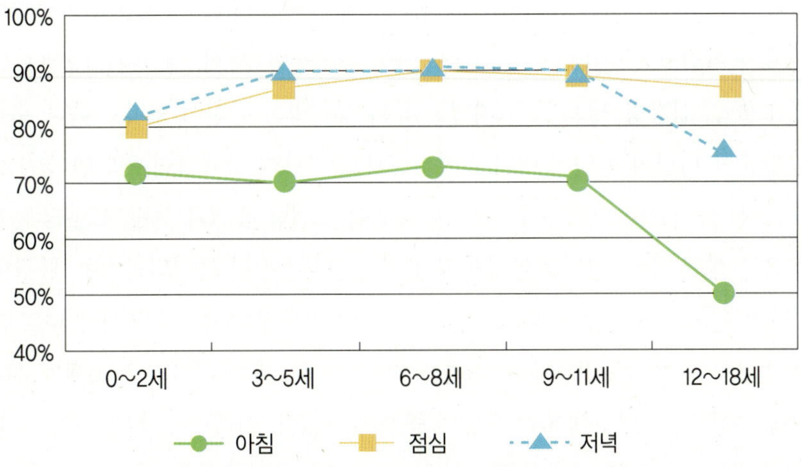

그림 5-28 하루 세 끼 '항상 먹음 비율'

출처 : 보건복지가족부(2008).

과 섭취에 주의해야 한다. 제철에 나는 신선한 재료로 만든 신선한 음식을 제공해 주어야 한다.

셋째, 소화기능이 미숙하므로 세 끼 주식 외에 간식으로 부족한 영양보충을 해주되 치아건강에 유의한다. 소화되기 쉬운 조리법이 요구되며, 한 번에 많은 음식을 주기보다는 여러 차례로 나누어 제공하고 자극성이 있는 음식은 피한다.

넷째, 개인 간 영양 차이가 크므로 각 개인의 상태에 맞는 영양섭취가 요구된다.

다섯째, 정신적 변화와 함께 음식기호도 변화되므로 다양한 식품 선택으로 소식, 식욕부진, 편식 등의 문제 예방에 노력한다.

여섯째, 올바른 식습관 형성을 위해 유아의 모델인 부모가 올바른 식습관행동을 보이는 것이 중요하다.

② 유아비만

비만은 체내 구성성분 중 지방조직이 차지하는 비율이 정상보다 더 높은 상태로, 성장발달과 활동을 위해 필요한 열량보다 과잉의 열량을 섭취했을 때 그 열량이 중성지방 형태로 피하조직에 많이 쌓인 상태를 말한다(김상희 외, 2013). 1세 미만의 영아와 5~6세 유아는 비만이 가장 많이 나타나는 연령으로, 2009년 국민건강조사에 의하면 2~5세 유아의 과체중 및 비만 유병률이 17.8%로 나타났다(보건복지부 질병관리본부, 2010).

영유아의 비만은 일단 증가한 지방세포 수가 줄어들지 않는 '지방세포 증식형'으로 치료가 어렵고 성인비만으로 이행될 가능성이 높다. 특히, 영유아기의 과도한 비만은 고혈압, 심장병, 당뇨병, 고지혈증 등의 성인병의 원인이 되기도 한다. 유아비만은 단순형 비만의 원인인 에너지 섭취량과 소비량의 불균형이 원인인 경우가 많다. 기름진 음식이나 스낵류의 간식 등 서구식 고열량 음식과 설탕 또는 당질 함량이 높은 음식의 섭취, 운동을 좋아하지 않거나 운동장소나 놀이터가 없는 환경도 유아비만의 원인이다(김상희 외, 2013). 보건복지가족부(2008)의 조사에 따르면 아동이 주 3회 인스턴트 음식을 섭취하는 비율이 0~2세는 11.5%, 3~6세는 24.2%, 6~8세는 30.7%로 연령에 따라 꾸준히 증가하고 있다. 이러한 인스턴트식품은 대부분 열량이 높고 소금과 지방의 섭취량을 높여 건강에 위협을 주는 건강문제를 낳는다(이희선 · 김상희, 2009).

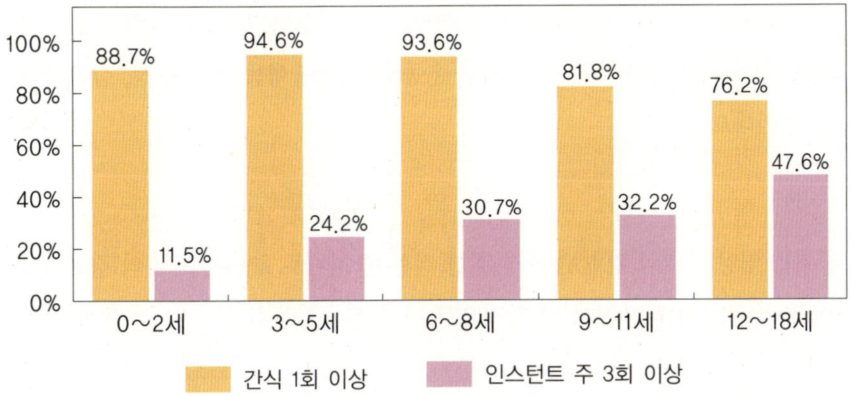

그림 5-29 식습관

출처 : 보건복지가족부(2008).

표 5-9 비만 치료방법

방법	내용
식사요법	• 무리한 체중감량보다는 과잉 섭취하고 있는 식사량을 조절한다. • 잘못된 식습관을 수정한다. • 식사할 때 음식 자체를 즐기기보다는 함께 식사하는 사람들과 즐거운 식사가 되도록 하고, 시간당 먹는 양을 적게 하기 위하여 천천히 식사한다. • 식사구성안에 따른 영양적 균형을 이룬 식단을 제공하고, 설탕이나 지방 함량이 많은 간식 섭취를 줄인다. • 부족해지기 쉬운 비타민과 무기질 등의 조절식품을 충분히 제공한다.
운동요법	• 일상생활 중 활동량을 증가시킨다. – 텔레비전 시청, 비디오게임, 컴퓨터게임을 줄인다. – 앉아서 하는 놀이보다는 하루 일정 시간 밖에서 뛰어놀 수 있도록 한다. – 짧은 시간 과도한 운동은 피로를 유발시켜 장기간 계속할 수 없기 때문에 비교적 가벼운 운동인 자전거 타기, 술래잡기, 줄넘기, 산책, 신체 게임 등을 권장한다.
행동수정요법	• 유아 비만을 포함한 모든 비만 치료에 가장 효과적인 방법이다. • 스스로 비만을 초래하는 원인을 찾아내서 수정한다 : 잘못된 식사습관 및 생활습관을 올바르게 교정하여 음식 섭취량을 줄이고 활동량을 증가시켜서 체중감량 효과를 높인다.
심리적 지원	• 친구 및 이성관계에서 지나치게 걱정을 하고 열등감이나 정서불안으로 고통을 받으므로 심리적 · 정신적으로 안정될 수 있도록 가정과 기관의 적극적인 도움이 필요하다. – 가정 : 부모가 먼저 좋은 모델이 될 수 있도록 노력한다. – 기관 : 올바른 식생활지침, 주의식품과 권장식품, 운동의 필요성과 방법, 비만의 나쁜 점 등을 교육을 통해 지도한다. • 휴식시간에 나가 놀도록 지도하고, 비만교실을 운영하여 집단운동을 시키는 것도 좋은 방법이다. • '너무 먹지마라'보다는 '더 활동해라'라는 긍정적인 메시지를 전달한다.

출처 : 김상희 외(2013), p. 128.

비만 치료의 원칙은 에너지 섭취를 줄이고 소비량을 증가시키는 것이다. 이 원칙에 의한 비만치료방법으로는 식사요법, 운동요법, 생활행동 등의 수정, 심리적 지원을 들 수 있다표 5-9.

③ 충치

충치는 영양 섭취와 관련된 가장 흔한 질환 중 하나로 2~4세 유아의 경우 5명 중 1명이 유치에 충치를 가지고 있는 것으로 나타난다(김상희 외, 2013). 흔히, 유아가 우유병이나 과일주스, 사탕, 케이크, 아이스크림, 과자, 요구르트 등 당에 노출되는 시간이 많아지면 입 안의 구강세균에 의해 치아에 부식이 일어난다.

유아가 손상된 치아 때문에 음식물을 제대로 씹지 못하게 되면 상대적으로 편식 가능성이 커진다. 또한 유치가 일찍 손상되면 다른 치아의 위치를 변화시키고 영구치의 자리가 막혀 이가 고르게 나지 못하게 된다. 손상된 치아는 음식 섭취를 어렵게 하여 한평생 건강에 나쁜 영향을 미친다.

충치의 예방을 위해서는 지방과 단백질이 함유된 식품 및 채소와 해조류를 충분

그림 5-30 유아의 올바른 양치질 방법(생후 13~60개월)

출처 : 우리아이 건강과 영양, 울산시 보육정보센터 교육자료 제18호(2011).

히 섭취하는 한편, 불소를 보충하고 식사나 간식 섭취 후에는 올바른 양치질을 하여야 한다. 또한 충치나 잇몸 질환을 수시로 확인하고 충치 발견 시 조기에 치료하여 건강한 치아를 유지하도록 노력해야 한다.

(2) 유아기 수면관리

수면 패턴은 2~3세에 12~13시간에서 4~6세에는 10~11시간으로 줄어든다. 낮잠은 4~5세경에 사라지지만 이 시기에도 휴식은 필요하다. 수면문제로 많은 부모들이 힘들어 하지만 대부분 시간이 지나면서 없어진다. 그러나 만성적 수면곤란과 잦은 악몽 또는 야경증은 자는 동안의 스트레스 징후나 도움의 요청일 수 있으므로 치유를 위해 관심을 기울여야 한다.

수면은 다음과 같은 이유로 중요하다(곽금주 외 공역, 2012).

- 수면은 유아가 자신의 신체에 대해서 '배우는' 데 도움이 될 수 있다. 수면 동안의 실룩거림이나 근육 경련은 뇌로 하여금 몸의 '그 부위'에 무엇이 있는지 알려준다.

Box 5-4

수면시간이 적은 유아는 비만이 될 확률이 높아

수면시간이 하루 12시간 미만인 유아는 취학 전에 비만이 될 위험률이 2배가 되며, 취침 시 부모의 행동이 아이의 수면장애 원인이 된다는 사실이 연구를 통해 증명되었다.

미국 하버드대학 의학부의 타베라스(Elsie M. Taveras) 조교수 연구팀은 첫 번째 연구에서, 소아 915명을 대상으로, 생후 2년간의 수면 습관과 생후 6개월~2세의 수면시간을 조사하였다. 그 결과, 평균 수면시간은 하루 12.3시간이었고, 연령과 성차를 대조한 결과, 83명의 3세 아동이 과체중이었으며, 수면시간이 하루 12시간 미만인 3세아의 체중은 12시간 이상인 소아의 체중보다 무거웠다.

또한 하루 2시간 이상 TV를 보는 유아는 텔레비전을 보지 않는 유아에 비해, 과체중이 될 위험률이 16%나 증가했다. 타베라스 교수는 "수면시간이 짧고, 텔레비전을 너무 오랜 시간 시청하면, 비만이 될 확률이 현저하게 상승한다"고 말했다.

미국 존스홉킨스대학의 할보워(Ann Halbower) 박사는 "유아에게는 좋은 수면행동이 중요하며, 조기의 수면이나 건강, 식사가 아이 장래의 라이프스타일의 기초가 된다"고 말해, 유아에게 좋은 수면행동에 대해, 아이가 태어나기 전에 부모에게 가르칠 필요가 있다고 말했다.

출처 : KISTI(2008. 4. 23) ; 백중열(2013), p. 143.

- 수면은 뇌가 재충전할 수 있게 한다.
- 수면은 새로운 시냅스를 형성하고 강화하여 아동이 기억을 저장하는 데 도움을 줄 수 있다.
- 수면은 성장호르몬GH이 방출되는 시간이기 때문에 신체발달에 필수적이다.

따라서 부모는 유아가 숙면을 취할 수 있도록 취침 전 씻거나 목욕하기, 책 읽어주기, 좋아하는 장난감이나 이불 안겨주기 등과 함께 규칙적인 시간과 일정한 장소에서 편하게 잠들 수 있도록 규칙을 세우고 이를 지키도록 노력해야 한다.

(3) 유아기 안전사고관리

유아기는 대근육과 소근육이 발달하면서 활발히 움직이고 실내외에서 다양한 활동을 즐기게 되는 시기이다. 이처럼 활발한 신체활동의 증가와 함께 안전사고의 위험도 증가하게 되므로 주의가 요구된다. 익사, 자동차사고, 화재와 화상, 기도 폐쇄는 유아 사망의 주요 원인이며 이 사망들 중 많은 경우는 예방할 수 있다.

유아의 크고 작은 안전사고는 복잡한 교통환경, 바쁜 일상생활, 열악한 보육환경 등 여러 사회적인 조건 때문에 발생한다. OECD 19개국을 대상으로 1~14세 아동의 사고로 인한 사망률을 조사한 결과에 따르면(Berk, 2005), 스웨덴, 이탈리아, 영국은 아동 10만 명당 5~6명, 미국은 약 14명인 데 반해, 우리나라는 약 26명으로 나타나 가장 높은 안전사고 사망률을 나타낸다. 우리나라의 조사결과(소방방재청, 2005)에 따르면 2002년 안전사고에서 1~4세나 5~9세는 교통사고가 각 51.8%, 56.7%로 제일 높게 나타났다. 특히, 4세 이하의 경우, 교통사고 다음으로 어른들의 감독소홀에 따른 추락사고가 40%로 아파트 베란다 창틀이나 놀이터에서 발생하는 것으로 나타났다. 가정에서 대부분 발생하는 어린이 화상은 화재에 의한 것보다는 뜨거운 차나 국 등으로 인한 것이 대부분이다.

한편, 한국소비자원www.kca.go.kr이 최근 3년간 소비자위해감시시스템에 수집된 위해사례를 분석한 결과에 따르면, 전체의 37.4%인 6만 7,951건이 14세 이하 어린이 안전사고로 나타나 미국 30.2%, 호주 12.4% 등 선진국보다 높은 것으로 확인됐다. 성별로는 남아가 60.9%, 여아가 38.0%로 남아가 1.6배 높은 것으로 나타났다. 발달단계별로는 걸음마기 49.6%, 유아기 20.6%, 영아기 8.4% 순으로 높게 나타났다.

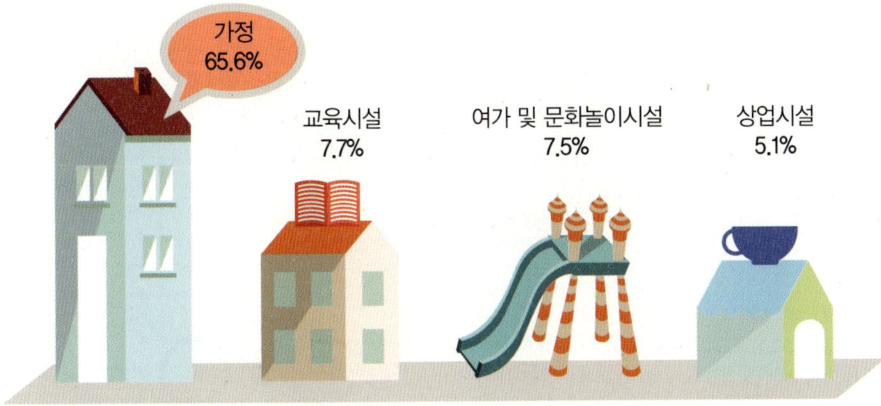

그림 5-31 어린이 안전사고 발생장소

안전사고 발생장소는 '가정 내'가 65.6%로 가장 많았고 교육시설 7.7%, 여가 및 문화시설 7.5% 순이었다. 특히, 가정에서의 비율은 2011년 62.3%, 2012년 65.7%, 2013년 68.1%로 매년 증가하고 있다.

표 5-10 4~6세 유아기의 주요 사고 유형 (단위 : 건, %)

순위	사고 유형	합계	비율
1	침대, 소파, 의자 등에서의 추락	2,893	19.8
2	방, 거실 등에서 넘어짐/미끄러짐	1,849	12.7
3	놀이터 기구 등에서 추락/넘어짐	1,287	8.8
4	자전거 등에서 추락/넘어짐	869	5.9
5	창문, 방문 등에서 눌림/끼임	753	5.2
6	구슬, 장난감 등 완구 삼킴	496	3.4
7	어린이집, 유치원 등 보육시설에서 넘어짐/미끄러짐	393	2.7
8	생선 가시가 목에 걸림	375	2.6
9	가정용 주방제품에 베임/찔림	175	1.2
10	애완견 등 애완동 · 식물 등에 물림/쏘임	169	1.2
11	기타	5,327	36.5
합계		14,586	100.0

출처 : 소비자안전센터 · 소비자안전국 위해정보팀(2014), p. 17.

그림 5-32 1개월 이상 치료기간을 요하는 중상해 사고 현황

출처 : 소비자안전센터 · 소비자안전국 위해정보팀(2014).

유아기의 안전사고는 이 시기 유아가 호기심이 많고 활동성이 증가하는 반면에 신체적 균형감각은 떨어지므로 사소한 실수도 사고로 이어지기 때문에 발생한다. 특히, 활동성이 많고 모험적인 놀이를 좋아하는 남아가 여아보다 더 높게 나타나는 것으로 보고되고 있다(소비자안전센터 · 소비자안전국 위해정보팀, 2014).

유아는 아직 자발적으로 어떤 규칙을 기억하기 어렵기 때문에 부모나 교사가 아동에게 규칙을 일깨워주고 행동을 감독해야 한다. 그러므로 부모와 교사에 대한 철저한 안전교육을 통해 안전의식을 고취시킴으로써 유아의 안전사고 예방을 생활화할 수 있도록 해야 한다(박성연, 2006).

표 5-11 영유아의 발달적 특징에 따른 위험요소와 예방조치

연령	내용	1수준	2수준	3수준
만 2세 미만	장난감을 안전하게 사용하기	장난감을 안전하게 살핀다.		장난감을 용도에 맞게 사용한다.
	위험한 상황을 알기		위험하다고 알려주면 주의한다.	
만 2세	놀이 규칙에 따라 안전하게 놀이하기	놀이에 규칙이 있음을 안다.		규칙을 지켜 놀이한다.
		놀이기구와 장난감을 안전하고 올바르게 사용한다.		
	위험한 상황을 알고 조심하기	시설물의 위험성을 안다.		
		화재의 위험성을 알고 조심한다.		
		위험물질(약품류, 세제류 등)을 알고 만지거나 먹지 않는다.		
	탈것의 위험을 알고 안전하게 다니기	탈것의 위험을 안다.		탈것의 위험성을 알고 조심한다.
		신호등의 의미를 안다.		신호등의 신호에 맞춰 성인과 함께 횡단보도를 건넌다.
만 3~5세	안전하게 놀이하고 다른 사람의 안전을 배려하기	놀이기구나 장난감을 가지고 안전하게 놀이한다.	다른 사람을 배려하면서 안전하게 논다.	
		안전한 장소에서 놀이한다.		
	위험한 상황에서 안전하게 행동하기	화재, 재난, 사고상황을 인식한다.		화재, 재난, 사고가 일어났을 때 안전하게 행동한다.
		시설물을 안전하게 이용한다.		
		학대, 성폭력, 유괴상황을 인식한다.	학대, 성폭력, 유괴상황을 알고 주위에 도움을 요청하는 방법을 안다.	
	교통안전 실천하기	교통규칙을 지켜서 안전하게 보행한다.		
		탈것을 안전하게 이용한다.		
		차량 보호 장구를 올바르게 사용한다.		
	안전교육의 중요성 알고 참여하기	안전교육에 적극적으로 참여하고 안전하게 행동한다.		

출처 : 홍용윤(2011), p. 30.

CHAPTER

06

영유아기 인지언어발달

1. 영유아기 사고의 특성 | 2. 정보처리능력의 발달 | 3. 지능발달 | 4. 창의성 | 5. 언어발달

CHAPTER

06

인지(cognition)란 아는 것(knowing)으로 이끄는 정신적인 내적 과정(innerprocesses)과 산물(products)을 의미한다. 인지는 기억하고 상징하며 문제를 해결하고 창의적이며 환상적으로 꿈꾸는 등 다양한 정신활동들을 포함한다(Berk, 2000). 피아제(Piaget)의 인지발달단계에 따르면 영아기의 감각운동기로부터 유아기에는 전조작기로의 이행이 이루어지며, 전반적인 인지발달특성, 즉 사고특성이나 정보처리능력, 지능, 창의성 면에서 뚜렷한 발달적 변화를 보인다.

1. 영유아기 사고의 특성

출생 후 뇌의 급격한 발달은 영아의 인지발달을 촉진한다. 피아제Piaget(1969)에 의하면 영아는 세상을 이해하는 데 그들의 감각운동능력을 활용한다. 즉, 눈과 귀, 코, 입, 피부자극 등을 통해 주변 사람과 사물, 환경에 대한 경험을 하게 되는데, 이때 다양한 운동능력의 발달은 보다 넓은 범위의 환경을 정교하게 탐색할 수 있게 해준다. 생후 초기의 감각적 경험들을 통해 영아는 자신과 타인에 대한 인식은 물론 사건의 인과관계 등에 대한 자신만의 논리를 형성하게 된다. 한편, 유아기가 되면 이전 단계인 영아기에 비해 상징을 사용하는 능력이 급격히 증가되며 언어의 발달을 통해 상징적 표현이 가능해진다. 하지만 정신적 조작능력이 제한적이고 자기중심적인 면이 있으며 비논리적으로 사고를 하는 특성을 보인다. 유아기는 피아제의 인지발달단계 중 전조작기preoperational period에 해당되는데, 이 시기 동안 나타나는 사고의 특징은 상징의 발달, 자기중심적 사고, 직관적 사고, 물활론적 사고 등으로 설명된다(박성연, 2006 ; 이숙재 · 이봉선, 2008 ; 정옥분, 2013 ; 조복희, 2006).

1) 영아기의 기억력

기억력을 연구할 때 학자들은 인간의 기억력을 여러 가지 유형으로 구분한다. 사물이나 상황에 대한 기억력을 실제적인 단서가 있는지의 여부에 따라 재인기억과 회상기억으로 나누기도 하며, 기억해내는 정보의 유형에 따라 일상적 기억과 상황적 기억으로 구분하기도 한다. 재인기억이란 이전에 보았던 사물이나 상황을 다시 보여 주었을 때 동일한 것을 기억하여 인지하는 능력이며, 회상기억은 실제적인 단서 없이 머릿속에서 회상하여 기억해내는 능력이라 할 수 있다. 일상적 기억은 반복적으로 일상생활 속에서 이루어지는 사건에 대한 기억이며, 상황적 기억은 특별한 사건에 대해 시간과 장소 등을 기억하는 것을 의미한다.

기억력에 대한 실험에 의하면, 영아의 기억과정은 나이 든 아동이나 성인의 기억과정과 근본적으로 다르지 않다. 그러나 어떤 사건이나 상황 등을 기억할 수 있는 기억지속시간은 성인보다 짧으며, 기억에 필요한 전략을 사용하는 것도 성인에 비해 미숙하다. 이러한 인지적 차이로 인해 영아기에 나타나는 기억력의 유형은 성인에 비해 제한적인 특성을 보인다(shaffer & Kipps, 2010).

영아기에 주로 관찰할 수 있는 기억은 재인기억이며, 회상기억은 걸음마기 이후에 활발해진다. 2개월 정도의 영아는 1~2일 이내의 기간 동안 기억할 수 있으며, 3개월경의 영아는 1주, 6개월 영아는 2주 정도 기억할 수 있는 능력이 있다(Rovee-Collier, 1999). 이처럼 기억할 수 있는 기간은 영아기를 거치는 동안 점차적으로 증가하여, 18개월 영아의 경우 약 3개월 이전의 사건과 상황을 기억할 수 있다(박성연, 2006).

회상기억은 이전에 본 상황이나 사건, 타인의 행동에 대해 동일한 상황이 아닌 상태에서도 스스로 회상하여 기억하는 것을 의미한다. 따라서 회상기억은 영아의 모방행동과 관계가 있다. 모방은 대상이 되는 모델의 행동이 지각된 그 자리에서 동시에 이루어지기도 하지만, 모델의 행동을 인지하고 머릿속에 저장한 후 비슷한 상황이나 또는 전혀 다른 상황에서 관찰행동의 상징을 떠올려 재연행동으로 나타날 수도 있다. 후자를 지연모방deferred imitation이라 하는데, 회상기억은 지연모방을 가능하게 하는 핵심적인 인지능력이다. 지연모방은 1세를 전후로 나타나기 시작하며, 18개월 영아의 놀이에서 다양한 지연모방에 의한 놀이를 관찰할 수 있다.

2) 깁슨의 지각발달이론

인간의 감각능력 중 출생 시 가장 미성숙한 발달상태를 보이는 감각은 시각이다. 출생 직후 신생아가 제한된 거리의 사물을 평면적으로 볼 수 있던 것과 달리, 영아기 초기 몇 개월 동안 깊이와 거리지각능력이 발달함에 따라 영아는 사물을 3차원적으로 지각할 수 있게 된다. 이러한 능력은 양쪽 눈의 협응과 운동기술 통제능력 등 몇 가지 능력의 발달에 의존한다. 양쪽 눈의 협응을 통해 두 눈을 사용하여 초점을 잡아 깊이와 거리를 지각할 수 있게 하는 양안시binocular vision는 약 5개월 이후에 발달한다. 따라서 4개월경까지 영아들은 사물에 대한 정확한 높이와 깊이 등의 지각이 불가능하다. 그러나 5개월 이후의 영아들은 양안시의 발달로 3차원적으로 사물을 정확하게 인식할 수 있게 된다. 영아기의 깊이 지각능력에 대한 발달은 시각절벽 실험을 통해 증명된다.

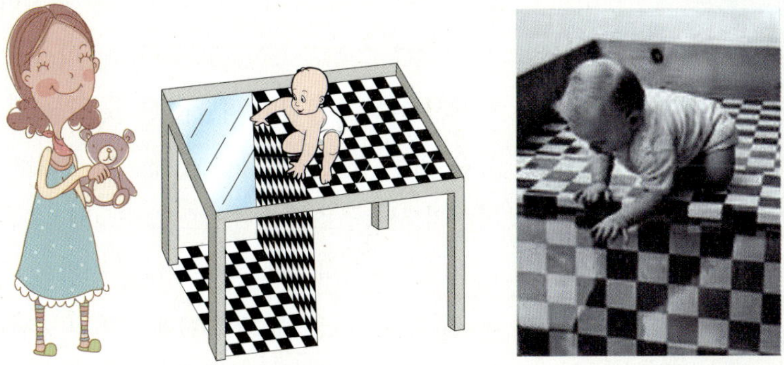

● 그림 6-1 시각절벽 실험

깁슨Gibson의 지각발달이론에 의하면, 영아는 자신의 신체적 능력과 환경적 특성 사이의 적합도affordance를 가늠할 수 있는 능력을 지닌다. 이러한 적합도에 대한 지식은 아기로 하여금 주어진 상황에서 그들이 할 수 있는 것과 할 수 없는 것을 매순간 판단하도록 한다. 그러나 이러한 적합도 판단능력은 타고 나는 것 이외에 경험에 의해서도 영향을 받는다. 따라서 아기들은 월령이 높아지고 다양한 경험을 하면서 자신의 행동이 받아들여질 수 있는 적합한 환경이 무엇인지를 더 잘 가늠할 수 있게 된다. 예를 들어, 3개월 영아와 6개월 영아 중 높은 곳에서 내려오는 것을 주저하는 영아는 인지발달상 깊이 지각이 가능한 6개월 영아라는 것이다. 그러나 7개월 영아와 10개월 영아 중 높은 곳에서 내려오는 것을 주저하는 영아는 월령보다는 개별 영아의 경험, 즉 이전에 높은 곳에서 떨어졌던 경험이 있는 영아일 수 있다.

실험 내용 : 위와 같은 시각절벽 장치 앞에서 엄마가 아기를 부르면 양안시가 발달하기 전인 생후 5개월경의 아기는 유리판 위를 기어온다. 반면, 9개월경의 아기는 시각적으로 떨어지는 효과를 보이는 지점에 멈춰 서서 엄마 쪽으로 기어오는 것에 대해 주저하는 반응을 보인다.

3) 피아제의 인지발달이론

피아제는 구성주의의 관점에서 아동의 인지발달을 설명하였다(Piaget, 1952 ;

그림 6-2 높이를 인지하여 소파를 내려오지 못하는 영아

Piaget & Inhelder, 1969). 아동은 자신의 인지구조 및 사고를 스스로 조직하고 구성하며 따라서 인지발달에서 매우 능동적인 역할을 한다는 것이다. 즉, 아동은 외부 환경에 적응하고 세상을 이해하기 위해 자신의 사고구조를 체계적으로 구성해 나가며 발전시킨다고 보았다. 피아제에 의하면 인간의 인지능력은 질적으로 다른 네 개의 단계를 거쳐 발달하게 되며, 이러한 발달단계는 연령과 밀접한 관계가 있다. 따라서 아동의 인지능력은 인지발달의 마지막 단계에 해당하는 성인의 인지능력과 질적으로 다른 특성을 보인다고 주장하였다(Piaget, 1952).

피아제는 아동의 인지발달을 설명하기 위해 적응adaptation과 평형equilibration의 두 가지 개념을 소개하였다. 적응은 아동이 어떤 상황에서 보다 효율적으로 기능해 가는 과정을 의미한다. 아동은 외부 환경을 이해하고 거기에 적응하기 위해 동화assimilation와 조정accommodation의 두 가지 전략을 사용한다. 동화는 자신의 인지구조를 가지고 새로운 정보를 이해하는 과정을 의미한다. 반면, 조정은 새로운 정보에 맞게 자신의 인지구조를 변화시키는 과정을 의미한다. 예를 들어, 아동이 날아다니는 모든 것을 '새'로 이해하는 단순한 인지구조를 가지고 있을 경우 자기가 알고 있던 파랑새 이외에 비둘기를 보게 되면 이 또한 새로 인식하게 된다. 이러한 과정을 동화라 한다. 그러나 아동이 타조를 보게 되고 타조가 날지 못한다는 것을 알게 되면 '날아다니는 것은 새'라는 인지구조를 변화시켜 '날 수 있는 새'와 '날지 못하는 새'로 보다 복잡하고 체계화된 새로운 인지구조를 형성하게 될 것이다. 이처럼 새로운 정보와 기존의 인지구조 사이의 모순을 해결하는 과정을 조정이라고 하며, 조정전략을 통해 아동은 평형화를 추구한다.

아동은 환경과 상호작용하면서 외부 환경으로부터 오는 끊임없는 자극과 정보를 받아들이는데, 동화전략을 통해 기존의 인지구조를 강화하고 조정전략을 통해 기존의 인지구조를 수정함으로써 보다 발전적이고 체계적인 인지구조를 스스로 구성해 나간다.

(1) 감각운동기의 인지발달

피아제는 영아기에 해당하는 0~2세의 인지발달단계를 감각운동기로 구분하였다. 그리고 이를 다시 여섯 개의 하위단계로 나누어 구체적인 인지발달과정을 설명하였다(Papalia, Olds & Feldman, 2006).

① 1단계 : 반사기(출생~1개월)

반사기는 출생 후 1개월의 신생아기에 해당하는 시기로, 이 시기 영아의 행동은 대개 선천적으로 타고난 무의식적 반사행동이 주를 이룬다. 그러나 이 시기의 후반부 영아들은 서서히 반사행동들을 통제하기 시작하여 자신의 행동을 통제하는 방식을 습득하게 된다.

② 2단계 : 1차 순환반응기(1~4개월)

1차 순환반응기는 1~4개월에 해당하며, 이 시기의 영아는 우연히 처음 하게 된 행동에서 재미를 느낄 경우 그 행동을 반복한다. 예를 들어, 우연히 자신의 손가락을 빠는 행동을 했을 때 그 행동이 재미있다고 느끼면 손가락 빨기 행동을 되풀이한다. 이 시기의 행동들은 환경에 대한 행동의 영향보다는 영아 자신의 신체를 중심으로 이루어진다.

③ 3단계 : 2차 순환반응기(4~8개월)

2차 순환반응기는 4~8개월에 해당한다. 이 시기의 영아는 자신의 신체가 아닌 대상에 흥미를 느끼게 된다. 그리고 재미있는 결과를 가져오는 행동을 반복함으로써 자신의 재미있는 경험을 지속시키려 한다. 예를 들어, 딸랑이를 흔들어 재미있는 소리가 나는 것을 경험하면 딸랑이를 흔드는 행동을 반복한다. 이처럼 이 시기의 행동들은 의도적이기는 하지만 목적지향적이지는 않다.

④ 4단계 : 2차 도식협응기(8~12개월)

2차 도식협응기는 8~12개월에 해당하며, 영아들은 이전에 배운 다양한 도식들을 협응하여 더욱 정교하고 복잡하며 목적지향적인 행동을 하게 된다. 따라서 이 시기의 영아들은 특정 목적을 달성하기 위해 도식들을 다양하게 조합할 수 있으며, 행동에 대한 결과를 기대하거나 예상할 수 있게 된다.

⑤ 5단계 : 3차 순환반응기(12~18개월)

3차 순환반응기는 12~18개월에 해당한다. 이 시기의 영아는 원하는 결과를 달성하기 위해 자신의 행동을 목적에 따라 의도적으로 변화시켜 다양하고 창의적인 행동을 하게 되며, 적극적으로 세상을 탐색한다. 그리고 새로운 행동을 시도하며 문제를 해결하는 과정에서 시행착오를 거치게 된다. 영아들은 시행착오를 통해 자신이 원하는 결과에 도달하는 가장 좋은 방법을 찾아 문제를 해결하는 방식을 습득한다.

⑥ 6단계 : 정신적 결합기(18~24개월)

걸음마기에 해당하는 정신적 결합기의 영아는 자신이 기억하는 사람, 사물, 사건이나 상황 등을 정신적 이미지로 그려내는 표상능력을 갖게 된다. 표상능력에 기초한 상징적 사고가 가능하기 때문에 이 시기의 영아는 행동적 시행착오 없이 행동 이전에 사건에 대해 생각하고 그 결과를 예상하는 사고과정을 통해 문제해결방법을 찾아낼 수 있게 된다. 또한 상징적 사고능력과 기억력의 증가로 인해 지연모방과 가상놀이가 가능해진다.

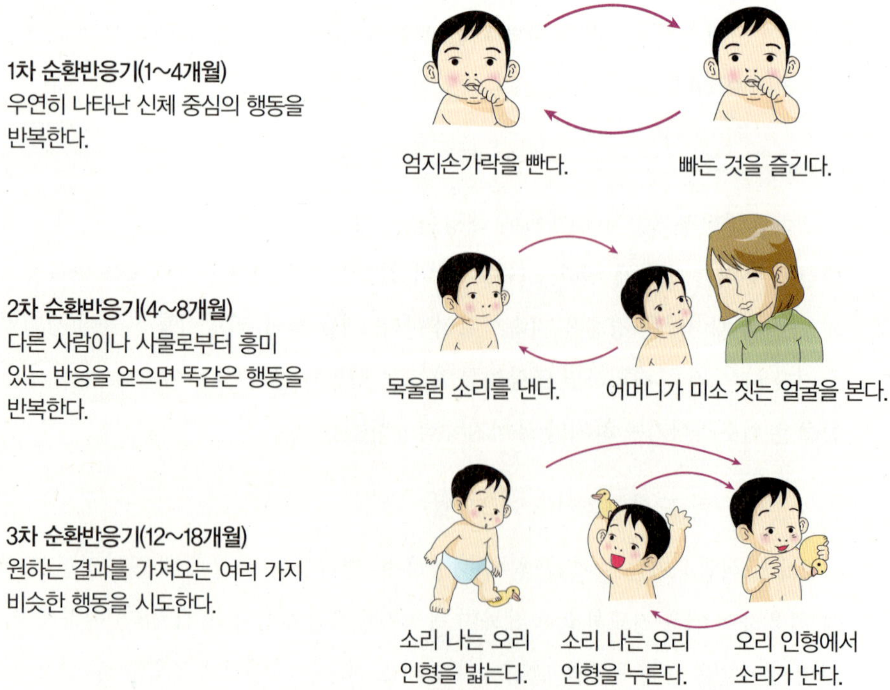

그림 6-3 1, 2, 3차 순환반응기

출처 : 박성연(2006).

(2) 대상영속성

대상영속성은 사람이나 사물이 자신의 시야에서 벗어나 보이지 않더라도 여전히 존재하고 있음을 이해하는 것이다. 영아는 0~2세의 감각운동기 동안 시각과 운동 정보의 협응을 통해 사물에 대한 지식을 발달시킴으로써 대상영속성의 개념을 서서히 습득한다(Piaget, 1969). 대상영속성의 발달과정은 피아제의 감각운동기 여섯 개 하위단계별 인지발달과정으로 설명될 수 있다.

표 6-1 영아기 대상영속성의 발달

구분	월령	인지 단계	영아의 행동 예
대상영속성 발달 이전	8개월 이전	2차 순환 반응기	가지고 놀던 장난감을 영아가 보는 앞에서 상자 안에 넣으면, 영아는 장난감이 더 이상 존재하지 않는다고 생각하여 찾으려는 시도를 하지 않는다. 
대상영속성 발달 중	8~12개월	2차 도식 협응기	가지고 놀던 장난감을 영아가 보는 앞에서 상자 안에 넣으면, 상자를 들춰 장난감을 찾으려 한다. 실험자가 상자 안에 장난감을 숨기는 행동을 반복적으로 한 후, 영아가 보는 앞에서 마지막에는 상자가 아닌 주머니에 장난감을 숨길 경우에도 영아는 상자 안에서만 찾으려 한다. 
	12~18개월	3차 순환 반응기	장난감을 상자에 숨기는 행동을 반복하다가 마지막에 영아가 보는 앞에서 주머니에 숨기면, 영아는 자신이 마지막으로 본 행동에 근거하여 주머니에서 장난감을 찾는다. 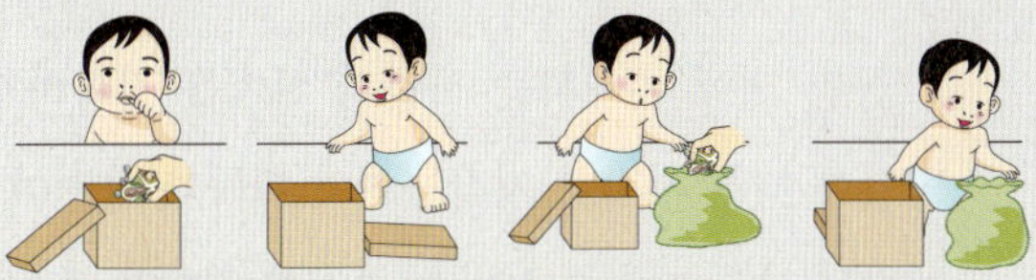
대상영속성 획득	18~24개월	정신적 결합기	영아가 보지 않는 상황에서 장난감을 숨겨도 영아는 예전에 숨겼던 장소와 그렇지 않은 장소를 모두 포함하여 다양한 곳에서 찾으려는 시도를 한다. 

그림 6-4 영아의 가상놀이

2차 순환반응기까지의 영아는 대상영속성의 개념을 획득하지 못하지만 8~12개월에 해당하는 2차 도식협응기가 되면 숨겨진 물건을 잘못된 장소에서 찾으려 하는 행동을 보임으로써 대상영속성 획득과정 중에 있음을 짐작하게 한다. 그리고 12~18개월의 3차 순화반응기에는 숨긴 물건을 자신이 본 정확한 장소에서 찾을 수 있게 된다. 마지막으로 정신적 결합기에는 숨기는 행동을 보지 못할 때에도 물건을 찾을 수 있게 됨으로써 대상영속성의 개념을 완전히 획득한다.

(3) 가상놀이

가상놀이란 상상의 인물이나 상황을 포함하는 놀이로서 상상놀이라고도 한다. 가상놀이는 영아들이 사물이나 사건의 이미지를 머릿속에 기억하였다가 이를 다시 회상해내는 능력이 발달해야 가능하다. 앞서 영아기의 기억력 발달에 대한 설명에서 알 수 있듯이 이전에 보았던 사물이나 사건, 상황을 기억하고 비슷한 상황에서 회상해 내는 능력은 만 1세가 지나야 가능하다. 이러한 이유로 가상놀이는 감각운동기 하위 6단계 중 마지막 단계인 정신적 결합기, 즉 18개월 이후에 활발하게 나타난다.

(4) 공간개념

공간 내에 존재하는 사물의 위치를 정확하게 파악하는 공간개념은 감각기관의 발달에 따른 시각적 지각능력의 획득과 관련이 있다. 여기에 더해 피아제는 영아의 제한된 사고능력 중 하나인 중심화 경향을 들어 공간개념의 발달을 설명한다.

피아제에 의하면, 영아 및 어린 유아들은 자기중심적 사고의 특성으로 인해 타인의 관점을 이해하지 못하며, 타인도 자신과 동일한 관점으로 세상을 본다고 인식한다. 중심화 경향은 어린 영아들의 경우 더욱 심하여 자신과 사물 또는 타인을 분리하여 인식하지 못하는 특성으로 나타난다. 이러한 영아기 인지발달의 특성으로 인해 영아들은 공간 내에서 사물의 위치에 대한 개념 역시 명확하게 이해하지 못한다. 따라서 공간개념은 사물이나 타인을 자신과 분리된 독립적 존재로 이해할 뿐 아니라 사물이나 사람들 간의 관계를 객관적으로 이해할 수 있게 되는 감각운동기의 여섯 번째 하위단계에 비로소 습득하게 된다.

4) 상징의 발달

피아제에 의하면 전조작기의 가장 두드러진 특징은 상징적 사고symbolic thought이다. 감각운동기 말기가 되면 영아는 더 이상 자신의 행동이나 감각에 의존하지 않으며 대신 정신적인 표상을 갖게 되고 지연모방이나 상징놀이가 가능해지기 시작한다. 2세 경부터 시작된 유아의 상징 사용능력은 더욱 발달하는데, 상징의 발달은 놀이를 통해 이루어진다. 상징놀이는 아동이 정신적 표상으로 만들어 낸 사물이나 대상을 가지고 노는 놀이를 의미한다. 예를 들어, 막대기를 총이라고 하면서 총 쏘는 시늉을 하거나, 모래를 음식이라고 하면서 흉내를 내기도 한다. 또한 유아는 만화영화 주인공이 되기도 하고 엄마나 의사 선생님이 되기도 한다. 현실에서는 시도해보기 어려운 것들을 상상 속에서 시도해보고 재연해 봄으로써 세상에 대한 지식을 습득해 나간다(문혁준 · 김경은 · 서소정 · 성미영 · 안선희 · 임정하 · 하지영 · 황혜정, 2014). 초기에는 비언어적인 상징행동이 많이 나타나지만 언어능력이 발달되는 3세 이후에는 언어적 상징행동이 증가하게 된다.

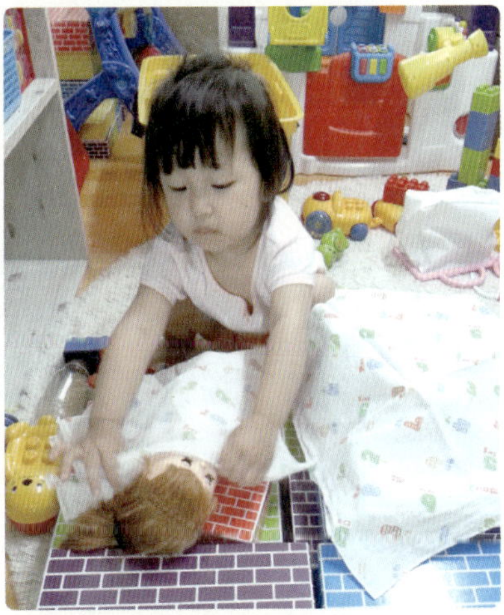

그림 6-5 유아가 엄마 역할을 상징놀이로 표현하는 모습

5) 자기중심적 사고

세상의 모든 사물을 자신의 입장에서 판단하고 다른 사람의 입장에서 생각하지

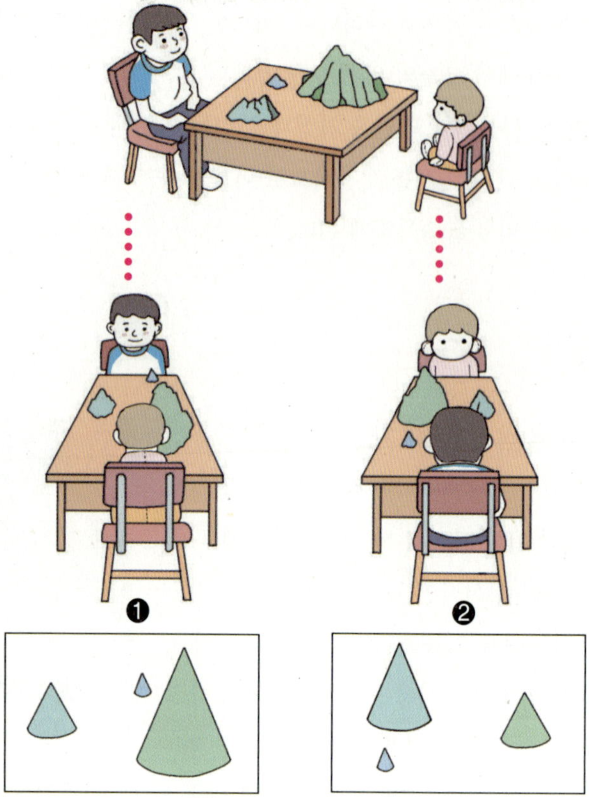

그림 6-6 세 산의 과제

출처 : 박성연(2006), p. 256.

못하는 것을 자기중심적 사고라 한다(박성연, 2006 ; 조복희, 2006 ; Berk, 2000). 자기중심적인 유아는 다른 사람들도 자신처럼 생각한다고 믿기 때문에 타인의 관점이나 감정을 이해하지 못한다. 피아제와 인헬더Inhelder(1969)의 '세 산의 연구'는 대표적인 예가 된다. 이 연구에서 그림 6-6과 같이 모양과 크기가 다른 3개의 산 모형을 배치한 후 유아로 하여금 마주 앉아 있는 인형이 보는 산의 모습을 몇 개의 그림 중 선택하도록 한다. 그 결과 유아는 인형이 보는 위치에서의 산의 모습을 고르는 대신 자기가 보는 산의 모습을 선택한다. 이러한 사실은 유아가 자기중심적으로 사고한다는 것을 의미한다. 하지만 이 실험에서 나타난 3~4세 유아의 자기중심적 사고는 이 과제가 유아에게 친숙하지 않고 어렵기 때문이라는 비판도 있다. 실생활에서 보면 2~3세 어린 유아조차도 친구들 앞에 그림을 보여 줄 때 상대방을 배려하는 것을 볼 수 있다. 이를 통해 어린 유아는 자기에게 친숙한 상황에서는 자기중심성을 보이지 않는 반면 자기가 경험해보지 않은 추상적인 상황에서는 자기중심성을 보인다고 이해될 수 있다(박성연, 2006). 또한 어머니에게 선물할 때 유아의 연령수준에서 좋아하는 문구류나 인형 등을 선물하는 것도 자기중심적 사고의 예가 된다(이숙재 외, 2008).

6) 직관적 사고

직관적 사고란 어떤 사물을 볼 때 그 사물의 두드러진 속성을 바탕으로 사고하는 것을 말한다(정옥분, 2013). 유아기는 논리적으로 사고하지 못하고 직관적으로 판단하는 특징이 있다. 사물이나 사건의 다양한 측면에 주의를 기울이지 못하고 사물의 일부 특징만을 근거로 사고하려는 경향이 있으며 이는 보존개념, 서열화, 분류 등을 통하여 설명된다.

(1) 보존개념

보존개념conservation이란 사물의 모양이 변하여도 그 속성은 변하지 않는다는 개념이다(박성연, 2006 ; 정옥분, 2013 ; 조복희, 2006). 피아제에 의하면 유아기 사고의 두드러진 특징이 보존개념을 충분히 이해하지 못한다는 점이다. 유아가 보존개념을 완전히 획득하기까지는 어느 정도의 기간이 필요하다. 예를 들어, 4~5세 유아는 동일한 두 컵에 담긴 물의 양이 같다는 것은 알지만 그 컵의 물을 다른 모양의 용기에 옮기면 양이 같다는 것을 이해하지 못한다. 수의 보존개념은 5~6세, 길이의 보존개념은 6~7세, 무게, 액체, 질량, 면적의 보존개념은 7~8세, 부피 보존개념은 11~12세에 획득된다.

피아제는 전조작기 유아가 보존개념을 획득하지 못하는 이유에 대해서 다음과 같이 설명하고 있다(정옥분, 2013). 첫째, 두 개 이상의 차원을 동시에 고려하지 못한 채 한 가지 차원에만 주의를 집중하는 중심화centration 현상 때문이다. 둘째, 지각적 특성에만 의존하여 판단하는 직관적 사고로 인한 것이다. 셋째, 정지된 상태에 집중하여 상태가 바뀌는 과정이나 결과를 고려하지 못하기 때문이다.

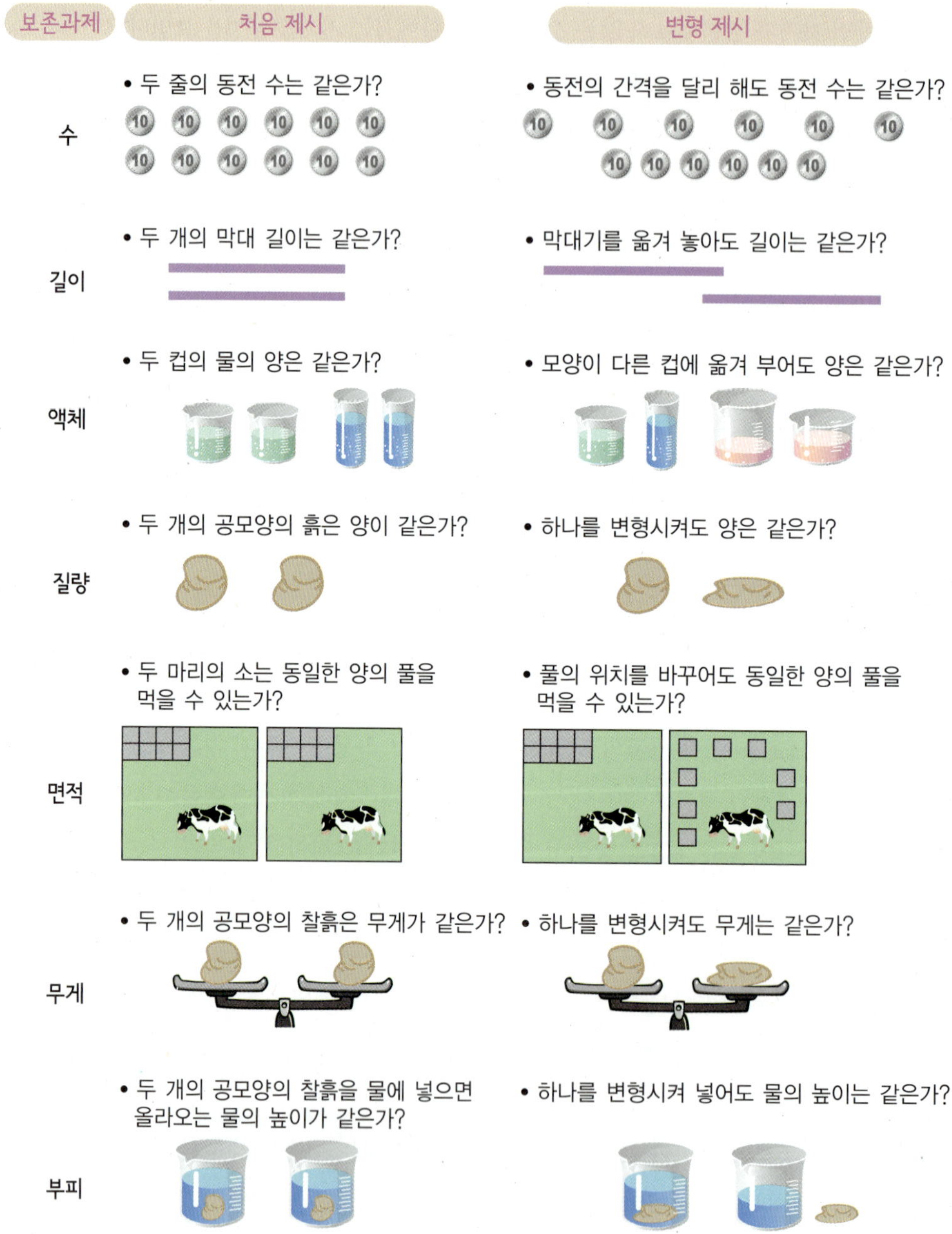

그림 6-7 피아제의 보존개념 실험

출처 : Berk(2005) ; 박성연(2006), p. 312에서 재인용.

(2) 서열화

서열화seriation란 사물을 특징적인 속성의 차이 순서대로 배열하는 것을 의미한다. 즉, 사물과 사물의 차이를 인식하고 그 차이에 따라 사물을 정리할 수 있는 능력이다. 사물을 서열화하기 위해서는 사물 간의 반복적이고 연속적인 비교가 필요하고 비교에 의한 서열이 나타나며 방향을 갖게 될 뿐 아니라 규칙이 반영되어야 한다.

서열화는 연령이 증가하면서 발달된다. 4세 아동은 한 가지 속성에 따라 2~3개를 비교하면서 순서대로 놓다가 나중에는 아무렇게나 나란히만 놓는 행동을 보인다. 5~6세가 되면 여러 번 착오를 거쳐 순서대로 놓게 되나 종종 1, 2개를 빠뜨리고 배열하기도 한다. 만약 빠진 것을 제대로 놓으라고 하면 놓여야 할 위치에 놓기보다는 다시 처음부터 재배열을 시도한다. 6~7세 아동은 전체의 관계에서 문제를 해결하려는 시도를 보이며 체계적인 배열을 한다.

예를 들어, 유아에게 길이가 다른 여러 막대를 주고 길이가 짧은 것부터 순서대로 나열해 보라고 하면 3~4세 유아는 그림 6-8의 A에서 보듯이 차례대로 나열하지 못한다. 5~6세가 되면 B와 같이 일부는 나열하지만 전체적으로는 나열하지 못하거나 아랫부분은 무시하고 윗부분만 순서대로 나열하기도 한다. 구체적 조작기에 이르면 C와 같이 서열화의 개념을 획득하게 된다(성옥분, 2013).

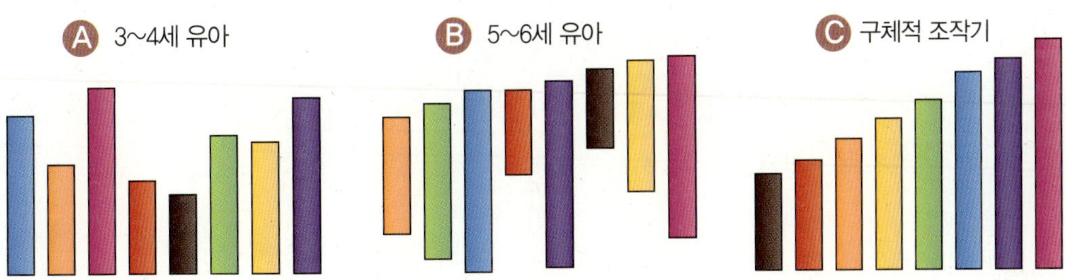

그림 6-8 서열화 개념의 발달

출처 : 정옥분(2013), p. 385.

(3) 분류

분류classification란 사물을 일정한 속성에 따라 구분하여 묶는 것이다(이숙재 외, 2008). 분류능력의 발달은 아주 어릴 때부터 나타난다. 유아는 놀잇감을 가지고 놀면서 같은 것을 찾아 짝지어보거나 자기 것과 친구 것을 구별해보기도 한다. 4세경에는 분류의 범주를 분명하게 설정하지 못하거나 분류를 하는 도중 준거를 바꾸는 경향이 있는 반면, 5~6세가 되면 모양, 색, 크기 등 한 가지 준거를 사용하여 지속적인 분류를 한다.

7) 물활론적 사고

물활론이란 생명이 없는 대상이나 현상에 생명과 감정을 부여하는 것이며 유아들은 물활론적 사고를 한다고 알려져 왔다. 예를 들어, 의자나 인형을 발로 차면 의자나 인형이 아파한다고 믿는다.

일반적으로 물활론적 사고는 유아기 초기에 나타나며 4~5세가 되면 감소하기 시작한다. 다음의 단계 중 유아기에는 1, 2단계까지 발달한다(이숙재 외, 2008).

- 1단계 : 사람에게 영향을 주는 모든 사물을 살아 있다고 생각한다.
- 2단계 : 움직이는 것은 살아 있고 움직이지 않는 것은 죽었다고 생각한다.
- 3단계 : 움직이는 것 가운데서도 스스로 움직이는 것은 살아 있다고 생각한다.
- 4단계 : 생물학적 생명관에 근거하여 생물과 무생물의 개념을 파악한다.

한편, 다른 연구에 의하면(Richards & Siegler, 1986 ; 정옥분, 2013에서 재인용) 유아는 피아제가 생각하는 것처럼 물활론적 사고를 하지 않으며 유아가 그렇게 느끼는 것은 연구에서 바람, 구름, 해와 같이 친숙하지 않은 대상을 사용한 데 기인한 것으로 보고되었다.

2. 정보처리능력의 발달

인지발달에 대한 정보처리적 접근은 어떻게 정보를 얻고 부호화하며 저장하고 이용하는지에 대한 기본적인 질문들을 다룬다(Munakata, 2006 ; 곽금주 외 공역, 2012에서 재인용). 뇌는 정보를 얻어서 선택하고지각과 주의집중, 정보를 저장하고 인출하며기억, 정보를 이용해서 현재 상황에 대응하거나 미래를 계획한다문제해결. 인지 발달의 정보처리모델에는 부호화, 저장, 인출이라는 3단계가 있는데, 이는 컴퓨터에 문서를 생성하는 것과 유사하다. 정보를 타이핑하는 것으로 시작하고부호화, 하드 드라이브에 저장되며저장, 정보를 필요로 할 때 저장된 문서를 열어볼 수 있다인출. 이는 그림 6-9로 설명된다.

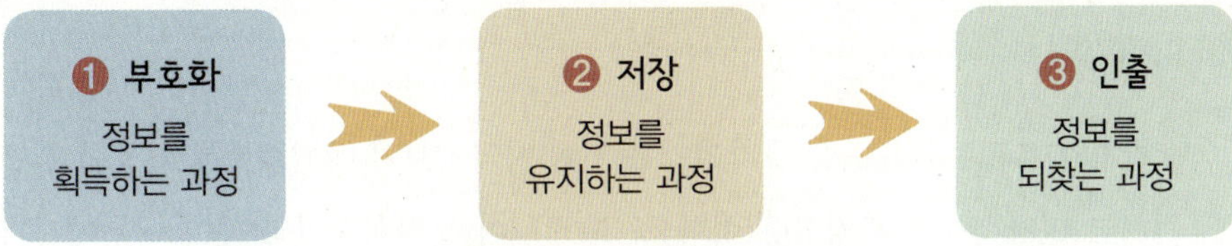

그림 6-9 정보처리모델

출처 : 곽금주 외 공역(2012), p. 282.

유아가 일상생활에서 주변의 정보를 어떻게 받아들이고 얼마나 기억하며 어떻게 회상하여 문제를 해결해 가는가는 중요한 과정이다(이숙재 외, 2008). 유아기 동안 정보를 처리하는 속도와 효율성이 증가하게 되는데, 여전히 아동기에 비해 정보에 대한 주의집중력, 기억 용량, 기억 전략 등 여러 정보처리능력은 상당히 제한적이다(박성연, 2006 ; 정옥분, 2004a).

1) 주의집중

어떠한 정보를 기억하기 위해서는 그 정보에 주의를 기울여야 하는데, 유아는 주의집중시간이 짧아서 한 가지에 주의가 오래가기 어렵다. 연령이 증가함에 따라 유아는 계획적이고 체계적으로 정보에 주의를 기울이고 탐색하려는 경향을 보인다(이숙재 외, 2008).

2) 정보저장

정보는 감각기억, 단기기억작업기억, 장기기억의 3가지 저장창고에 기억된다(곽금주 외 공역, 2012 ; 이숙재 외, 2008 ; 이화도, 2009).

(1) 감각기억

감각기억sensory memory이란 감각기관을 통해 들어온 정보를 감각적 자료 그 자체로 완전하고 정확하게 보유하는 기억과정이다. 유아에게 들어오는 자극정보들은 감각기관을 통하여 들어와 약 2 ~3초 내외의 극히 짧은 시간 동안 감각기억에 저장되다가 순간적으로 사라진다.

(2) 단기기억

단기기억shortterm memory은 감각기억을 거친 자극정보가 장기기억에 저장되기 전에 거치는 일차적 기억과정이다(이화도, 2009). 이는 의식적인 활동이 이루어지기 때문에 작업기억working memory이라 불리기도 하며(문혁준 외, 2014), 주어진 시간 동안 적극적으로 생각한 것에 대한 의식적이고 단기적인 표상으로 이해된다(곽금주 외 공역, 2012). 단기기억에 들어오는 정보는 처음에는 시각적 · 청각적 부호로 유지되다가 정보유지와 처리가 쉬운 언어 의미적 형태로 보관된다. 단기기억에서는 감각기억에 머무르고 있는 정보를 부호화하여 기억하는 작업이 이루어지는데, 이 공간에서는 30초까지 정보를 보유한다.

(3) 장기기억

단기기억에서 작동된 새로운 정보는 영원히 저장되는 장기기억long-term memory으로 전이가 되는데, 이는 비교적 영구적으로 저장되며 용량제한이 없어서 어린 시절의 경험이나 특정한 상황에 대한 기억 등 많은 정보가 저장된다(이화도, 2009 ; 조복희, 2006).

3) 기억발달

기억발달이란 저장과 활용의 측면에서 보이는 기억능력의 양적 · 질적인 변화를 의미한다(이화도, 2009). 즉, 기억할 수 있는 정보의 양이 증가할 뿐만 아니라 그 정보를 활용하는 능력에 있어 일어나는 변화로 설명된다. 유아기에는 영아기에 비해 기억능력이 크게 발달하는데, 여기에는 4가지 요인이 작용하는 것으로 보인다

(Shaffer, 1999 ; 정옥분, 2013에서 재인용). 즉, 정보를 저장할 수 있는 기억용량memory capacity의 증가, 정보를 체계적으로 저장하고 인출할 수 있는 기억전략memory strategy의 발달, 기억과정에 대한 지식인 상위기억metamemory의 발달 및 연령 증가에 따른 지식 기반의 확대가 포함된다.

(1) 기억용량의 증가

기억용량이 증가한다는 것은 정보를 저장할 수 있는 공간이 증가한다는 것을 의미한다. 일반적으로 단기기억의 용량은 기억폭memory span 검사에 의해 측정된다. 예를 들어, 숫자를 몇 개 불러준 다음 순서대로 말해보도록 하여 정확하게 회상할 수 있는 항목의 수로 기억폭을 측정한다. 2세 유아의 기억폭은 2개 정도이고, 5세 유아는 4~5개, 그리고 성인의 기억폭은 7~8개 수준이다(Dempster, 1981).

(2) 기억전략의 발달

기억전략은 정보를 장기기억 속에 저장하고 그 정보가 필요할 때 인출이 용이하도록 하는 의도적인 활동이다. 기억전략에는 시연rehearsal, 조직화organization 및 인출retrival전략 등이 있다. 기억전략은 유아기에 나타나기 시작하지만 처음에는 효율적이지 못하다가 아동기가 되면 크게 발달한다(박성연, 2006 ; 정옥분, 2003, 2013).

① 시연

시연rehearsal은 기억해야 할 정보를 여러 번 반복해서 암기하는 것을 의미한다. 전화번호를 기억하기 위해 그 번호를 여러 번 반복해서 외우는 것이 그 예이다. 3~4세 유아를 대상으로 한 연구에서 이들에게 장난감 강아지를 3개의 컵 중 한 개의 컵 아래 숨기는 장면을 보여 준 후 강아지가 어디에 숨어 있는지 기억하도록 한 결과 어린 유아들도 강아지를 숨기는 과정을 주의 깊게 바라보며, 손으로 가리키고 그 컵을 만지는 방법을 통해 초보적인 시연을 하는 것으로 나타났다(정옥분, 2013 ; Wellman, Ritter & Flavell, 1975에서 재인용).

② 조직화

조직화organization는 기억하려는 정보를 서로 관련 있는 것끼리 묶어 범주나 집단으로 분류함을 통하여 기억의 효율성을 높이는 전략이다. 기억할 수 있는 정보의 양이 한정되어 있기 때문에 정보를 조직적으로 분류하여 유목화하면 많은 정보를 기억하게 된다.

조직화는 상위개념과 하위개념에 대한 이해를 전제로 하기 때문에 시연보다 늦게 나타난다. 하지만 시연과 마찬가지로 친숙한 과제에서는 유아도 초보적인 형태의 조직화 전략을 사용한다. 드로아쉬와 토드DeLoache & Todd(1988)의 연구에 의하면 새알모양 초콜릿과 나무못을 각각 12개의 똑같은 용기에 넣어 유아들에게 주면서 초콜릿이 어느 용기에 있는지 기억하도록 지시하였는데, 그 결과 4세 유아도 초콜릿과 나무못이 든 용기를 각각 다른 곳에 모아두는 전략을 사용함으로써 정확하게 기억하였다고 보고되었다.

③ 인출

앞에서 제시한 시연이나 조직화가 정보를 저장하기 위한 기억전략의 예가 된다면, 인출retreival은 저장된 정보 중 필요한 정보를 인출하기 위한 기억전략이다. 많은 정보를 저장하고 있다 하더라도 정확하게 필요한 정보를 인출하지 못하면 기억하기 위한 노력이 헛되이 된다. 저장한 정보를 효율적으로 인출하기 위한 전략 중 하나는 단서를 활용하는 것인데, 키와 벨Kee & Bell(1981)의 연구에서는 동물원, 욕실, 옷장, 냉장고, 식탁 등 6가지 범주에 해당하는 항목의 그림을 6개씩 보여 주고 기억하게 한 후 인출단서를 보여 준 결과, 7세 유아가 스스로 인출단서를 사용하지는 못하지만 인출단서를 제공해 주면 더 기억을 잘 한다는 결과를 제시하였다.

3. 지능발달

인간 지능에 관한 관심은 오랫동안 심리학자들에 의해 중요한 연구주제가 되어왔다. 1905년 프랑스의 비네Binet가 최초의 지능검사도구를 고안한 이래 100년 이상 인간 지능의 본질을 이해하고 평가해 낼 수 있는 방법들이 모색되어 오고 있다(이화도, 2009). 다음에서는 지능과 관련하여 대표적인 이론, 지능의 평가 및 지능발달에 영향을 미치는 요인들에 대하여 살펴보고자 한다.

1) 지능과 관련된 이론

지능intelligence이란 사전적 용어로는 인간의 정신능력 혹은 지적 능력을 의미하며, 지능에 대한 정의는 학자에 따라 매우 다양하다(이화도, 2009). 비네의 지능검사가 개발된 이후 지능의 구성요인에 대한 연구가 이어져왔다.

(1) 스피어맨의 일반요인이론

스피어맨Spearman(1990)에 의하면 지능에는 두 가지 요인, 즉 모든 지적인 과제에 공통적으로 적용되는 일반지능인 'G요인G factor : general intelligence'과 어떤 특수한 영역의 과제를 수행하는 데 고유하게 작용하는 특수지능으로서 'S요인S factor : special intelligence'이 있음을 주장하였다(이화도, 2009). 특히, 일반요인은 지적 작업능력을 유도하는 기본능력으로 신경학적으로 뒷받침되는 힘, 에너지에 의한 지능을 구성하는 핵심요인으로 보았다.

(2) 서스톤의 다요인이론

서스톤Thurstone은 지능이 2가지 요인으로 구성되었다고 주장한 스피어맨이론과는 대조적으로 다요인설을 주장하였다. 서스톤은 요인분석을 통해 비교적 독립적인 요인들을 추출해 내고 일반요인의 개념을 대신하여 비교적 서로 독립적인 7개의 기본적인 정신능력, 즉 언어 이해력, 언어 유창성, 공간 지각력, 추론능력, 지각속도, 수리능력 및 기억력으로 지능이 구성된다고 제안하였다.

(3) 길포드의 지능구조모형

길포드Guilford는 스피어맨의 일반요인이론이나 서스톤의 다요인설에서 한층 발전하여 지능의 복잡한 특성을 강조하였다(이숙재 외, 2008). 길포드의 지능구조모형은 지능이 120개의 요인으로 구성되어 있으며, 지적 요인을 내용contents, 조작operations 및 산출products의 세 가지 측면으로 교차분석하여 내용영역에서 5가지 유형, 조작영역에서 6가지 유형 그리고 산출영역에서 6가지 영역을 제안하였다. 구체적인 내용은 그림 6-10에 제시되어 있다. 길포드의 지능구조모형은 지능이 다양한 요

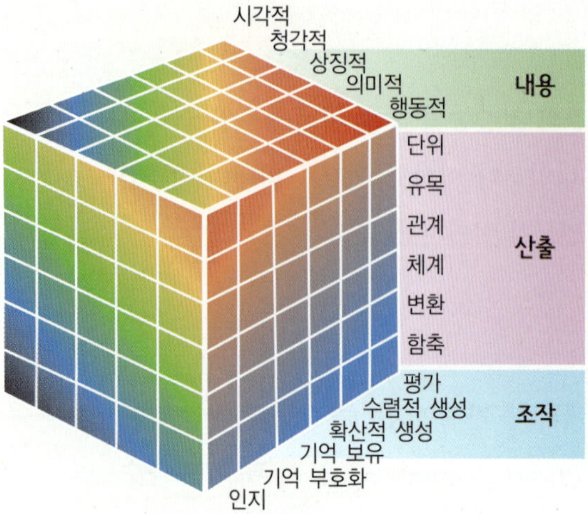

그림 6-10 길포드의 지능구조모델

출처 : 박성연(2006), p. 315에서 재인용.

인들로 구성되어 있음을 밝혔을 뿐만 아니라, 산출물보다는 과정을 중요시했다는 점에서 의미가 있다(이숙재 외, 2008).

(4) 스턴버그의 삼원지능이론

스턴버그Sternberg는 지능의 구성요소로 분석적 능력, 경험적 능력 및 맥락적 능력으로 구성된다는 지능의 삼원이론triarchic theory of intelligence을 통하여 지능을 이해하고자 하였다(이숙재 외, 2008 ; 이화도, 2008). 스턴버그는 이를 바탕으로 지능을 다음과 같이 구분하였다(이종숙 · 신은수 · 안선희 · 이경옥 공역, 2008).

① 분석적 지능

분석적 지능analytical intelligence은 모든 지적인 행동의 기초가 되는 정보처리요소

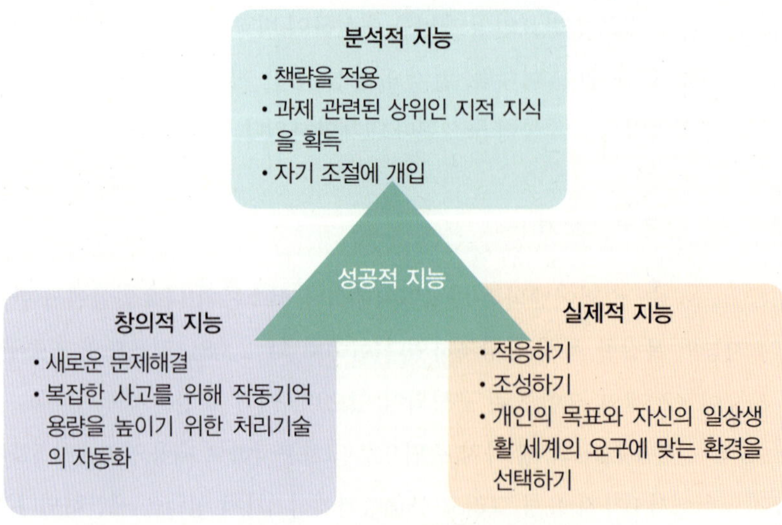

그림 6-11 스턴버그의 지능의 삼원이론

출처 : 이종숙 외 공역(2008), p. 257.

들로 이루어지며, 새로운 지식을 획득하고 이를 논리적으로 적용하는 능력이다. 예를 들어, 책략을 적용하고, 과제와 관련된 상위인지지식을 획득하며, 자기조절을 하는 것이 해당된다.

② 창의적 지능

창의적 지능creative intelligence은 새로운 문제에 대해 유용한 해결책을 산출하는 능력을 의미하며 창의적인 사람들은 새로운 과제가 주어졌을 때 정보처리기술을 빠르게 자동화하고 작업기억을 활용한다.

③ 실제적 지능

실제적 기능practical intelligence은 실제적이고 목표지향적인 활동으로, 일상생활에서의 욕구와 요구에 적합하도록 자신의 사고를 기술적으로 적응하는 능력이다.

상황에 적응할 수 없을 때에는 욕구에 맞도록 상황을 조성하거나 변화시키고, 새로운 맥락을 신택한다.

(5) 가드너의 다중지능이론

가드너Gardner(1983, 1993, 2000)에 의하면 다중지능이론theory of multiple intelligence은 개인이 다양하게 문화적으로 가치가 있는 활동에서 문제를 해결하고 결과를 창조하며 새로운 지식을 발견할 수 있도록 하는 지능으로 정의된다(이종숙 외 공역, 2008). 가드너는 각각의 지능에는 독특한 생물학적 기초가 있고 다른 영역과 구별되는 발달과정을 거치며 다른 '목표상태'가 있는 것으로 보았다. 가드너는 사회의 각 분야에서 성공한 사람들의 지능에 관한 연구를 통해 지능이 여러 독립된 요소로 구성되어 있음을 밝히고, 언어적 또는 수리적 지능뿐만 아니라 공간지능, 신체-동작지능, 개인 간대인관계 및 개인 내자기이해 지능의 의미를 강조하여 교육적으로 시사하는 바가 크다고 볼 수 있다(이화도, 2009). 즉, 가드너의 이론은 모든 영역의 지능을 우수하게 갖춘 사람도 찾기 어려우며 설사 지체아라 할지라도 모든 영역이 지체된 것은 아니라고 함으로써 인간능력의 다양성과 잠재 가능성을 열린 시각으로 볼 수 있게 해주는 역할을 제공하였다.

표 6-2 가드너의 다중지능

지능	과정 조작	목표상태 수행 가능성
언어적	소리, 리듬, 단어의 의미와 언어의 기능에 대한 민감성	시인, 언론인
논리- 수학적	논리적 · 수적 유형에 대한 민감성과 그것을 찾는 능력	수학자
음악적	음조, 리듬(혹은 멜로디), 음악적 표현형식의 심미적 질을 생산하고 감상하는 능력	악기연주가, 작곡가
공간적	시각-공간적 세계를 정확히 지각하는 능력과 그러한 지각을 변형하는 것, 관련된 자극이 없어도 시각적 경험의 측면을 재생하는 능력	조각가, 항해사
신체-운동적	목표 지향적 혹은 표현적 목적을 위해 신체를 기술적으로 사용하는 능력, 물체를 기술적으로 다루는 능력	무용가, 운동선수
자연	다양한 동물, 광물, 식물을 인식하고 분류하는 능력	생물학자
개인 간 (대인관계)	다른 사람의 기분, 기질, 동기, 의도에 대해 인식하고 적절히 반응하는 능력	치료사, 판매원
개인 내	복잡한 내적 감정을 구별하고, 자신의 행동을 안내하기 위해 그것을 사용하고 자신의 강점, 약점, 요구와 지능에 대해 아는 것	세부적이고 정확한 자기 지식을 가진 사람

출처 : 이종숙 외 공역(2008), p. 258에서 재인용.

2) 지능의 평가

지능은 연령이 증가함에 따라 변화한다. 지능발달에 관한 연구는 질적인 접근과 양적인 접근으로 구분할 수 있다. 질적인 접근은 피아제Piaget, 브루너Bruner 등 인지발달에 기초한 이론으로서, 유아가 성장해가면서 이미 형성되어 있는 정신적 능력에 대하여 새로운 고차원적인 능력이 대체해 나간다고 보는 것이다. 이에 반해 양적인 접근은 주로 심리측정학적 입장을 반영하여 연령의 증가에 따라 지능의 양적 변화가 일어나며, 어느 시기에 이르면 지능은 정점에 도달하게 된다고 보는 관점이다(조복희, 2006).

블룸Bloom(1964)은 지능발달의 결정적 시기를 주장하였다. 그는 17세의 지능을 100%로 볼 때, 출생~4세까지 약 50%, 4~8세까지 30%, 8~17세까지는 마지막 20%의 발달이 이루어진다고 보고하였다(최경숙, 2006에서 재인용). 이와 같은 결과에 비추어 보면, 지능은 4세 이전까지 급격한 발달을 보이다가 8세 이후는 비교적 안정을 유지한다고 이해된다.

1905년 프랑스의 비네Binet가 시몬Simon과 함께 정상아동과 정신지체아동을 감별하기 위한 목적으로 최초의 지능검사를 제작하였다. 비네는 정신연령mental age 개념을 소개하였는데, 각 연령별 평균 아동들이 성취할 수 있는 과제를 풀었을 경우 그 수준의 정신연령을 지녔다고 평가하게 된다. 스턴Stern은 비네가 주장한 정신연령 개념에서 더 나아가 정신연령과 생활연령의 비율인 지능지수 IQ로 아동의 지적 능력 정도를 산출하였다(이화도, 2009).

$$\text{지능지수}_{\text{Intelligence Quotient}} = \frac{\text{정신연령 MA}_{\text{Mental Age}}}{\text{생활연령 CA}_{\text{Chronological Age}}} \times 100$$

현재 유아에게 적용될 수 있는 지능검사를 소개하면 다음과 같다.

(1) 한국판 웩슬러 유아용 지능검사

한국판 웩슬러 유아용 지능검사K-WPPSI : Wechsler Preschool and Primary Scale of Intelligence는 2세 6개월부터 7세 3개월까지 유아의 지능을 측정하기 위해서 개발되었다(곽금주, 2002 ; Wechsler, 2002, 2003 ; 이종숙 외 공역, 2008에서 재인용). 이 검사는 유아의 교육, 치료, 연구를 위해 사용되며, 특히 특수교육이 필요한 영재 아동이나 지체 아동을 발견하는 데 사용할 수 있다.

K-WPPSI에서는 지능을 다차원적인 속성을 갖는 전반적인 지적 능력으로 보고 이들 능력을 하위 소검사를 통해 측정한다. 총 12개의 소검사로 구성되어 있으며, 언어성과 동작성 지능 및 전체 지능으로 산출된다. 하위영역은 표 6-3과 같다.

표 6-3 K-WPPSI 소검사 항목

소검사	내용
1. 모양 맞추기	여러 조각을 나열하여 제시하고, 제한된 시간 안에 아동이 이 조각들을 맞추어야 한다.
2. 상식	일상 사건이나 물건에 대한 지식을 알아보기 위한 것이다. 언어능력이 떨어지는 유아를 위해 여러 개의 그림 중에서 하나를 지적하면 아동이 그 이름을 말해야 하는 그림 문항들을 첨가하였다. 나머지 문항은 간단히 구두로 응답해야 하는 문항이다.

소검사	내용
3. 도형	이 소검사는 두 가지 유형의 과제로 이루어져 있다. 첫 번째 유형은 시각적 재인문항으로 아동은 제시된 그림을 보면서 보기로 제시된 4개의 도형 중에서 제시 그림과 똑같은 도형을 지적해야 한다. 두 번째 유형에서는 아동이 그림을 보고 따라 그리는 것이다.
4. 이해	행동과 원인과 사건의 결과에 대한 자신의 생각을 구두로 표현해야 한다.
5. 토막 짜기	제시된 모양과 같은 모양을 제한된 시간 안에 두 가지 색깔로 된 토막들로 재구성해야 한다.
6. 산수	기본적인 수개념에 대한 이해를 알아보기 위하여 그림 문항으로 시작하여, 단순한 셈하기 과제, 그리고 마지막에는 보다 어려운 구두 문제로 진행한다.
7. 미로	제한된 시간 안에 점점 더 어려워지는 미로의 통로를 찾는 지필검사이다. 매우 어린 아동에게 적합하게 단순한 미로문제들을 처음 부분에 추가하였다.
8. 어휘	어휘 소검사는 제시하는 그림의 이름을 맞추는 쉬운 그림문항과 구두로 제시된 단어들의 뜻을 구두로 대답하는 구두문항으로 구성되어 있다.
9. 빠진 곳 찾기	일상적인 물건 그림에서 빠진 부분을 찾아내야 한다.
10. 공통성	이 소검사는 세 부분으로 구성되어 있다. 첫 부분에서는 몇 개의 그림들 중에서 제시된 그림들과 같은 특징을 가진 것을 손가락으로 지적해야 한다. 두 번째 부분에서는 구두로 제시되는 주 문장에서 가리키는 개념과 유사한 단어를 사용하여 문장을 완성해야 한다. 마지막 부분에서는 제시하는 두 단어의 공통점을 구두로 설명해야 한다.
11. 동물 짝짓기	동물 짝짓기와 문장 소검사는 상황에 따라 사용하는 보충검사이다. 동물 짝짓기는 동물그림 밑에 있는 구멍에 맞는 색의 원통 막대를 끼우는 것이다. 정확성과 속도를 기록하여 채점한다.
12. 문장	WISC의 숫자 소검사(digit span)의 형식을 이용해 만들었는데, 숫자 대신에 문장을 사용한다. 검사자가 문장을 큰소리로 읽어주면 아동은 이를 그대로 따라해야 한다.

출처 : 곽금주(2002), p. 238.

(2) 한국판 웩슬러 아동용 지능검사 4판

한국판 웩슬러 아동용 지능검사 4판K-WISC-IV : Korean Wechsler Intelligence Scale for Children은 유아기 말인 6세 0개월부터 청소년기인 16세 11개월까지의 아동의 인지적 능력을 평가하기 위한 개별검사도구이며 원판은 2003년, 한국판은 2011년에 출간되었다.

이는 기존의 한국판 웩슬러 아동용 지능검사 3판K-WISC-III을 개정한 것으로 인지발달, 지적 평가, 인지과정에 대한 지금까지의 연구들을 통합하여 전반적인 지적 능력 전체검사 IQ를 나타내는 종합점수는 물론, 특정 인지영역에서의 지적 기능을 나타내는 소검사의 점수를 제공한다.

WISC-IV부터는 보충검사를 포함한 기존의 12개의 소검사 항목이 15개로 추가 구성되었다. 즉, 3판과 동일한 10개의 소검사토막 짜기, 공통성, 숫자, 기호 쓰기, 어휘, 이해, 동형 찾기, 빠진 곳 찾기, 상식, 산수 이외에 5개의 새로운 소검사공통그림 찾기, 순차 처리, 행렬추리, 선택, 단어추리가 추가되었다. 일반 아동뿐만 아니라 인지능력이 평균 이하로 추정되는 아동, 아동의 인지기능을 재평가해야 하는 아동, 낮은 지적 능력이 아닌 신체적 · 언어적 · 감각적 제한이 있는 아동, 청각장애아 또는 듣는 데 어려움이 있는 아동의 평가 등이 가능하다학지심리검사연구소, www.kops.co.kr.

(3) 한국판 카우프만 아동용 지능검사

한국판 카우프만 아동용 지능검사KABC-II : Kaufman Assessment Battery for Children는 모체인 미국의 K-ABC를 한국의 2세 6개월부터 12세 5개월까지의 정상아동과 특수아동을 대상으로 실시하는 개인지능검사이다. 이 검사는 인지심리학과 신경심리학의 지능이론에 근거하여 문항을 개발하였고 비언어적 과제에 비중을 높게 두어 의사소통에 문제가 있는 특수아동이나 다른 문화권의 아동에게 실시할 수 있도록 제작되었다(곽금주, 2002).

최근 2014년 KABC-II판이 출시되었으며, 이전 판에 비해 시행할 수 있는 아동의 연령범위가 청소년기까지로 확대되었다. 즉, 만 3~18세에 이르는 일반아동을 포함하여 영재아동, 특수아동 및 기타 학습장애아동을 대상으로 사고력과 전반적 인지능력을 측정할 수 있다. 또한 개개인의 강점과 약점을 파악할 수 있으며 학습장애의 핵심적인 양상인 기본적인 사고처리과정의 장애를 파악하는 데 유용하다.

특히, 2판에서는 순차 처리, 동시 처리, 학습력, 계획력 및 습득된 지식 등 5개 영역에서 이전판 16개 하위검사 중 8개 하위검사를 유지하면서 10개의 새로운 하위검사예를 들어, 블록 세기, 빠른 길 찾기, 이야기 완성, 삼각형, 암호해독 등를 추가하였다. 유지된 하위검사는 대부분 연령대를 확장시키거나 모든 연령대로 검사의 범위를 확장시키기 위해 수정되었다굿에듀, www.goodedu.com.

3) 지능발달에 영향을 미치는 요인

유아기는 인지가 빠르게 발달하는 중요한 시기인데, 인지가 발달해가는 과정은 타고난 특성인 유전, 사회문화 및 경제적 요인, 환경과의 경험에 따라 각기 다른 영향을 미치게 된다. 이러한 요인을 각각 살펴보면 다음과 같다(권민균 · 문혁준 · 권희경 · 성미영 · 신유림 · 안선희 · 안효진 · 이경옥 · 천희영 · 한유미 · 한유진 · 황혜신, 2012 ; 박성연, 2006 ; 이숙재 외, 2008).

(1) 유전

유아의 인지발달에 영향을 미치는 유전과 환경의 영향에 대해서는 지속적으로 연구가 이루어져 왔다. 부모로부터 받은 유전적 요소는 지능발달에 중요한 역할을 미친다. 지능이 유전에 의해 결정된다는 것을 입증하는 대표적인 연구로는 쌍생아의 연구를 예로 들 수 있다.

그림 6-12 이란성쌍생아가 놀이하는 모습

부샤르와 맥거Bouchard & McGue(1981)의 연구에 의하면 그림 6-13에서와 같이 가족구성원들 간 유사성이 클수록 IQ가 비슷한 것으로 나타났으며, 여러 연구들을 종합하여 일란성쌍생아 간의 IQ 점수상관은 .86, 이란성쌍생아 간의 상관은 .60으로 제시되었다(Plomin & Petrill, 1997).

(2) 사회문화 및 경제적인 요인

일반적으로 사물의 형태나 크기를 변별하는 기본감각능력은 유아가 성장해 온 사회문화적 환경에 따라 큰 차이를 보이지 않는 반면, 유아가 일상생활을 통해 경험하는 것들은 지각하는 능력에 영향을 미칠 수 있다. 지각발달의 사회문화적 영향을 강조한 애니스와 프로스트Annis & Frost(1973)는 도로와 빌딩이 있는 환경에서 성장

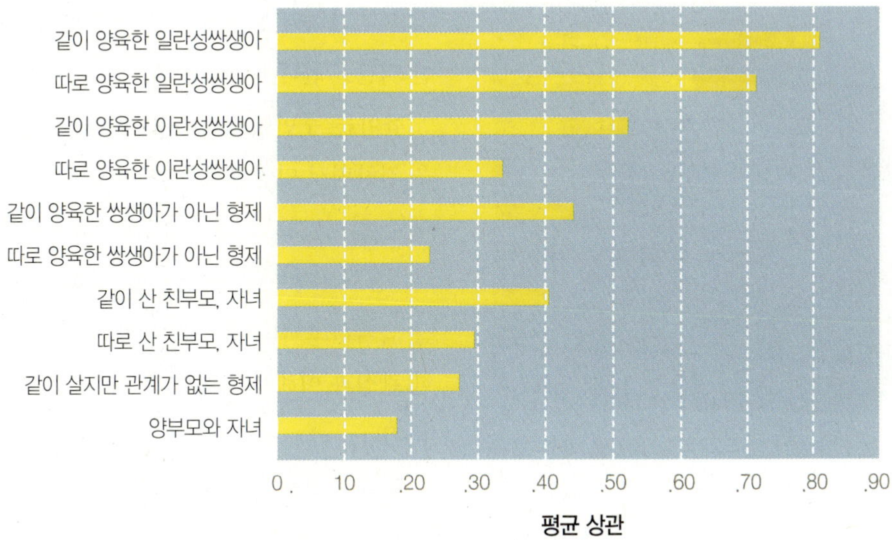

그림 6-13 쌍생아와 가족 간의 IQ 상관관계

출처 : 이종숙 외 공역(2008), p. 271.

한 유럽계 캐나다인과 산과 나무가 있는 자연환경에서 자란 크리Cree 인디언의 시각 예민성을 비교 연구하였다. 그 결과 유럽계 캐나다인은 대각방향보다 수평이나 수직방향을 더 잘 지각하였으나 크리 인디언들은 방향에 따른 지각의 차이를 나타내지 않는 것으로 나타나서, 지각발달에 사회문화적 환경요인이 영향을 미치고 있음이 설명되었다.

또한 부모의 사회경제적 수준이 인지발달에 영향을 미치는 것으로 알려져 있다. 저소득층 가정의 유아에게 초기 중재의 영향을 살펴본 연구(Bradley, Corwyn, Burchinal, McAdoo & Coll, 2001 ; 박성연, 2006에서 재인용)에서 부모와 자녀 간의 상호작용 및 참여 정도, 가정의 물리적 환경점수는 IQ를 예측해 주는 것으로 나타났다. 특히, 영아기 때 어머니의 반응성, 애정 및 학습을 촉진하는 환경 제공은 유아기나 아동기의 지적인 능력을 예측해 주었다.

(3) 놀이경험

놀이는 인지발달과 학습에 필수적인 요소이다. 유아는 놀이를 통해 사회적 상호작용을 반복적으로 경험하게 되는데, 특히 부모와 놀이하면서 상호작용을 키우는

그림 6-14 유아가 아빠와 체험놀이를 하는 모습

것은 전반적인 발달을 촉진하는 데 중요한 역할을 한다.

유아는 주변에 있는 사물이나 놀잇감을 접하면서 다양한 경험을 하고 이를 토대로 인지발달이 점진적으로 이루어진다. 전조작기 아동은 놀이를 통해 정보를 습득하고 점차적으로 주변 세계에 대한 관심과 이해를 변화시킨다(이숙재 외, 2008).

또한 유아는 환경에 대해 스스로 능동적인 행동을 취함으로써 가장 효과적으로 배울 수 있다. 인지발달은 신체적인 성숙

Box 6-1

인지적인 놀이를 증진시킬 수 있는 부모, 양육자 및 교사의 역할

- 유아에게 제공된 장난감과 자료는 개방적이고 문제해결을 돕는 것이어야 한다.
- 유아가 협동과 협상을 격려하는 극화놀이에 참여하도록 기회를 제공한다.
- 표상을 통해 구성할 수 있도록 유용한 자료를 만들어야 한다.
- 미술경험을 통해 아이디어의 표현을 장려한다.
- 유아가 따라할 수 있는 규칙이 포함된 간단한 게임을 제시한다.
- 다양한 감각이나 놀이성(playfulness)을 표현하는 학습활동을 제시한다.
- 연령과 발달수준을 고려한 간단한 게임과 인지적 활동에 참여하도록 한다.
- 실내와 실외 놀이환경 모두를 활용한다.

자유로운 그림표현활동은 인지발달에 기초가 된다.

실외 놀이를 즐기는 유아들의 모습

출처 : Frost, Wortham & Reifel(2001), pp. 173~174 수정 인용.

과 더불어 각 단계의 사고의 특성에 따라 주위 사물이나 환경에 대한 물리적 경험 및 사회적 경험을 제공해 줌으로써 이루어진다. 이때 양육자나 교육자의 역할은 직접적인 가르침이나 아동의 지식수준 이상의 것을 강요하기보다는 아동의 인지적 발달수준에 적합한 계획을 마련해 주는 일이다. 특히, 전조작적 사고기에는 가상놀이를 격려함으로써 주변 사람들의 역할에 대한 이해를 넓히고 추상적인 개념보다는 구체적인 사물로 이해를 돕는 것이 중요하다(박성연, 2006).

4. 창의성

1) 창의성의 의미 및 구성요인

창의성creativity에 대한 과학적 탐구는 비교적 최근에 이루어지기 시작하였다. 지금까지 이루어진 여러 연구결과들을 통해 창의성은 모든 사람이 가지고 있는 보편적인 능력이며, 개인의 잠재능력을 계발하고 인적 자원을 효율적으로 활용하기 위해 창의성 교육이 중요하다는 데 학자들의 견해가 일치하고 있다(이숙재 외, 2008 ; 조복희, 2006).

창의성이란 참신하고 색다른 방법으로 사고하고, 독특한 해결책을 생각해 낼 수 있는 능력 또는 독창적이지만 적절한 것을 만들어 내는 능력, 즉 다른 사람들이 생각하지 못했지만 어떤 측면에서 유용한 어떤 것을 생산하는 것을 의미한다(이종숙 외 공역, 2008 ; 조복희, 2006). 또한 새로운 아이디어와 혁신적인 해결책, 즉 새롭고 색다를 뿐만 아니라 맥락에 적절하고 다른 사람들이 소중하게 여기는 결과물을 만드는 능력으로 설명된다(문혁준 · 김정희 · 안선희 · 양성은 · 임연진 · 한세영, 2009). 창의성은 직업과 일상생활에서 뿐만 아니라 사회생활에서의 발전을 위해 중요하다. 창의성 없이는 새로운 발명, 과학적 발전, 예술활동, 사회적 프로그램이 있을 수 없다. 따라서 유아기 창의성의 요소를 이해하고 육성하는 일은 매우 중요한 의미를 갖는다(이종숙 외 공역, 2008).

또한 창의성은 사고력의 한 특성으로 측정되며, 수렴적 사고보다는 확산적 사고와 연관된다. 이는 정답이 없는 문제에 대해 다양한 아이디어나 해결책을 생각해 내

표 6-4 창의성에 필요한 자원

인지	성격	동기, 환경
• 문제 발견 • 확산적 사고 • 수렴적 사고 : 대립되는 사고의 평가 • 통찰 • 지식	• 혁신적 사고방식 • 호기심 • 지적 위험을 감수하려는 의지 • 모호성에 대한 인내 • 자신의 신념에 대한 용기	• 자극이 풍부한 환경 • 지적 호기심에 대한 강조 • 재능을 형성하는 체계적 교육 • 생각을 반성할 시간을 가질 독창적 사고에 대한 격려와 그러한 사고의 평가 • 내적 동기에 대한 강조

출처 : 이종숙 외 공역(2008), p. 282.

는 과정을 의미한다. 길포드Guilford(1975), 토런스Torrance(2005)는 창의성을 유창성, 융통성, 독창성 및 정교성의 4가지 개념으로 분류하였으며, 아이젠버그와 자롱고Isenberg & Jalongo(2001)는 인지적 요소와 정의적 요소로 나누고 인지적 요소에 유창성, 융통성, 독창성, 정교성을, 정의적 요소에 호기심, 복합성, 모험성, 상상력을 포함시켰다(이숙재 외, 2008 ; 문혁준 외, 2009). 이와 관련하여 창의성에 필요한 자원들에 대하여 표 6-4에 제시되었다.

2) 창의성발달을 위한 성인의 역할

누구나 창의성을 잠재적으로 가지고 태어나지만 창의성이 발현되는 정도는 개인의 능력과 외부환경에 의해 영향을 받게 된다. 유아의 창의성발달을 돕는 부모, 교사의 역할을 소개하면 다음과 같다(문혁준 외, 2009 ; 이숙재 외, 2008).

(1) 개방적이고 허용적인 분위기를 조성해준다

유아가 언제나 자유롭게 자신감을 가지고 탐색하며 도전하고 자신의 생각을 거리낌 없이 표현할 수 있도록 수용적인 분위기를 만들어 주어야 한다. 유아의 창의성을 저해하는 분위기와 지원하는 분위기는 표 6-5와 같이 제시될 수 있다(Isenberg et al., 2001 ; 이숙재 외, 2008에서 재인용).

표 6-5 창의성을 저해 또는 지원하는 분위기

창의성을 저해하는 분위기	창의성을 지원하는 분위기
틀에 박힌 생각을 하도록 강요하는 분위기	평등과 상호존중을 장려하는 분위기
복종을 중시하고 전통을 고수하도록 요구하는 분위기	독창적인 아이디어를 기꺼이 수용하는 분위기
지시대로 했을 때만 보상해 주고 실수를 용납하지 않는 분위기	서로 다른 견해를 시간 낭비로 무시하지 않고 학습의 차원으로 인식하는 분위기
정해진 일정에 따르도록 시간을 엄격하게 통제하고 제한하는 분위기	문제에 대한 새로운 해결책을 모색하는 분위기
아동의 질문을 제지하고 탐색을 저지하는 분위기	상상을 장려하는 분위기
암기, 모방, 과제를 지나치게 강조하는 분위기	탐색과 조사에 필요한 기술을 개발하는 분위기
	신뢰감에 기초한 학습공동체를 조성하는 분위기

출처 : 이숙재 외(2008), p. 269에서 수정 인용.

(2) 내적 동기를 유발시킨다

내적 동기는 창의적 활동 자체로부터 보상을 이끌어 내는 능력으로 생산적이고 창의적인 사고를 하는 데 필수적인 요인이다. 아동의 내적 동기를 유발하기 위해서는 창의적 활동의 결과물에 근거한 평가를 지양하고 보상을 해줄 때도 외적 보상보다는 아이디어를 산출하는 과정에서 만족감과 즐거움을 느낄 수 있도록 격려해 주는 것이 바람직하다. 또한 경쟁을 부추기기보다는 친구와 아이디어를 공유하고 서로 소통하면서 창의성을 키워나가도록 하는 것이 효과적이다.

그림 6-15 때로는 산만하게 보이는 놀이도 다양한 감각체험을 통해 창의성발달에 도움이 된다.

(3) 창의적 사고를 자극하는 물리적 환경을 구성해준다

유아가 다양한 감각경험을 할 수 있도록 직접 보고, 듣고, 냄새 맡고, 만지고 느끼면서 감각적으로 주변 세계에 대해 민감하게 탐색하고 반응할 수 있는 환경을 제공한다. 또한 창의적 사고는 놀이를 통해 표현되므로 다양한 놀이를 할 수 있도록 환경을 제공한다.

5. 언어발달

언어는 인간이 타인과 의사소통을 할 때 꼭 필요한 도구이다. 언어는 사회에 따라 고유한 구조와 표현이 달라지는 상징적인 체계를 가지고 있다. 언어발달은 크게 듣기, 말하기, 읽기, 쓰기 등으로 구성된다. 유아기는 언어발달이 급속히 이루어지는 시기이며, 특히 듣기와 말하기가 급속하게 발달하는 시기이다. 언어는 상징적 체계에 대한 이해를 기반으로 발달하므로 인지적 요소를 포함하며, 다양한 인간관계 안에서 발달되어가므로 부모, 교사, 또래집단 등이 언어발달에 중요한 모델역할을 담당한다.

1) 언어의 개념 및 특징

언어는 인간이 살아가는 데 필수불가결한 것으로 유아기는 언어의 결정적 발달 시기이다. 언어가 중요한 이유는 다음과 같다(이차숙, 2005).

첫째, 언어를 통해 문화를 다른 사회나 다른 시대로 전달한다.

둘째, 언어로 자신의 욕구나 의도를 표현하고 이를 해결한다.

셋째, 언어를 사용하는 과정에서 대인관계가 형성될 수 있다.

넷째, 언어는 자신의 생각을 명료하게 하거나 행동을 통제하는 기능을 한다.

다섯째, 언어는 한 개인의 개성이나 인격을 나타내 준다.

(1) 언어의 개념

우리의 일상생활에서 자주 혼용되어 사용되는 말, 언어, 의사소통의 차이를 비교해 보면 다음과 같다(한유미 · 김혜선 · 권희경 · 양연숙 · 박수진, 2006).

① 말

말speech이란 언어에 비해 개인적인 측면이 강조되는 개념으로 협의의 언어를 의미한다. 말이란 공기가 목구멍과 입을 통해서 지나갈 때 혀, 이, 입술, 연구개 등과 같은 발성기관의 움직임에 의해서 만들어지는 독특한 소리와 소리의 합성으로 정의된다. 말 중에서도 의미가 있어야 소리와 차이를 가진다.

② 언어

언어language란 인간이 상호의사를 전달하는 기호체계의 하나이며, 의사소통을 위해서 사용되는 상징체계로 사회적 측면이 강조된다. 즉, 언어는 말을 통해 전달될 수 있지만 말이 언어의 필수조건은 아니다. 예를 들어, 수화는 말과 다른 독자적인 상징 조합과 규칙이 있는 별개의 시공간적인 언어이다.

③ 의사소통

의사소통communication이란 두 사람 이상의 사람들 사이에서 정보가 전달되는 과정을 의미하는 것으로 의도적 · 비의도적으로 자신의 감정이나 생리적인 상태, 바람, 의견 또는 인식을 다른 사람들에게 전달하는 행위를 포함한다. 의사소통을 위해서는 말을 전하는 자와 말을 들어주는 자가 필요하다.

(2) 언어의 특징

언어는 크게 추상성, 임의성, 규칙성, 사회성, 생산성, 가변성 등의 특징을 갖는다(한유미 외, 2006).

- 추상성 : 언어는 어떤 것을 나타내는 상징이므로 실제 표상하는 사물과는 유사성이 거의 없다. 예를 들어, '개'라는 단어는 모양이나 소리 모두 실제 개의 물리적 특성과 전혀 비슷하지 않다.
- 임의성 : 언어는 어떤 사물이나 개념에 임의적으로 음성이나 문자를 연결시키기로 한 약속 부호이다. 언어의 임의적 특성으로 인해 같은 개 짖는 소리라도 우리나라에서는 '멍멍'이라고 하는 반면 영어권에서는 '우프우프'로 표현한다.
- 규칙성 : 언어는 단순한 어휘의 집합이 아니라 어순이나 의미 등을 결정하는

일정한 규칙체계를 가지고 있다.

- 사회성 : 언어는 여러 가지 학습 유형 중 가장 사회적인 것으로 타인과의 상호작용에 주된 목적이 있다. 따라서 공통된 언어를 사용하는 사회는 하나의 언어사회를 구성한다.
- 생산성 : 각 언어마다 어휘 수는 한정되어 있으나 제한된 어휘와 문법을 가지고 만들 수 있는 문장의 수는 무수히 많다.
- 가변성 : 언어는 특히 어휘가 가장 변화하기 쉽다. 어휘의 생성, 소멸, 변화 등이 사회현상에 따라 끊임없이 변화한다.

(3) 언어의 유형 및 요소

① 언어의 유형

음성언어와 문자언어

- 음성언어 : 청각적 방법에 의존하는 일차적 언어로 몸짓, 억양, 속도, 강세 등이 포함된다.
- 문자언어 : 음성언어의 시공간적 제한을 보완하기 위해 발명되었다. 정보를 영구적으로 보관하고 전달함으로써 지식의 축적과 새로운 지식의 탄생을 가능하게 한다. 형식적이고 조직적인 특성을 가지며 띄어쓰기, 쉼표, 마침표 등을 사용하여 그 의미를 표현한다.

수용언어와 표현언어

- 수용언어 : 상대방의 입장을 받아들이는 언어를 말하며 음성언어 중 듣기에 해당된다.
- 표현언어 : 자신의 입장을 나타내는 언어로서 음성언어 중 말하기에 해당된다. 언어의 산출표현언어는 언어에 대한 이해수용언어를 전제로 이루어지지만 그렇지 않은 경우도 있다. 예를 들어, 유아가 가사의 의미를 이해하지 못하고 단순히 외워서 노래를 부르는 것은 수용언어가 표현언어보다 선행하는 경우이다.

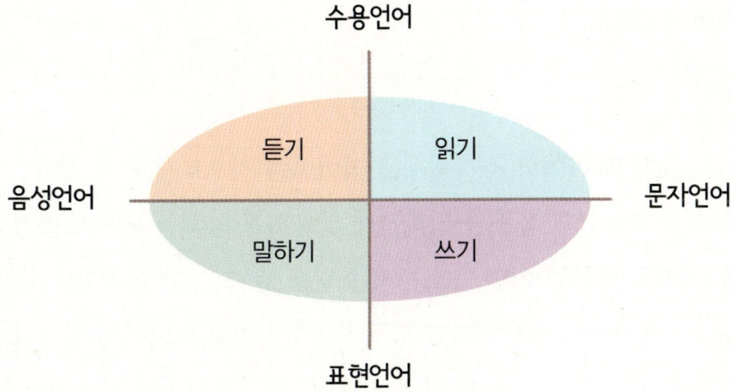

그림 6-16 언어의 4영역

출처 : 한유미 외(2006), p. 27.

② 언어의 기본요소

음소

음소pahoneme는 말을 하거나 듣는 사람에게 소리의 차이를 일으키는 최소의 음성 단위를 말한다. 예를 들어, '강', '방', '상'에서 첫 음소는 'ㄱ', 'ㅂ', 'ㅅ'이다. 우리말은 43개의 음소가 있고, 영어는 대략 42개 음소가 있다.

형태소

음소가 최소의 음성단위라면 형태소morpheme는 더 이상 작은 부분으로 나눌 수 없는 최소의 의미단위를 말한다. 형태소는 그 자체로 하나의 단어로 기능할 수도 있고, 두 개 이상의 형태소가 결합하여 단어를 구성할 수도 있다. 예를 들어, '어머니'는 하나의 형태소로서 단어로 기능하지만, '새' 또는 '큰'이라는 형태소는 다른 형태소와 결합하여 '새어머니', '큰어머니' 등의 새로운 단어가 될 수 있다.

단어와 문장

단어word란 문법상의 뜻과 기능을 가진 언어의 최소 단위를 말하며, 문장sentence은 단어가 일정한 규칙에 의해 연결되고 조직된 것으로 대개 주어와 서술어를 갖추고 있는 말의 집합을 뜻한다. 그러나 표현이 완결되지 않은 문장이 있을 수 있고 '물!', 주어가 없는 명령문 '가!'와 같은 예외도 있다. 또한 한 문장만으로 이루어진 단문과 두 문장이 합쳐진 복문이 있다.

PART 2 발달의 실제

(4) 언어습득의 구성요소

① 음운론

음운론phonology은 언어의 소리체계를 의미하는 것으로 소리의 강약, 억양, 발음 등이 포함된다. 모국어의 음소를 정확하게 발음하는 능력을 획득하는 것은 음운론의 발달에 속한다. 영아는 어떤 음소든지 소리를 낼 수 있고 어떤 언어든지 말할 수 있는 잠재능력을 가지고 태어나지만 생후 1년경이 되면 모국어에 없는 소리는 내지 않고 모국어에 있는 소리만 낼 수 있게 되는데, 이는 주위에서 모국어만 듣게 된 결과라고 한다(전남련 · 성은숙 · 김기선 · 이은임 · 남궁기순 · 이효수 · 김재환 · 박은희 · 이선영 · 김연옥 · 엄은옥 · 백향기 · 나현행 · 강은숙 · 엄영숙, 2014).

② 구문론

구문론syntax은 언어의 문법체계를 말하는 것으로 구phrase, 절clause, 문장sentence을 만들기 위한 단어의 적절한 순서 배열에 관한 것이다. 예를 들면, 영어의 어순은 '주어–동사–목적어'예 : I eat an apple이고 우리말의 어순은 '주어–목적어–동사'예 : 나는 사과를 먹는다이다(한유미 외, 2006).

구문론적 발달은 문법적으로 단어를 정확한 순서로 배열하여 문장으로 만드는 능력과 문법의 규칙을 이해하고 구사하는 능력이 발달하는 것을 의미한다.

③ 의미론

의미론sententics은 단어나 문장의 의미나 내용에 관한 것이다. 의미론의 발달은 음운론이나 구문론보다 속도가 늦을 뿐 아니라 인간은 자신이 사용하는 단어의 의미를 평생이 걸려도 다 이해하지 못한다고 한다. 구문론상으로는 정확하지만 의미론상으로는 옳지 않은 문장이 존재한다. 예를 들면, "우리 아빠가 임신했어요."와 같은 경우이다(한유미 외, 2006).

④ 화용론

화용론pragmatics은 의사소통을 효율적으로 하기 위해 언어를 적절하게 사용하는 규칙을 말하는 것으로 언어의 기능과 관계있다. 공손한 말씨, 상대방의 연령이나 위치를 고려해서 말하기, 상대방이 이해할 수 있도록 언어를 조절하기, 대화 시 두 사

표 6-6 언어의 네 가지 구성요인

차원	유아의 행동
음운론 : 소리체계의 숙달	• 소리의 이해 (예 : '공'과 '콩' 소리를 구별해서 듣고 적절히 반응하는 것) • 소리의 산출 (예 : '에'가 아니라 '예' 라고 말하는 것)
구문론 : 문법체계의 숙달	• 말의 구조를 인식 (예 : 복수형에는 '들'이 붙음을 이해하는 것) • 정확하게 구조화된 말을 산출 (예 : "갔어 집에"가 아니라 "집에 갔어" 라고 어순을 학습하는 것)
의미론 : 의미체계의 숙달	• 의미를 이해 (예 : 헤어질 때 "안녕"이라는 단어와 연결하는 것) • 의미 있는 말을 산출 (예 : 트럭이 지나갈 때 '버스'가 아니라 '트럭'이라고 하는 것)
화용론 : 사회적 상호작용 체계의 숙달	• 말의 사회적 함축성을 이해 (예 : "불이야!"가 대피하라는 말임을 아는 것) • 사회적 상황에 적절한 말을 산출 (예 : "고마워" 혹은 "제발"이라고 말하는 것을 학습하는 것)

출처 : 한유미 외(2006), p. 35에서 재인용.

람이 동시에 말하지 않고 차례차례 말하기, 대화 시 적절한 거리를 유지하거나 시선을 맞추고 말하는 것과 같은 비언어적 요소들도 포함된다. 동생에게 "진지 드세요" 혹은 손님에게 "밥 먹어라" 등은 화용론을 잘 모를 때 하게 되는 실수들이다(이차숙, 2005 ; 한유미 외, 2006).

2) 언어발달이론

모든 발달이론처럼 언어발달이론 또한 어느 한 이론이 절대적으로 옳거나 가장 잘 설명해 주지는 못한다. 왜냐하면 인간의 언어나 의사소통행동은 매우 복잡한 기능들이 서로 복합적으로 작용한 결과이기 때문이다(이차숙, 2005). 인간이 언어에 대한 지식이 전혀 없는 백지상태로 태어난다는 행동주의와 이와 반대로 선천적으로 언어습득능력을 가지고 태어난다는 생득주의 그리고 인지과정을 중요시하는 상호작용주의의 세 가지 입장이 있다(한유미 외, 2006).

(1) 행동주의이론

① 행동주의이론과 언어발달

행동주의이론은 1950년대까지 지배적이었던 이론으로 유아의 언어습득이 선천적인 능력에 의한 것이 아니라 언어적 경험, 강화와 벌, 모방, 반복적 훈련에 의해서 후천적으로 이루어진다고 보았다.

행동주의자들이 주장하는 언어발달의 일반적인 가정은 다음과 같다(강인언 · 이한우 · 정정란, 2009). 첫째, 아동은 일반적인 학습 가능성을 타고난다. 둘째, 언어학습을 포함한 학습은 전적으로 인간행동을 형성해 주는 환경의 작용이다. 셋째, 아동의 행동은 특정 자극의 출현으로 나타난 특정 반응의 강화를 통해 형성된다. 넷째, 언어와 같은 매우 복합적인 행동형성과정은 정적 강화된 반응을 발전적으로 선택하거나 혹은 선택의 범위를 점점 좁혀 가는 차별강화를 통해 이루어진다.

② 행동주의이론의 평가

행동주의이론은 이후 사회언어학이론에 영향을 미쳤고 언어지체나 언어장애아를 위한 교정 프로그램의 근거로 사용되었다. 그러나 행동주의이론으로 아동의 언어발달을 설명하기에는 다음과 같은 한계가 있다(한유미 외, 2006). 첫째, 언어습득에서 모방의 역할은 한계가 있다. 즉, 아동의 언어습득 시 단순한 모방 외에 언어의 규칙을 발견하고 적용하는 능동적 학습자의 모습이 나타난다. 둘째, 언어습득에서 강화는 결정적 영향을 하지 못한다. 즉, 부모들은 아동의 올바른 언어 모두를 강화해야 하는데, 실제로는 10% 정도밖에 강화하지 못한다. 셋째, 언어 사용의 창조적인 면을 설명하지 못한다. 즉, 아동은 자신이 들어본 것만을 말해야 하지만, 많은 아동들이 한 번도 들어 보지 못한 새로운 문장을 이해하고 표현한다. 넷째, 언어습득의 속도는 모방이나 강화의 빈도와 비교가 되지 않을 정도로 급속하게 발달한다.

(2) 생득주의이론

1950년대 말과 1960년대 행동주의이론의 제한점이 제기되면서 나타난 생득주의이론은 언어의 형태와 이들 형태의 표현에 있어서의 기초적인 정신과정을 설명하면서 언어는 선천적이고 생득적인 능력으로서 지적 성장과 성숙의 과정이라고 보았다. 지식은 인간 마음속에 가지고 태어난 천부적인 요인에 기초한다는 이성주의를 주장한 데카르트Descartes의 견해가 언어습득에 적용된 것이 생득주의이다(한유미 외, 2006). 언어를 인간 종 특유의 현상으로 보면서 언어의 보편성과 발달적 유사성에 주목하였다.

① 촘스키

촘스키Chomsky는 인간은 선천적으로 다양한 영역의 지식을 가지고 태어나는데, 그중 하나가 언어이므로 언어습득에 필요한 것은 논리적인 지식이 아닌 언어에 관한 선천적 지식만으로 충분하다고 주장하였다. 특히, 인간은 문법의 이해를 가능하게 하는 생득적인 언어생성기제를 가지고 태어나는데, 이를 언어획득장치LAD : Language Acquisition Device라고 명명하였다. 이 언어획득장치는 인간언어의 보편성, 즉 보편적인 내재적 언어원리와 구절 구조 규칙을 지킨다. 이러한 보편성으로 인하여 어떠한 언어에도 기본적인 기초이론이 형성되는데, 이때 유아는 언어획득장치의 도움으로 들어오는 단어를 처리하고, 그 언어에서 발견되는 규칙성에 근거하여 모국어에 대한 가설을 형성하게 된다.

그림 6-17 촘스키의 언어획득장치(LAD)

이러한 언어획득장치로 아동은 추상적이고 복잡한 언어를 능동적으로 획득할 수 있고 창조적으로 산출해 낼 수 있다고 주장한다. 따라서 전 세계의 모든 아기들은 유사한 언어발달과정을 거쳐 언어를 획득한다고 보았다(장휘숙, 2010).

② 레너버그

레너버그Lenerberg도 언어습득의 선천성을 주장했는데, 촘스키와는 달리 인간의 언어습득의 생물학적 관점에 기초하여 연구를 발전시켰다. 언어는 인간만이 가지고 있는 행동이며 지각, 범주화 그리고 그 밖의 언어습득과 관련된 심리적 과정은 생물학적으로 결정된다고 하였다. 즉, 인간의 두뇌, 신경, 구강, 코, 인두, 후두, 폐, 복부,

성대, 힘살 및 근육 등 모든 인체조직은 언어습득에 적합하게 형성되어 태어났으며, 이러한 신경 및 인체조직의 우수성 때문에 인간만이 언어를 습득할 수 있다고 하면서, 언어습득의 결정적 시기를 강조하였다. 언어행동이 나타나기 시작하는 시기와 일어서기, 걸어가기 등 운동발달의 시점이 일치하므로 생물학적 성숙과 밀접한 관련이 있다고 주장하였다(한유미 외, 2006).

③ 생득주의이론의 평가

관찰 가능한 것만을 연구대상으로 삼아야 한다는 행동주의의 제한에서 벗어나 보이지 않는 인간의 마음을 인정함으로써 언어습득연구에 많은 기여를 했으나 다음과 같은 문제점을 안고 있다. 첫째, LAD는 객관적으로 검증되지 않는다. 둘째, 언어습득이 선천적이라는 주장은 무리가 있다. 격리된 상태에서 자랐던 늑대소년의 경우 언어 사용이 나타나지 않았다. 셋째, 언어습득에 미치는 사회적 요인을 간과하여 환경이나 사회적 요소의 역할을 무시하였다. 넷째, 창조보다 모방과 강화의 영향이 나타나는 초기 언어습득단계의 설명에는 한계가 있다.

그러므로 언어습득의 초기단계에서는 행동주의이론이, 이후 단계에서는 생득주의이론의 설득력이 크다(장휘숙, 2010 ; 한유미 외, 2006).

(3) 상호작용주의이론

언어발달을 설명하는 가장 설득력 있는 이론으로서, 환경적 요인과 유전적 요인을 동시에 중요하게 생각할 뿐 아니라 인지과정도 강조하는 입장이다. 즉, 상호작용주의이론은 언어발달이 생물학적 성숙과 인지발달, 그리고 언어적 환경 사이의 상호작용의 결과라고 주장한다. 언어와 인지의 관계를 다룬 피아제Piaget의 인지적 상호작용주의와 비고츠키Vygotsky의 사회적 상호작용주의로 나누어 볼 수 있다(이차숙, 2005).

① 피아제

피아제Piaget는 인지가 언어에 영향을 미친다고 보았다. 영유아의 능동적 참여를 강조하면서 언어는 인지적 성숙의 결과로 획득되는 여러 능력 중의 하나이므로 인지발달단계가 언어발달단계를 결정짓는데, 특히 영유아기인 감각운동기와 전조작기에 언어발달이 급속하게 이루어진다고 하였다.

언어는 크게 자아중심적인 언어와 사회화된 언어로 나뉜다. 유아기의 특징인 자아중심적 언어는 타인의 입장에서 생각하고 느끼고 추론하지 못하기 때문에 나타나며 반복, 독백, 집단적 독백 등이 있다(한유미 외, 2006).

- 반복repetition : 반사적으로 익힌 단어나 구절 또는 남이 한 말을 그대로 되풀이하여 흉내 내거나 말놀이를 하며 즐기는 것이다.
- 독백monologue : 들어줄 상대가 없어도 자신의 생각을 혼자서 자신에게 말로 표현하는 것을 말한다.
- 집단적 독백collective monologue : 누군가 함께 있으면서 이야기를 하지만 그 말의 의미가 타인에게 전달되기를 기대하지 않으며 단지 상대방에게 자극을 주는 정도로 말하는 것이다. 이것은 초보적인 대화로 보았지만 실제 사물을 통한 논리적 사고가 가능해지는 구체적 조작기가 되어야 비로소 사회화된 언어를 사용한다고 보았다.

② 비고츠키

비고츠키Vygotsky는 인지가 언어보다 선행하지만 다시 인지는 언어적 구조에 의해 영향을 받는다고 하였다. 그는 사회문화적 상호작용주의자로서 생득적인 요소와 함께 사회적 상호작용의 경험에 따라서도 언어발달이 달라진다고 보았다. 또한 유아의 실재적 발달수준과 잠재적 발달수준의 간격을 의미하는 근접발달지대가 있기 때문에 교육의 필연성을 중시하였다. 부모와 어른과의 언어적 상호작용이 중요하다고 강조하면서, 특히 부모는 아동의 언어발달에 기여하는 언어획득 지지체계language acquisition support system로서, 아동이 단어를 사용하기 훨씬 전부터 언어가 어떻게 교환되는지를 아동에게 보여 주는 모델이라고 하였다. 그는 언어와 사고를 동등한 인지영역으로 보았고 언어는 인지적 발달을 이끌어 내는 원동력이라고 하였다. 특히, 아동의 연령이 증가하고 과제가 그렇게 어렵지 않다고 인식되면, 사회적 언어는 감소하고 침묵의 내적 언어로 내면화한다고 주장하였다. 그는 언어발달의 네 단계를 다음과 같이 나누었다(조성연 외, 2005 ; 한유미 외, 2006).

✪ 초기 언어단계

초기 언어단계primitive speech stage는 0~2세의 영아기로 언어 이전의 인지 혹은 인지 이전의 언어단계이며 언어와 사고가 결합되기 전 시기이다. 이 단계는 비언어적이고 비사고적이다.

✪ 순수심리단계

2세경 영아는 단어가 상징적인 기능을 가지고 있다는 사실을 알고 다양한 질문을 하며 언어를 통해 자신의 주변에 있는 물체와 현상 등을 이해한다. 언어의 여러 기능 중 단지 문법적 측면에서만 언어를 사용하기 때문에 순수심리단계native psychological speech stage라 명명하였다. 언어가 사고와 상호작용에 영향을 미치게 되므로 언어가 사고의 도구로 사용된다. 의사소통을 위한 외적 언어, 즉 사회적 언어가 나타나며, 인지구조는 습득되지 않았으나 언어구조에는 익숙해진다.

✪ 자기중심적 언어단계

자기중심적 언어단계egocentric speech stage에는 3~6세경 자신의 생각과 행동을 통제하기 위해 스스로에게 조용하게 말하는 혼잣말 형태독백가 나타난다. 외적 언어에서 내적 언어로 발달해 가는 과도기적 언어로 언어의 자기조절기능과 의사소통기능이 분명하게 구별되지 않은 상태이다. 예를 들어, 소리를 내면서 수를 센다. 소리를 내어 말하는 형태로 형태상으로는 외적 언어와 같지만 기능상으로는 내적 언어와 유사하다.

✪ 내적 성장언어단계

내적 성장언어단계ingrowth speech stage에는 7세 이후가 되어야 비로소 도달된다. 논리적 기억을 사용하여 머릿속으로 언어를 조작할 수 있다. 즉, 말이 사고로 내면화되는 단계로 기능적으로나 구조적으로 자기중심적 언어가 누적됨으로써 발달한다. 언어가 사고과정에서 중요한 역할을 하며 머릿속으로 수를 세는 것과 같은 소리 없는 언어형태를 말한다.

③ 상호작용주의이론의 평가

상호작용주의이론도 아동이 어떻게 언어를 습득하는가에 대한 완벽한 답은 하지 못하고 있다. 피아제는 사회화된 언어가 너무 늦게 출현한다고 하였고, 언어가 인지발달에 미치는 영향력을 과소평가했다는 지적을 받는다. 이후의 학자들은 전조작기 유아들이 더 유능하고 긍정적인 존재임을 밝혀내었으며, 그 결과 유아들의 놀라운 언어습득과 사용능력을 잘 설명할 수 있는 최근의 이론들을 형성하는 자극제가 되었다(한유미 외, 2006). 반면에 비고츠키는 생물학적 측면을 간과했다는 점에서 비판을 받는다. 즉, 발달과정에서의 유전적 측면이나 뇌의 성장이 미치는 생물학적 영향에 대한 설명이 미흡하다(심성경 · 김경의 · 이효숙 · 변길희 · 박유미 · 박주미, 2010).

3) 언어발달과정

(1) 언어 이전의 의사소통과 언어적 의사소통

울음이나 얼굴 표정, 몸짓 등의 비언어적 형태로 의사소통을 하던 영아들은 대개 생후 12개월경이 되면 사람들이 알아들을 수 있는 단어를 말하기 시작한다. 그 후 2세 끝 무렵이 되면 200개 정도의 어휘를 구사하면서 자신의 의사를 표현하고 타인과의 관계도 형성해 나간다(조성연 외, 2005).

(2) 초기 언어발달

인간이 다른 동물과 구별되는 특성 중 하나는 사회적 의사소통을 위해 고차원적 상징체계인 언어를 사용한다는 점이다. 그러나 인간의 언어발달과정 중에는 사회적인 의사소통을 목적으로 하는 사회적 언어 이외에 전언어pre-language 단계가 포함된다. 전언어는 타인과의 의사소통을 위한 의도적인 목적 없이 나타나기도 하며, 학습에 의해 이루어지기보다는 본능적으로 발달과정에서 나타나는 특성을 보인다.

사회적 언어를 사용하기 전에 영아들은 전언어식 대화로 의사를 전달한다. 이러한 전언어의 대표적인 예가 울음이다. 그 외에도 목울림, 옹알이, 우연한 혹은 계획적인 소리모방 등이 모두 전언어에 포함된다. 영아기 동안 전언어는 단계적으로 발달하는데, 출생과 동시에 아기는 울음으로 자신의 의사를 표현하며 생후 1개월경이 되면 목울림을 하게 된다. 6개월경에 나타나는 옹알이는 개별 영아에 따라 때때로 어떤 의미를 갖는 대화로 보이기도 하나 실제로는 의미 없이 이루어지는 음절의 반복이기 때문에 비사회적 언어로 이해된다. 9개월경이 되면 영아는 이전의 전언어를 바탕으로 소리와 언어를 모방하기 시작한다.

표 6-7은 출생부터 3세까지의 영아기에 나타나는 대표적인 언어발달을 정리한 것이다. 표에서 보는 바와 같이 사회적인 언어가 나타나기 시작하는 것은 약 10~12개월경이지만 단어를 이해하기 시작하는 시기는 9~10개월경으로 언어에 대한 인지적 이해가 선행된 후 표현이 나타난다고 할 수 있다. 영아의 언어발달은 18~24개월 사이에 본격적으로 이루어지며 24개월 이후 급격한 언어의 양적·질적 증가가 나타난다. 영아의 발달에서 언어발달은 특히 개인차가 매우 크게 나타나는 영역이기 때문에 어떤 영아는 18개월경에 두세 단어의 문장을 사용하기도 하지만 또 다른 영아는 30개월이 되어서야 비슷한 문장을 말하기도 한다. 또한 일반적으로 남아에 비해 여아의 언어발달이 조금 빠르게 나타나는 등의 성차를 보이기도 한다.

한편, 영아기에 나타나는 언어의 형태를 보면 다음과 같은 몇 가지 특징이 있다. 영아의 언어가 성인의 언어와 다른 미성숙한 특징들을 보이는 이유는 영아의 인지능력의 한계로 설명될 수도 있으나 아직까지는 명확한 이유가 밝혀지지 않았으며 여전히 언어발달의 발달기제를 설명하려는 다양한 이론의 연구대상이 되고 있다.

표 6-7 출생~3세까지의 언어발달 이정표 월령 특징

월령	특징
출생	울음, 몇몇 소리에 반응
1개월 반~3개월	목울림과 웃음
6개월	옹알이
9개월	의사소통을 위해 몸짓을 사용한다(예 : 손가락으로 가리키기).
9~10개월	단어를 이해하기 시작하고("안 돼", 자기이름), 소리를 모방한다.
10~12개월	모국어가 아닌 언어의 소리를 더 이상 구분할 수 없다.
12~14개월	첫 단어를 말하고, 상징적 몸짓을 사용한다(예 : 고개인사).
16~24개월	어휘가 급격하게 확장된다(50단어 → 200단어).
18~24개월	첫 문장을 말한다(두 단어 문장 사용, 전보식 대화).

출처 : 박성연(2006) ; Papalia, Olds & Feldman(2006).

- 언어를 단순화하여 사용한다.
- 자신이 표현할 수 없어도 문법적 관계를 이해한다.
- 단어의 의미를 제한적으로 이해한다.
- 단어의 의미를 지나치게 확대한다.
- 언어적 규칙을 지나치게 조직화한다.

(3) 유아기의 언어발달

두 단어 조합이 시작된지 약 2개월 후에 성인언어의 기본이 되는 주어–동사–목적어 형식의 문장이 출현한다. "엄마 빵 줘", "언니 꼬꼬야 줘"와 같은 문장이 그 예들이다. 또한 이 시기에 관사, 전치사, 어형 변화가 나타나고 불규칙동사에 규칙동사 변화를 적용하는 과잉규칙화overregularization 혹은 과잉확대overextention현상이 나타난다(장휘숙, 2010).

우리나라 아동의 경우에도 세 단어를 사용하기 시작한 직후부터 문법적 형태소가 출현한다. 유아가 가장 일찍 습득하는 형태소는 '엄마'에서 '엄마야'의 호칭어미와 '내꺼'에서 '내꺼야' 혹은 '이리 와'에서 '이리 와라'의 문장어미이다. 곧이어 장소격조사 '한테', '에로'와 주격조사 '가'와 '는'이 차례로 출현한다. 이 시기에 시제와 수동형의 형태소도 출현한다.

유아 전기 2~3세의 유아들은 필요한 문법적 조사 및 전치사 사용능력이 생기기 시작하여 부정법 및 질문을 할 수 있게 된다. 3~4세에 이르면, 대다수의 유아들이 복잡한 문장을 구사할 수 있어서 수동태의 문장을 이해하며 구사할 수 있다. 3세에는 복수, 소유물, 과거시제, 형용사, 부사, 대명사, 전치사 등을 알지만 문장의 길이는 짧고 단순하며 문법적으로 틀리는 수도 있다(박성연, 2006). 이 시기에도 여전히 급속한 언어발달이 이루어진다. 성인언어에 대한 이해력이 증가하고 하루에 새로운 어휘 6~10개를 습득하게 된다(김경화 · 이주연, 2012).

유아 후기 4~5세가 되면 4~5개 단어로 된 문장을 구사하고 접속사 또는 절을 포함한 복문을 사용하며, 평서문은 물론, 부정문, 의문문, 명령문을 쓴다. 5세 이후에는 수동태의 문장과 능동태의 문장을 사용하기 시작하지만 복잡한 문장의 경우는 그 의미를 잘못 이해하는 경우도 흔하다. 복잡한 문법규칙이나 의미에 대한 이해는 아동기에 걸쳐 좀 더 확실하게 획득된다(박성연, 2006).

표 6-8 유아기 의사소통능력의 발달

연령	발달내용
3세	• 어휘력 증가가 계속되며(900~1,000단어), 의미의 과잉일반화를 보인다. • 3~4단어로 간단한 문장을 만든다. • 주고받는 대화가 힘들고 곧 화제를 바꾼다. • 발음이 힘든 경우가 있다. • 같은 단어 반복과 음률이 있는 노래를 배우는 것을 좋아한다. • 누가, 무엇, 왜? 등 질문이 많다. • 생각을 정리하여 언어로 표현하며, '왜냐하면…', '그러니까…' 등을 사용한 이야기 책 내용을 기억하여 말한다.
4세	• 어휘력이 계속 증가(1,500~1,600단어)한다. • 5~6단어 문장을 사용한다. • 단순한 노래 부르기를 좋아한다. • 부가의문문, 복문을 사용한다. • 누가, 무엇, 왜? 등의 질문이 많다.
5세	• 2,100~2,200단어를 말한다. • 복문을 사용한다. • 대화를 주고받으며 방해를 덜한다. • 말로 자기 감정이나 경험을 나눈다. • 유창하게 자신의 생각을 표현한다.

출처 : 박성연(2006), p. 266에서 재인용.

표 6-9 유아기 연령별 문자언어 발달과정

연령	읽기	쓰기
2세	• 주위 글자에 관심을 갖는다. • 책의 글자는 읽는 것임을 안다.	• 쓴 것과 그린 것을 구별한다. • 연필, 볼펜, 사인펜 등의 필구도구를 사용해 본다.
3세	• 책을 볼 때 그림이 아니라 글자를 읽는 것임을 안다. • 읽기의 목적을 '책을 읽기 위해서, 학교에 가려고, 공부 잘하려고 등'으로 언급한다. • 책에 관심을 갖고 나름대로 글자에 의미를 부여한다.	• 긁적거리기를 많이 한다. • 자기가 쓴 것을 성인에게 열심히 보여 준다. • 자기 이름이 있는 글자를 배운다. • 어떤 글자를 써 달라고 요구하기도 한다. • 여러 가지 글자 형태가 나타난다.
4세	• 책을 읽는 방법과 방향, 페이지 제목 등을 인식한다. • 소리와 글자 간의 일대일 대응을 할 수 있다. • 주위에서 아는 글자를 읽어보려고 한다. • 친구의 이름에 있는 글자를 인식한다. • 상황적 문자를 읽는다(맥락을 기초로 읽음).	• 여러 가지 글자 놀이를 즐긴다. • 자기 이름을 쓸 줄 알게 된다. • 다양한 목적에 맞게 쓰거나 다른 사람이 쓰도록 문어체로 불러준다. • 다양한 목적을 가진 쓰기 행위를 구별한다. • 자발적으로 쓰려고 한다. • 모르는 글자를 물어본다. • 창안적 글자 쓰기가 많이 나타난다.

연령	읽기	쓰기
5세	• 아는 글자가 다른 상황에서 제시되어도 읽을 수 있다. • 주변에서 자주 볼 수 있는 글자를 읽는다. • 가족과 친구들의 이름을 읽는다. • 상황이 제시되지 않아도 몇 개의 단어를 읽는다(탈맥락적 읽기가 가능함).	• 여러 상황에 맞는 글이 있음을 알게 된다. • 간단한 단어를 쓸 수 있고, 간단한 글을 써보려고 한다. • 여러 가지 쓰기 도구를 사용하여 쓴다. • 소리 나는 대로 글자를 쓴다.

출처 : 조형숙 외(2013), p. 223.

(4) 아동기의 언어발달

6세 이후에도 언어발달에 중요한 변화가 계속된다. 더 많은 어휘를 사용하게 되어 1만 3,000개 정도의 표현어휘와 2만 개 정도의 수용어휘를 사용할 수 있게 될 뿐만 아니라, 과거 및 미래 시제를 적절하게 사용할 수 있고 접속사를 포함하여 더 길고 복잡한 문장을 표현할 수 있게 된다. 5~8세 아동들은 모호한 대명사를 사용하는 것 대신에 명확한 지칭을 사용하기 시작하며, 7~9세 무렵에는 수동태 문장을 이해하고 말할 수 있게 된다. 따라서 아동기는 문법적 정교화를 이루어가는 시기라고 할 수 있다. 8세 아동들은 언어발달이 활발해져 성인과 비슷한 발음을 낼 수 있으며, 9세 이후가 되면 말이 하나의 도구로 본격적인 언어능력이 발달하게 된다. 각 학년에 따라 특수한 능력구조를 갖게 되며, 1~2학년은 문장력, 3~4학년은 발표력과 문법능력, 5~6학년은 독해력 등이 발달하게 된다(강인언 외, 2009).

4) 다문화가정 유아의 언어발달

(1) 다문화가정의 특징

다문화가정이란 국제결혼이 이루어진 가정이다. 즉, 부부 중 한 사람이 외국 출신으로서 국제결혼에 의하여 가족관계가 형성된 가정을 의미한다(정계숙 · 김명애 · 김혜금 · 문혁준 · 심희옥 · 안효진 · 양성은 · 이정희 · 이희선 · 정태희 · 제경숙 · 한세영, 2007). 다문화가정은 둘 이상의 문화의 만남으로, 문화적 차이와 언어소통과 같은 여러 문제를 갖기가 쉽다. 특히, 다문화가정의 유아가 건강한 발달을 이루기에는 가난, 열악한 주거환경, 사회적인 고립, 차별, 다문화가정에 대한 사회 전반적인 인식의 부족 등 여러 가지 장애요소가 있다.

(2) 다문화가정 유아의 언어발달

다문화가정 자녀 코시안kosian의 어려움으로는 언어발달 지체현상과 문화 부적응의 결과로 기초학습능력의 낮은 경향과 학습이해도의 저조, 외모 차이로 인한 따돌림과 정체성의 혼란 등을 들 수 있다(교육인적자원부, 2006). 특히, 우리나라의 다문화가정은 대부분이 농어촌에 분포되어 있고, 한국인 아버지와 결혼을 하여 정착한 외국인 어머니로 구성된 경우가 많은 실정이다. 이러한 다문화가정에서 태어난 아동은 부모로부터 이중언어 자극에 노출된다. 만약 부모의 세심한 관심과 배려가 있다면 두 언어를 동시에 습득할 수 있다는 장점도 있을 수 있다. 그러나 현실적으로는 어머니의 모국어 사용보다는 한국어 사용이 아동에게는 요구되기 때문에 어머니의 한국어 미숙은 아동에게 부정적인 영향을 미치게 된다. 즉, 아동은 언어발달 시기에 동시에 부모의 두 나라 언어의 자극에 노출되어 언어 사용에 갈등을 겪게 되고 올바른 한국어 학습이 이루어지지 못하게 된다. 그 결과 아동은 한국어능력이 미숙하고 이것은 그들의 사회성발달에 부정적인 영향을 미친다. 즉, 친밀하고 긍정적인 또래관계를 형성하지 못하게 되고, 심한 경우에는 따돌림을 받게 되기도 한다(김정원 · 남규, 2009 ; 봉진영, 2011 ; 신혜정, 2007 ; 조영달, 2006). 특히, 연령이 증가할수록 그 부작용은 심화되어 학습에 어려움을 겪게 되고 그 결과 학교부적응 및 비행이나 범죄 등의 큰 사회적 문제로 이어지게 될 수도 있다. 그러므로 다문화가정 아동의 언어교육을 위한 특별 프로그램이 요구된다.

Box 6-2 다문화가정 유아의 환경을 우선 고려하는 언어교육 프로그램

외국계 가정이나 다문화가정의 자녀들은 해당 나라의 국어를 능숙하게 구사하지 못함으로써 학업 성적이 떨어지고, 학습 부진은 직업교육 기회나 취업 기회의 감소로 이어져 여러 가지 사회문제의 원인이 되고 있다. 이에 독일 정부는 이와 같은 악순환을 끊기 위해서 다문화가정 자녀의 독일어 조기 교육을 지원하고 있다.

현재 독일과 네덜란드에서 성공적으로 진행되고 있는 '루크자크 모델(Rucksack Modell)'이라고 불리는 유아 언어교육 프로그램은 외국계 어머니들이 가정에서 자녀의 언어능력 향상을 원할 수 있는 여러 가지 자료책, 그림책, 놀이 등으로 구성되어 있다. 이 자료들은 독일어, 터키어, 러시아어, 아랍어, 이탈리아어로 지원된다. 이 프로그램은 만 4~6세까지의 어린이들을 대상으로 어린이들이 부모 나라의 언어를 배울 수 있도록 지원하고, 독일어 학습을 지원하며, 일반적인 어린이 성장발달을 지원하는 것을 목적으로 하고 있다. 부모 나라의 언어를 배우는 것은 자녀가 독일어를 배우는 데 밑거름이 되기 때문이다. 또한 교사와 부모가 상호 협력하고 교육에 부모가 참여하는 것을 적극적으로 권장하며 부모가 자녀교육에 자신감을 가질 수 있도록 돕는다.

루크자크 모델에서는 가족, 음식, 신체, 유치원 생활 등 어린이의 일상적인 주제를 다룬다. 각 주제에 따라 부모와 자녀가 함께 집에서 부모의 언어로 할 수 있는 공작활동, 그림책 같이 보기, 동요, 놀이 등의 자료가 마련되어 있고, 이 자료들을 유치원에 비치해 부모들이 빌려갈 수 있도록 한다. 또한 각 지방자치단체는 아랍계, 터키계 학부모 어머니들 중에서 출신국 언어와 독일어를 잘 구사하고 지역 사정을 잘 알며 자녀들이 유치원을 다니고 유치원 활동에 적극 참여하는 학부모 중에서 '지역 어머니'들을 선발하여 루크자크 모델 책임자에게 교육을 받은 후, 책임자 1명당 6~9명 정도의 어머니를 모아 유치원에서 일주일에 2시간씩 루크자크 모델 자료 이용방법을 가르친다. 이들의 활동을 인정해줄 뿐만 아니라 지속적으로 활동할 수 있도록 하기 위해서 지방자치단체는 주당 6시간에 해당하는 수당을 제공한다. '지역 어머니'들은 규칙적으로 유치원 교사들과 만나 어머니 모임에서 다루고 있는 주제와 교육 진행상황에 대한 의견을 교환한다. 이때 어린이들이 집에서 읽는 책이나 하고 있는 놀이를 독일어로 번역한 자료를 사용하게 하여 부모의 언어와 독일어를 동시에 배우게 된다. 루크자크 모델은 매우 성공적으로 진행되었으며, '지역 어머니'들은 시간이 갈수록 노하우를 습득해 많은 아이디어를 제공하기도 한다. '지역 어머니'들은 유치원과 다문화가정 사이에서 가정과 유치원 간에 원활한 소통이 가능하도록 돕고 다문화가정이 유치원활동에 적극적으로 참여하는 계기를 마련해 주고 있다.

출처 : 우리말지기(http://blog.naver.com/urimal/365).

5) 언어발달과 외국어교육

우리나라의 영어교육은 1982년 초등학교 영어특별활동이 도입된 것을 시작으로 1997년에 초등학교 3학년 정식 교과목으로 채택되었고, 2008년 초등학교 3학년부터 영어교육을 하는 것으로 최종 확정되었다(김순환 · 이기숙, 2008). 이처럼 세계화의 물결과 함께 정부가 영어몰입식 교육정책을 표방하면서 초등학교 영어교육이 의무교육이 되었고 이를 계기로 부모들의 취학 전 유아를 대상으로 하는 외국어교육에 대한 관심도 가속화되고 있지만 아직 조기영어교육이 아동발달에 미치는 영향에 대한 합의된 연구결과는 없는 상황이다. 그러나 조기영어교육의 장 · 단점에 대한 객관적 정보, 효과성에 대한 체계적 근거, 명확한 교육의 신념 등이 없는 상태에서 고액의 교육비를 부담하면서도 불안한 마음으로 조기영어교육을 실시하는 부모는 증가하고 있는 실정이다(양옥승 · 김진영 · 김현희 · 김영실, 2001 ; 황혜신, 2002). 이에 따라 유아교육기관에서의 영어교육 실시 여부는 원아모집 비율의 결정적 요인으로 작용하고 있다(우남희 · 김유미 · 신은수, 2009).

통계청 2007년 자료에 따르면 영어교육을 받은 유아의 비율이 점차 증가하여 1992년 5.7%에 불과했던 것이 2007년에는 59.0%로 급속히 증가하였다. 최근에는 더욱 과열되어 2012년 12월 한국교육개발원이 전국 2,500가구를 대상으로 조사한 보고서에 따르면 영유아 사교육을 하고 있다고 답한 비율이 99.8%에 달했다(통계청, 2012).

Box 6-3

영어유치원? 조기 영어학원

보통 '영어유치원'이라고 칭하고 있지만, 사실 영어유치원은 유치원으로서 허가된 기관이 아니다. 2012년 3월, 교육부가 유아교육법 개정을 통해 영어유치원이라는 명칭을 사용할 수 없도록 명문화했다. 유치원은 '유아교육법'에 의해 설립된 '학교'지만, 영어유치원은 유아를 대상으로 한 '학원'으로, 공식명칭은 유아 영어전문학원이다. 만약 '유아교육법'에 의해 설립된 유치원이 아닌 기관이 유사한 명칭을 사용할 경우 500만 원 이하의 과태료를 내야 한다.

출처 : EBS 〈언어발달의 수수께끼〉 제작팀(2014), p. 148.

Box 6-4

영어교육의 적절한 시기

서울대학교 영어교육과 이병민 교수는 다음과 같이 말한다. "미국과 같이 영어를 모국어로 사용하는 나라가 아닌 한 우리나라에서 조기 영어교육을 했다고 원어민처럼 되지는 않습니다. 원어민과 일상적인 대화를 자유롭게 나누고, 심지어 오마바 대통령처럼 영어를 잘할 수 있게 되는 건 너무 목표가 높습니다. 영어공부를 하지 말라는 것이 아니라, 너무 일찍부터 커다란 비용을 지불하며 굳이 조기 영어교육에 매달릴 필요가 없다는 것입니다. 영어유치원은 필수 코스가 아닙니다. 아이가 충분히 모국어를 습득하고 영어학습에 대한 동기부여가 생겼을 때 시작하는 것이 훨씬 효과적입니다."

출처 : EBS 〈언어발달의 수수께끼〉 제작팀(2014), p. 141.

더욱이 2011년 7월 육아정책연구소에서 수도권 거주 초등학생 1, 2학년생 1,200명을 대상으로 유아기 영어교육 실태를 조사한 바에 따르면 응답자의 92.7%가 만 3~5세에 영어교육을 처음 시작했다고 대답하였고, 영어교육을 시작한 평균 연령은 3.7세였다(EBS 〈언어발달의 수수께끼〉 제작팀, 2014). 우리나라의 조기영어교육은 교육관, 교육자, 교육내용, 교육환경 등에 문제가 많으며, 특히 경쟁을 조장하는 학습 위주로 진행되고 있어서 병리적 발달을 유발할 가능성이 많은 것으로 우려되고 있다.

그러므로 유아 영어교육의 현황에 대한 다음과 같은 검토가 요구된다(도현심 · 이희선 · 김상희 · 최미경 · 이사라 · 김상원, 2011).

- 유아에게 발달적으로 가장 적절한 것이 무엇인지 고려되어야 한다.
- 유아의 학습을 저해하는 동기부재의 경쟁적 선행학습은 지양되어야 한다.
- 유아에게 적합한 물리적 환경, 발달영역을 통합하는 교육내용, 교사의 전문성 등에 대한 평가가 이루어져야 한다.

세계적으로 유명한 영어교육 관련 학자들이 "어떻게 하면 영어를 잘 가르치고 배울 수 있느냐"의 질문에 대한 답변은 다음에 제시된 것처럼 "읽어주세요"였다(박순, 2014).

Box 6-5

어떻게 영어를 소리 내어 읽어줄까?

호주의 유명 동화작가이자 읽기 컨설턴트인 멤 폭스(Mem Fox)가 제안하는 "부모는 영어를 어떻게 소리 내어 읽어줄까?"에 대한 실제적인 방법은 다음과 같다.

❶ **감정을 담아 읽어라** : 눈과 입에 감정을 담아서 크기, 높낮이, 빠르기, 멈춤 등을 상황에 따라 자연스럽게 활용하면서 정성을 다해 읽어준다.

❷ **시간과 장소를 정해라** : 일정한 시간대에 같은 곳에서 같은 쿠션에 기대거나 같은 장난감이나 인형을 안고 습관처럼 책을 읽어줘라.

❸ **책 선택의 원칙을 세우자** : 만약 3권의 책을 읽어준다면 처음 책은 아이가 좋아하고 원하는 책, 두 번째 책은 아이가 읽어봤던 익숙한 책, 세 번째 책은 새로운 책의 순서로 읽어주는 것이 좋다.

❹ **반복해서 읽어줘라**

❺ **책 내용으로 시험보지 말라** : 놀이로서 책 읽기를 즐기도록 해주고 긴장은 약처럼 조심해서 써야 한다.

❻ **책 읽어주는 기쁨을 늦게까지 누려라** : 아이가 스스로 읽을 수 있게 된 이후라도 아이가 원하는 만큼 소리 내어 읽기를 계속해 주는 것이 좋다.

❼ **책이 아니라도 읽어줘라** : 주변에서 접할 수 있는 포장지의 문구, 상품 카탈로그나 달력, 잡지, 길거리의 간판 등 활자로 된 모든 자료를 이용하면서 문자가 일상생활의 일부라는 사실을 심어준다.

❽ **영어 동요를 함께 불러라** : 동요 같은 노래를 통해 아이는 단어, 문장, 리듬, 운율, 반복을 배우게 된다.

❾ **파닉스 훈련을 시켜라** : 아이가 영어로 소리 내어 읽도록 돕는 데 단기적으로 확실한 효과를 기대할 수 있다.

❿ **스토리를 읽어줘라** : 유의미한 흐름이 있는 이야기는 재미있고, 재미가 있으면 아이들이 스스로 찾게 된다. 스스로 찾으면 더 많이 더 쉽게 기억한다. 이렇게 쌓인 지식과 경험이 곧 두뇌가 된다.

출처 : 박순(2014), pp. 154~161.

6) 언어발달에 영향을 미치는 요인

언어발달에 영향을 미치는 요인은 크게 아동 자신의 요인과 가정환경요인 및 아동의 외적 요인으로 구분된다.

(1) 개인의 특성

아동의 개인적 조건으로는 아동의 성, 지적 능력 및 심신의 상태를 들 수 있다.

① 성별

여아가 남아보다 언어발달이 빠르게 나타나서 말을 빠르게 시작하고 발음도 정확하며 어휘 수도 많다. 남아가 말이 느리고 언어장애를 가지는 경향도 더 높다. 이러한 성차의 원인은 호르몬과 뇌구조의 차이, 성별에 따른 부모 및 사회구성원들의 기대 차이에서 비롯된 언어자극의 차이 등이다(조성연 외, 2005). 그러나 최근에는 성별에 따른 차이에 일관성이 없다고 주장하면서 성별 차이는 단지 연구대상의 수와 계층이 너무 제한되어 있기 때문일 수도 있으며 성별보다는 개인차가 더 우세하다고 보기도 한다(심성경 외, 2010). 유아기 무렵 딸은 좌뇌가 우세하기 때문에 언어능력에서 아들보다 두각을 나타내지만 만 5, 6세 무렵이면 아들이든, 딸이든 좌뇌와 우뇌의 균형 잡힌 발달이 이루어진다(EBS 〈언어발달의 수수께끼〉 제작팀, 2014).

② 지적 능력

사람이 말을 하고, 듣고, 쓰고, 읽기 위해서는 적절한 집중력, 기억력, 사고력, 모방력, 문장구성력 등이 요구된다. 학자들에 따라서는 사고의 발달이 언어발달에 예속된다고 하여 언어를 강조하는 입장과 언어보다는 사고를 더 중요하게 생각하는 입장으로 대립되기도 하지만 대체로 언어발달과 지능은 정적인 상관관계가 있다고 보는 것이 일반적이다. 특히, 언어표현력에 차이가 있고 어휘 수보다 문장 길이가 더 깊은 상관관계를 나타냈다(심성경 외, 2010). 지적 능력이 우수할수록 언어의 시작 시기가 빠르게 나타난다. 또한 심신의 상태가 정상적이어서 오감에 문제가 없고 뇌손상이나 신경계, 청각기관이나 발음기관 등의 장애가 없고 건강한 경우에 언어발달이 정상적으로 나타난다(강인언 외, 2009).

(2) 가정환경

가정환경의 요인에는 사회경제적 수준, 형제의 유무 및 수, 부모와의 관계언어모델, 자극의 정도, 가족구조, 물리적 환경책과 교육적 놀잇감 등이 포함된다.

① 사회경제적 조건

중류층 자녀가 하류층보다 언어발달이 유리하다. 정교화된 언어elaborated code를 사용하는 중류층 부모들은 표현이 명확하면서도 다양하며, 상황이나 중심인물에 대해 보다 구체적으로 설명해 준다. 그러나 제한된 언어restricted code를 사용하는 하류층 부모는 개념을 설명할 때 정확하지 않으며 짧고 단순한 문장, 한정된 어휘, 적합하지 못한 언어적 표현을 많이 사용한다(조성연 외, 2005).

영국의 조사연구에서도 중산층 가정의 아이가 취학 전까지 부모로부터 듣는 어휘는 평균 3,300만 개로, 이는 빈곤층 아이가 부모로부터 듣는 어휘 수보다 2,300만 개 이상 많았으며 이것이 아이의 어휘력을 좌우하는 중요한 원인으로 나타났다. 아이의 어휘력은 어휘처리속도를 기반으로 하며, 이것은 아이의 학습능력과 지능을 좌우하는 요인이 된다(EBS 〈언어발달의 수수께끼〉 제작팀, 2014).

② 형제

외동아는 형제가 있는 유아보다 언어발달이 빠른 편인데, 그 이유는 형제 대신 성인과의 언어적 상호작용이 많기 때문이다. 반면, 형제가 있는 경우에는 쌍둥이나 나이 차가 적은 경우보다 나이 차가 있는 윗형제를 가진 경우가 언어발달에 유리하다(심성경 외, 2010).

③ 부모

부모는 좋은 언어발달의 모델로서 부모가 유아와 어떤 상호작용을 하고, 어느 정도의 언어자극을 주며, 자녀의 언어적 자극에 민감하게 긍정적으로 반응해주는가가 중요하다. 특히, 부모는 아직 글을 모르는 아이들에게 그림책을 읽어주면서 다양한 자극을 제공해 줄 수 있다.

Box 6-6

부모와 아이가 행복해지는 그림책 읽기 요령

아이의 언어발달을 위해 많은 엄마들이 그림책을 읽어준다. 그림책은 상상력과 창의력을 길러준다. 다양한 색감과 화려한 필치는 예술적 감성을 길러주며, 등장인물과 사물들은 인지능력을 길러준다. 또한 부모와 함께 읽으면서 친밀감과 정서적 교감을 나눌 수 있다.

전문가들이 조언하는 부모와 아이가 소통하고 교감할 수 있는 그림책 읽기 요령은 다음과 같다.

❶ 그림책을 읽을 때는 가장 편안하고 안락감이 느껴지는 시간이 좋다

엄마가 바쁠 때는 아빠가 읽어주거나, 집안이 북적거리고 소란스러울 때는 다른 놀이로 대체하는 것이 좋다. 어릴 때부터 차분한 시간이나 잠자리에 들기 전에 읽어주는 습관을 들이는 것이 필요하다.

❷ 아빠도 그림책 읽기에 적극 참여하라

아빠 역시 아이와 소통과 교감을 나눠야 한다. 아빠와의 정서적 교감이 잦은 아이는 사회성 발달에 도움이 되기도 한다.

❸ 그림책 읽기에 진도는 없다

한 권의 책을 읽기 시작하면 끝까지 다 읽어야 한다는 부담을 덜어내자. 하루에 몇 권의 책을 읽어야 한다는 부담도 없앤다. 줄거리 전체를 곡 파악해야 할 필요도 없다. 아이는 그림책을 읽다가 자신이 좋아하는 장면으로 되돌아가기도 하고, 같은 책을 반복해서 읽기도 한다. 중요한 것은 아이의 속도에 맞춰 그림을 설명하고, 글자를 읽어주며, 그림책의 내용으로 대화하는 것이다.

❹ 그림책늘 읽는 중간에 아이가 하고 싶은 말을 끊지 않는다

그림책을 읽는 시간은 아이와 정서적 교감을 나누는 시간이다. 아이의 말이 틀렸다고 바로잡으려고 애쓰지 않아도 된다. 아이가 그림책을 읽으며 무엇에 관심이 있고, 무엇이 궁금하며, 어떻게 느꼈는지 귀 기울이자. 부모의 의도와 해석대로 고쳐주기보다 그림책을 통해 서로의 감정을 나누는 데 더 주목한다.

출처 : EBS 〈언어발달의 수수께끼〉 제작팀(2014), p. 52.

한편, 최근 우리나라의 다문화가정이 증가하는 추세인데, 어머니가 외국인인 가정의 유아는 어머니가 한국어를 잘 하지 못하는 경우 어머니의 언어를 모방하게 되므로 언어발달의 지체 가능성이 높은 것으로 나타났다(정은희, 2004).

④ 물리적 환경

가정 내 다양한 책과 놀잇감이 풍부하게 갖추어져 있을 때 언어발달이 잘 이루어진다. 한편, 텔레비전, 컴퓨터, 비디오 등 미디어매체도 우리 일상생활의 필수적인 요소로 자리 잡게 되면서 유아의 언어발달에 많은 영향을 주고 있다(심성경 외, 2010). 그러나 TV나 컴퓨터에 너무 몰두하게 되는 경우는 부정적인 영향을 미치게 된다.

(3) 교육환경

유아는 교육기관에 다니게 되면서 교사 및 친구와 또래관계를 갖게 되며, 이들과의 상호작용 안에서 언어행동을 매개로 긴밀한 상호관계를 맺는다. 먼저 교사는 언어를 매개체로 하여 유아와 상호관계를 하고 학습활동을 지도하므로 교사의 목소리, 발음, 어휘, 단어 선택, 문장구조 등은 유아의 언어발달에 직접적인 영향을 미치게 되며, 특히 교사를 존경하고 애정을 형성하게 될 때 긍정적인 모델이 된다. 또한 유아는 최초의 사회적 경험을 하는 유아교육기관에서 또래와의 상호작용을 통해 점차 자기중심적인 언어에서 벗어나 사회적인 언어를 습득하게 된다. 이밖에도 유아가 언어발달을 자극하는 좋은 언어교육 프로그램의 기회를 접하게 되는 것도 중요하다(강인언 외, 2009).

표 6-10 유아의 단어 및 개념의 이해를 돕는 교사의 상호작용

교사 의도	교사 말
1. 주의 집중	"여기 작은 손잡이가 있네."
2. 동기 유발	"뒷문을 열고 싶구나. 그렇지?"
3. 정보 제공	"이 손잡이를 돌리면 뒷문이 열린단다."
4. 시도 혹은 실행 촉진	"손잡이를 돌려 보렴."
5. 정확한 정보, 피드백, 긍정적 강화 제공	"그래, 네가 뒷문을 열었구나."

출처 : 한유미 외(2006), p. 221.

CHAPTER

07

영유아기 정서사회성발달

1. 정서발달 | 2. 사회성발달

CHAPTER

07

생애 초기부터 나타나는 몇 가지의 정서상태는 영아기를 거치는 동안 다양하게 분화되고 정교해지는데, 이러한 정서발달에 중요한 유전적 · 환경적 요인으로 기질과 애착을 들 수 있다. 영아들은 생애 초기에 자신을 어머니로부터 분리시키지 못하다가 점차 독립된 개체로서의 자신을 이해하고 자아가 형성되면서 환경과 적극적으로 상호작용을 하게 된다. 유아기는 영아기에 형성한 기초적인 정서와 사회성이 분화되고 성장하는 시기이다. 나아가 유아교육기관이나 어린이집에서 본격적으로 사회생활을 시작하는 시기이기도 하다. 영아기에 주 양육자와의 관계를 통해 형성된 정서와 사회성이 유아기에는 또래, 교사 및 이웃과의 관계로 확장해서 적용된다.

1. 정서발달

1) 정서의 개념

정서란 생리적이고 행동적인 변화를 수반하는 개인의 경험에 대한 주관적 반응으로 정의된다(Papalia, Olds & Feldman, 2006). 모든 아기는 선천적으로 정서를 느끼는 능력을 가지고 태어나며, 영유아기와 아동기를 거치는 동안 순차적으로 고차원적인 정서를 발달시켜 나간다. 그러나 정서를 느끼는 정도나 빈도, 그리고 정서를 느끼는 대상이나 사건 등은 모든 영아가 동일하지는 않으며 개별 영아에 따라 차이를 보인다. 뿐만 아니라 어떤 감정이나 정서를 경험함으로써 나타나는 생리적 · 행동적 반응의 유무나 정도 역시 개별 영아에 따라 차이를 보인다. 이러한 차이는 선천적으로 타고나는 기질로 설명될 수 있으나 출생 후 경험하는 다양한 환경과의 상호작용 결과에 따라서도 나타나게 된다.

2) 정서의 기능

좋아하는 사람을 만나면 기쁘고, 낯선 사람을 만나면 두려움을 느끼며, 기대했던 일이 이루어지지 않으면 실망하는 등 유아들은 다양한 정서상태를 경험한다. 이러한 정서는 왜 경험하게 되는 것일까?

정서에 대한 현대이론은 정서의 기능을 강조한다. 도구적 관점에서 볼 때, 인간이 환경에 적응하기 위해 정서가 필요하다(Izard & Ackerman, 2000). 예를 들면, 낯선 사람에 대한 두려움을 느끼는 유아는 어머니가 옆에 없는 상태에서 낯선 어른이 다가와 데려가려 할 때 두려움을 느낀다. 이러한 정서적 반응으로 인해 유아는 낯선 어른을 따라갈 것을 거부하고, 어머니를 찾아 안전한 곳으로 이동할 수 있다. 즉, 두려움이라는 정서는 유아가 환경에 잘 적응할 수 있도록 돕는 기능을 한다는 것이다. 따라서 유아의 정서발달은 곧 유아의 적응과 밀접한 관련이 있다. 정서분화와 발달이 원만하게 이루어지는 유아는 사회적 적응에도 유리한 위치에 있게 되는 것이다.

3) 정서의 발달

(1) 1차 정서

영아기의 정서는 1차 정서와 2차 정서로 구분할 수 있다. 1차 정서는 모든 인간에게 나타나는 선천적인 정서로, 가장 기본적인 1차 정서에는 흥미, 만족, 괴로움의 세 가지가 포함된다(Papalia, Olds & Feldman, 2006). 즉, 영아들은 출생 직후 흥미와 만족, 괴로움을 표현할 수 있으며, 이러한 초기 정서는 생후 6개월의 기간 동안 세분화되어 더욱 다양한 1차 정서로 나타난다그림 7-1.

만족의 정서는 생후 2~3개월이 지나면서 기쁨의 정서로 발전하며, 흥미의 정서는 6개월의 기간을 거치면서 놀람의 정서로 세분화된다. 괴로움의 정서는 초기 2~3개월경에 슬픔과 혐오의 정서로 발전하고 5개월 이후가 되면 분노와 두려움으로 더욱 정교화되어 발전한다. 두려움의 정서는 지속적으로 증가하여 영아가 주 양육자로부터 분리될 때 느끼는 분리불안이나 낯선 장소와 낯선 사람들에게서 느끼는

그림 7-1 기쁨, 놀람, 슬픔의 1차 정서발달과정

그림 7-2 기쁨

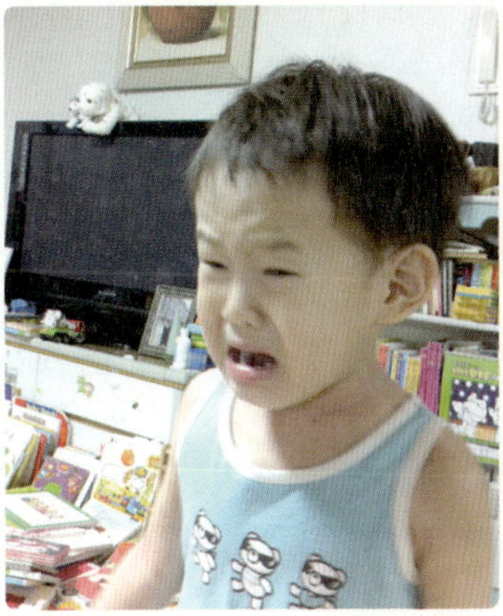

그림 7-3 슬픔

낯가림 등의 구체적인 형태로 표현된다. 그리고 분리불안이나 낯가림은 대개 정상적 영아의 경우 18개월경부터 점차 줄어든다.

(2) 2차 정서

2차 정서는 15~24개월경에 나타나는 당황, 질투, 감정이입과 같은 자기지각적 정서를 의미한다(Lewis, 1995). 영아는 영아기 및 걸음마기를 거치면서 자아에 대한 개념을 발달시키고 자신의 존재 및 능력이 타인이나 다른 사물과는 분리되어 있음을 지각한다. 이러한 자아인식을 통해 기본 정서와는 다른 보다 복잡한 정서를 느끼게 된다.

이와 더불어 18~36개월에 해당하는 걸음마기에는 사회적 규칙과 표준 등을 이해하게 되고 이를 자신의 것으로 받아들이는 내면화 과정을 통해 자신을 객관적으로 판단할 수 있는 자아양심가 발달한다. 따라서 이 시기의 아동들은 양심에 근거하여 자신의 행동, 생각, 태도를 평가하고 그에 대한 자부심, 수치심, 죄책감 등의 자기평가적 정서를 경험하게 된다.

본 절에서는 위에 소개된 다양한 정서 중 유아기에 나타나는 대표적인 정서의 종류인 자부심과 수치심, 죄책감, 공포 등을 중심으로 좀 더 자세히 살펴보고자 한다.

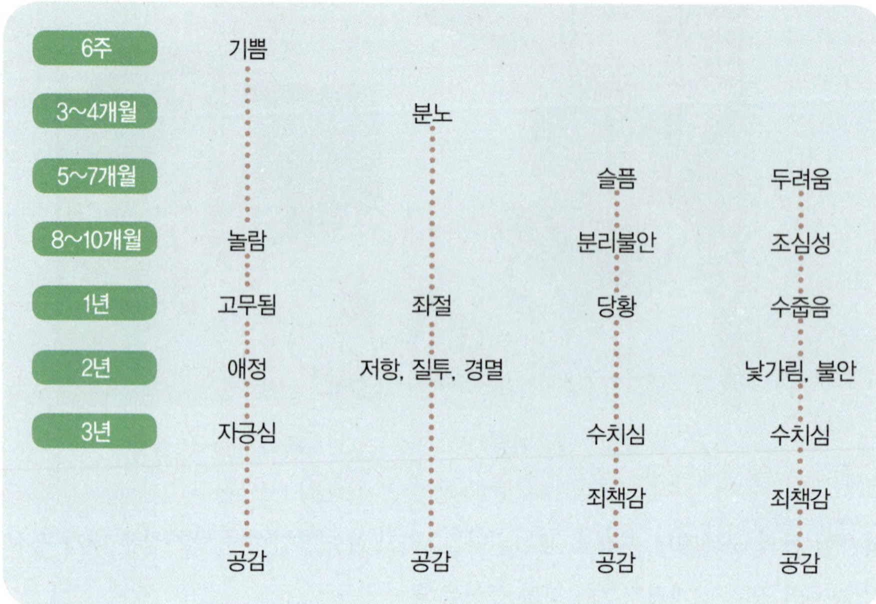

그림 7-4 2차 정서발달과정

출처 : Kostelnik, M. J., Whiren, A. p., Soderman, A. K., & Gregory, K. M.(2009) ; 박경자 · 김송이 · 권연희 공역(2009), p. 179에서 재인용.

① 자부심과 수치심

유아가 양육자의 비난이나 칭찬을 경험하게 되면 그에 대한 반응으로서 수치심과 긍정적 자기평가의 느낌을 갖게 된다(Sroufe, 1996). 영아기에는 단순히 좋거나 나쁘다는 감정을 갖지만, 인지적으로나 사회적으로 더 성장한 유아기에는 일정수준의 자아를 형성했기 때문에 외적 칭찬이나 비판에만 반응하는 것이 아니라 옳고 그름 또는 성취에 대한 자신의 내적 기준에 근거해 정서적 반응을 할 수 있다. 즉, 수치심과 자부심은 유아기에 형성하는 자의식적 정서이며 자기평가적 정서이다.

생애 초기에 자기평가적 정서가 발달하는 과정은 3단계로 설명할 수 있다(Stipek, 1995). 첫 번째 단계에서, 22개월 이하의 걸음마기 유아는 놀이활동이나 일상생활에서 무언가를 성취하거나 성공한 후에도 다른 사람의 반응을 궁금해 하지 않는다. 두 번째 단계에서, 유아의 절반가량이 무언가를 성취한 후 다른 사람의 주의를 끌려한다. 실패한 후에는 다른 사람의 부정적 반응을 피하기 위해 사회적으로 회피행동을 한다. 마지막 단계는 약 1년 후 이러한 행동 유형을 내면화하여 내면화된 기준에 의해 성공과 실패에 대해 반응을 할 수 있게 된다. 내면화된 기준을 가졌는가의 여부는 실패한 뒤 유아가 부정적인 얼굴표정을 짓는 것으로 파악할 수 있다. 성공에 뒤따르는 행동은 숙달의 긍지나 기쁨이고, 실패나 패배에 따르는 다양한 행동은 수치심, 좌절 또는 분노를 반영한다.

컵과 퍼즐을 이용한 과제를 주고 성공한 경우와 실패한 경우의 유아의 표정을 관찰한 스티픽, 레치아와 매크린틱(Stipik, Recchia & McClintic, 1992)의 연구에 의하면, 과제에 실패한 후 얼굴을 찡그려 불쾌감을 표현하는 횟수는 만 3세 이전의 걸음마기보다 만 3세 이후인 유아기에 훨씬 높았고, 게임에서 승리한 후 미소로 자부심을 표현한 횟수도 만 3세 이후에 훨씬 높았다. 즉, 만 3세 이후의 유아기에 접어들면 실패에 의한 수치심, 성공에 의한 자부심을 느끼는 경험을 본격적으로 하게 되는 것이다.

② 주도성과 죄책감

죄책감이란 자신의 내적 기준을 위반한 데 대한 강한 정서적 반응이다(LaFreniere, 2000). 도덕적 기준의 내면화가 일어나는 유아기 이전에는 죄책감이 크게 나타나지 않는다.

걸음마기로부터 유아기3~5세로 성장하는 동안 유아는 스스로의 행동을 통제할 수 있는 능력을 발달시키는데, 유아의 이러한 자기통제능력의 발달은 하지 말아야 될 행동에 대한 인식의 내면화, 즉 죄책감을 바탕으로 이루어진다. 소위 '미운 세 살terrible two'이라 불리는 걸음마기에는 합리적인 방식으로 갈등을 해결하지 않고 반항적으로 떼를 쓰는 방식으로 해결하지만, 유아기에 접어들면 부모와 협상하는 능력 또한 발달하면서 직접적 저항과 불순응은 2~5세 사이에 상당히 감소한다(Kuczynski & Kochanska, 1990).

아울러 유아기는 에릭슨이론에서 제시한 전생애적 발달단계 중 3단계에 해당되는 시기로, 이 단계의 발달과업은 주도성을 발달시키는 것이다. 수세기를 배우거나 미끄럼틀에 올라가는 것 등 새로운 기술을 습득하는 것이 일차적인 목표가 되어 이 시기의 유아는 무엇인가를 스스로 하고 싶어 한다. 또한 뇌와 신체의 성장으로 인해 이전에 할 수 없었던 일을 시도하기 시작한다.

부모는 유아의 이러한 주도성에 다양하게 반응하는데, 에릭슨(1963)에 의하면

표 7-1 죄책감과 수치심의 특징 비교

구분		내용	
차원		수치심	죄책감
유발자		외적 기준	내적 기준
표현	음성	협소한, 느슨하고 가는 목소리	협소하고, 긴장된 완전한 목소리
	생리학적	낮은 심장박동률, 얼굴 붉힘	높은 심장박동률, 불규칙한 호흡
	행동적	회피	보상
신호적 기능		저지, 복종	회한, 긍정적 의도

출처 : LaFreniere, P. J.(2000) ; 위영희 외 공역(2005), p. 200에서 재인용.

부모가 억지로 강요하거나 제재하지 않고 유아의 시도를 격려할 때 유아가 새로운 활동을 더 많이 시도하게 되며 이러한 시도를 통해 유아는 주도성을 발달시킨다. 부모가 유아의 노력이나 시도를 제재하고 비난할 경우 유아는 포기하는 경우가 증가하고 실패를 자신의 탓으로 돌려 실패감 또는 죄책감을 발달시킨다. 이 시기의 유아는 또래와의 사회적 비교를 통하여 자신을 인식하기보다는 부모와 같은 성인의 눈을 통해 자신을 바라보므로 유아의 자아는 부모 또는 성인양육자와의 상호작용을 바탕으로 형성된다(Thompson, 2006). 따라서 죄책감을 지나치게 크게 발달시키도록 하는 양육자의 과도한 비난은 바람직하지 않다.

죄책감은 분노나 공포처럼 분명하게 겉으로 표현되는 특징을 지니고 있지 않다. 하지만 두려움을 느끼는 아동의 기질과 아동의 어린 시절 관계 경험이 죄책감발달에 영향을 미치는 것으로 나타났다. 공포를 더 쉽게 느낄수록 규칙을 위반하는 것에 대해 더 많은 죄책감을 나타내었고, 부모가 일방적으로 권력을 행사하는 것보다 긍정적이고 상호신뢰적인 부모-자녀관계를 형성했을 때 죄책감이 더 잘 발달한다(Kochanska & Aksan, 2006).

4) 정서표현과 정서조절

정서조절은 자신의 목표에 도달하기 위해 정서적 각성을 높이거나 억제하거나 유지하여 조절하는 능력이다(Eisenberg, Fabes & Spinrad, 2006). 만 2세 이후 자신의 감정에 대해 이야기하기 시작한 유아는 3, 4세가 되면 다양한 정서조절전략을 사용한다. 감각적 정보를 제한하거나불쾌한 소리를 피하기 위해 귀를 막음, 스스로에게 혼잣말을 하거나"천둥이 곧 지나갈거야", 자신의 목표를 수정하여게임기를 사지 못하면 게임을 하고 싶지 않다고 마음을 고쳐먹음 정서를 조절한다. 그리고 이러한 정서조절과정을 통해 유아기의 정서적 분출은 감소한다(Thompson, 1990).

영아기부터 표현해 온 정서에 대해 부모들은 촉진하거나 억제하도록 반응해 줌으로써 유아의 정서조절능력의 발달을 돕는다. 유아가 기쁨이나 행복의 정서를 표현할 때보다 분노와 같은 부정적 정서를 표현할 때 이를 억제하도록 자극하는 것이다. 만 3세가 되면 유아들은 정서표현과 조절이 상당히 능숙해져 자신이 느끼지 않는 표현을 가장할 수 있게 되고, 부정적 정서를 표현할 때 타인으로부터 바람직한 반응을 불러일으킬 수 있는 방법을 점차 배우게 된다(Berk, 2006).

표 7-2 유아기의 보편적 공포 다루기 도와주기

공포	제안
괴물, 유령, 어둠	실제로부터 겉으로 드러난 것을 구분할 수 있을 때까지 책과 TV의 무서운 이야기에 노출되는 것을 줄인다. 아동의 방을 괴물이 있는지 자세히 찾고 아무것도 없음을 확인한다. 야간등을 켜두고 아이가 잠들 때까지 잠자리 곁에 있어 주며 아이를 보호하기 위해 아이가 좋아하는 장난감을 이불 속에 넣어준다.
보육시설	유치원에 가는 것을 싫어하나 일단 유치원에 가서는 만족한다면 두려움이 나타나는 것은 아마도 엄마와의 헤어짐 때문이다. 독립성을 갖도록 조심스럽게 격려하면서 온정과 양육을 느끼도록 한다. 만약 아동이 기관에 있는 것을 두려워한다면 무엇이 두렵게 만드는지-교사, 아동, 복잡하고 시끄러운 환경-를 파악한다. 아동과 함께 하면서 충분히 지원을 제공해 주고 엄마가 함께 하는 시간을 점차 줄인다.
동물	아이의 공포를 불러일으키는 개, 고양이 또는 다른 동물에 가까이 하도록 강요하지 말고 아동 자신이 편안한 속도로 움직일 수 있도록 허용한다. 동물을 안고 쓸어주는 방법을 알려주고 부드럽게 다루면서 동물이 친근한 존재임을 보여 준다. 만약 아이가 동물보다 크다면, "너는 엄청 크네. 저 고양이는 아마도 널 무서워할 거야."라고 강조한다.
지속적 공포	만약 아이의 공포가 강렬하고 오랜 시간 지속되며 일상활동을 방해하고 이미 제안된 방법으로도 그 공포가 감소되지 않는다면, 공포증의 수준에 이르렀다고 볼 수 있다. 때때로 공포증은 가족문제와 관련이 있으며, 이를 감소시키기 위해서는 상담이 요구된다. 그렇지 않은 경우, 공포증은 아동의 정서적 자기조절능력이 향상됨에 따라 특별한 처치 없이 사라진다.

출처 : Berk, L. E.(2006) ; 이종숙 외 공역(2008), p. 339에서 재인용.

유아가 정서조절능력을 발달시키는 과정에서 특히 주 양육자의 역할은 중요하다. 특히, 어머니가 아동의 정서상태와 조절능력을 이해하고 민감하게 반응하는 것이 유아의 정서조절능력을 향상시키는 데 중요하다. 어머니의 민감성이 높은 경우에는 정서조절능력에 문제가 생겨도 문제행동으로 연결되는 경우가 적지만, 어머니의 민감성이 낮은 경우에는 유아의 정서조절능력에 생긴 문제가 문제행동으로까지 이어진다(Rubin, Burgess, Dwyer & Hastings, 2003). 즉, 유아의 정서조절능력이

표 7-3 두 개의 문화권에서의 두 가지의 대화

유럽계 미국인 어머니와 자녀의 대화	중국인 어머니와 자녀의 대화
엄마 : 지난번에 울었던 일 기억나니? 유아 : 내가 왜 울었죠? 엄마 : 나도 네가 왜 울었는지 잘 모르겠어. 그런데 어디서 그랬는지는 기억나니? 유아 : 풍선이 하나도 없어서 울었어요. 엄마 : 다들 풍선은 없었어. 그러면 이유가… 집에 가기 싫어서 그랬던 건가? 유아 : 네. 엄마 : 우리 어디 있었지? 유아 : 스튜어트 공원이요! 엄마 : (웃으며) 그래. 너 스튜어트 공원에서 많이 울었지. 그렇지만 음, 이번에는 식당 주차장이었는데. 식당 주차장 생각나니? 문 옆에서서 울었던 거 기억나? 유아 : 네. 엄마 : 그래? 유아 : 네. 엄마 : 뭐 때문에 울었지? 유아 : 가기 싫어서요. 더 먹고 싶었어요. 엄마 : 아, 더 먹고 싶었구나. (웃으며) 그게 이유였니? 유아 : 네. 엄마 : 음. 엄마가 널 데려가려 했고 네가 주먹질을 하며 덤볐던 것도 생각나네. 너 정말 심하게 울었는데. 아마 풍선 때문이었을 수도 있고 배가 고파서 그랬을 수도 있어. 그렇지만 우리 둘 다 네가 다른 풍선을 얻을 수도 있다는 걸 알았지, 그렇지? 유아 : 네.	엄마 : 지난번에 아빠가 널 왜 때렸는지 기억나니? 유아 : 체스! 엄마 : 체스 때문에 왜? 체스 가지고 뭘 했는데? 유아 : 말을 안 들었어요. 엄마 : 어떻게 했더라? 유아 : 내가 바닥에 체스 말을 던졌어요. 엄마 : 바닥에, 그렇지? 일부러 그랬니? 유아 : 음… 다음부턴 조심할게요. 엄마 : 맞아, 아빠가 그래서 네 엉덩이를 때린거야. 그렇지? 그래서 울었나? 유아 : 울었어요. 엄마 : 아팠어? 유아 : 아팠어요. 엄마 : 아팠어? 이젠 더 이상 아프지 않지. 그렇지? 유아 : 네, 다음부터 조심할게요. 엄마 : 음, 조심해라.

출처 : Rubin, K. H. et al.(2003) ; 곽금주 외 공역(2012), p. 325에서 재인용.

취약한 경우 어머니가 민감하게 반응해 주면 문제가 악화되는 것을 방지할 수 있지만 어머니가 민감하게 반응해 주지 못하면 문제가 악화된다.

또한 유아가 표현하는 정서를 조절하도록 외부에서 도와주면 유아는 도움받은 경험을 내면화하여 스스로 정서를 조절할 수 있게 된다. 공포나 두려움은 유아기에 흔히 나타내는 정서이며, 처음에는 양육자가 이 공포를 조절할 수 있도록 개입하면 이를 통해 차츰 유아 스스로 공포를 극복하고 조절할 수 있는 능력이 생긴다.

부모뿐 아니라 유아가 속한 사회의 문화적 배경 또한 유아들의 정서조절에 영향을 미친다. 어떤 문화에서는 정서를 개방적으로 표현하는 데 관대하지만 다른 문화권에서는 정서를 표현하는 것에 대해 부정적인 평가를 하기도 한다. 특히, 개인주의 문화권과 집단주의 문화권의 정서조절에 대한 가치에는 차이가 있다. 독립성에 가치를 두는 개인주의 문화권에서는 자부심이 긍정적인 정서로 간주되지만, 상호의존성에 가치를 둔 집단주의 문화권에서는 순종 및 집단소속감과 관계있는 수치심을 긍정적 정서로 간주한다. 유아가 속한 문화권에 따라 유아가 보이는 자부심이나 수치심과 같은 상반된 정서를 격려하기도 하고 억제하기도 하여 문화가 유아 개인의 정서조절에 기여하는 것이다(Wang, 2006). 표 7-3은 정서표현을 격려하는 유럽계 미국인 어머니와, 정서표현을 강조하지 않는 중국인 어머니와 유아의 대화이다.

5) 기질

(1) 기질의 개념

기질temperament이란 개인의 특성적 요소로 상황에 대한 접근과 반응양식을 의미한다. 기질은 많은 부분이 선천적이기 때문에 생후 초기부터 영아들은 정서표현방식 및 행동양식에서 뚜렷한 개인차를 보인다. 개인의 기질은 정서적 기초를 가지지만 정서와는 구별된다. 정서는 개인이 경험으로부터 느끼는 주관적 반응이며 여기에는 일시적이고 구체적인 반응부터 일관되고 포괄적인 감정표현 모두가 포함된다. 반면, 기질은 정서에 비해 상대적으로 일관되며 지속적이고 안정적인 특징을 가진다. 따라서 외부 세계에 대한 개인의 일관된 반응경향이라 볼 수 있으며 성격을 형성하는 기초로 이해된다(Goldsmith, 1993).

기질에서의 개인차는 선천적으로 타고나는 기본적인 생물학적 특성에서의 차이에 기인한다고 본다. 그리고 영아기의 기질은 전 생애를 통해 대개 안정적인 특성을 보인다(Kagan, 1998). 그러나 동시에 기질은 사회문화적 영향을 받기도 하는데, 특히 부모의 자녀양육 태도와 같은 생애 초기의 환경적 경험은 기질에서의 변화를 야기하기도 한다(Papalia, Olds & Feldman, 2006).

(2) 기질의 유형

기질을 측정할 때 연구자들은 조금씩 다른 요소를 포함하기도 하지만 대개 활동수준, 자극민감성, 긍정적 정서, 공포와 좌절, 진정능력, 행동억제, 집중능력, 적응능력 등의 요소들을 주요 측정요소로 사용한다(조복희, 2007). 이러한 요소들로 측정된 자료를 바탕으로 영아의 기질은 세 가지 유형으로 분류된다. 영아의 기본 정서가 얼마나 긍정적인지 그리고 새로운 환경에 얼마나 잘 적응하는지에 따라 순한 아동easy child, 까다로운 아동difficult child, 느리게 반응하는 아동slow-to-warm-up child으로 구분할 수 있다표 7-4(Thomas & Chess, 1977 ; 1984).

순한 기질의 영아는 규칙적인 식습관 및 수면습관을 가지고 있으며 기본적인 정서가 긍정적이어서 낯선 사람이나 상황에도 긍정적으로 빠르게 적응한다. 전체 아동 중 순한 기질의 아동은 약 40%의 비율을 보인다.

까다로운 기질의 영아는 기본적인 정서가 부정적이고 강하여 짜증을 부리거나 쉽게 좌절하는 모습을 보인다. 또한 식습관이나 수면습관이 불규칙적이고 새로운 환경에 대해서도 두려움을 가지며 느리게 적응하기 때문에 까다로운 영아의 부모는 대개 양육에 어려움을 경험한다. 까다로운 기질은 전체 아동의 약 10%로 상대적으로 낮은 비율에 해당한다.

느리게 반응하는 기질의 영아는 순한 기질과 까다로운 기질의 중간 정도에 해당하는 정서와 규칙적 성향을 보인다. 이 유형의 영아는 낯선 사람이나 낯선 환경에 대해 처음에는 잘 적응하지 못하고 두려워하거나 수줍어하는 모습을 나타내지만 점차 잘 적응하게 된다. 느리게 반응하는 기질은 약 15%의 비율을 보이며, 실험대상 전체 영아 중 35%는 위의 세 가지 유형으로 분류되지 않고 여러 유형의 특성을 복합적으로 나타내는 미분류형에 속한다(Thomas & Chess, 1977).

표 7-4 기질의 세 가지 유형

범주	순한 아동	까다로운 아동	느리게 반응하는 아동
식습관과 수면습관	규칙적이다.	불규칙적이다.	어느 정도 규칙적이다.
변화 및 낯선 이에 대한 반응	새로운 환경과 낯선 이에 대해 잘 적응한다.	느리게 받아들이고 낯선 이에 대해 두려움을 표현한다.	처음에는 보통 정도의 부정적 반응을 보이며, 반복적인 노출을 통해 점차 잘 적응한다.
좌절에 대한 반응	어느 정도 보채지만 곧 수용한다.	짜증을 부리거나 혹은 위축된다.	부정적 반응을 보이나 결국 회복된다.
정서	대개 긍정적이며, 강도는 보통 정도이다.	부정적이고 강렬하며 빈번한 경향이 있다.	다소 강렬하며, 긍정적 · 부정적 정서를 모두 보인다.
비율	약 40%의 아동	약 10%의 아동	약 15%의 아동

출처 : 도현심 외(2011).

(3) 조화적합성

기질은 사회문화적인 영향을 받아 변화할 수는 있지만 근본적으로 타고나는 개인적 성향이기 때문에 원하는 기질로 바꾸는 것은 쉬운 일이 아니다. 어떤 영아는 순한 기질을 타고나기 때문에 새로운 상황이나 사람에게도 어려움 없이 반응하고 긍정적 정서를 보이기 때문에 환경에 쉽게 적응할 수 있다. 반면, 어떤 영아는 까다로운 기질을 타고나기 때문에 순한 영아에 비해 환경에 적응하는 것이 쉽지 않다. 그렇다면 순한 기질의 영아가 아닌 경우는 어떻게 건강하고 바람직한 발달을 이룰 수 있을까?

기질에 대한 연구는 단순히 영아의 정서적이고 행동적인 반응특성을 이해하는 것에서 끝나지 않는다. 즉, 타고난 기질을 바탕으로 바람직한 발달과 적응을 이룰 수 있는 방법을 모색하였는데, 이를 조화적합성goodness-of-fit 개념으로 설명한다. 조화적합성이란 아동의 기질과 그들이 다루어야 하는 환경적 요구 및 구속 사이의 조화를 의미한다. 이러한 측면에서 부모의 양육태도는 타고난 기질을 바탕으로 아동이 긍정적 성격을 형성하는 데 매우 중요한 요소라 할 수 있으며, 부모는 아동의 타고 난 기질을 파악하고 그에 맞는 양육태도와 양육행동을 일관성 있게 보여 주어야 한다.

6) 애착

(1) 애착의 개념

애착이란 영아와 주 양육자 간의 상호적이고 지속적인 정서적 유대를 의미한다(Bowlby, 1969 ; 1973 ; 1989). 애착은 영아와 주 양육자의 관계의 질을 결정하는 중요한 요소로, 영아와 주 양육자 모두에게 영향을 미친다. 그러나 특히 영아의 주 양육자에 대한 애착은 그 관계의 중요성과 필요도로 인해 훨씬 중요하게 이해된다.

애착은 영아와 양육자 간에 지속적인 관계를 맺게 될 때 형성되지만, 반대로 둘 사이의 관계를 지속시키는 데 필요한 요소이기도 하다. 이런 측면에서 애착은 영아의 생존과 직결된다. 왜냐하면 영아는 주 양육자와의 애착관계를 통해 생존에 필요한 신체적인 욕구들수유 · 배설 · 수면 등을 해결할 수 있으며, 정서사회적으로도 안정감과 유대감 등을 느끼게 된다. 이처럼 영아에게 있어 주 양육자는 자신의 신체적 · 심리적 · 사회적 발달에 매우 중요한 존재이기 때문에 영아는 애착대상인 주 양육자에게 집착하기도 하며 주 양육자와 분리되면 불안해하는 특성을 보인다.

애착은 생후 6~8개월 정도부터 형성되기 시작하여 18개월경까지 완성된다. 애착은 생물학적이고 본능적으로 형성된다. 다음은 애착의 형성이 본능적이라고 보며 그 과정을 설명하는 애착의 주요 이론들이다.

(2) 애착에 대한 이론

① 프로이트의 정신분석이론

프로이트Freud는 영아가 주 양육자와 애착을 형성하는 이유는 주 양육자가 영아의 욕구를 충족시켜주기 때문이라고 보았다. 프로이트의 심리성적 이론에서는 성적 에너지인 리비도libido가 구순기에 해당하는 생후 초기 1년 동안에는 입에 집중된다고 설명한다(Shaffer & Kipps, 2010). 영아는 입을 통해 쾌락과 즉각적인 만족을 얻기 때문에 음식에 대한 욕구를 갖게 되는데, 이러한 욕구를 충족시켜주는 사람이 바로 주 양육자라는 것이다. 그러나 이와 같은 주장은 반박되기도 하는데, 예를 들어 영아가 수유나 이유를 직접 하지 않는 취업모에게 애착을 형성하는 예는 프로이트의 이론으로는 설명할 수 없다.

② 보울비의 애착이론

보울비Bowlby(1969)의 애착이론은 비교행동학의 관점에서 애착을 설명한다. 비교행동학에서는 사회적 행동을 설명할 때 생물학적 기초와 다윈Darwin의 진화론적 관점을 취한다. 따라서 선천적으로 타고나는 동물의 특정행동은 그 종의 생존을 증가시키는 목적에서 진화되어온 행동특성이라 설명한다. 이러한 관점에서 보울비는 영아의 양육자에 대한 애착행동 역시 영아의 생존을 위해 진화되어온 현상으로 보았다(Bowlby, 1969, 1973).

보울비의 애착에 대한 설명은 동물의 행동을 연구하는 비교행동학적 실험의 결과를 통해 그 이론적 지지를 얻는다(Shaffer & Kipps, 2010). 로렌츠Lorenz는 일부 조류에게서 나타나는 현상을 설명하는 각인이론을 소개하였다. 각인imprinting이란 어린 동물들이 생후 처음 몇 시간 동안에 본 대상에 대해 애착을 형성하는 현상을 의미한다. 로렌츠의 각인이론은 애착형성이 생애 초 특정 시기에 이루어진다는 것

표 7-5 할로우의 원숭이 실험

상황	사진	내용
평소 상황	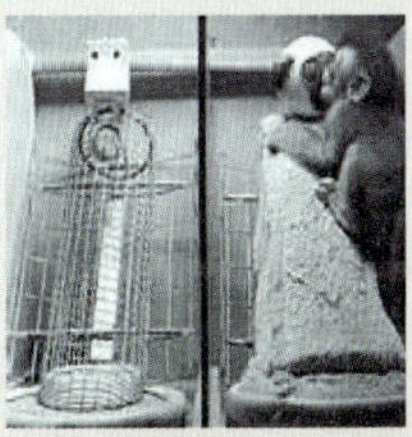	철사로 만든 어미 원숭이 모형과 부드러운 천으로 감싼 어미 원숭이 모형을 제공했을 때 아기 원숭이는 천으로 만든 원숭이 모형에 매달려 대부분의 시간을 보냈다.
수유 상황		철사로 만든 어미 원숭이 모형에 젖병을 달고, 천으로 만든 모형에는 젖병을 달지 않은 경우, 아기 원숭이는 우유를 먹을 때만 철사 원숭이에게 접근하였다. 그리고 이때에도 천 원숭이에 매달린 상태에서 몸을 뻗어 젖병을 빠는 모습을 보여 천 원숭이에 대한 분명한 선호를 나타냈다.
위험 상황		실험실 우리 안에 낯선 장난감을 떨어뜨리자 놀란 아기 원숭이는 천으로 만든 어미 원숭이 모형으로 달려가 매달리는 모습을 보였다. 천 원숭이에게 매달려 안정을 회복하면 아기 원숭이들은 서서히 낯선 장난감을 쳐다보고 만져보는 등의 탐색 행동을 보이기도 하였다.

을 보여주며, 더불어 발달에 결정적 시기가 있음을 시사한다.

보울비의 애착이론 형성에 큰 영향을 미친 동물 실험 연구로 할로우Harlow의 원숭이 실험을 들 수 있다. 할로우는 아기 원숭이를 대상으로 표 7-5의 실험을 수행하였다(Harlow & Zimmerman, 1959). 할로우는 생후 7일 된 아기 원숭이를 어미 원숭이에게서 분리시킨 후 철사로 만든 원숭이 모형과 천으로 쌓아놓은 원숭이 모형의 두 가지 대리모가 있는 우리에 넣은 후 행동을 관찰하였다. 할로우의 원숭이 실험결과는 영아의 애착형성 이유와 과정, 그리고 그 결과에 대한 몇 가지 매우 중요한 시사점을 제공한다. 첫째, 할로우의 실험결과는 인간의 아기가 주 양육자에게 애착을 형성하는 것이 본능적인 특성임을 보여 준다. 둘째, 애착형성의 이유가 단순히 배고픔을 달래거나 프로이트의 주장처럼 음식을 통한 입에 대한 욕구해결과 관련되기보다는 접촉을 통한 정서적 안정감에 대한 욕구와 관련되어 있음을 보여 준다. 셋째, 애착의 대상은 낯선 상황이나 위험한 상황에서 안전기지secure-base로 작용하여 정서적 안정감을 준다. 마지막으로 애착대상을 안전기지로 활용하는 것은 보다 적극적인 탐색을 가능하게 하여 주변환경에 대한 적응에 도움을 준다.

(3) 애착의 유형

에인스워스Ainsworth(1979)는 약 10~24개월 된 영아를 대상으로 그들이 주 양육자와 맺은 애착의 질을 평가하는 실험을 고안하였다. 이를 낯선 상황strange situation 실험이라 한다. 낯선 상황의 실험절차는 각 3분으로 구성된 총 여덟 개의 에피소드로 이루어져 있다표 7-6. 실험 장면에서 평가자는 낯선 이에 대한 영아의 반응과 분리 시의 반응, 그리고 어머니와 재결합 시 영아의 반응을 주요 기준으로 삼아 개별 영아의 애착 정도를 평가한다. 영아의 애착 유형은 낯선 상황 실험을 통해 표 7-7과 같이 네 가지로 분류된다(Ainsworth et al., 1978 ; Main & Solomon, 1986).

표 7-7에서 볼 수 있듯이 애착 유형은 안정애착, 회피애착, 저항애착, 비조직적 애착의 네 가지를 포함한다. 유형의 구분은 낯선 상황 실험에서 주요하게 관찰한 내용들, 즉 낯선 장소에 대한 영아의 반응과 주 양육자와의 분리 및 재결합 시의 영아의 반응을 기준으로 이루어진다. 안정애착을 형성한 영아의 경우 낯선 실험실에서도 놀잇감을 만져보고 주변에 호기심을 나타내는 등 활발한 탐색활동을 보였는데, 이는

표 7-6 낯선 상황 실험절차

상황	참여자	시간	내용
1	주 양육자, 영아, 실험자	30초	관찰자가 실험상황을 설명하고 나간다.
2	주 양육자, 영아	3분	주 양육자가 있는 상황에서 영아가 낯선 환경을 탐색하는 내용을 관찰한다.
3	낯선 이, 주 양육자, 영아	3분	낯선 이가 들어오고, 주 양육자가 있는 상황에서 낯선 이에 대한 영아의 반응을 관찰한다.
4	낯선 이, 영아	3분 이하	첫 번째 분리상황으로, 주 양육자가 퇴장한 후 낯선 이와 단둘이 있는 상황에서 영아의 반응을 관찰한다.
5	주 양육자, 영아	3분 이상	첫 번째 재결합상황으로, 주 양육자와의 재결합에 대한 영아의 반응을 관찰한다.
6	영아	3분 이하	두 번째 분리상황으로, 영아만 혼자 남겨졌을 때 영아의 반응을 관찰한다.
7	낯선 이, 영아	3분 이하	낯선 이가 들어왔을 때 영아의 반응을 관찰한다.
8	주 양육자, 영아	3분	두 번째 재결합상황으로, 주 양육자와의 두 번째 재결합에 대한 반응을 관찰한다.

출처 : 도현심 외(2011).

표 7-7 애착의 유형

유형	비율	내용
안정애착	65%	• 낯선 곳에서 주 양육자를 안전기지로 활용하여 활발한 탐색활동을 보인다. • 주 양육자와 분리 시 울거나 불안해 하는 등의 부정적인 반응을 덜 보인다. • 재결합 시에는 주 양육자를 매우 반갑게 맞이한다.
회피애착	20%	• 주 양육자와 친밀한 상호작용을 별로 보이지 않는다. • 주 양육자와 분리 시 울거나 보채지 않으며, 낯선 이에게도 주 양육자와 비슷하게 행동한다. • 재결합 시 돌아온 주 양육자를 피하거나 덜 반가워하며 맞이한다.
저항애착	10%	• 낯선 곳에서 주 양육자 주변을 맴돌며 탐색활동을 거의 하지 않는다. 낯선 이에 대해 경계하는 모습을 보인다. • 주 양육자와 분리 시 울고 보채며 양육자를 찾는다. • 재결합 시 주 양육자에게 화를 내고 공격적으로 저항하는 행동을 보이며 쉽게 달래지지 않는다.
비조직적 애착	5~10%	• 낯선 곳에서 주 양육자나 낯선 이에게 분류하기 어려운 다양한 반응을 보인다. • 매우 두려워하기도 하고 무관심하기도 하는 등 모순된 행동을 보인다.

출처 : 도현심 외(2011).

그들이 주 양육자를 안전기지로 활용하여 새로운 장소나 사물에 대한 두려움을 통제할 수 있기 때문이다. 또한 안정애착 영아는 주 양육자와 분리 시 심하게 울거나 매달리는 행동을 보이지 않고 울더라도 쉽게 달래졌는데, 이는 주 양육자가 다시 돌아올 것이라는 신뢰감을 가지고 있기 때문으로 설명된다. 따라서 재결합 시 자신의 기대와 같이 주 양육자가 돌아온 것을 매우 기뻐하면서 반갑게 양육자를 맞이하게 된다.

불안정애착 유형으로 구분되는 회피애착과 저항애착은 주 양육자에게 비의존적이거나 반대로 너무 의존적인 관계를 형성함으로써 지나치게 무관심하거나 혹은 지나치게 매달리고 원망하는 부정적 반응을 보인다. 특히, 회피애착 유형의 영아들은 낯선 상황이나 낯선 이에 대해 경계 없이 다가가는 모습을 보이기 때문에 활발하고 적극적이며 스스럼없는 성격으로 여겨질 수도 있다. 그러나 주 양육자에 대한 깊은 신뢰감이나 유대감을 형성하지 못했기 때문에 바람직한 애착 유형이라 볼 수 없다.

2. 사회성발달

1) 자아발달

(1) 자아개념

유아는 자신의 존재에 대해 자각하면서 자아에 대한 개념을 형성하기 시작한다. 유아의 자아는 정신적 표상을 형성하고 자신과 타인을 구별할 수 있는 인지능력의 발달을 바탕으로 형성되며 또한 사회적 상호작용의 경험을 통해 발달한다.

그림 7-5 유리창에 비친 자신을 바라보는 유아

자아개념은 신체, 인지, 정서 등과 같은 여러 영역에 대한 평가적 판단을 내리는 것이고(Harter, 2006), 자아존중감은 자신의 가치에 대한 보다 포괄적인 평가를 의미한다(Steinberg et al., 2011).

유아의 자아개념은 신체특성과 행동처럼 관찰 가능한 특징 위주로 이루어지며 사회적 관계나 자신의 선호도 포함된다(Steinberg et al., 2011). 다음은 3세 유아의 자아에 대한 묘사이다.

> 나는 세 살이고, 엄마, 아빠, 제이슨 형 그리고 동생 리사와 함께 큰 집에 살아. 나는 파란 눈을 가졌고 오렌지색 고양이가 있고, 내 방에는 TV가 있어. 난 알파벳을 전부 알아. 들어봐. ABC⋯XYZ. 난 정말 빨리 뛸 수 있어. 난 피자를 좋아하고 우리 유치원 선생님이 정말 좋아. 난 100까지 셀 수 있어. 들어볼래? 난 우리집 강아지 스키퍼를 사랑해. 난 정글짐 꼭대기까지 올라갈 수 있어. 하나도 안 무섭거든! 난 한번도 무서워한 적이 없어! 난 언제나 행복해. 내 머리카락은 갈색이고 난 유치원에 다녀. 난 진짜 힘이 세. 이 의자도 들 수 있어. 잘 봐! (Harter, 2006 : 513)

표 7-8 자아개념의 발달

연령	특성
1~2세	• 자기를 물리적으로 구별된 것으로 인식하며 사람과 사물로 하여금 예측 가능한 방식으로 반응하게 하는 것으로 인식 • 거울과 사진 그리고 비디오테이프 속의 자기상을 인지 • 지기 이미지에 이름을 붙이기 위해 자신의 이름이나 인칭대명사를 사용
3~5세	• 연령, 성별, 신체적 특징, 선과 악, 능력에 기초하여 자신과 타인을 분류하여 범주적 자아를 형성 • 일상 이야기에 대한 내러티브의 형식 속에 기억된 자아를 구성 • 욕구–마음이론의 틀린 믿음 과제의 습득에 의해 나타나는 믿음–욕구이론으로 확장 • 관찰 가능한 특성과 특유의 정서 및 태도로 구성된 자아개념 형성
6~10세	• 자아개념에 있어 개인적 특성과 긍정적이고 부정적 속성 모두를 강조 • 다수의 개인 간 사회적 비교
11세 이상	• 자아개념에 있어서 '영리한', '재능 있는'과 같은 독립적 특성을 '지적인'과 같은 보다 추상적 서술로 통합 • 자아개념을 형성하는 특성은 조직적 체계로 결합

출처 : Berk, L. E.(2006) ; 이종숙 외 공역(2008), p. 384에서 재인용.

유아	학령기 아동	청소년
• 소유 • 신체적 특성 • 선호 • 능력	• 정서 • 사회적 집단 • 또래와의 비교	• 태도 • 인성 특성 • 환경에 따라 변화하는 신념 • 미래 지향적

그림 7-6 자아개념의 발달적 변화

출처 : Kail(2007) ; 권민균 외 공역(2008), p. 297에서 재인용.

(2) 자아존중감

유아기의 자아존중감은 행동으로 표현된다. 자아존중감이 높은 유아는 자신감과 호기심이 많으며 독립적이다(Harter, 2006). 새로운 환경에 잘 적응하고, 도전을 즐긴다. 반대로 자아존중감이 낮은 유아는 자신감, 호기심 그리고 독립심이 부족하다. 도전상황에서 뒤로 물러나며 주도성을 거의 보이지 않는다. 흥미로운 점은 이 시기의 자아존중감은 실제 능력과는 상관이 없다는 것이다. 자아존중감이 높은 유아가 인지적 능력, 운동능력 등이 높은 것은 아니다(Steinberg et al., 2011).

내적 작동모델은 유아가 자아를 형성하는 과정에서 중요한 기능을 수행한다. 내적 작동모델은 영아기에 부모자녀관계를 통해 애착이 발달하는 과정에서 형성되어 자신과 외부세계에 대한 믿음으로 기능하기 때문이다. 따라서 애착연구가들은 부모자녀관계의 질이 유아의 자아발달에 매우 중요한 요소라고 보았다. 양육자인 부모가 민감하고 애정적인 양육을 제공할 때 유아가 안정애착을 형성하고, 스스로를 사랑받을 만한 가치가 있는 존재로서의 자아에 대한 내적 작동모델을 형성한다. 거부적인 양육을 경험한 유아는 불안정애착을 형성하여 스스로의 가치에 대해 믿음을 갖지 못하여 자아존중감이 낮고 일관성 없는 자아개념을 가지게 된다.

표 7-9 자아존중감의 발달

연령	특성
1~2세	• 목표달성에 대한 기쁨의 표현이 확연하게 나타난다. • 성인의 평가에 대한 민감성이 나타난다.
3~5세	• 자아존중감이 특히 높으며, 몇 가지 분리된 자기평가를 구성한다. • 성취와 관련된 귀인이 나타나지만 변별되지 않는다. 예를 들면, 열심히 노력하는 사람이 영리하고 성공할 것이라고 생각한다.
6~10세	• 자아존중감이 위계적으로 조직화되고 분리된 자기평가(학문적 · 사회적 · 신체적 · 예술적 능력, 신체적 외모)가 총체적 자기상으로 통합된다. • 자기존중감은 아동의 사회적 비교로 인해 낮아졌다가 다시 상승한다.
11세~성인기	• 성취 관련 귀인은 능력, 노력, 외적 요인으로 분화된다. • 자아존중감의 새로운 영역(우정, 애정적 매력, 직업능력)이 추가된다. • 자아존중감은 지속적으로 증가한다. • 성취 관련 귀인은 노력과 완전한 분화를 반영한다.

출처 : Berk, L. E.(2006) ; 이종숙 외 공역(2008), p. 344에서 재인용.

2) 성역할발달

(1) 성정체성

만 2세 반 정도의 유아는 자신과 다른 사람을 성별로 구분하기 시작한다(Fagot & Leinbach, 1989). 남자와 여자를 구분하여 인식하는 것이다. 자신의 성별을 구분하는 것이 곧 성정체성이다(Ruble, Martin & Berenbaum, 2006). 하지만 이 시기에는 남자도 퍼머를 한다거나 여자 옷을 입으면 여자가 된다고 생각하기도 한다. 6~7세경이 되면 성이 영구적이고 변하지 않는다는 것을 알게 되는 성항상성의 개념을 갖게 된다. 성항상성의 개념은 외양의 변화에도 불구하고 본질이 변화하지 않는다는 것을 아는 보존개념과 같은 인지적 성장을 바탕으로 획득하게 된다.

(2) 성역할발달

3세경부터 남아와 여아는 성고정관념적인 행동을 시작한다. 유아의 성고정관념적 행동은 대부분 장난감의 선택이나 동성 놀이 상대의 선택, 놀이형태의 차이에서 나타난다(Fabes, Hanish & Martin, 2007 ; Ruble et al., 2006). 남아는 자동차 종류의 장난감, 레고를 좋아하고 전투처럼 위험한 요소가 내포된 환상놀이를 하며 비디오게임을 즐기는 반면(Huston, Wright, Marquis & Green, 1999 ; Ruble et al., 2006), 여아는 인형, 부엌세트를 가지고 놀며 가족역할, 공주역할 등의 환상놀이를 주로 한다(Orenstein, 2006).

4세경에는 여아는 자라서 성인 여성이 되고 남아는 자라서 성인 남성이 된다는 것을 이해하는 성안정성을 획득하게 된다.

성고정관념은 5~6세에 정점에 달하고 아동기에 접어들면 좀 더 유연해진다. 유아기의 성고정관념이 강한 원인 중 하나는 유아의 성항상성개념이 완전하지 않기 때문이다. 성항상성을 갖추지 못하고 성별을 외모에만 근거하여 판단한다면, 남성적으로 보이기 위해 또는 여성적으로 보이기 위해 노력하게 될 것이다. 그러나 성항상성의 개념을 갖춘 아동기에는 외양의 변화에 따라 성이 변하지 않는다는 것을 알기 때문에 남성과 여성의 특징을 경직되게 구분할 필요가 없어지는 것이다.

이러한 성역할발달의 또 다른 원인은 부모나 교사가 남아와 여아에게 서로 다른 성역할을 기대하기 때문이다(Gelman, Taylor & Nguyen, 2004). 많은 부모들이 남아에게 독립적이고 활동적인 놀이를 기대하고, 여아에게 감정에 대해 더 많이 이야기한다. 남아에게는 경쟁적인 놀이를 더 많이 허용하고, 여아에게는 나눔과 돌봄을 강조한다. 여아가 남성적인 역할행동을 할 때보다는 남아가 여성적인 역할행동을 할 때 더 강한 사회적 제재를 받는다. 부모, 특히 아버지는 여아보다 남아의 성역할행동에 더 적극적으로 개입하는 경향이 있다(Ruble et al., 2006).

또래와의 상호작용 또한 성 사회화에 영향을 미친다. 남아가 대집단 속에서 거친 신체놀이를 더 많이 하고 여아는 두세 명의 친구들과 교사 가까운 곳에서 놀이를 하는 경향이 더 많았다(Martin & Fabes, 2001).

3) 놀이

유아기의 놀이는 그 자체로서 학습이며, 유아기 사회성발달의 큰 부분을 차지한다. 유아는 놀이를 통해 학습하고, 또래를 사귀기 때문에 유아의 놀이수준 또는 유형은 유아의 다른 사회성발달영역과도 밀접한 상관이 있다.

놀이에는 몇 가지 충족시켜야 할 전제조건이 있다. 놀이는 즐거워야 하며, 자발적으로 이루어져야 한다. 따라서 자발적인 참여에 의해 이루어지는 놀이를 통해 교육이 이루어질 때 가장 효과적인 학습효과가 나타나기도 한다.

(1) 인지적 수준에 따른 놀이의 유형

유아기의 놀이를 인지적 수준에 따라 구분하면 다음과 같다(Smilansky, 1968).

① 기능(감각)놀이

생후 2년간 주로 나타나며 영아기의 감각운동기술을 습득하는 과정에서 나타난다. 물체를 가지고 또는 자신의 신체를 이용해서 단순히 반복적으로 근육을 사용해 움직이며 운동행동을 하는 기능놀이이다.

② 구성놀이

무엇인가를 생각하고 만들어 내는 놀이로, 유아기에 주로 나타난다. 블록 쌓기, 퍼즐 맞추기, 그리기 등이 포함된다.

그림 7-7 구성놀이 중인 유아

③ 가상놀이

정신적 표상능력이 생기고 상징을 이해하는 인지능력이 생기는 유아기에 나타나는 놀이이다. 주로 역할놀이의 형태를 띠며, 병원놀이, 소꿉놀이 등이 이에 해당한다.

④ 규칙이 있는 게임

미리 만들어진 규칙이나 새롭게 만들고 합의한 규칙에 따라 놀이를 하는 게임을 의미한다. 유아기 후반부에 시작된다(Rubin & Krasnor, 1980).

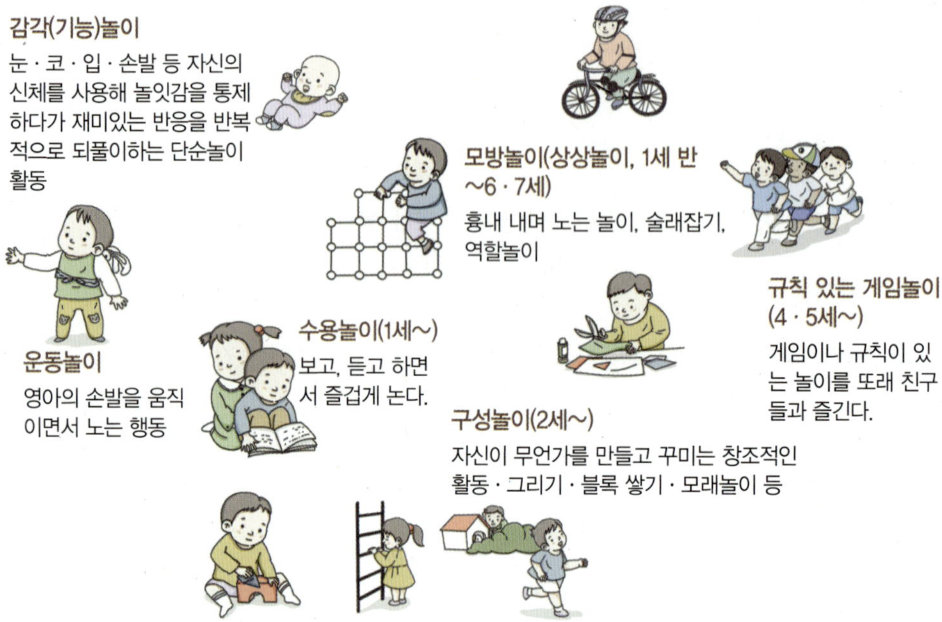

그림 7-8 유아의 인지적 놀이의 발달적 변화

출처 : 강란혜(2008), p. 235.

(2) 사회적 수준에 따른 놀이의 유형

사회적 상호작용이 얼마나 많은 비중을 차지하느냐에 따라 아동의 놀이를 6가지 유형으로 구분한다(Parten, 1932).

① 비참여적 놀이

놀고 있지 않은 것처럼 보이지만 주변의 일에 흥미는 가지고 있는 상태이다. 자신의 신체를 가지고 놀기도 한다. 주로 영아기에 나타나는 형태이다(조성연 외, 2005).

② 혼자 놀이

주변에 그다지 흥미를 보이지 않는 상태로 혼자서 장난감을 가지고 논다. 대략 2~2세 반 사이에 많이 나타나는 형태의 놀이로, 혼자서 책보기, 그림 그리기, 블록 쌓기 등이 있다. 이러한 활동을 하면서 옆에 다른 유아가 있더라도 관심을 갖지 않는다.

그림 7-9 혼자 놀이 중인 영아

③ 방관자적 놀이

다른 유아가 노는 것을 관찰하면서 시간을 보내고, 말을 걸기도 하지만 직접 놀이에는 참여하지 않는다. 놀이를 하고 있지 않다는 점에서 비참여적 놀이와 구분되며, 다른 아이에게 관심을 보인다는 점에서는 혼자 놀이와도 다르다.

④ 병행놀이

같은 공간에서 다른 유아와 같은 장난감 또는 유사한 장난감을 가지고 놀지만 서로 교류 없이 각각 독립적으로 가지고 논다. 약 2세 반~3세 반 사이에 많이 나타나는 놀이형태이다. 블록 쌓기, 미끄럼틀 타기, 책 읽기 등의 활동에서 관찰된다. 옆의 유아가 놀이를 중단하면 함께 중단하기도 해서 마치 함께 한 활동을 중단한 것처럼 오인할 수 있지만, 실제로 놀이 도중에 상호작용은 일어나지 않는다.

⑤ 연합놀이

여러 유아가 함께 하는 놀이로, 장난감을 서로 주고받고 대화를 주고받으며 놀이한다. 그러나 공동의 목표나 역할분담은 이루어지지 않는다. 옆자리의 유아와 상호작용이 시작되었다는 점에서 함께하는 놀이라 간주한다. 다른 유아에게 관심을 가지고 상호작용을 시도할 수 있는 사회성의 발달을 전제로 가능한 놀이이며, 아직까지 규칙이나 패턴을 이해하는 데 필요한 인지능력이 갖추어지지 않은 수준에서 많

● 그림 7-10 병행놀이 중인 영아들

● 그림 7-11 연합놀이 중인 유아들

이 이루어지는 놀이형태이다.

⑥ 협동놀이

여러 유아가 한 가지 활동을 함께 하고 한 가지 목표를 향해 역할분담을 한다. 다수의 유아가 참여하므로 리더의 역할을 하는 유아가 나타나기도 한다. 규칙을 정하고 따를 수 있는 인지적 능력이 갖추어져야 가능한 형태의 놀이이기 때문에, 4세 반 이후의 유아기 후반에 나타난다. 가게놀이, 공놀이, 병원놀이 등이 포함된다.

이러한 놀이의 단계는 일반적으로는 연령의 증가에 따라 발달하는 것으로 알려져 있으나, 모든 유아가 연령증가에 따라 동일한 단계에 머무르는 것은 아니다. 유아 개인의 성향에 따라서 5~6세가 되어도 협동놀이보다 단독놀이를 더 많이 할 수도 있기 때문에, 최근에는 각 놀이의 형태를 일방향으로 진행되는 단계적 발달이라기보다 놀이특성이라는 개념을 사용하여 독립적인 놀이의 유형으로 해석해야 한다고 보는 시각도 등장하였다.

유아의 놀이특성이 사회성발달의 다른 영역과 상관이 있다는 것은 많은 연구를 통해 밝혀졌다. 인지놀이와 사회놀이를 많이 하는 유아가 친사회성, 주도성, 사교성이 높은 것으로 나타났으며, 또한 자아존중감이 높은 유아가 각 유형의 놀이를 더 많이 하는 것으로 나타났다(최자영 · 박유영, 2012).

CHAPTER

08

도덕성발달

1. 도덕적 사고 | 2. 도덕적 정서 | 3. 도덕적 행동

CHAPTER 08

인간이 마땅히 지켜야 할 도리 또는 행동규범을 지칭하는 도덕성(morality)은 인간의 역사 이래 지속되어 온 근본적인 문제로 다루어지고 있다. 도덕성은 선과 악을 구별하고, 인간행동의 규칙과 사회생활의 규범으로서 인간으로 하여금 바람직한 행동규범에 맞게 행동하고 사고하게 하는 체계로 정의내릴 수 있고, '옳고 그름에 대한 본질적인 가정'을 포함하고 있다(권민균 외, 2012 ; 문용린 역, 2004).

도덕성의 기준, 원칙, 가치, 규칙 등과 같은 도덕성의 본질에 대한 논쟁은 다양한 형태로 이루어져 왔는데, 발달심리학에서는 과학적 연구를 통해 도덕적 현상을 다루고, 이를 바탕으로 도덕성발달에 대한 이론과 접근방법을 제시하며 도덕성발달의 다양한 측면을 다루고 있다. 여기에는 도덕적인 사고(thinking), 정서(emotion) 및 행동(behavior)이 포함되어 있다.

1. 도덕적 사고

"많은 문화권에서 사회화의 목표 중 하나는 아동의 도덕성발달을 조장하는 것인데, 이는 옳고 그름에 대한 그 사회의 개념을 채택하고, 이해하는 것과 일관되게 행동하는 능력을 발달시키는 것이다."(곽금주 외 공역, 2012)

도덕적 사고의 대표적 이론으로는 피아제Piaget와 콜버그Kohlberg의 이론을 들 수 있다. 피아제의 이론에서는 인지적 발달과 함께 변화해가는 도덕적 추론의 발달에 대해 다루었고, 콜버그의 이론에서는 도덕적 딜레마에 대해 사고하는 방식이 발달해나가면서 어떻게 변화하는지에 대해서 제시하였다. 두 이론 모두 도덕적 추론이 발달하는 순서는 불변적이고, 특정한 단계는 대체되거나 생략될 수 없으며, 각 단계는 이전 및 이후 단계와 질적으로 다른 도덕적 사고방식을 나타낸다는 공통점을 지니고 있다.

1) 피아제의 도덕성발달단계

피아제Piaget는 아동과의 면담에서 얻어낸 도덕적 추론을 정리해 도덕성의 발달단계를 연령에 따라 타율적 도덕성단계와 자율적 도덕성단계로 제시하였다.

(1) 타율적 도덕성단계

권위자가 일방적으로 부과한 규칙을 절대적으로 받아들이고 변경이 불가능하다고 생각하며 권위에 대한 복종에 근거해 도덕적인 행동을 하는 시기로, 약 4~7세에 해당한다. 이 시기는 인지발달단계에서 전조작기에 속하는 단계로, 이 단계의 주요한 인지적 특성인 중심화centration된 사고의 특성이 작용해, 유아는 어떤 상황에서 하나의 측면에만 초점을 두고 다른 측면은 고려하지 못한 채 도덕적 판단을 내린다. 이로 인해 행동의 옳고 그름을 판단할 때 행동의 의도는 고려하지 못하고 행동으로 인한 결과만을 고려해 판단을 내린다. 또한 타율적 도덕성단계의 유아는 도덕적 규칙은 변할 수 없고 절대적인 것으로 생각하며, 규칙을 위반하면 언제나 처벌을 받는다고 생각해 잘못된 행동을 하면 불안한 마음에서 곧바로 주변을 돌아본다(Shaffer, 2000 ; 박성연, 2006). 예를 들어, 아이들은 공기놀이를 할 때 처음 적용했던 규칙을 바꾸자고 하면, 규칙은 신성하고 변경할 수 없는 것이므로 기존의 규칙을 그대로 적용해야 한다고 고집한다. 그리고 이 시기의 유아들은 모든 도덕적 문제에는 옳거나 나쁜 것이 있으며, 규칙을 따르는 것이 항상 옳은 쪽이라고 믿는다(정옥분, 2006).

(2) 자율적 도덕성단계

인지발달단계의 구체적 조작기에 속하는 단계로 7, 8~11세에 해당한다. 이 단계의 아동은 규칙이나 법은 사람이 만든 것으로 서로 간의 합의와 동의를 거쳐 변경될 수 있다고 생각하며, 필요에 따라서는 규칙을 위반할 수도 있다고 생각한다. 다른 사람들과 상호작용을 통해 여러 가지 입장을 경험하면서 아동은 옳고 그름에 대한 절대적인 기준이 있다는 생각을 점차 버리게 되고 공평성에 기준한 정의의 개념을 발달시키게 된다. 따라서 의견이 일치되지 않을 때는 해결하기 위한 다른 방법을 찾게 되며, 규칙은 외적으로 부여된 것이 아니라 서로 간의 조건을 통해 새로 만들어 낼 수 있다고 생각한다. 또한 한 가지 이상의 측면에서 사고할 수 있기 때문에, 어떤 행위를 판단할 때 행위의 결과만이 아니라 의도와 동기도 고려해 판단하고, 규칙을

Box 8-1

유아의 도덕성단계 판단을 위한 이야기 상황

피아제는 타율적 도덕성단계와 자율적 도덕성단계의 차이를 알아내기 위해 위반 행위와 관련된 한 쌍의 이야기를 아동에게 질문하였다. 대표적 이야기는 저녁식사시간에 식당으로 들어가다가 미처 쌓아 놓은 컵을 보지 못하고 실수로 컵을 15개 깨뜨린 유아와 어머니 몰래 선반 위의 잼을 꺼내 먹으려고 하다가 컵을 한 개 깨뜨린 유아 중 누가 더 나쁘다고 생각하는지, 왜 나쁜지 물어보는 이야기이다. 타율적 도덕성단계의 6~7세 유아는 외적이고 현실적 사건에 관심이 있기 때문에 15개의 컵을 깬 경우가 후자의 경우보다 더 나쁘다고 판단을 내린다. 이와 달리 자율적 도덕성단계인 7, 8~11세 아동은 행동의 기저에 깔린 의도에 주의를 두므로 후자가 전자보다 더 나쁘다고 생각한다.

위반해도 항상 처벌받지 않는다는 것을 경험에 의해 깨닫게 된다(권민균 외, 2012 ; 문혁준 외, 2009 ; 박성연, 2006).

피아제는 아동의 연령이 증가함에 따라 타율적 도덕성단계에서 자율적 도덕성단계로 발달해가는 과정에서 이전 단계에서 그 다음 단계로 바로 넘어가는 것이 아니라, 두 가지 형태의 도덕 판단이 혼재되어 나타나는 과도기적 단계를 거친다고 보았다. 이런 이유로 피아제는 원래의 '단계stage'보다 '국면phase'이라는 용어를 사용했는데, '단계'라는 용어가 각각 완전히 구분되어 있는 의미를 지니고 있어 적합하지 않기 때문이다. 이처럼 유아의 도덕성은 두 가지 발달단계가 혼재하는 과정을 거치지만, 결과적으로는 원시적인 것에서 보다 발전된 도덕 판단으로 향하는 일정한 방향성을 지니면서 발달적으로 보다 성숙한 국면으로 발달해간다(문용린 역, 2004).

2) 콜버그의 도덕발달단계

콜버그Kohlberg는 도덕적 갈등상황을 담고 있는 하인츠 딜레마Heinz dilemma를 제시하고 이에 대한 다양한 반응에 포함된 도덕적 사고내용을 분석해 도덕적 발달수준을 제시하였다. 도덕적 발달수준은 도덕적 가치의 내면화 정도에 따라 3가지 수준인 전인습적 수준, 인습적 수준 그리고 후인습적 수준으로 구분하고, 각 수준을 다시 두 가지 단계로 나누어 모두 6단계로 구분하였다.

Box 8-2

도덕적 갈등상황을 담고 있는 '하인츠 딜레마'

암으로 죽어가고 있는 여성을 구할 수 있는 새로운 약을 최근에 어떤 약사가 개발하였다. 약사는 그 약을 만드는 데 들었던 돈의 10배인 2,000달러를 약값으로 요구하였다. 여성의 남편인 하인츠(Heinz)는 약을 구입하기 위해 애써 돈을 구했지만 1,000달러밖에 모으지 못해, 약사를 찾아가 1,000달러에 약을 팔든지 안 된다면 나중에 갚게 해달라고 사정을 했다. 그러나 약사는 자신이 애써 만든 약이므로 그럴 수 없다고 거절하였다. 절망한 하인츠는 아내를 구하려고 약국 문을 부수고 들어가 약을 훔쳤다. 하인츠는 그렇게 해야만 했는가? 왜 그런가? 아니면 왜 그러면 안 되는가?

출처 : Kohlberg(1969) ; 박성연(2006)에서 재인용.

(1) 전인습적 수준

외적인 통제에 의해 행동하는 수준으로, 이 단계의 유아는 도덕적 가치가 내면화되지 않았으며, 도덕적 판단을 내릴 때 타인의 입장을 고려하지 못하고 자기중심적 경향을 나타낸다. 1단계는 처벌 및 복종지향단계로 4~7세가 이에 속하며, 피아제의 타율적 도덕성단계에 해당한다. 이 단계에서는 행동의 결과에 의해서 판단하고, 처벌이 두려워 규칙을 따르고 권위 있는 사람에게 순종한다. 2단계는 수단적 목적 및 교환의 도덕성단계7, 8~11세로, 피아제의 자율적 도덕성단계에 해당한다. 이 단계의 아동에게 옳은 것은 곧 공평하다는 것을 의미하며, 아동은 자신에게 이익이 될 때나 욕구를 만족시키기 위해 규칙을 지킨다.

(2) 인습적 수준

도덕적 기준을 내면화하지만 여전히 윗사람이 정한 기준이나 사회적 규칙 등 사회적 관습에 부합되는 것을 도덕적 행동으로 간주하는 단계이다. 인습적 수준의 첫 단계인 3단계는 착한 아이 지향단계로, 아동은 대개 부모의 도덕적 기준을 따른다. 서로 간의 기대 및 합의된 의견에 따른 도덕성의 시기로, 다른 사람을 기쁘게 하거나 도와주었을 때 인정을 받으면 옳은 행동이라고 생각한다. 4단계는 법과 질서를 지향하는 단계로, 개인 간의 관계에서 개인과 집단 간의 관계로 관심이 옮겨간다. 법, 정의, 사회질서, 의무에 근거해 도덕적 판단을 내리게 되며, 법과 질서를 준수하는 것이 옳은 행동이라고 생각한다.

(3) 후인습적 수준

도덕적 가치가 충분히 내면화되고, 다른 사람의 기대 및 규칙과 자신의 관점을 구분하며, 권리나 정의에 근거해 개인의 가치기준을 더 중요시하는 단계이다. 후인습적 수준의 하위단계인 5단계의 아동은 사회적 계약 및 개인적 권리의 도덕성단계로 법의 타당성도 평가하지만 동시에 인간의 기본적 권리와 가치가 법보다 더 중요한 가치라고 생각한다. 마지막 단계인 6단계는 보편적 윤리의 도덕성단계로, 생명의 존엄성이나 인간의 보편적 권리에 근거해 도덕성을 나타낸다. 콜버그는 도덕성이 1~6단계까지 순서적 계열성을 지니면서 발달해가지만 6단계까지 도달하는 사람은 소수에 불과하다고 하였다표 8-1.

피아제의 도덕성발달이론과 함께 콜버그의 도덕성발달이론에서 인지발달은 매우 중요한 위치를 차지한다. 자율적 도덕단계와 인습적 수준에 도달하기 위해서는 자기중심성을 벗어나 타인의 입장을 이해할 수 있는 인지발달수준이 이루어져야 한다. 그러나 인지발달이 이루어졌다고 해서 반드시 그에 따른 도덕적 사고의 발달이 이루어진다고 보기는 힘들다. 도덕적 사고의 발달에는 사회화 과정에서의 경험도 중요한 역할을 한다. 피아제는 유아에게 있어 자신과 비슷한 연령의 또래 간 상호작용은 다양한 사회적 관점들을 교환하게 하고, 이로 인해 자기중심성을 줄어들게 하며 정의나 공정성 같은 도덕적 개념이 발달하는 데 영향을 미친다고 보았다. 유아가 또래와 대등한 위치에서 사이좋게 놀고, 공동의 목표를 달성하기 위해 다른 사람의 입장이 되어보기도 하며, 서로에게 이익이 되기 위해서는 어떻게 갈등을 해결해야 하는지 등을 또래와의 사회적 상호작용에서 직접 경험해보는 것은 유아가 자율

표 8-1 콜버그의 도덕적 사고수준별 하인츠 딜레마에 대한 찬성 및 반대 견해의 예

사고수준			찬성	반대
전인습적 사고수준	1단계	타율적 도덕성	아내가 죽게 두면 하인츠가 곤란하니까 안 된다.	하인츠는 잡혀서 감옥에 갈 것이다.
	2단계	수단적 목적 및 교환의 도덕성	하인츠가 잡힐 경우 약을 돌려주면 되고, 아마 감옥에 그리 오래 있지 않을 것이다.	약사는 경영자니까 돈을 벌어야 한다.
인습적 사고수준	3단계	서로 간의 기대 및 합의된 의견(착한 아이) 도덕성	하인츠는 좋은 남편으로서 할 일을 한 것이다.	아내가 죽어도 하인츠의 잘못은 아니다. 이기적인 약사가 문제다.
	4단계	법과 질서의 도덕성	아무것도 안 하면 아내를 죽게 하는 것이다. 아내가 죽으면 그것은 남편의 책임이다.	훔친다는 것은 어떠한 경우에도 나쁘다.
후인습적 사고수준	5단계	사회적 계약 및 개인적 권리의 도덕성	이러한 상황에 대한 법이 없다. 훔치는 것은 나쁘나 하인츠는 어쩔 수 없었다.	훔친다고 비난할 것은 없으나 아무리 극한 상황이어도 자기 맘대로 해서는 안 된다.
	6단계	보편적 윤리의 도덕성	훔쳤다고 사회규칙에 부끄러운 것은 아니다. 그러나 양심에는 꺼릴 것이다.	자기 아내뿐 아니라 다른 사람의 고통, 생명의 존엄성을 생각하며 행동을 결정해야 한다.

적 도덕성단계로 나아가는 데 도움이 된다(정옥분, 2006). 콜버그 역시 도덕성발달에 사회적 자극은 중요한 역할을 하므로 또래 간의 상호작용이 도덕성발달에 영향을 미친다고 보았다(문용린 역, 2004).

2. 도덕적 정서

3세경까지 나타나는 감정이입과 죄책감 같은 정서는 유아의 도덕성발달의 기초가 된다. 고전적 정신분석이론에 의하면 유아는 남근기를 거치면서 불안이나 두려움을 피하고 애정을 계속 유지하기 위해서 같은 성의 부모를 동일시함으로써 초자아이상적 자아와 양심를 형성하게 된다. 또한 동일시 과정을 통해 옳고 그름에 대한 부모의 사회적 기준을 내면화하는 한편, 같은 성의 부모에 대해 가졌던 공격성을 자기 자신에게 돌리면서 죄책감을 경험하게 된다. 나아가 죄책감을 피하기 위해서 옳지 않은 행동을 삼가게 되고, 부모와 사회적 기준에 맞는 행동을 하게 된다. 결국 아동은 점차 부모의 통제 대신 자신의 통제력을 통해 도덕적인 행동을 하게 된다(박성연, 2006 : 291-292).

1) 감정이입

다른 사람의 정서를 자신도 같이 느끼게 되는 감정이입능력은 친사회적 행동의 기초가 된다. 감정이입은 생의 초기부터 나타나는데, 영아의 경우 다른 아기의 울음소리를 듣거나 보면 자신도 따라서 우는 식으로 감정이입을 나타낸다. 하지만 이 같은 초보적 감정이입과 달리 보다 성숙한 감정이입은 다른 사람의 입장에서 생각할 수 있는 인지적 능력을 필요로 한다. 다른 사람의 감정상태가 어떤 종류인지, 그 사람의 감정을 완화시키기 위해 도움이 되는 행동은 어떤 것인지에 대한 이해 등 인지적 발달이 요구된다. 자기중심적 사고를 하는 걸음마기 영아는 넘어져서 울고 있는 다른 아이에게 자기가 좋아하는 이불을 가져다주는 반면, 유아기 아동은 다른 사람의 욕구나 정서를 보다 객관적으로 평가한다. 또한 사람마다 관점이 다르다는 것을 이해하게 되고 같은 상황에서도 다른 사람은 자기와 다른 반응을 할 수 있다는 것도 알게 되면서, 다른 사람의 고통에 보다 적절한 반응을 할 수 있게 된다(박경자 외 공역, 2009 ; 박성연, 2006).

감정이입능력은 친사회적 행동의 동기가 되므로 유아의 도덕성발달에 있어서 중요하다. 타인의 고통에 슬픔이나 동정심을 나타내는 공감적 반응을 보인 유아는 그렇지 않은 유아에 비해 어려움에 처한 사람을 도와주거나 고통을 덜어주려는 친사회적 행동을 더 많이 나타내었다. 그러나 감정이입을 느낀다고 해서 반드시 동정심을 갖게 되고 도움이 필요한 다른 사람에게 도움을 주는 행동을 하는 것은 아니다. 감정이입이 동정심이나 친사회적 행동으로 이어지는 것은 유아의 기질이나 부모의 양육행동에 의해 영향을 받는다. 유아가 감정이입을 경험하더라도 기질에 따라서 그 감정이나 불안에 압도되어 남을 돕는 것이 자신을 편하게 하는 것이 아닐 경우 그 상황을 피하려는 경향을 보인다.

한편, 유아가 감정이입이나 죄책감 등을 발달시키는 것은 부모의 애정적이고 반응적인 행동을 통한 모델링이나 논리적 설명 및 직접적 가르침을 통해서도 배울 수 있다. 반면에 다른 사람의 고통에 대해 무반응적인 부모나 높은 수준의 감정조절을 강요하는 부모는 자녀를 도덕적인 정서가 무딘 아동이나 다른 사람의 고통을 접했을 때 개인적 고통을 경험하는 아동으로 자라게 한다(문용린 역, 2004 ; 박성연, 2006).

표 8-2 연령에 따른 감정이입능력

연령 시기	감정이입행동
영아기 초기	막연한 감정이입. 다른 아이가 우는 것을 보고 같이 슬퍼하나 자기와 다른 사람의 감정 사이에 구별이 안 되므로 일종의 모방이다.
생후 1~2년(걸음마기)	다른 사람의 감정상태를 어느 정도 이해하기 시작하여 다른 사람의 아픔에 근심어린 얼굴로 감정이입을 보이나 효과적으로 돕지는 못한다.
생후 3~6년(유아기)	같은 상황에서도 다른 사람은 자기와 다른 감정을 가질 수 있다는 이해를 바탕으로 점차 상황에 적절한 감정이입행동을 하게 된다.

출처 : 박성연(2006), p. 292.

2) 죄책감

앞 장제7장에서 살펴본 바와 같이 죄책감은 자의식적 정서에 해당하며, 유아기 때부터 나타나기 시작한다. 유아가 자신이 가지고 있는 내적 기준을 위반했을 때 강렬하게 느끼는 정서적 반응인 죄책감(LaFreniere, 2000)의 경우, 유아기 때는 비교적 단순하고 구체적인 상황에서 발생한다. 주스를 엎지르거나 놀잇감을 망가뜨리는 행동과 같이 규칙을 어기거나 다른 사람의 기대를 저버리는 것과 같은 위반행동이 유아기에 주로 죄책감을 유발시키는 행동이다(박경자 외 공역, 2009).

프로이트Freud가 공식화한 죄책감 발달에 대한 고전적 정신분석적 견해에 따르면 죄책감은 초자아에 의해 나타난다. 다시 말해, 유아는 부모가 보여 준 도덕적 기준을 내면화하면서 초자아를 발달시키게 되고, 초자아, 즉 내면화된 기준을 위반하게 되면 죄책감을 느끼게 된다는 것이다. 한편, 프로이트와 그 이후 연구자들은 초자아가 약 5세에 오이디푸스 콤플렉스를 해결하는 과정에서 형성된다고 본 반면, 현대에 들어와서는 이 같은 내면화의 상당 부분이 유아기 초기에 이루어진다고 보았다(Zahn-Waxler, Kochanska, Krupnick & Mcknew, 1990).

3. 도덕적 행동

1) 친사회적 행동

(1) 친사회적 행동의 기본개념

친사회적 행동prosocial behavior은 타인을 이롭게 하기 위해 외적 보상에 대한 기대를 갖지 않고 자발적으로 다른 사람에게 도움을 주는 모든 행동을 지칭한다. 즉, 고통받거나 상심하고 있는 이와 함께 고통을 나누고, 도와주고 협조하며 위로하거나 격려해 주는 행동 모두가 이 범주에 포함된다. 친사회적 행동은 다른 사람의 상태를 더 좋게 하지도 않고 해를 끼치지도 않는 비사회적 행동asocial behavior과는 다른 것이며, 다른 사람을 해롭게 하는 반사회적 행동antisocial behavior과는 반대되는 개념이다.

김영옥(2003)은 친사회적 행동이 구성하고 있는 하위요인들로 지도성, 도움주기, 의사소통, 주도적 배려, 접근 시도하기, 나누기, 감정이입 및 조절의 7가지를 제시하였다. 이석주와 이혜주(1996)는 친사회적 행동을 '행위자가 외적 보상에 대한 기대 없이 다른 개인 혹은 집단에 이익이나 도움을 주려는 도덕적 활동'으로 정의내리고, 구체적으로 협력하기, 기부하기, 동정하기, 돕기, 공유하기, 편안하게 하기 등의 활동이 포함된다고 보았다. 그리고 친사회적 행동의 대표적 속성으로 세 가지를 들었는데, 첫째, 결과에 대해 외현적인 보상을 기대하지 않는 무조건적인 행위이며, 둘째, 그 행위는 자발적 의사에 따라 결정되고, 셋째는 친사회적 행동이 실행되면 행위자나 수혜자가 모두 기쁘다는 것이다.

유아는 때로는 자신의 이익예 : 칭찬받기 위해, 친구를 사귀기 위해, 멋있게 보이기 위해, 상호 간의 목표를 달성하기 위해 등을 위해, 그리고 때로는 이타주의예 : 보상이나 처벌을 피하려는 기대 없이 동기화된 도움를 포함한 여러 가지 이유 때문에 친사회적으로 행동한다(곽금주 외 공역, 2012 ; 김윤진, 2010). 유아기와 학령기 아동의 놀이를 보면 친사회적 행동과 반사회적 행동이 적어도 3 : 1, 많을 때는 8 : 1의 비율로 나타나는 것으로 보아, 긍정적인 상호작용을 더 많이 나타내고 있음을 알 수 있다. 그리고 이 비율은 유아기와 학령기 동안 비교적 안정적이므로 이 시기는 친사회적 행동이 발달하는 최적의 시기로 볼 수 있다(박경자 외 공역, 2009).

(2) 친사회적 행동의 동기

친사회적 행동의 동기를 살펴보면 유아기에는 자기중심적인 것이 주된 동기가 된다. 어른에게 칭찬을 받거나 또는 비난이나 처벌을 피하기 위해 친사회적 행동을 하는 식으로 자기의 욕구에 초점을 두는 것에 비해, 아동기에 들어서면서부터는 점점 자기중심성이 감소하게 되고, 이에 따라 친사회적 행동은 어느 정도 내재적으로 동기화된다. 아동기 후기에 이르면 친사회적 행동의 동기는 점차 추상적이 되고, 원칙 및 도덕적 기준에 따라 행동하게 된다(박경자 외 공역, 2009 ; 박성연, 2006).

① 발달적 요인

친사회적으로 행동하려는 동기는 연령의 증가와 함께 사고와 능력이 발달하는 것에 의해 영향을 받는다. 예를 들어, 도덕적 사고의 발달, 정보처리능력의 발달 그리고 도덕적 정서 및 정서조절능력의 발달과 같은 발달적 요인들에 의해 영향을 받아 동기가 증가하게 된다.

② 사회적 경험

사회적 경험도 친사회적 행동의 동기에 영향을 미친다. 자신이 직접 경험한 친절한 행동, 관찰을 통해 경험한 친사회적 행동 그리고 자신이 친사회적 행동을 했을 때 이에 대해 긍정적 반응을 경험한 것 등이 아동으로 하여금 친사회적 행동을 하도록 영향을 미친다(박경자 외 공역, 2009).

③ 양심

한편, 친사회적 행동은 양심에 의해 동기화되기도 한다. 양심은 내재화된 의식으로 우리가 옳은 일을 할 때 긍정적 기분을 느끼게 하고 옳지 못한 일을 할 때 부정적 기분을 느끼게 하는데, 이 같은 양심이 내재화되어 있을 때, 아동은 타인의 통제나 보상이 없을 때에도 친사회적 행동을 나타내며, 양심을 어기는 행동을 했을 때 죄책감이나 수치심을 느낀다(곽금주 외, 2012).

유아기 아동을 대상으로 양심의 발달을 알아보기 위한 한 연구에서 33개월 된 유아는 죄책감, 공감, 내재화의 신호를 나타내었고, 45개월경이 되어서는 공감이 증가하고 내재화도 더 늘어나, 양심이 발달하고 있다는 것을 보여 주었다. 또한 유아기에 양심의 측정에서 높은 점수를 받은 아동은 학령기가 되어서도 이 같은 경향이 지속되는 것으로 나타났다(Kochanska et al., 2006).

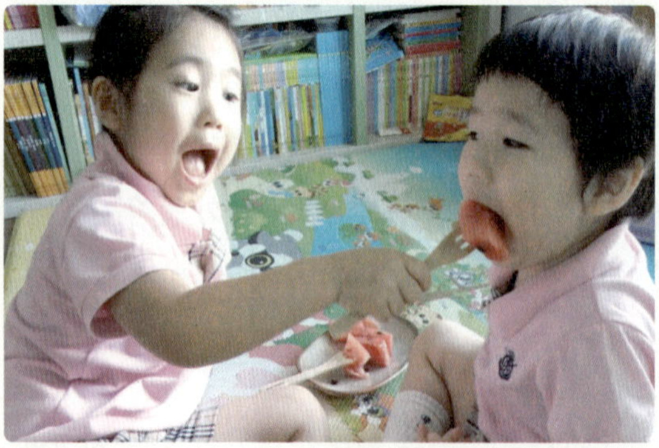

그림 8-1 유아기에 발달하는 친사회적 행동

(3) 친사회적 행동의 발달

친사회적 행동을 배웠다고 해서 그것이 바로 친사회적 행동으로 이어지는 것은 아니다. 어떤 행동이 친절하고 좋은 것인지는 알지만 항상 모든 상황에서 그와 같은 행동을 수행하는 것은 아니다. 친사회적으로 생각은 할 수 있지만 이것이 행동으로 나타나기 위해서는 일련의 단계를 거쳐야 한다. 코스텔닉, 위렌, 소더만과 그레고리 Kostelnik, Whiren, Soderman & Gregory는 이를 나누기, 돕기, 협동이 필요함을 인식하는 단계, 행동을 결정하는 단계 그리고 친사회적 행동을 실행하는 3단계로 친사회적 행동의 발달을 제시하였다(박경자 외 공역, 2009).

① 1단계 : 인식하기

친사회적 행동을 하기 위해서는 먼저 보고 들은 것을 정확하게 해석할 수 있어야 한다. 언어적 단서뿐만 아니라 타인의 얼굴표정이나 행동을 보고 어려움을 나타내는 신호를 인식할 수 있어야 한다. 이때 단서가 명백하면 해석하기에 어렵지 않아 친사회적 행동을 하기 쉽지만, 애매모호한 단서만 있을 경우 도움이 필요한 상황인지 파악하지 못해 친사회적 행동을 나타내지 않게 된다. 대부분의 경우 사람들은 문제 상황에 직면하면, 실제로 문제가 있는지 결정하기 위해 피해자와 주변에 있는 다른 사람들의 반응을 살피게 된다(박경자 외 공역, 2009).

타인이 어려움에 처해 있다고 인식했을 때도 아이들이 그 고통을 어떻게 받아들이는가에 따라 친사회적 행동으로 이어질 수도 있고 그렇지 않을 수도 있다. 만약 그 고통에 대해 동정이나 공감을 느낀다면 친사회적 행동을 하게 되지만, 이와 달리 그 고통으로 인해 자신이 힘들거나 어렵다고 느끼게 되면 친사회적 행동을 하지 않을 수도 있다. 아주 어린 영아는 타인이 고통스러워 울 때 자신도 따라서 울기만 할 뿐 타인의 고통을 덜어주기 위한 친사회적 행동은 나타내지 못한다.

② 2단계 : 결정하기

도움이 필요한 상황이라는 것을 인식하게 되면, 아동은 다음의 세 가지 요소에 따라 결정을 내리게 된다(박경자 외 공역, 2009).

첫째, 아동은 도움을 필요로 하는 사람과 자신과의 관계를 고려한다. 대부분 아동은 자신이 좋아하는 사람 또는 자신에게 중요한 사람, 그리고 도와주었을 때 앞으로 자신을 도와줄 것 같은 사람에게 친사회적 행동을 더 많이 나타낸다.

둘째, 아동의 기분이 어떤가에 따라 친사회적 행동은 영향을 받는다. 다른 사람을 돕고 싶은 기분상태, 즉 긍정적인 기분일 때가 중립적이거나 부정적인 상태일 때보다 친사회적 행동을 더 많이 나타낸다.

셋째로, 친사회적 행동의 실행 여부는 아동의 자아인식이 어떠한가에 따라 달라진다. 아동이 평소에 자신에 대해 남을 잘 돕고 협동적이라고 생각하고 있다면 자아상에 적합하게 행동하기 위해 친사회적 행동을 나타내지만, 자신이 타인을 도와줄 능력이 없다고 생각하고 있다면 친사회적 행동을 하지 않게 된다.

③ 3단계 : 행동하기

남을 도와야겠다고 결정을 내리고, 그 생각을 행동으로 옮기기 위해서는 조망수용능력의 발달과 행동하는 데 필요한 지식과 기술을 포함하는 도구적 수단의 영향을 받는다(Berk, 2006).

조망수용능력이 제대로 발달하지 않은 어린 유아는 타인이 어떤 도움을 필요로 하는지 제대로 알아내지 못한다. 따라서 상황에 맞지 않는 행동으로 타인을 도와주거나 위로하려 한다. 하지만 연령이 높아질수록 조망수용능력은 점점 발달해, 유아기와 초등학교 저학년의 경우 자신이 이전에 경험했거나 친숙한 상황에서 친사회적 행동을 더 많이 나타낸다. 그러다가 아동이 열 살이 넘으면 친숙하지 않은 상황에서도 적절한 친사회적 행동을 나타낼 수 있게 된다(박경자 외 공역, 2009).

또한 친사회적으로 행동하는 데 필요한 도구적 수단이 되는 사회적 기술과 지식이 발달되어 있을수록 타인을 도와줄 수 있는 행동을 적절하고 유능하게 잘 수행해 낼 수 있다. 타인의 어려움을 해결해 주려는 의도로 행동을 시도하지만 적절한 사회적 기술을 갖추지 못한 미성숙한 어린 유아는 오히려 타인을 괴롭히거나 방해하는 결과를 낳기도 한다.

(4) 친사회적 행동 관련 요인

아동에 따라서 친사회적 행동은 매우 다양하게 나타난다. 어떤 아동은 남을 돕는 데 적극적이며 보다 쉽게 행동하는가 하면 어떤 아동은 다른 사람에게 별로 신경을 쓰지 않으며 타인의 어려움에 별다른 관심을 나타내지 않는다. 이러한 차이는 여러

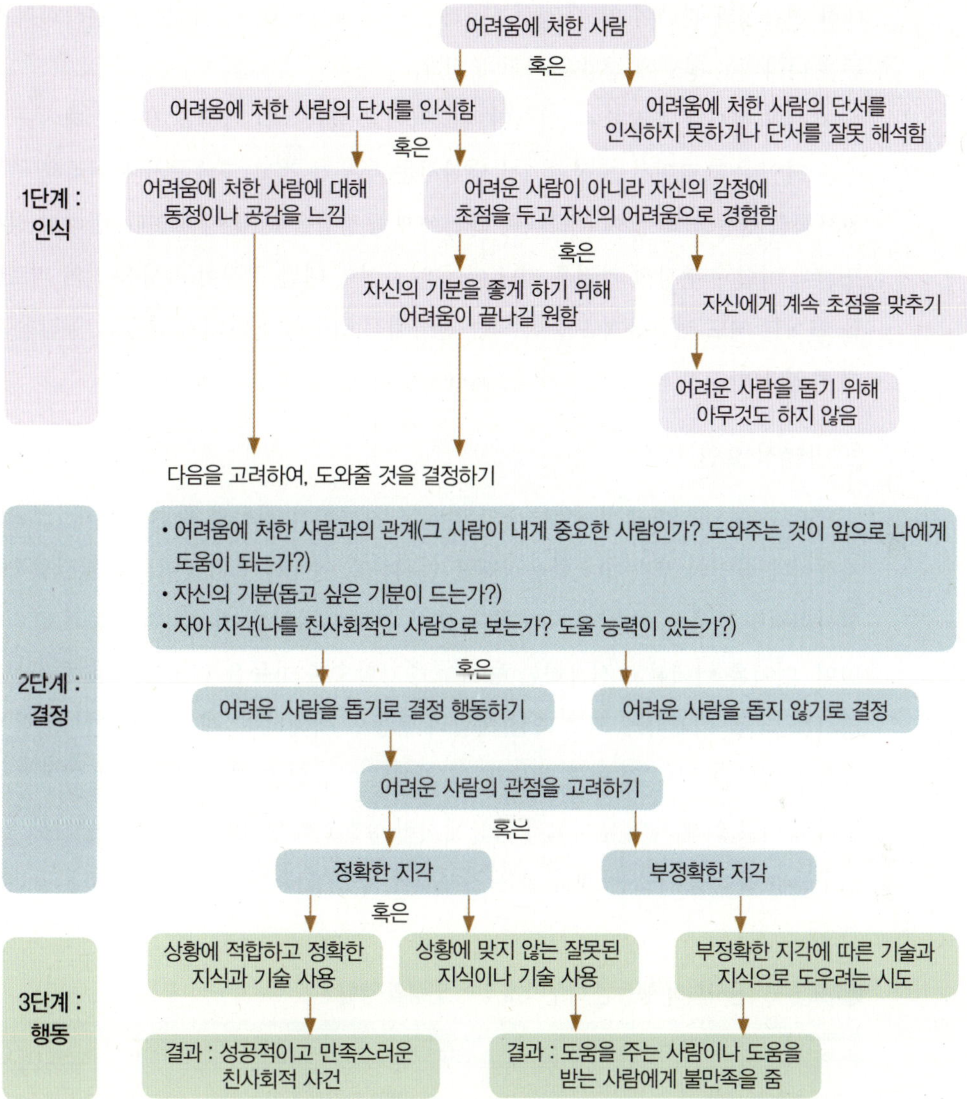

그림 8-2 친사회적 행동의 단계

출처 : 박경자 외 공역(2009), p. 498.

요인에 의해 영향을 받을 수 있는데, 크게 생물학적 요인, 발달적 요인 그리고 사회적 요인을 들 수 있다.

① 생물학적 요인 : 기질

대표적인 생물학적 요인으로 기질을 들 수 있다. 기질은 자신과 타인의 정서에 대한 민감성과 관련이 있고, 정서조절과도 연관되어 있어, 결과적으로 친사회적 행동을 나타내는 정도에 영향을 미치게 된다.

자신의 정서를 조절할 수 있으며 사교적이고 적극적인 기질을 가지고 태어난 아동은 타인이 괴로워하는 상황에서 당황하는 경우가 적고 도와주거나 위로해 주는 친사회적 행동을 더 많이 나타내며 타인에게 동정심을 더 많이 보인다. 반대로 정서조절이 어렵고 부정적 기질을 지닌 아동은 자신에 대한 걱정이 커서 타인의 괴로움을 인식할 때도 적절하게 도움이 되는 친사회적 행동을 나타내기 어렵고, 공감을 적게 하였다(박경자 외 공역, 2009 ; Eisenberg et al., 2006).

② 발달적 요인

조망수용능력 및 감정이입능력의 발달은 친사회적 행동과 관련이 있다. 그리고 자신이나 타인의 생각이나 마음상태를 인지하고 이해하는 마음이론이 발달할수록 친사회적인 행동을 더 많이 나타낸다. 또한 언어의 발달도 친사회적 행동과 관련이 있어, 언어를 이해하고 사용하는 능력이 증가할수록 아동은 언어를 사용해 자신의 정서를 더 잘 이해하게 되고 다른 사람의 행동도 이해하며, 이로 인해 친사회적 반응을 보인다(박경자 외 공역, 2009). 이 외에도 아동의 연령 증가와 함께 인지가 발달하고 이로 인해 가역적 사고가 가능해지며 상호호혜성에 대한 이해가 증가하면서 친구들과 물건을 나누는 것과 같은 친사회적 행동이 점차로 늘어나게 된다. 우리나

표 8-3 친사회적 행동인 나누기에 있어 연령의 영향

유아기(2~6세)	아동기(6~12세)
자기 지향적 동기	타인 지향적 동기
자신의 요구를 인식하기	타인의 요구가 정당함을 인식하기
그 순간의 소유물을 소중히 여기기	사물 간의 가치를 변별하기
현 시점적 사고	미래의 이로움을 생각하기, 과거 경험이 행동을 이끌기도 함
협상할 수 있는 언어적 기술이 부족	언어적 기술이 잘 발달함
한 가지 이상의 대안을 보기가 어려움	많은 대안적 해결책

출처 : 박경자 외 공역(2009), p. 504.

라 유아들을 대상으로 친사회적 행동에 관한 연구들을 살펴보면, 유아의 연령이 높아질수록 친사회적 행동을 더 많이 나타내었다.

③ 사회적 요인

가족, 보육기관, 또래, 이웃 등 유아가 속해 있는 사회적 환경에서 유아가 경험한 것은 친사회적 행동발달에 중요한 역할을 한다.

- 가족 : 부모와의 관계 및 양육행동은 유아의 친사회적 행동발달에 직접적인 영향을 미친다. 영아기에 어머니와 안정애착을 형성한 아동은 아동 초기에 좀 더 공감적이고, 다른 사람에게 더 많은 관심을 보였다. 그리고 어머니가 온정적 양육행동을 나타낼수록 유아는 친사회적 행동을 더 많이 하는 것으로 나타났고, 통제와 같은 부정적 양육행동을 나타낼수록 친사회적 행동은 더 적게 나타났다(곽금주 외 공역, 2012 ; 권연희 · 박경자, 1997). 한편, 부모가 자녀에게 이유를 설명하는 귀납적 추론을 사용할수록, 유아는 자신의 행동이 다른 사람에게 미치는 결과에 초점을 맞추며 감정이입하게 되고, 자신의 행동에 죄의식을 가지게 되면서 친사회적 행동이 발달하는 것으로 나타났다(박경자, 1999).
- 보육기관 : 보육기관에서의 경험 또한 유아의 친사회적 행동과 관련된다. 유아교육기관에 다닌 경험이 많을수록 유아가 친사회적 행동을 더 많이 하는 편이다. 유아는 또래들과의 상호작용 안에서 서로 돕고 나누는 행동을 주고받으며 친사회적 행동을 연습하는 기회를 자연스럽게 가지기 때문이다. 그리고 또래가 하는 친사회적 행동을 모델링하면서 배우기도 하므로 또래와 함께 지내는 것만으로도 친사회적 행동이 증가할 수 있다. 유아와 교사 간의 긍정적인 상호작용도 친사회적 행동발달을 돕는다. 질이 좋은 보육시설에서 보육을 받을수록 유아의 친사회적 행동은 증가하였는데, 교사 대 유아의 비율이 낮은 교실에서 생활하는 유아가 교사 대 유아의 비율이 높은 경우에 비해 친사회적 행동을 더 많이 보이고 문제행동을 덜 보였다(곽금주 외 공역, 2012 ; 박경자 외 공역, 2009). 이는 교사 대 유아의 낮은 비율로 인해 교사가 유아에게 더 지지적이고 반응적으로 상호작용할 기회를 갖게 되어 유아의 친사회적 행동이 발달하는 데 긍정적인 영향을 미친다는 것을 시사해준다.

- 사회문화적 맥락 : 사회문화적 맥락도 친사회적 행동발달에 영향을 미친다. 친사회적 행동은 경쟁이나 개인의 성취를 강조하는 개인주의 사회보다 협동과 집단의 조화를 강조하는 문화를 지닌 사회에서 더 나타나기 쉽다. 유아가 어릴 때부터 서로 도와주고 나누며, 따뜻한 사랑의 관계를 강조하고, 서로에게 도움이 되는 일을 하도록 격려하며 책임감을 부여할 때 친사회적 행동은 더 발달하게 된다(곽금주 외 공역, 2012).

2) 공격성

공격성은 의도적으로 타인에게 해를 입히거나 상처를 주는 행동을 말한다. 공격적인 행동은 주로 다른 사람의 위협에 방어하기 위해서 또는 자신이 원하는 것을 얻고자 할 때 수단으로 사용된다.

그러나 부주의해서라거나 우연히 알아차리지 못한 채 타인에게 해를 입히는 것은 공격성에 속하지 않는다. 예를 들어, 어린 영아가 엄마가 쓰고 있는 안경을 갑자기 잡아채거나 가지고 놀던 장난감을 다른 사람에게 던지는 행동을 할 때가 있는데, 이를 공격성을 표출하는 행동으로 보기는 어렵다. 이 같은 행동은 단순한 호기심에서 또는 우발적으로 나타나는 행동으로 상대를 괴롭히려는 의도를 지니고 있지 않으므로 공격성에 속하지 않는다.

영아기의 아동에게서도 공격성을 찾아볼 수는 있다. 특히, 형제가 있는 남아의 경우 그렇지 않은 경우에 비해 훨씬 이른 시기인 12개월 이전에도 공격성이 나타난다. 약 15개월경이 되면 형제가 있는 남아와 여아는 형제가 없는 아동에 비해 상대를 위협하는 공격적인 행동을 더 많이 나타내고, 이 같은 차이는 연령이 증가하면서 점점 더 커진다(박성연, 2006).

(1) 공격성의 유형

공격성은 발생 이유에 따라 크게 반응적 공격성과 도구적 공격성, 그리고 적대적 공격성으로 나누어 볼 수 있다. 반응적 공격성은 어떤 것을 지키기 위해 또는 다른 사람이 자신을 공격할 때 이에 대해 방어하기 위해서 반응적으로 나타내는 공격성을 말한다. 도구적 공격성은 자신이 원하는 것을 얻기 위해 또는 원하는 상태에 이르기 위해 공격적인 행위를 하는 것이며, 남을 괴롭히려는 의도는 없었지만 자신의 목표를 달성하기 위해 힘을 사용하는 것이 이에 해당한다. 이와 달리 적대적 공격성은 타인에게 신체적 또는 심리적으로 고통을 주려는 것을 일차적인 목표로 삼고 의도적으로 공격적 행위를 나타내는 것이다. 적대적 공격성은 크게 외현적 공격성과 관계적 공격성의 두 가지 형태로 구분할 수 있다. 외현적 공격성은 신체적 상해를 주거나 입히겠다고 위협해 타인에게 해를 입히는 행동으로 나타나고, 관계적 공격성은 소문이나 거짓말 등의 사회적 조작을 통해 타인의 지위나 자아존중감에 해를 주는 행동으로 나타난다(곽금주 외 공역, 2012 ; 박경자 외 공역, 2009).

그림 8-3 원하는 것을 얻기 위해 공격적 행위를 나타내는 도구적 공격성

공격성은 어떤 경우에는 한 가지 이유로 발생하기도 하지만 또 다른 경우에는 둘 이상의 이유로 인해 발생하기도 한다. 예를 들어, 친구가 미워서 친구를 괴롭히려고 하는 적대적 공격성과 친구가 가지고 있는 놀잇감이 마음에 들어 빼앗으려는 도구적 공격성이 동시에 나타날 수 있다.

CHAPTER 08 도덕성발달

표 8-4 도구적 공격성의 형태와 예

도구적 공격성의 형태	발생의 예
사물에 대한 도구적 공격성	두 아이가 동시에 그네로 뛰어와 서로 먼저 그네를 타려고 하면서 상대방을 밀어내는 공격적 행동을 나타냈다.
영역에 대한 도구적 공격성	아이들이 쌓기 놀이영역에서 서로 더 넓은 자리를 차지하려고 언쟁을 하다가 서로 때리기 시작했다.
권리에 대한 도구적 공격성	밖으로 나가기 위해 아이들이 문으로 뛰어가면서 서로 제일 앞에 서려고 분쟁이 일어났고 이 과정에서 공격성이 나타났다.

출처 : 박경자 외 공역(2009), p. 454.

(2) 공격성의 발달

영아기부터 나타나기 시작하는 공격성은 유아기에 들어서면서 다양한 형태로 발달해간다. 영아기에는 자신이 원하는 것을 얻거나 다른 아이가 가지고 있는 물건을 갖기 위해 다른 아이를 때리고 빼앗는 신체적이고 도구적인 공격성을 주로 나타낸다.

하지만 유아기가 되면 신체적 공격성 외에 말로서 다른 사람을 놀리거나 협박하는 언어적 공격성과 다른 유아를 무시하거나 집단에 끼워주지 않으면서 사회적 지위나 사회적 관계를 낮추려는 의도로 이루어지는 관계적 공격성이 나타나면서 그 형태가 다양해진다. 동시에 이 연령의 유아는 여전히 자기중심적인 인지적 사고의 특성을 나타내므로, 또래들과의 놀이상황에서 자신이 원하는 놀잇감을 얻거나 장소를 차지하기 위해 도구적 공격성을 많이 나타낸다(박성연, 2006).

이후 유아의 연령이 점차로 증가하면서 인지발달과 함께 유아의 자아중심성이 점차 줄어들고 자아통제력이 발달하면서 또래들과의 놀이상황에서 기다리거나 타협하는 능력이 증가하게 되며 도구적 공격성은 점차 줄어들게 된다. 동시에 언어적 능력의 발달로 인해 다른 아이들과의 다툼에서도 신체적 공격성을 나타내지 않고, 언어를 통해 서로의 생각을 주고받을 수 있게 되면서 신체적 공격성은 자연스럽게 줄어들고 상대적으로 언어적 공격성이 증가하게 된다. 유아기를 지나 아동기 초기에 접어드는 시기가 되면 대부분의 아동은 다른 사람의 입장에서 그 사람의 행동을

Box 8-3

공격성의 발달적 연속성 경향

1,000명 이상의 아동을 대상으로 한 대규모 연구(NICHD Early Child Care Research Network, 2002)에서 어머니의 보고를 통해 2~9세 아동의 공격성에 대해 연구한 결과, 어린 시기에 매우 낮은 공격성을 나타낸 아동은 커서도 여전히 매우 낮은 공격성을 나타내었고, 일부 아동은 어린 시기에 보통 수준의 공격성을 보였으나 초등학교에 입학하면서 공격성이 급격히 감소되었다. 또 다른 아동은 어린 시기에 나타낸 보통 수준의 공격성을 커서도 일관되게 유지하였고, 어린 시기에 높은 수준의 공격성을 나타낸 아동 역시 커서도 여전히 높은 수준의 공격성을 보였다. 특히, 이 집단에 속한 아동은 이후 학교생활에서 또래관계에 많은 문제를 나타냈고 행동문제와 함께 우울 및 불안 등의 내면화 문제도 많이 보였다(Campbell et al., 2006 ; 곽금주 외 공역, 2012에서 재인용). 이를 통해서 보았을 때 공격적 성향이 이른 시기에 나타날수록 발달적 연속성을 나타낼 가능성이 더 높은 것을 알 수 있다.

이해할 수 있게 되고, 감정이입능력과 감정조절능력이 증가하면서 공격적인 행동은 줄어들고 대신 자신의 주장을 긍정적인 방식으로 표현하는 것이 가능해진다.

(3) 공격성 관련 요인

공격성의 근원에 대해서는 다양한 견해가 있을 수 있지만, 대부분은 유아의 기질과 성gender 같은 생물학적 요인과 사회적 경험에 의한 학습적 요인이 복합적으로 영향을 미친다고 보고 있다.

① 생물학적 요인

선천적으로 가지고 태어난 개인적 특성인 기질에 따라 공격적 성향이 다르게 나타날 수 있다. 기질적으로 주의가 산만하며, 활동적이고 일과변화에 적응이 어려워 주의 통제력과 정서조절능력이 낮은 유아는 순한 기질의 유아보다 공격성을 더 자주 나타낸다. 전자의 경우, 위협을 느낄 때 자기 자신을 진정시키거나 대안을 생각하지 않고 곧바로 공격적으로 행동하는 반면, 후자의 유아는 공격적 결과를 가져올 수 있는 상호작용을 피하면서 신체적으로 거리를 두는 편이다(박경자 외 공역, 2009 ; Campbell, Spieker, Burchinal & Peo, 2006).

한편, 성에 따라서 공격성의 차이가 나타난다고 보기도 하는데, 남아는 남아다운 행동으로 다른 아이들을 지배하기 위해 신체적인 형태의 적대적 공격성을 많이 나타낸다. 반면에 여아는 친밀한 또래관계 형성에 관심을 두기 때문에 다른 유아의 또래관계를 방해하는 데 목적을 둔 관계적 형태의 적대적 공격성을 더 자주 보인다(박성연, 2006). 이를 통해 볼 때 남아가 여아보다 더 공격적이라기보다는 성에 따라 각기 다른 형태의 공격성을 나타낸다는 것을 알 수 있다.

② 발달적 요인

어떤 유아의 경우, 다른 유아에게 공격을 받거나 자신이 하고 싶은 것을 못하게 되었을 때 어떻게 대처해야 하는지 방법을 모르기 때문에 공격적 행동을 나타내기도 한다. 자신이 알고 있는 사회적 기술을 다 사용하고도 원하는 것을 얻지 못하거나 자신에게 중요한 것을 보호하지 못했을 때 유아는 신체적 공격성에 의존하는 경향이 있다. 즉, 비공격적인 형태의 사회적 기술이나 자기주장적 기술을 경험하거나 연습할

Box 8-4

아동기 남아 · 여아의 공격성의 차이

- 한 살 때, 남아와 여아는 똑같이 공격적이다.
- 15개월에서 2세 유아의 공격성에서 성과 관련된 차이가 분명해진다. 남아와 여아 모두 공격성을 보이지만 공격성의 표현에 있어서 차이가 있다.
- 남아는 여아보다 공격성을 겉으로 드러낸다. 남아는 여아보다 신체적인 힘과 언어적인 위협을 더 많이 사용하고 자신을 겨냥한 공격성에는 보복한다.
- 외현적 공격성에서 남, 여의 차이는 모든 사회 계층과 문화에서 나타난다.
- 여아는 남아보다 관계적으로 더 공격적이다. 여아는 뒷담화, 냉대하기, 따돌리기, 나쁜 말하기와 같은 공격성을 더 나타낸다.
- 공격성에서 성 차이는 생물학적 요인(남성 호르몬인 테스토스테론, 신체적인 힘, 더 강력한 신체적인 충동성이 높은 신체적 공격성에 기여한다), 사회적 학습요인(신체적인 공격성은 여아보다 남아에게 더 잘 용인된다. 여아에게는 상대의 자존감을 손상시키거나 상황을 조정하는 것이 사회적으로 더 용인된다)과 관계있다.
- 하지만 공격성을 많이 보이는 남아와 여아는 모두 또래에게 거부된다.

출처 : 박경자 외 공역(2009), p. 461에서 재인용.

기회를 거의 갖지 못해 공격적 행동을 나타내게 되는 것이다(박경자 외 공역, 2009).

③ 사회적 요인

사회적 요인은 다양한데, 그중 직접적인 가르침에 의해 공격성이 발달할 수 있다. 대개의 경우 공격성은 바람직하지 않은 것으로 여겨지지만, 경우에 따라서 성인이나 나이가 더 많은 아동이 어린 아동에게 문제상황에 대처하는 수단으로 공격적인 행동을 사용하라고 가르치기도 한다. 아이가 맞고 들어왔을 때 부모가 아이에게 "너도 다음에는 맞고만 있지 말고 같이 때려."라는 반응이 공격성발달에 기여한다.

또 다른 사회적 요인으로는 강화를 들 수 있는데, 유아가 공격적인 행동을 통해 자신이 원하는 것을 얻거나 욕구를 해결하는 결과를 얻게 되면 이 같은 결과는 강화로 작용하게 되며 공격성을 유지시키거나 더 발달시킨다. 아이가 떼를 쓰고 고집을 부리며 물건을 집어던지거나 부모를 때리는 행동으로 자신이 원하는 것을 계속 주장할 때, 부모가 귀찮거나 힘들어서 아이의 요구를 들어주면 아이는 공격적 행동이 효과적이라는 것을 경험하게 되고 공격성을 더 증가시키는 결과를 나타낸다. 한편, 유아의 보육기관 경험 또한 공격성에 영향을 주는 사회적 요인으로 꼽을 수 있다. 이는 유아가 보육기관에서 보내는 시간의 양과 보육환경의 형태가 유아의 공격성과 관련이 있다는 연구보고를 통해 알 수 있다. 한 연구(NICHD Early Child Care Research Network, 2002)에 따르면, 3~54개월의 유아가 보육기관에서 1주일에 45시간 이상 보낼 경우 그보다 더 적은 시간을 보내는 경우보다 공격성을 포함한 외현화 문제를 더 많이 보였다고 한다. 그리고 대규모의 또래집단과 함께 지내는 것이 소규모의 또래집단과 지내는 것보다 공격성의 수준을 더 높게 나타내는 데 관련이 있는 것으로 밝혀졌다(곽금주 외 공역, 2012).

다른 한편으로, 공격성은 다른 사람의 공격적 행동에 노출되었거나 경험했을 때도 배우게 된다. 가족이나 어린이집, 유치원, 지역사회에서 성인이나 또래가 보이는 공격적 행동을 보고 공격성을 관찰학습하게 되는 것이다. 특히, 누군가가 공격적 행동을 통해 원하는 것을 얻어내거나 욕구를 충족시키는 것이 관철됐을 때, 공격성이 자신의 뜻을 관철시키는 데 있어 매우 효과적인 방법이라는 생각을 갖게 된다. 그리고 유아는 자신이 그런 상황에 처했을 때, 보고 경험한 대로 공격적인 행동을 나타낸다.

Box 8-5

교실에서 유아의 공격성을 다루는 일반적인 전략

- 비공격적 행동의 모델을 보인다.
- 교실에서 공격적인 자료를 치운다.
- 유아가 최소한으로 좌절감을 경험하도록 교실환경을 정비한다.
- 좌절감이 쌓여가고 있는 유아를 주시한다.
- 유아가 유능감을 느낄 수 있는 기회를 제공해 준다.
- 공격성과 양립할 수 없는 행동을 강화해 준다.
- 총으로 서로 쏘는 시늉을 하면 다른 놀이로 전환시킨다.
- 유아가 자기주장적인 말을 하도록 돕는다.
- 유아의 공격적 행동에 대해 일관성 있는 한계를 설정한다.
- 공격받은 피해자에게도 관심을 가진다.
- 어려운 상황에서 비공격적인 해결을 시도하면 칭찬해 준다.
- 신체적 체벌 대신 사용할 수 있는 대안적인 방법들을 찾는다.

출처 : 박경자 외 공역(2009), pp. 482~484.

이 외에도 유아는 TV, 컴퓨터, 스마트폰 등의 미디어매체를 통해서도 폭력적인 내용을 접하게 되고 이를 통해서도 공격성을 배울 수 있다. 이처럼 공격적인 모델에 노출되는 경험은 그 사건이 끝난 후에도 효과가 지속되어, 유아는 자신이 보고 들은 것을 몇 달이 지난 후에도 기억하고, 공격적 행동을 모방할 수 있다(Bell & Quinn, 2004 ; 박경자 외 공역, 2009에서 재인용). 뿐만 아니라 부모가 자녀를 어린 시기에 강압적이고 처벌적이며 엄격하게 훈육할 경우, 오히려 이후 발달에서 자녀의 공격성이 높은 수준으로 나타났다(곽금주 외 공역, 2012)는 연구결과를 볼 때 부모의 자녀양육방법 또한 공격성발달에 영향을 미친다는 것을 알 수 있다.

CHAPTER

09

발달이상 및 발달측정

1. 영유아기 발달이상의 이해 | 2. 영유아기 발달이상의 종류

CHAPTER 09

과거에는 아이가 문제행동을 보이면 "말이 늦네", "겁이 많구나", "천방지축 장난꾸러기네" 등으로 표현하며 자연스럽게 증상이 완화될 것을 기대하는 경우가 많았다. 하지만 발달의 과정은 매우 역동적이며 각각의 발달영역이 서로 영향을 주고받으면서 빠르게 진행된다는 점을 고려할 때 이는 그리 쉽게 간과할 사항이 아닐 수도 있다. 아동이 하나 혹은 그 이상의 발달영역에서 월령이나 연령에 미치지 못하는 발달수준을 보이는 것을 발달지연 혹은 발달이상이라고 한다(김권영, 2004). 본 장에서는 발달이상을 보이는 영유아의 행동특징과 이에 대한 부모나 교사의 역할에 대해 살펴보도록 하겠다.

1. 영유아기 발달이상의 이해

발달지연은 영유아의 가장 흔한 건강문제 중 하나이지만(김권영, 2004) 아동마다 발달의 속도와 양상이 다르고 환경변화에 따른 가변성이 크기 때문에 아주 심한 발달장애가 아닌 이상 조기진단은 쉽지 않다. 그러나 이른 시기의 문제는 계속적인 손상과 장기적으로 심각한 영향을 미칠 수 있기 때문에 발달이상을 보이는 영유아를 빠르게 확인하여 적절한 절차와 방법으로 중재하는 것은 더 심한 장애로 악화되는 것을 방지하고 이후 발달의 가능성을 최대화하는 방법이라 할 수 있다.

1) 발달이상의 기준

발달이상을 판단할 때 정상발달의 수준은 매우 중요하다. 발달정신병리developmental psychopathology에서는 정상발달과 이상발달이 이질적인 것이 아니라 서로 연속성이 있다고 가정한다. 발달의 이상을 판단하기 위해서는 적응적 발달을 명확하게 개념화하는 것이 필요하며(Sroufe, 1997), 이때 연령에 맞는 발달은 발달적 규준을 통해 확인될 수 있다. 연령별 평균적인 발달 양상을 나열한 것을 발달이정표developmental milestones라고 하는데, 발달이정표에는 아동이 월령 혹은 연령 등 특정한 시간의 틀 속에서 획득해야 할 기술들이 제시되어 있다. 아동들은 각자 자신만의 독특한 속도로 발달하지만 동시에 대부분의 아이들이 도달하는 일정 시기가 있고, 이것은 발달을 평가하는 중요한 기준이 될 수 있다.

또한 영유아기의 발달이상을 조기에 발견하기 위해서는 우선 그들이 처해 있는 다양한 맥락을 고려하는 것이 필요하다(민성혜 역, 2007 ; 정계숙 · 박명화 · 노진형 · 이은하 · 김미정 · 윤갑정 · 이정희 공역, 2010). 발달에 영향을 미치는 요소로는 기질 및 지능과 성격 등 영유아의 개인적 요인, 가족을 포함한 환경적 요인들이 있으며 이들은 다양한 방식으로 상호작용하면서 위험요인이 되기도 하고, 때로는 보호요인으로 작용하기도 한다(Wenar & Kerig, 2006).

아동의 발달은 매우 복합적인 과정이다. 양육자는 소아과나 발달센터 혹은 관련 사이트를 통해 아동의 현재 발달상태를 파악할 수 있고 아이가 평상시와 다르게 보

표 9-1 위험, 취약성, 보호요인 및 보호기제의 예

<table>
<tr><th>내용</th><th>위험요인</th><th>취약성</th><th>보호요인</th><th>보호기제
(모든 맥락에 해당)</th></tr>
<tr><td>기질
(유기체)</td><td>• 유전적 장애
• 태내 영향
• 신경학적 손상
• 부적절한 영양</td><td>까다로운 기질</td><td>순한 기질</td><td rowspan="5">• 위험영향의 감소
• 부정적 연쇄 반응의 감소
• 자기효능감과 적응기술
• 기회의 개방</td></tr>
<tr><td>개인 내</td><td>• 낮은 지능
• 낮은 자기존중감
• 낮은 자기효능감
• 낮은 자기통제</td><td>• 성별
• 계획능력 부족
• 사회성</td><td>• 지능
• 능력
• 신체적 매력
• 참여하는 성격</td></tr>
<tr><td>개인 간 :
가족</td><td>• 불안정애착
• 부모 간의 갈등
• 학대/방임
• 가정폭력
• 경계의 붕괴</td><td>• 빈약한 부모-자녀 관계
• 애정적 양육의 결핍</td><td>• 긍정적이고 안정적인 양육
• 능력 있는 성인역할 모델
• 부모의 감독
• 아동의 소질에 대한 부모의 높은 평가</td></tr>
<tr><td>개인 간 :
또래</td><td>반사회적 친구들</td><td>사회적 기술의 부족</td><td>• 또래와의 긍정적 관계
• 성인 멘토들</td></tr>
<tr><td>상위</td><td>• 빈곤
• 인종주의
• 편견
• 지역사회의 폭력</td><td>사회적 이상 및 기대와 충돌하는 개인의 특성</td><td>• 긍정적인 문화적 가치
• 긍정적 민족정체성
• 다양성에 대한 문화적 관용</td></tr>
</table>

출처 : Wenar & Kerig(2000) ; Masten et al.(1998) ; Masten & Curtis(2000) ; Robins(1972) ; Rosenblith & Sims-Knight(1992) ; Rutter(1991, 2000) ; Wenar & Kerig(2006)에서 재인용.

이거나 성장 또는 발달이 정상이 아닌 것처럼 보일 때, 그리고 아이의 발달이 이정표를 따르지 못할 경우, 소아과나 발달 관련 클리닉에서 도움을 받는 것이 좋다. 의사, 부모, 교사 등 아이와 접촉하는 다양한 사람들 중 누구라도 염려하고 있는 사항이 있다면 좀 더 자세한 발달평가를 받는 것이 바람직하다.

2) 발달이상의 평가

영유아기에 양육자는 정기적인 발달평가를 통해 시간에 따른 변화와 진전에 주목하면서 발달이 균형적으로 이루어지고 있는지, 또래 아동과 비교하여 발달적으로 지체 혹은 이탈이 있는지 확인한다. 발달평가는 아동에게 나타날 수 있는 어려움을 조기에 발견하고, 빠르게 개입할 수 있도록 하며, 이를 통해 이후 발생할 수 있는 문제들을 예방할 뿐만 아니라 부모가 아동의 특성을 제대로 이해하도록 하여 아동의 발달을 촉진할 수 있도록 돕는 역할을 한다.

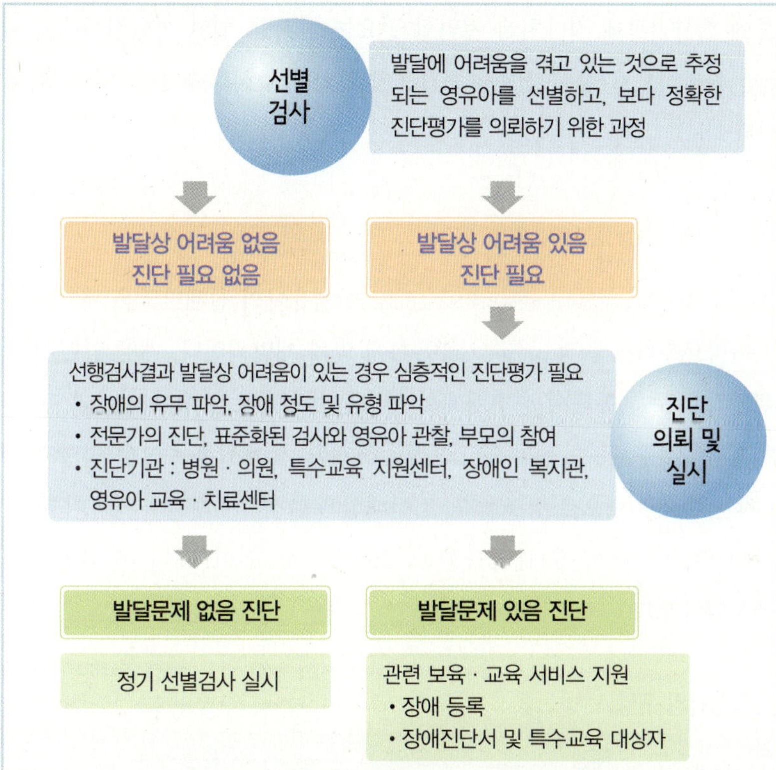

그림 9-1 영유아발달 진단과정

출처 : 보건복지부(2011).

일반적으로 영유아의 발달평가는 크게 두 가지로 나뉘는데, 육아상담이나 정기검진을 위해 시행되는 발달선별검사screening test와 진단을 위한 발달진단검사diagnostic test가 있다. 발달선별검사는 정상에서 이탈될 위험성이 높은 아동을 판별하고 추가적인 진단평가를 추천하고자 시행된다. 즉, 진단을 내리는 것이 아니라 추가적인 정밀한 검사의 필요성을 제기하는 것이기 때문에 선별검사는 주기적으로 실시할 수 있고, 간략하고, 비용이 적게 들고, 신뢰할 수 있고, 타당해야 하며 광범위한 발달영역에 초점을 두어야 한다. 현재 국내에서 사용 가능한 선별검사도구로는 한국판 덴버Denver 발달선별검사DDST II : Denver Developmental Screening Test와 우리나라 소아과학회에서 개발한 한국판 영유아 발달선별검사KSID : Korean Screening test for Infants Development, K-ASQKorean version of Ages Stages Questionnaires, 4개월~5세 등이 있다. 물론 아이들마다 발달의 속도에 차이가 있고 종종 영역별로 불균형적일 수도 있기 때문에 검사결과에 지나치게 예민할 필요는 없지만, 일단 선별검사에서 이상이 발견되면 원칙적으로 즉시 전문의료기관에 의뢰하여 적절한 진단 및 치료를 받게 해야 한다.

(1) 게젤 발달검사

게젤 발달검사Gesell developmental schedules는 영유아의 신체발달을 평가하기 위해 게젤과 아마트루다Gesell & Amatruda(1941)에 의해 개발되었다. 게젤 발달검사의 목적은 행동적 규준을 통해서 신경체계의 성숙을 발달적으로 평가하는 데 있으며, 생후 4주, 16주, 28주, 40주, 52주와 18개월, 24개월, 36개월을 중요한 발달적 성취가 이루어지는 주요 연령으로 강조한다. 검사대상은 출생~60개월의 영유아들로, 검사는 총 144문항의 적응행동, 대근육운동, 소근육운동, 언어, 개인-사회행동의 영역들로 구성되어 있다.

표 9-2 게젤 발달검사의 구성

하위영역	내용	문항의 예
적응행동	사물을 다루는 행동을 통해 감각운동의 성숙, 손발의 협응, 문제해결, 간단한 추론기술 등을 측정	시각 따라 하기, 컵에 입방체 넣기, 모양판 맞추기, 따라 그리기, 블록 쌓기
대근육운동	자세 취하기 반응, 머리의 균형 잡기, 앉기, 서기, 기기, 걷기	엎드려서 몸 돌리기, 돌아다니기, 달리기, 점프하기, 계단 오르기
소근육운동	손과 손가락을 사용하는 조작활동	물건 들기, 작은 콩알 잡기, 공 던지기, 입방체 쌓기, 말판 놓기
언어	언어적 · 비언어적 의사소통능력	얼굴표정, 제스처에서 발성, 소리 모방, 말하기
개인-사회행동	식사습관, 배변훈련, 놀이, 대인관계 등 개인적 · 사회적 상황에 대한 아동의 반응	사회적 미소, 놀이행동, 거울반응, 먹기, 옷입기 기술

출처 : Ainsworth(1982) ; 박응임(1995), pp. 9~10에서 재인용.

(2) 덴버 발달선별검사

덴버 발달선별검사 DDST Denver Developmental Screening Test는 1967년 미국의 덴버Denver에 있는 콜로라도 의과대학의 프랭켄버그Frankenburg와 동료에 의해 만들어졌다. 이 시기 미국을 중심으로 문화적으로 결손된 가정의 아동에 대한 보상교육이 확대되고, 장애아동을 위한 중재 프로그램의 실시가 의무화되면서 이에 해당하는 아동을 선별할 수 있는 간편한 도구 및 절차의 필요성이 제기되었다. 또한 유아교육 분야에서 유아의 학습은 발달의 여러 영역과 밀접한 관련성이 있으며 아동을 전체whole child로서 이해해야 한다는 생각이 다시 강조되면서 발달 전반을 다루는 검사에 대한 요구가 증가되었다. 이에 DDST는 아동건강전문가들이 어린 아동의 잠재적 발달문제 혹은 그 위험성을 선별하는 것을 돕고자 개발되었다.

그림 9-2 DDST II 검사도구
출처 : mindstore.co.kr

한국형 DDST II(신희선 · 한경자 · 오가실 · 오진주 · 하미나, 2002) 는 생후 1개

표 9-3 DDST II의 구성

하위영역	내용	문항의 예
사회발달영역	사람들과 함께 살아가고, 스스로 신변처리를 하는 능력을 측정 : 타인에게 반응하는 능력, 놀이기술, 일상적 과제를 스스로 수행할 수 있는 능력	• 자신의 손을 바라본다. • 빠이빠이를 한다. • 간단한 옷을 입는다.
미세운동 및 적응발달	물건을 알아보고, 손과 팔을 이용하여 물건을 잡고 사용하는 능력을 측정 : 눈과 손의 조정능력, 미세한 물체를 다루는 능력, 문제를 해결하는 능력	• 딸랑이를 잡는다. • 털실 뭉치를 찾는다. • 적목 네 개를 쌓는다.
언어발달	청취능력과 요구하는 것을 수행하고 말하는 능력을 측정 : 수용언어, 표현언어, 어린 연령에서는 발성, 소리를 흉내 내는 능력 등이 다루어지며, 더 높은 연령에서는 언어를 사용한 지식, 어휘능력 등이 포함된다.	• 소리를 낸다. • 한 음절을 말한다. • 인형의 신체부위를 지적한다.
운동발달	신체의 통제, 운동기능, 대근육 협응, 균형능력	• 머리를 잠시 든다. • 잘 걷는다. • 한 발로 껑충 뛴다.

출처 : Ainsworth(1982) ; 박응임(1995), pp. 9~10에서 재인용.

월에서 6세까지의 아동을 대상으로 지연된 발달상태를 감별하여 보다 나은 발달상의 성숙을 도모하는 것을 목적으로 한다. 검사방법은 검사자가 직접 관찰하거나 아동의 행동을 부모 혹은 아동을 매일 돌보는 사람이 보고하도록 되어 있다.

(3) 아동 · 청소년 행동평가척도

아동 · 청소년 행동평가척도CBCL : Child Behavior Checklist는 아켄바흐와 에델브록 Achenbach & Edelbrock(1983, 1991)에 의해 제작된 것으로, 아동의 정서 및 행동특성 중에서 부적응문제를 선별해 내는 평가도구이다(오경자 · 이혜련 · 홍강의 · 하

표 9-4 CBCL 1.5-5 증후군 소척도

척도명			내용
증후군 척도	내재화	정서적 반응성	낯선 상황에 대한 불안, 일상생활의 변화에 대한 저항, 짜증, 걱정 등 정서적 안정성과 관련된 9개 문항
		불안/우울	날카롭게 곤두선 기분, 긴장, 스스로의 행동이나 감정표현에 대해서 지나치게 의식하며 불안해하고, 전반적으로 슬퍼 보이는 등 부정적인 감정과 관련된 8개 문항
		신체증상	의학적 원인이 없음에도 불구하고 다양한 신체증상을 호소하거나 물건이 제자리에 있지 않으면 견디지 못하는 등의 불분명한 예민함과 관련된 11개 문항
		위축	연령대에 기대되는 것보다 위축되고 어린 행동, 애정표현이나 주변의 즐거운 놀이에 대한 무관심과 관련된 8개 문항
	내현화 총점		**정서적 반응성 + 불안/우울 + 신체증상 + 위축**
	외현화	주의집중 문제	안절부절 못하고 부산하게 움직이는 과잉행동 등과 관련된 5개 문항
		공격행동	타인에 대한 물리적 공격 및 물건 파괴 등의 행동적 측면과 자신의 요구를 고집스럽게 주장하고 여의치 않을 경우 쉽게 좌절하며 분노발작을 하는 등의 정서적 측면과 관련된 19개 문항
	외현화 총점		**주의집중문제 + 공격행동**
	수면문제		혼자 자려 하지 않고 연속적인 수면을 이루지 못하며 악몽, 잠꼬대 등으로 수면의 질이 좋지 않은 것과 관련된 7개 문항
	기타 문제		위의 증후군에는 포함되지 않지만 유의미한 빈도로 나타나는 문제행동과 관련된 33개 문항
총 문제행동 점수			**내재화 총점 + 외현화 총점 + 수면문제 + 기타 문제**

출처 : Ainsworth(1982) ; 박응임(1995), pp. 9~10에서 재인용.

은혜, 1997). 이 척도는 영유아용과 아동·청소년용으로 다시 개발되었는데, 이 중 영유아용인 CBCL 1.5–5Child Behavior Checklist for Ages 1.5–5는 아켄바흐와 레스콜라 Achenbach & Rescorla(2000)가 개발한 도구로서, 만 18개월에서 만 5세 영유아의 주 양육자가 자녀의 정서 및 행동문제와 언어발달 측면까지 다루도록 구성되어 있으며 세부 내용은 표 9–4와 같다(ASEBA ; www.aseba.or.kr에서 재인용).

2. 영유아기 발달이상의 종류

1) 지적 장애

지적 장애intellectual & developmental disabilities는 생물학적 기능장애로서 지적 기능이 부족하여 학습이 불가능하거나 제한을 받고, 관습의 습득과 환경의 적응에 심각한 어려움이 있는 경우이다. 과거에는 우둔, 백치, 정신박약 등과 같은 용어로 칭하다가 2007년 개정된 장애인복지법이 시행됨에 따라 기존의 정신지체를 대신해서 지적 장애라는 용어를 사용하게 되었다(김영숙 외, 2009 ; 송미경 외, 2013 ; 조윤경 외, 2014).

미국 지적 및 발달장애협회AAIDD : American Association on Intellectual and Developmental Disabilities에서는 지적 장애를 지적 기능IQ 70~75 이하, –2SD 이하이 저하되고, 개념적·사회적·실제적 적응기술로서 표현되는 적응행동영역에서 유의미한 제한성을 가지며, 18세 이전에 시작되는 것으로 정의한다(AAIDD, 2009).

지적 장애 영유아들이 보이는 특성을 살펴보면 다음과 같다(조윤경 외, 2014 ; 김영숙 외, 2009).

(1) 지적 장애 영유아의 특성

① 인지적 특성

지적 장애 아동들은 인지기능이 IQ 70~75 이하로 집중력, 기억능력, 운동기능 및 정보처리영역에서 장애를 보인다. 집중시간이 짧으며 기억력도 부족하고 모방을 통해 자연스럽게 학습하는 능력도 뒤떨어진다. 이러한 인지적 결함으로 인하여 또래에

> Box 9-1
>
> **DSM-5의 지적 장애 진단 기준**
>
> 지적 장애(지적 발달장애)는 발달 시기에 시작되며, 개념, 사회, 실행영역에서 지적 기능과 적응기능 모두에 결함이 있는 상태를 말한다. 다음의 3가지 진단 기준을 충족해야 한다.
>
> - 임상적 평가와 개별적으로 실시된 표준화된 지능검사로 확인된 지적 기능(추론, 문제해결, 계획, 추상적 사고, 판단, 학업, 경험학습)의 결함이 있다.
> - 적응기능의 결함으로 인해 독립성과 사회적 책임의식에 필요한 발달학적 · 사회문화적 표준을 충족하지 못한다. 지속적인 지원 없이는 적응 결함으로 인해 다양한 환경(가정, 학교, 일터, 공동체)에서 한 가지 이상의 일상 활동(의사소통, 사회적 참여, 독립적 생활)기능에 제한을 받는다.
> - 지적 결함과 적응기능의 결함은 발달 시기 동안에 시작된다.
>
> 출처 : APA(2013).

비해 학습속도가 느리고 전반적인 발달영역에서 지체가 점차 뚜렷하게 나타난다.

② 행동 및 심리적 특성

지적 장애 아동들은 일상생활 적응 면에서도 어려움을 겪는다. 예를 들어, 사회적 기술, 의사소통, 작업능력, 시간 활용, 문제해결능력 등 다양한 면에서 사회적으로나 심리적으로 미성숙하다. 이러한 부적절하거나 비사회적인 행동은 주변 사람, 특히 또래와의 관계에서 거부감을 줄 수 있다. 또한 학습동기가 낮고 성취에서의 실패를 자주 경험하게 되는데, 연속되는 실패는 이들로 하여금 학습된 무기력과 낮은 자존감을 갖게 한다.

③ 언어적 특성

거의 모든 지적 장애 아동들은 언어발달이 지연되며 언어발달의 단계적 변화가 나타나지만 속도가 느리고 정확하게 표현하는 데 어려움이 있다(APA, 2013). 자기표현에 한계가 있어 주변 환경을 적절하게 통제할 수 없는 상황에서 문제행동을 보이는 경우도 자주 있다. 언어이해와 표현의 장애는 사회적 관계형성에도 악영향을 미친다.

(2) 치료 및 중재

지적 장애 아동을 위해서는 다양한 치료적 접근이 필요하다. 다시 말해서, 지연된 발달을 촉진시키고 문제행동을 감소시키며, 가족의 고통을 완화하도록 도와야 한다. 지연된 발달을 촉진시키기 위해 조기 특수교육이 널리 실시되고 있다. 또한 문제행동의 감소에는 행동수정치료와 약물치료 그리고 사회기술훈련, 부모상담, 지지적 정신치료, 재활훈련 등을 병행하는 것이 효과적이라고 알려져 있다(서울특별시 어린이병원, childhosp.seoul.go.kr).

지적 장애 유아를 둔 가족에게는 지지적인 역할이 매우 중요하다(이경숙 외 공역, 2010). 자녀의 장애로 인한 충격이 부모가 초기에 안정된 애착을 형성하는 데 위험요인으로 작용할 수 있다. 지적 장애 유아를 위한 부모훈련 프로그램은 부모들로 하여금 유아가 원하는 것을 이해하고 적절하게 개입하며 부적응행동을 감소시키기 위한 부모의 역할에 초점을 둔다.

지적 장애 유아를 위한 부모나 교사의 역할을 소개하면 다음과 같다(조윤경 외, 2014).

Box 9-2

지적 장애 유아를 위한 부모 · 교사의 역할

- 속도 늦추기 : 유아가 과제나 활동을 습득하는 데 어려움을 보이거나 동기가 유발되지 않을 때에는 이전보다 속도를 늦추거나 더 쉬운 방법으로 제시한다.
- 단계별로 나누어서 가르치기 : 작은 단계로 세분화시키며, 한 번에 한 가지씩 수행할 수 있도록 한다. 각각을 부분별로 연습한 후 전체적으로 수행할 수 있도록 연습시킨다.
- 학습기회의 반복과 확대 : 단순한 과제를 몸에 익숙해질 때까지 반복하며 학습이 이루어지면 다음 단계로 확대시킨다.

2) 자폐 스펙트럼 장애

자폐自閉란 '자신의 세계에 갇혀 지낸다'는 뜻으로, 자폐 스펙트럼 장애ASD : Autism Spectrum Disorder는 언어적 · 비언어적 의사소통장애, 사회적 상호작용에서의 어려움, 상동적 행동 및 매우 제한된 흥미를 특징으로 하는 발달장애이다. DSM-IV-TR에

Box 9-3

자폐 스펙트럼 장애의 증상(DSM-5 기준)

❶ 사회적 상호작용과 상호작용에서 임상적으로 명확하고 지속적인 결함
- 사회적 상호작용을 위한 비언어적 · 언어적 의사소통의 뚜렷한 결함
- 주고받기(give and take)와 같은 사회적 상호성의 부족
- 발달수준에 적합한 또래관계 형성과 유지의 실패

❷ 행동과 흥미, 활동에서의 제한적이고 반복적인 형태
- 틀에 박힌 신체움직임이나 언어행동 또는 독특한 감각행동
- 규칙적인 일상에 대한 지나친 집착과 의례적인 행동패턴
- 제한적이고 고착된 관심

❸ 증상은 유아기에 나타난다

제한된 능력을 넘는 사회적 요구가 있을 때까지 드러나지 않을 수 있다.

출처 : 조윤경 · 김수진(2014), p. 132.

서는 전반적 발달장애pervasive developmental disorder의 범주 안에 속했으나 DSM-5로 개정되면서 자폐적 성향 및 그로 인한 행동적 특성이 다양하고 폭넓은 증상으로 나타난다는 사실을 고려하여 범주성 장애로 인식하기 시작하였으며, 자폐 스펙트럼 장애라는 용어가 사용되고 있다(송미경 · 최윤희, 2013).

(1) 자폐 스펙트럼 장애 영유아의 특성

① 사회적 상호작용의 특성

자폐 스펙트럼 장애 영유아들은 아주 어릴 때 부모가 안아주거나 상호작용을 시도할 때 정상적인 반응을 보이지 않으며, 타인에 대한 관심을 거의 보이지 않는 경우가 많다. 심지어 1세 이전에도 다른 아기들에 비해 시각자극에 대한 반응이 적고 이름을 불러도 반응이 별로 없으며 다른 사람의 손길이 닿았을 때 거부반응을 보인다는 연구결과가 있다(Baranek, 1999). 또한 일반적으로 생후 6개월이면 나타나기 시작하는 공동주의joint attention 상호작용이 결여될 수 있고, 다른 사람의 행동을 흉내 내는 경우도 적다(Rogers, Hepburn, Stackhouse & Wehner, 2003).

② 의사소통 및 언어적 특성

자폐 스펙트럼 장애 영유아의 의사소통기술은 다양한 개인차를 보인다. 일부 아동은 언어발달이 현저히 제한되어 의사소통이 지속적으로 어렵다. 단순한 말소리나 특이한 소리를 내며, 같은 음절이나 어구를 반복한다. 일부 말을 어느 정도 하는 아동도 억양이나 속도, 크기, 내용에 있어서 비정상성을 보이며, 로봇같이 말하거나 들은 말을 반복하는 반향어를 보이기 때문에 의사소통이 잘 되지 않는다.

③ 행동적 특성

자폐 스펙트럼 장애 아동들은 협소한 관심영역에 대하여 몰두하는 경향이 있다. 또한 상동적이고 반복적인 운동기능상의 습관이 있으며, 사물의 특정 부분에 집착하는 행동특성을 보인다. 예를 들어, 시간표가 변경되거나 물리적 환경이 변화되었을 때 극심한 걱정을 하거나 반복적인 자기자극 추구, 놀이예 : 자동차 바퀴 계속 쳐다보고 돌리기, 손을 계속 흔들어보기 등을 나타낸다(조윤경 외, 2014).

④ 감각 및 운동기능의 특성

상당수 자폐 스펙트럼 장애 아동들은 감각자극에 대해 과민반응을 나타낸다. 특정한 소리나 빛에 대해 지나치게 민감한 반응을 보여서 이를 피하거나 거부하는 반응을 나타낸다. 특정 소리를 듣지 못하는 것처럼 행동하거나 반대로 귀를 막고 소리를 지르기도 한다(조윤경 외, 2014). 촉각에 대해서도 민감하여 타인의 접촉이나 어떤 옷감에 대한 감촉을 싫어할 수 있으며, 특정 냄새나 맛이 나는 음식물을 거부할 수도 있다. 운동기능장애인 경우 특이한 자세나 얼굴, 머리, 몸통, 팔다리 등의 비정상적인 움직임, 독특한 걸음걸이 등을 보이기도 한다(송미경 외, 2013).

(2) 치료 및 중재

자폐 스펙트럼 장애는 만성질환으로, 예후는 자폐아동의 지능 정도와 언어발달 정도에 따라 결정될 수 있으며 그 밖에 장애 발견 및 조기교육을 받은 시기, 교육 기간, 사회적 기능의 정도, 대인관계를 포함한 사회적 행동의 가능 정도, 전반적인 발달 수준이 이후의 기능에 영향을 미친다. 이처럼 장애가 광범위한 영역에 걸쳐 오래 지속되고, 발달지체와 결함을 나타내기 때문에 다양한 방향의 치료목표가 요구된다.

현재 자폐 스펙트럼 장애를 완치할 수 있는 특별한 약물이나 치료방법이 없기 때문에, 일반적으로 행동장애의 감소, 언어의 습득, 의사소통기술의 증진, 자립기술의 습득 등을 목표로 치료와 중재를 시행한다. 이와 함께 기초적인 사회성, 의사소통능력 및 인지능력의 전반적인 발달을 증진시키고, 상동행동과 부적응행동을 감소시키는 것에 더해 가족의 고통을 덜어주는 것 등에 목표를 둔 포괄적인 개별화 치료가 요구된다(Rutter, 1981). 여러 가지 부적응적이거나 상동적인 행동을 감소시키고 언어능력 및 인지능력의 발달을 돕는 데는 행동수정이 매우 효과적이며(Lovaas & Smith, 2003), 경련성 질환이 동반된 경우에는 항경련제와 같은 약물 치료가 수반될 수 있다(홍강의 · 최진숙 · 안윤옥 · 황용 승 · 신민섭, 1991).

무엇보다 장애를 조기 발견하여 이른 시기부터 지속적이고 집중적인 특수교육적 개입을 제공하는 것이 매우 중요하다(홍강의, 1993). 자폐진단의 지연은 아동의 전반적인 발달에 많은 지장을 주게 된다. 영유아기에 이를 조기진단하는 것은 그 시기에 습득해야 할 발달과제를 습득시키고 이후에 발생될 수 있는 행동상의 장애를 예방하거나 대처할 수 있는 대안학습의 가능성을 높이기 때문에 매우 중요하다.

3) 반응성 애착장애

애착이란 양육자와의 긴밀한 정서적 유대로(Bowlby, 1969), 주 양육자와 형성된 애착의 안정성 여부는 유아기에 타인에게 반응하는 방식, 지각 또는 기억회상의 기반이 되어 이후 사회 · 정서, 그리고 인지영역에 영향을 미친다(Zeanah, 1996). 반응성 애착장애RAD : Reactive Attachment Disorder는 주 양육자와의 안정된 애착형성에 실패한 경우로 생후 9개월에서 5세 사이에 발생한다. 발달적으로 부적절한 애착행동 양식이 특징이며 안락, 지지, 보호 그리고 돌봄을 위해 애착대상에게 의지하는 것이 거의 없거나 이를 최소한으로 나타낸다. 이들은 선택적 애착을 형성할 수 있는 능력은 가지고 있으나 초기 발달상의 제한적인 기회로 인해 선택적 애착의 행동을 나타내지 못한다.

DSM-IV-TR에서는 반응성 애착장애를 억제형inhibited type과 탈억제형disinhibited type의 두 가지 아형으로 분류하였으나 DSM-5에 와서는 반응성 애착장애는 우울증 증상과 위축된 행동을 가진 내재화 장애로, 탈억제성 사회관계장애는 탈억제성 행동을 가진 외재화 장애로 따로 분류하였다(APT, 2013).

(1) 반응성 애착장애 영유아의 특성

① 정서 및 사회적 특징

반응성 애착장애 영유아들은 애착대상에게 위안, 지지, 보호, 애정을 바라는 행동을 거의 또는 최소한으로도 표현하지 않으며(APA, 2013), 양육자가 안심을 시켜도 계속 불안해하거나 지나친 경계심을 보인다. 이들은 감정조절능력이 손상되어 알 수 없는 공포, 슬픔, 과민성과 같은 부정적인 감정을 자주 나타내기도 한다. 타인과 눈 맞춤이나 상호작용을 거의 하지 않고 말도 잘 안 하며 혼자 고립된 세상에서 타인과 관계 맺는 것을 거부한다(강미현, 2009). 또한 위축되고 호기심이 적어서 외부환경에 대한 관심이 적고 다른 사람의 지시를 따르지 않으며 사람보다는 사물에 더 집착하는 행동을 보인다(박응임, 김상희, 김지신, 백종화, 이주연, 박민선, 2017).

② 인지 언어적 특성

반응성 애착장애 아동들은 식욕부진, 발육부진, 발달지수의 저하 등 신체적인 증상 및 발달상의 문제를 나타낼 뿐 아니라 흔히 인지 및 언어에서의 어려움 또한 동반된다. 이들은 호명이나 지시에 잘 따르지 않으며 외부 자극이나 장난감 등에 별 흥미를 보이지 않는다. 이러한 특징은 자폐 스펙트럼 장애의 아동과 많은 부분 유사하지만 반응성 애착장애 아동들의 경우 제한된 흥미와 상동적 행동이 주요 특성이 아니고 사회적인 의사소통이 어느 정도 가능하다. 이 두 장애 간의 감별 진단은 어렵지만 매우 중요하다(APA, 2013). 또한 반응성 애착장애 아동들은 자폐아동과 달리 양육환경이 긍정적으로 변화될 때, 즉 신뢰감이 있는 애착관계를 형성할 때 상대적으로 빠른 회복을 보인다.

반응성 애착장애로 진단되기 위해서는 위의 문제들이 부모가 아이를 전혀 돌보지 않았거나, 학대하거나 또는 잘못 다룬 데서 온 직접적인 결과에서 기인해야 한다.

Box 9-4

반응성 애착장애의 원인

❶ **예상하지 못한 주 양육자의 상실** : 사망, 구속, 유기

❷ **양육자에 의한 병적인 보살핌** : 엄마의 산후우울증, 출산 후 산모의 장기 입원, 부모가 지적 장애인 경우, 부모로서의 양육기술이 부족한 경우, 너무 이른 나이에 부모가 된 경우, 정신적인 질병을 가진 경우

❸ **강압적인 또는 분노를 많이 표현하는 양육** : 양육자가 스트레스가 많거나 아이의 요구를 감당하지 못할 때

❹ **유아 자신의 문제** : 미숙아, 저체중아, 타고난 기질(temperament), 유대관계 형성의 결함, 발달장애 또는 시청각장애, 양육자와 유아 사이에 특별할 정도로 궁합이 맞지 않음

❺ **학대 또는 방임적인 양육**

❻ **양육자의 잦은 교체** : 부모의 반복적인 장기입원, 위탁양육 또는 친척들이 돌아가며 양육하는 경우

출처 : 정계숙 외 공역(2010) ; www.drchoi.pe.kr

(2) 치료와 중재

일반적으로 반응성 애착장애 아동이 다시 정상적인 환경에서 양육되면 쉽게 정상발달로 돌아올 것이라 생각하지만 환경에서의 지속적이고 심각한 스트레스는 뇌의 발달에 영향을 미쳐 뇌기능의 손상을 초래할 수 있다는 점을 간과해서는 안 된다. 양육자와의 애착은 발달선상에 있는 아동의 뇌, 사회성, 정서와 언어 등 전반적인 발달에 많은 영향을 미칠 수 있으므로 이에 대한 조기진단, 치료 및 예방 프로그램은 매우 중요한 의미가 있다.

반응성 애착장애는 그 원인이 부모의 양육태도와 관련되므로 놀이치료, 특히 부모-자녀 놀이치료를 통해 효과를 거둘 수 있다(정옥분 외, 2008). 애착은 부모의 양육태도 중에서도, 특히 민감성과 반응성 문제와 관련이 있으므로 부모는 전문가의 중재를 통하여 자녀와의 애착관계를 개선하는 데 도움을 받을 수 있다(김진숙 · 이지연 공역, 2010 ; 서수정 · 김태련 · 이경숙 · 신의진, 2007 ; 이경숙 · 안혜숙 · 서수정 · 신의진, 2001).

한편, 반응성 애착장애의 치료는 주로 아동과 부모 간의 관계에 초점을 두는데, 그 부모 역시 학대 또는 방임하는 분위기의 가족 속에서 성장한 경우가 드물지 않

다. 지지적이지 않고 사랑이 없는 환경 속에서 성장한 부모는 자신의 자녀에게도 지지와 사랑을 제공하지 못할 수 있다. 따라서 이러한 부모에게는 자신의 자녀가 필요로 하는 기본적인 사회적 · 정서적인 요구가 무엇이며 그러한 요구들을 어떻게 충족시켜 줄 수 있는지에 관련된 치료와 중재 및 지원도 필요하다(정계숙 외 공역, 2010).

4) 분리불안장애

(1) 분리불안장애 영유아의 특징

불안은 어떤 특정한 상황 때문에 자신이 위험하다고 지각함으로써 야기되는 불쾌한 감정반응이라고 정의할 수 있으며(정계숙 외 공역, 2010 ; 조수철 외, 2006), 유아기에 경험하는 분리불안seperation anxiety, 낯가림stranger anxiety, 학령전기의 동물이나 어둠에 대한 공포심 등은 발달과정에서 정상적으로 나타나는, 어떤 면에서는 생존에 필수적인 반응이라 할 수 있다(오경자 · 정경미 · 송현주 · 양윤란 · 송원영 · 김현수 공역, 2013).

이에 반해, 분리불안장애separation anxiety disorder는 아동이 가정이나 부모와 떨어질 때 느끼는 과도한 불안을 의미한다. 분리에 불안을 느끼는 영유아는 부모와 함께 있기를 바라고 부모와 떨어지는 것을 지나치게 두려워한다(정계숙 외 공역, 2010 ; 정옥분, 2013).

분리불안장애는 다음과 같은 중요한 생활상의 변화나 상실에 대한 반응일 수 있다(정계숙 외 공역, 2010).

- 부모나 애완동물의 갑작스러운 상실 : 부모가 입원하거나 교도소 또는 재활시설에 가거나 오랫동안 다른 사람에게 유아를 맡길 때 분리로 인한 상실을 경험한다.
- 교육기관의 변화 : 일부 유아는 좋아하는 교사와 떨어지거나 새로운 학급으로 가게 될 때에도 강하게 분리불안을 나타낸다.
- 이사
- 일상적인 생활의 변화 : 부모가 복직하고 대리양육자가 새로 오거나 부모의 근

:; 분리불안장애의 전형적인 증상(DSM-5 자료에 근거) Box 9-5

- 집 또는 주 애착대상과 떨어져야 할 때 과도한 고통을 반복적으로 겪는다.
- 주 애착대상을 잃거나 질병이나 부상, 재앙 또는 죽음 같은 해로운 일들이 주 애착대상에게 일어날 것이라고 지속적으로 과도하게 걱정한다.
- 곤란한 일(예 : 길을 잃거나, 납치당하거나, 사고를 당하거나, 아프게 되는 것)이 발생하여 주 애착대상과 떨어지게 될 것이라고 지속적으로 과도하게 걱정한다.
- 분리에 대한 공포 때문에 집을 떠나 학교, 직장 혹은 다른 장소로 외출하는 것을 지속적으로 거부하거나 거절한다.
- 집이나 다른 장소에서 주 애착 대상 없이 있거나 혼자 있는 것에 대해 지속적으로 과도하게 두려워하거나 거부한다.
- 집에서 떠나 잠을 자는 것이나 주 애착 대상 곁이 아닌 곳에서 자는 것을 지속적으로 과도하게 거부하거나 거절한다.
- 분리 주제와 연관된 반복적인 악몽을 꾼다.
- 주 애착대상과 떨어져야 할 때 신체증상을 반복적으로 호소한다(예 : 두통, 복통, 오심, 구토).

출처 : APA(2013).

무시간이 바뀌는 경우 유아가 분리불안을 나타낸다.

- 새로운 형제의 출생

(2) 치료와 중재

분리불안을 보이는 아주 어린 영유아의 경우에는 개별 놀이치료와 부모-자녀 놀이치료를 병행하는 것이 효과적이다(정계숙 외 공역, 2010).

아동은 놀이치료를 통하여 부모와 떨어질 때의 분리불안을 완화시키고 다양한 감정을 경험하며 표현함으로써 정서적인 발달과 사회적 관계형성에 도움이 된다. 또한 부모와 함께 하는 부모-자녀 놀이치료를 통하여 다음과 같은 효과를 경험할 수 있다.

- 부모로 하여금 자녀의 어려움을 이해하고 지원할 수 있도록 일상생활과 환경을 변화시키도록 돕는다.
- 부모가 자녀의 정서와 행동을 조절하기 위한 새로운 방법을 배우도록 돕는다.

- 부모와 자녀의 상호작용을 직접 볼 수 있고, 특히 분리장면에서 어떤 일이 발생하는지 알 수 있다.
- 부모-자녀 간 애착관계를 직접 관찰하고 이를 통해 애착관계를 강화할 수 있는 방법을 계획할 수 있다.

때로 아동의 불안이 매우 심각할 경우에는 전문가의 진단 및 약물처방이 필요할 수도 있다.

5) 주의력결핍과잉행동장애

주의력결핍과잉행동장애ADHD : Attention Deficit and Hyperactivity Disorder는 주의산만, 과잉행동, 충동성이 주 증상으로 대개 초기 아동기에 발병하여 만성적인 경과를 밟는 장애이다. 일반적으로 아이들은 활발하게 계속 움직이면서 다치고 넘어지는 경우가 흔하지만 이들을 모두 ADHD라고 칭하지는 않는다. ADHD로 진단되기 위해서는 10세 이전에 부주의나 과잉행동 또는 충동성이 아동의 발달수준에 맞지 않게 빈번하고, 심하게, 여러 장면에서 발생해야 할 뿐만 아니라 이로 인한 부적응이 6개월 이상 지속되어 학습, 사회적 기능 면에서 부수적인 문제를 야기해야 한다(APA, 2013). ADHD 아동의 많은 경우는 어린 시절 또래보다 조금 더 부산하다고 간과되다가 유치원이나 학교 입학 등의 단체생활을 시작하면서 심각하게 다루어지게 된다. 일반적으로 초등학교 한 반의 약 1~3명 이상이 ADHD로 추정되고 있으며, 남녀의 비율은 3 : 1~6 : 1로 남아의 비율이 월등하게 높은 편이다(Barkley, 1998).

자녀의 주의력결핍과잉행동장애 증상을 확인할 수 있는 선별도구가 Box 9-6에 제시되어 있다.

(1) 주의력결핍과잉행동장애 영유아의 특징

① 부주의 특성

ADHD 아동들은 해당 연령수준에 적절한 주의력을 유지하지 못한다. 이들은 집중을 못하고 산만하여 한 활동에서 다른 활동으로 쉽게 이동하고 비체계적이다. 뿐만 아니라 자주 공상에 빠지며, 같은 연령의 다른 아이들보다 쉽게 산만해지고 잘

주의력결핍과잉행동장애 부모용 체크리스트

Box 9-6

	다음의 질문들 중에서 자녀가 집에서 보이는 행동을 가장 잘 나타내고 있는 해당란에 √표시를 해주십시오.	전혀 그렇지 않다	때로 그렇다	자주 그렇다	매우 자주 그렇다
1	세부적인 면에 대해 꼼꼼하게 주의를 기울이지 못하거나, 학업에서 부주의한 실수를 한다.	1	2	3	4
2	손발을 가만히 두지 못하거나 의자에 앉아서도 몸을 꼼지락거린다.	1	2	3	4
3	일을 하거나 놀이를 할 때 지속적으로 주의를 집중하는 데 어려움이 있다.	1	2	3	4
4	자리에 앉아 있어야 하는 교실이나 다른 상황에서 앉아 있지 못한다.	1	2	3	4
5	다른 사람이 마주 보고 이야기할 때 경청하지 않는 것처럼 보인다.	1	2	3	4
6	그렇게 하면 안 되는 상황에서 지나치게 뛰어다니거나 기어오른다.	1	2	3	4
7	지시를 따르지 않고, 일을 끝내지 못한다.	1	2	3	4
8	여가활동이나 재미있는 일에 조용히 참여하기가 어렵다.	1	2	3	4
9	과제와 일을 체계적으로 하지 못한다.	1	2	3	4
10	끊임없이 무엇인가를 하거나 마치 모터가 돌아가듯 움직인다.	1	2	3	4
11	지속적인 노력이 요구되는 과제(학교 공부나 숙제)를 하지 않으려 한다.	1	2	3	4
12	지나치게 말을 많이 한다.	1	2	3	4
13	과제나 일을 하는 데 필요한 물건들을 잃어버린다.	1	2	3	4
14	질문이 채 끝나기도 전에 성급하게 대답한다.	1	2	3	4
15	쉽게 산만해진다.	1	2	3	4
16	차례를 기다리는 데 어려움이 있다.	1	2	3	4
17	일상적으로 하는 일을 잊어버린다.	1	2	3	4
18	다른 사람을 방해하거나 간섭한다.	1	2	3	4

출처 : 안동현 외(2004), p. 193.

ADHD 평정 척도 – 4판(ADHD Rating Scale-Ⅳ : ADHD RS-Ⅳ, Dupal 등, 1988)

척도내용	1. DSM-Ⅳ(1994)를 기본으로 총 18문항을 구성. 부모용과 교사용 각각에 대해 성별과 연령에 따른 규준이 산출되어 있어 임상 장면에서 ADHD 진단이나 치료효과 평가에 유용하다. 2. DSM-Ⅳ를 기본으로 하여 총 18문항으로 구성되어 있다. 본 척도의 홀수 문항의 총점은 주의력결핍 증상을 측정하며, 짝수 문항의 총점은 과잉행동–충동성 증상을 측정하도록 배열되어 있다.
실시방법	부모 및 교사가 실시한다. 각 문항에 대해 4점 척도로 평정한다.
채점방법	1. 각 문항을 0~3점으로 평정한다. 2. 각 문항의 점수를 합산하여 총점을 구한다.
해석지침	1. 학교 단위 선별조사에서 부모평가 13점 이상, 교사평가 18점 이상일 경우에 ADHD가 의심된다(서울시 소아청소년광역정신보건센터 선별조사가이드북, 2007). 2. 총점이 부모용은 19점 이상, 교사용은 17점 이상일 경우에 ADHD가 의심된다(김재원 등, 2004).

잊어버린다(Stewart, Pitts, Craig & Dieruf, 1966). 이러한 특징에 대해 부모와 교사들은 "지시를 듣지 않는 것 같다"고 불평한다. 이들은 쉽게 주의가 분산되기 때문에 누군가 감독하지 않으면 독립적으로 일을 수행하지 못하지만(Barkley, Dupaul & McMurray, 1990), ADHD 아동도 자신이 흥미를 느끼거나 어떤 식으로든 동기유발이 되었을 때는 주의를 집중하고 유지하는 것이 가능하다(Barkley, 1998).

② 과잉행동 특성

과잉행동증상은 운동이나 언어에서의 지나친 또는 발달수준에 부적절한 정도의 활동수준을 보이는 것으로, 이들은 마치 모터가 달린 것처럼 끊임없이 움직인다. ADHD 아동은 가만히 앉아 있어야 할 경우에 앉아 있지 못하고, 부산스럽고, 안절부절못하고, 필요 없는 신체적 움직임이 많으며, 사소한 실수를 자주 한다. 이와 같은 특징은 연령에 따라 다르게 표현되는데, 걸음마기와 학령기 이전의 아동은 집 안이나 집 밖에서 항상 제멋대로 하려 하고 유치원 등에서 앉아 집단활동에 참여하는 것에 어려움을 드러낸다. 반면, 학령기 아동은 교실에서 자리를 벗어나 돌아다니거나, 목적 없이 팔다리와 손발을 움직이거나 과제와 관계없는 딴 짓을 하고 다른 아이에게 쓸데없이 말을 걸면서 장난을 친다. 이후 청소년기가 되면 자리에 앉아 있으면서 안절부절못하고, 조용히 앉아서 하는 활동에는 제대로 참여하지 못하며 지나치게 수다스러워지는 양태로 나타난다(장은진, 2003).

③ 충동적 특성

세 번째 ADHD의 또 다른 핵심증상은 '생각하지 않고 행동하는' 충동성으로, 문제에 대해 생각할 시간을 갖지 않고 불쑥 답을 말해버리거나, 게임 또는 대화에 끼어들어 다른 사람들을 방해하거나 침범하며, 자신의 차례를 기다리기 어려워하는 양태로 나타난다(Barkley, 1996). 이러한 충동성의 문제는 또래 아동들에 비해 욕구충족을 지연하고 반응을 억제하며 사회적 상황에서 행동을 통제하거나 규제하는 것의 어려움과 관련이 있다. ADHD 아동은 참을성이 부족하고, 어떤 상황이 요구하는 바나 행동의 결과를 충분히 생각하지 않은 채 행동하며, 지시나 질문이 끝나기도 전에 성급하게 행동을 취하기 때문에 학습이나 행동에서 실수를 많이 하게 된다

(Barkley, 1996). 뿐만 아니라 자신의 행동이 부정적 결과나 파괴적 혹은 위험한 결과를 초래할 수 있다는 점을 생각하지 못하여 간혹 위험한 상황에 처하거나 위험한 행동을 하고, 실제로 뜻밖의 사고를 당하는 경우가 잦다(Corkum & Siegel, 1993). 충동성이 심한 아동은 친구들과의 놀이나 게임에서 자신의 순서를 기다리지 못한 채 원하는 것이 있을 경우 즉각적으로 소망을 충족하려고 하는데, 이때 자기 뜻대로 되지 않으면 다른 아동들과 싸움을 시작하기도 한다. 충동통제에 문제가 있는 아동은 자신의 행동이 타인에게 어떤 영향을 주는지 알지 못하며 행동의 옳고 그름을 인식하지 못하기 때문에 친구를 잃게 되고 소외되는 경향이 있다(박현빈, 2006).

(2) 치료 및 중재

일반적으로 약물치료가 주의력결핍이나 과잉운동성, 충동적이고 비순응적인 행동을 감소시키는 데 매우 효과적이라고 알려졌다. 그러나 약물만으로는 ADHD 아동이 보이는 여러 가지 습관화된 행동문제나 충동적인 문제해결방식을 변화시키고 긍정적인 행동이나 자기조절self-regulation능력을 학습시키는 것에는 한계가 있다. 학년이 올라감에 따라 학업이나 또래관계 형성의 어려움, 부모나 교사로부터의 부정적인 평가나 처벌로 인해 이차적으로 나타날 수 있는 낮은 자존감과 자신감의 부족,

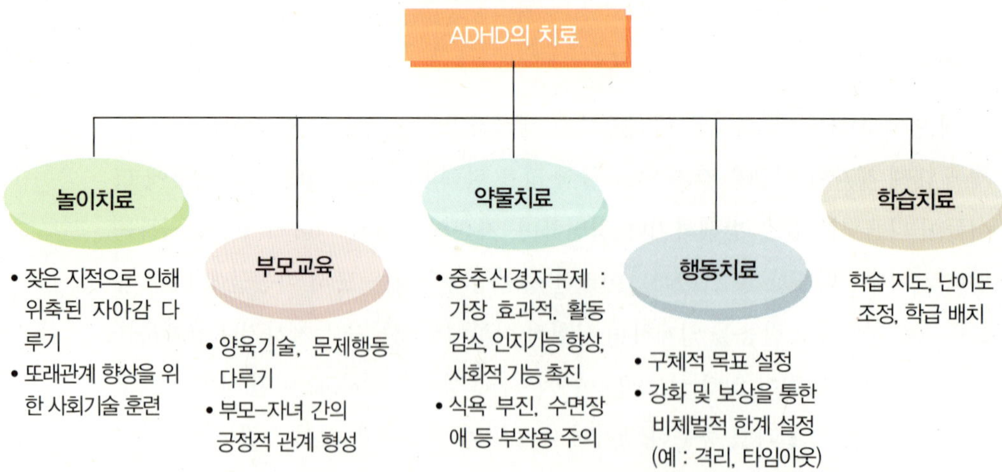

그림 9-3 ADHD의 치료 전략

출처 : 세브란스 어린이병원 건강/질환 정보 수정인용.

내적인 우울감이나 좌절감과 같은 정서적 문제, 그리고 학습부진을 변화시키기 위해서는 아동에 대한 인지-행동치료와 부모교육이 수반되어야 한다(홍강의 · 오경자 · 신민섭, 1995).

ADHD 아동의 치료적 접근방법에 대해 그림으로 표시하면 그림 9-3과 같다.

Box 9-7

주의력 향상을 위한 지침

- 아이들에게 한 번에 2~3개의 장난감만 주어서 하나씩 집중하는 법을 가르친다.
- 아이가 노는 장소의 텔레비전을 꼭 끈다. 그래야 주의력이 분산되지 않는다.
- 규칙적인 생활 스케줄을 정하여 다음 일을 예측하게 한다.
- 아이가 문제를 파악하게 한다. 다음과 같이 질문해본다. "지금 문제가 뭐지?", "우리가 어떻게 하면 좋겠니?"
- 카드게임과 보드게임은 순서 기다리기, 목표 설정, 전략 수립 등을 가르치므로 주의력 향상에 도움이 된다.
- 지시를 따르는 능력을 키워준다. 한 단계 지시로 시작하여, 두 단계, 세 단계로 지시를 늘려간다.
- 단순한 것부터 시작하여 복잡한 단계까지 '종이에 적힌 지시'를 보고 따르는 법을 연습시킨다.
- 책을 읽어주고 그 내용이 무엇인지 물어본다.
- 아이들의 물건을 정해진 곳에 쉽게 찾을 수 있도록 배치한다.
- 과제나 활동에 집중하는 것을 돕기 위해 타이머를 이용하는 것도 도움이 된다.

출처 : 천근아 · 이은하 공역(2012), pp. 120~121 수정인용.

PART 3

발달과 환경요인

CHAPTER

10

가족 내외적 환경요인

CHAPTER

10

아이들이 성장하고 발달해가는 과정에 직접, 간접적으로 영향을 미치는 요인에는 부모나 형제를 포함한 가정환경, 그리고 이혼가정이나 다문화가정 등 다양한 가족 유형이 포함된다. 가정은 사회를 구성하는 기본 단위이며, 특히 부모는 아동의 삶에 결정적인 영향을 미치는 존재이다. 또한 영유아발달에 미치는 또래의 영향력이 더 커지고 있다. 아이들이 또래와의 관계 안에서 긍적적인 경험을 할 수 있도록 부모와 성인의 관심이 적절하게 이루어져야 한다. 이와 더불어 미디어매체의 올바른 사용을 위한 지도가 필요하다.

1. 부모

가족의 기능 가운데 사회화 기능은 영유아가 발달해가는 과정에서 핵심적인 요소이다. 부모는 자녀가 영아기를 거쳐 언어적 지시를 따를 수 있는 만 2세 이후가 되면 본격적으로 사회화를 위한 부모역할을 시작한다(이종숙 외 공역, 2008).

양육태도parental attitude 또는 양육행동parental behavior은 자녀를 양육하는 과정의 다양한 상황에서 나타나는 부모의 행동을 의미한다. 자녀양육에 대한 부모의 태도는 부모–자녀관계에서 가장 오래된 연구 주제로, 부모의 양육과 관련하여 양육태도, 양육 실제, 양육 신념 및 양육 효능감에 대한 연구가 활발히 진행되어 왔다(박성연, 2006 ; 조복희, 2006).

부모 각자가 지닌 자녀에 대한 양육태도, 실제, 신념 등은 여러 가지 요인에 따라 달라질 수 있다. 부모 자신이 성장해 오면서 가졌던 과거의 경험, 그가 속해 있는 사회문화적 배경이나 사회 계층에 의해서도 달라진다고 할 수 있다(Hamner & Turner, 2001). 특히, 부모의 양육행동은 수용, 애정, 통제, 온정, 허용 등과 같이 다양한 영역으로 기술될 수 있으며, 어떠한 양육방식이 가장 효과적인지는 해당 문화, 시대 또는 가족의 특성에 따라 영향을 받는다(정옥분, 2013).

바움린드Baumrind(1973, 1991) 연구에 기반한 부모양육 유형을 살펴보면 바움린드는 40여 년 전 고전적인 연구를 통하여 중산층 유럽계 미국인 유아가 보이는 또래와의 학교생활과 부모와의 가정생활을 관찰하였고, 양육방식이 유아의 사회적 유능감에 미치는 영향을 살펴보고자 하였다(곽금주 외 공역, 2012). 바움린드에 의한 양육 유형은 애정과 통제라는 두 차원에 의해 그림 10–1과 같이 설명된다. 즉, 애정 차원은 부모가 자녀에게 얼마나 애정적이고 지원적이며 민감한 반응을 보이고 관심을 갖는지를 의미하고, 통제 차원은 부모가 유아에게 성숙한 행동을 요구하고 행동을 통제하는 것을 의미한다. 바움린드의 연구에서 나온 3가지 양육 유형과 더불어 애정과 통제 차원이 다 낮은 경우에는 무관심한 부모neglectful parenting라 명명되었다(정옥분, 2013). 권위주의적 양육authoritarian parenting, 허용적 양육permissive parenting, 권위 있는 양육authoritative parenting, 무관심한방임적인 양육neglect/disengaged parenting 유형의 세부적인 특성은 다음과 같다(곽금주 외 공역, 2012 ; 정옥분, 2013 ; 조복희, 2006).

CHAPTER 10 가족 내외적 환경요인

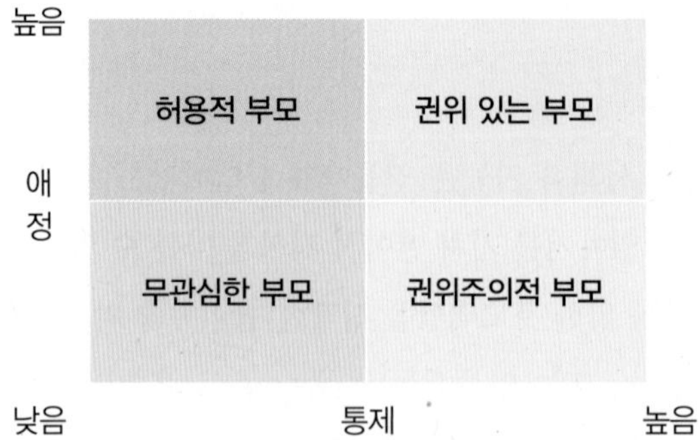

그림 10-1 애정과 통제 차원에서의 4가지 부모 유형

출처 : 정옥분(2013), p. 447.

1) 권위주의적 양육 유형

권위주의적 양육 유형authoritarian parenting의 부모는 자녀에게 무조건 복종을 하도록 원하며 권위적인 제지를 가하는 것이 보편적이다. 복종은 이들 부모-자녀관계에서 가장 중요한 것으로 부모는 자녀가 복종하도록 여러 방법을 사용한다. 그들은 때로 신체적 벌도 마다하지 않는다. 부모가 정한 규칙이나 규율에 대한 설명은 거의 하지 않고 그 규칙을 절대적으로 지킬 것을 강요한다. 이러한 부모 밑에서 자란 아동은 친구와의 관계에서 주도권을 쥐지 못하고 사회적 관계에서 불안감을 나타내었다.

2) 허용적 양육 유형

허용적 양육 유형permissive parenting의 부모는 자녀를 하나의 인격체로서 대해야 된다고 믿고 그들의 자율감을 전적으로 인정한다. 그들은 부모란 권위를 지닌 존재가 아니며 자녀가 모방할 수 있을 만큼의 이상적인 존재도 아니라고 믿는다. 그렇기 때문에 가정에서의 규칙이나 규율은 거의 없고 자녀가 요구하는 것은 거의 수용하는 편이다. 이런 부모의 자녀들은 대체로 미숙하고 사회적 책임감이 낮은 것으로 나타났다.

3) 권위 있는 양육 유형

권위 있는 양육 유형authoritative parenting은 권위적 태도와 허용적 태도가 잘 조화된 것으로 가장 바람직한 양육 유형으로 간주된다. 자녀의 자율성발달에 관심을 두고 있으나 일정범위 내에서만 행동의 자율성이 허용된다. 자녀가 지켜야 할 규칙을 정하는 데에 있어서 자녀에게 논리적으로 설명하고 이해하도록 노력한다. 권위가 있으면서 애정을 지닌 부모 밑에서 자란 아동은 사회적 책임감이 강하고 유능하면서 또한 독립적이었다. 바움린드는 온정과 통제의 조화를 이룬 이러한 양육 유형을 강조하였다.

4) 무관심한(방임적인) 양육 유형

무관심한방임적인 양육 유형neglect/disengaged parenting은 바움린드 연구 이후, 매코비와 마틴Maccoby & Martin(1983)에 의해 애정과 통제가 모두 낮은 양육 유형으로 특징지어졌다. 방임적인 부모는 자녀의 요구가 아닌 부모 자신의 요구에 초점을 맞추며, 자녀와 상호작용하기 위한 시간과 노력의 비용을 최소화한다. 예를 들어, 이들은 취침시간을 정하지 않거나 아동이 밖에 다녀온 그대로 소파에 잠이 들어도 알아차리지 못하고 살펴주지 않는다(곽금주 외 공역, 2012). 이러한 부모는 자녀와 정서적으로 분리되어 있거나 우울증이 있는 경우가 종종 있다. 최악의 경우에는 아동학대의 한 유형인 방임단계에 이르기도 한다.

바움린드는 부모의 양육방식과 자녀의 사회성 특징을 연관시켜서 설명하였다. 권위적인 부모의 자녀는 대체로 독립적이고 자기 통제적이며 의욕적이고 협동적이다. 이들은 일반적으로 또래에게 인기가 많다. 권위주의적인 부모의 자녀는 높은 수준의 외현화 행동문제와 내면화 행동문제를 모두 보이는 경향이 있다. 남아는 반항적인 반면 여아는 의존적이고 매달리는 양상을 보인다. 허용적인 부모의 자녀는 충동적이며 자립심과 자기조절이 부족한 경향이 있다. 즉, 애정과 통제 두 가지의 균형이 자녀의 사회성을 발달시킴을 알 수 있다. 각각의 부모의 양육 유형에 따른 유아의 사회적 행동에 대해 알아보면 표 10-1과 같다. 부모의 권위적인 양육행동은 유

표 10-1 부모의 양육 유형과 유아의 사회적 행동

부모의 유형	특성	유아의 사회적 행동
권위 있는 부모	애정적, 반응적이고 자녀와 항상 대화를 갖는다. 자녀의 독립심을 격려하고 훈육 시 논리적 설명을 이용한다.	책임감, 자신감, 사회성이 높다.
권위주의적 부모	엄격한 통제와 설정해 놓은 규칙을 따르도록 강요한다. 훈육 시 체벌을 사용하고 논리적 설명을 하지 않는다.	비효율적 대인관계, 사회성 부족, 의존적 · 복종적 · 반항적 성격
허용적 부모	애정적, 반응적이나 자녀에 대한 통제가 거의 없다. 일관성 없는 훈육	자신감이 있고 적응을 잘하는 편이나, 규율을 무시하고 제멋대로 행동한다.
무관심한 부모	애정이 없고, 냉담하며, 엄격하지도 않고, 무관심하다.	독립심이 없고 자기통제력이 부족하다. 문제행동을 많이 보인다.

출처 : 정옥분(2013), p. 448.

아의 발달에 긍정적인 영향을 미치는데, 그 이유는 다음과 같이 설명된다. 첫째, 권위적인 부모는 기준과 한계를 설정해 주는 한편 자녀에게 필요한 지도를 해줌으로써 자녀는 자아통제력과 책임감, 자신감 및 독립심을 기를 수 있다. 둘째, 자녀와 개방적인 의사소통을 함으로써 자녀가 자신의 생각을 솔직하게 표현할 수 있도록 해준다. 이러한 경험으로 인해 유아는 또래와의 갈등상황에서 사회적으로 성숙된 문제해결력과 적응능력을 보인다. 셋째, 부모의 애정과 관심으로 인해 자녀는 부모를 잘 수용하게 되며 올바른 가치관이나 행동을 내면화하게 된다(Hart, Newell & Olsen, 2002 ; 박성연, 2006에서 재인용).

한편, 바움린드의 부모양육 유형 연구에 대해 각기 다른 유아가 서로 다른 양육방식을 이끌어 낼 수 있다는 비판이 있다(Harris, 1998 ; 곽금주 외 공역, 2012에서 재인용). 예를 들어, 부모는 조용하고 수줍은 아동에게는 허용적일 수 있고, 공격적이고 순응하지 않는 아동에게는 권위주의적일 수 있으며, 유능하고 분별력 있는 아동에게는 권위 있는 부모일 수 있다. 즉, 최근 연구들은 부모자녀관계를 상호호혜적인 것으로 개념화해서 자녀 또한 부모에게 영향을 미친다고 본다(곽금주 외 공역, 2012). 다른 비판점으로는 양육 유형에 대한 연구가 미국의 중산층만을 대상으로 했다는 점이 지적되고 있다. 즉, 다양한 민족이나 문화에 대한 차이, 가치나 신념도 양육방식에 영향을 미친다고 볼 수 있다.

2. 형제자매

1) 형제자매관계의 특징

그림 10-2 동생은 형을 모방하고자 한다.

사회화의 과정에서 형제자매관계는 부모와의 관계와는 다른 특징이 있다. 형제관계는 부모-자녀관계에 비해 상호적이며 평등한 관계이다. 형제간의 상호작용은 또래집단 간의 상호작용과 상당히 유사하여, 자주 애정과 갈등, 경쟁을 표현하고 솔직하며 관심을 공유할 수 있는 관계로 이해된다(정옥분, 2013 ; Berndt & Bulleit, 1985). 형제자매는 부모와 달리 유아의 발달에 영향을 미치는 중요한 요인으로 여겨지고 있다(McHale & Crouter, 1996). 한 개인이 생애를 통해 맺을 수 있는 시간적으로 가장 긴 관계가 형제자매관계이다. 부모-자녀관계가 수직적 특성이라면 형제자매관계는 수직적 특성 및 또래처럼 수평적 특성을 동시에 갖게 되는 특성이 있다. 아동이 자라면서 갖는 첫 번째 또래집단인 형제자매는 함께 생활하는 시간이 많아 다른 관계에서 경험할 수 없는 기쁨뿐만 아니라 극도의 좌절과 분노를 맛볼 수 있는 독특한 관계이다. 형제자매간에는 서로 모방하려는 경향이 강하게 나타나며, 특히 동생이 형을 모방하는 정도가 크다. 동생에게 있어 손위 형제와의 상호작용은 인지적 · 사회적으로 자극적이다. 동생은 자신의 생각이나 상상하는 것에 대해 손위 형에게 이야기하고 질문하게 된다. 한편, 동생이 태어나면 첫째의 입지가 다소 도전을 받게 되며 부모의 관심을 끌기 위해 경쟁을 해야 한다. 그 결과 적대감을 보이기도 한다.

형제자매관계에는 위와 같은 역할이 형제 수, 성별, 연령터울 및 출생순위 등이 서로 복잡하게 작용하여 영향력을 미친다. 뿐만 아니라 같은 가정에서 태어난 형제자매끼리도 서로 경험이 다르고 인성이나 가치관도 동일하지 않게 성장하는 것을 볼 때 유전요소나 가정환경 변인만으로 유아의 성장에 미치는 영향에 대해 설명하기는 어렵다(박성연, 2006 ; 조복희, 2006).

2) 출생순위

형제간 상호작용이나 형제관계가 발달에 미치는 영향에 관한 연구는 과거에 비해 초점을 두는 양상이 변화하고 있다. 형제에 관한 연구는 가정 내에서 자녀가 처한 독자적인 위치에 따라 부모와의 관계나 형제와의 관계가 달라짐을 전제로 한다. 최근 자녀의 수가 급격히 감소하고 한 자녀 가정이 증가함에 따라 발달적인 차이를 검증하는 연구가 감소하게 되었다(박성연, 2006).

일반적으로 부모의 양육태도나 자녀에 대한 역할 기대는 가족구성원이 속한 위치에 따라 달라지며, 유아는 출생순위에 따라 각기 다른 경험을 한다. 아들러Adler는 출생 순위가 인성을 결정한다는 심리적 접근을 하였고, 사회학자들은 사회화의 과정으로 출생 순위와 유아행동과의 관계를 설명하였다(Somit, Arwine & Peterson, 1996 ; 조복희, 2006에서 재인용).

출생 순위에 따른 유아의 특성을 정리하면 다음과 같다(박성연, 2006 ; 정옥분, 2013).

(1) 맏이

일반적으로 맏이는 부모의 가장 많은 기대와 관심 속에 성장하게 되며, 맏이에 대한 지적 자극이나 경제적인 투자도 많다. 부모는 첫 아이를 갖게 되면 출산 이전부터 많은 관심을 보이며, 우유보다 모유를 먹이고 대·소변 가리기도 일찍부터 훈련시키는 등의 많은 정성과 사랑으로 첫 아이를 보살핀다. 한편, 이전의 양육경험이 없어서 시행착오적 실수를 많이 하고 불안감을 표시하며 과잉보호를 하기도 한다.

그림 10-3 맏이가 동생에게 악기 연주법을 알려주고 있다.

맏이는 대체로 이후에 태어나는 아이에 비하여 성취지향적이고, 인지발달이나 창의성이 뛰어나며, 사회화되어 있고, 책임감이 강하다. 또한 권위에 대해서 긍정적이면서 권위의 중요성을 이해한다.

(2) 둘째

부모는 둘째를 양육함에 있어서 첫 아이의 경험으로 인해 보다 일관성 있고 덜 불안해 하며, 아이가 개성적으로 성장하는 것을 인정하는 편이다. 둘째는 출생 후 손위 형제의 존재로 인해 무력감과 좌절감을 느낀다. 자신보다 우월한 형의 존재는 경쟁심을 유발시키고 그 결과 맏이보다 사교적이며 경쟁적으로 자신의 위치를 확보하고자 한다. 또한 손위 형제의 존재로 외부 자극을 더 많이 받고 관심의 범위도 다양해진다.

(3) 막내

막내는 동생의 출현으로 인한 경쟁의식도 없고 중간 아이보다는 부모로부터 많은 주의를 받을 수 있는 유리한 위치일 수 있는 반면, 맏이에 비해 상대적으로 불리한 입장이기도 하다. 막내는 애교를 부리거나 귀엽고 약하고 겁 많게 보임으로써 자신의 위치를 이용하여 모든 가족원에게 자신을 받아달라고 요구하는 성향이 있다. 그 결과 막내는 독자적으로 무엇을 해낼 수 있는 기회가 적어 미성숙한 특징을 보일 수 있다.

(4) 외동이

학자들은 외동이란 별로 바람직하지 못한 위치로 여겨왔다. 외동이는 자신이 특별하거나 무엇이든 마음대로 할 수 있다고 생각하고, 과보호 속에 성장하여 이기적일 수 있기 때문이다. 하지만 외동이에 관한 연구들을 분석한 결과에 의하면 외동이는 교육적 성취나 직업적인 성취, 지적 성취 면에서 형제아보다 우수하였으며, 성취동기나 자존감이 더 높았고 전반적인 적응이나 사회성에서 형제아와 차이가 없는 것으로 보고되었다(Falbo & Polit, 1986 ; 박성연, 2006에서 재인용).

3. 다양한 가족 유형

1) 이혼가정의 자녀

오늘날 우리나라의 이혼은 선진국의 경우와 마찬가지로 급격히 증가하는 추세이고, 부모의 이혼은 어린아이들의 발달과 적응에 심각한 영향을 미치고 있다. 자녀 입장에서 부모의 이혼은 자신의 의지와는 상관없이 한쪽 부모 혹은 양쪽 부모를 잃게 되거나 적어도 더 이상은 한쪽 부모와 함께 생활할 수 없게 되는 것을 의미한다(이재연 · 박은미 · 황옥경 · 김형모 · 이은주 · 강현아, 2013).

어린 아동들은 부모의 이혼이 자신의 잘못 때문에 발생한 것으로 여겨 자신이 유기되거나 다른 곳으로 보내질까봐 두려워하며, 부모로부터 분리된다고 느끼는 부모 상실에 대해 공포감을 갖기도 한다.

이혼에 대한 아동의 적응력은 아동의 성이나 연령, 기질 및 이혼 이전의 적응 정도에 따라 다르다. 어린 아동들은 이혼을 불안해하는 경향이 있지만 비교적 빨리 적응하는 반면, 좀 더 나이든 아동은 부모의 반응에 민감하고 양쪽 부모 사이에서 갈등을 느끼며 불안해 한다. 또한 기질적으로 까다로운 아동이나 어머니와 함께 사는 남아는 여아보다 적응상에 어려움을 더 많이 겪는다(박성연, 2006).

또한 이혼과정에서 부모가 자녀에게 어떠한 모습을 보이는가는 이혼 후 자녀의 적응에 중요한 영향을 미칠 수 있다(박성연 · 김상희 · 김지신 · 박응임 · 전춘애 · 임희수, 2014). 이혼 후 자녀는 함께 살고 있는 아버지 또는 어머니의 심리적인 적응 상태에 따라 정서적 · 사회적 · 학업적인 기능에 영향을 받게 되며, 자녀의 적응을 위해서는 부모가 더욱 애정적인 양육태도를 갖는 것이 중요하다.

부모의 이혼으로 한쪽 부모와 살게 되는 경우 한부모가족이라 부른다. 한부모가족이란 법률적인 의미에서 '이혼, 사별, 유기, 미혼모에 의하여 발생하는 가정으로 현재 18세 미만의 자녀와 살면서 자녀를 부양하고 부모역할을 담당하고 있는 한부모와 자녀의 집단'을 의미한다(한국한부모가정사랑회, www.hanbumo.org ; 한국한부모가정지원센터).

한부모가족이 경험하는 어려움에 대해서는 다음과 같이 설명된다(이재연 외, 2013 ; 정옥분, 2013).

- 경제문제 : 경제적 어려움은 한부모가족이 겪는 가장 큰 어려움 중 하나이다. 때로는 자녀들이 경제적 책임을 지고 일해야 하는 경우도 있다.
- 자녀와 함께 하는 시간의 부족 : 한부모는 부, 모의 역할을 혼자서 감당해야 하므로 기본적으로 자녀와 함께 할 수 있는 시간이 절대적으로 부족하다.
- 역할변화에 대한 적응문제 : 한부모가정이 된 이후 모는 취업, 부는 가사나 자녀양육에 대한 역할에 적응해야 한다.
- 역할 모델링의 부재 : 자녀가 성역할, 부부역할, 부모역할에 대한 모델링을 하는 데 어려움이 따른다.
- 정서적 문제 : 자녀는 한쪽 부모의 상실에 따른 분노, 좌절, 우울감 등 다양한 정서적 어려움을 경험하게 된다.
- 가사문제 : 한쪽 부모가 경제적 역할과 가사 및 자녀양육 역할을 모두 수행해야 하며, 특히 부자가족은 가사문제로 어려움을 겪는다.
- 사회적 편견 : 여전히 우리 사회에서 한부모가족을 비정상적인 가족으로 보는 편견이 있다. 이는 한부모가족의 유아에게 부정적인 영향을 미치는 것으로 알려지고 있다.

따라서 한부모들은 부부의 이혼으로 인해 상처받았을 자녀에 대한 죄책감으로부터 벗어나 이혼이 가족구성원 모두를 위해 가장 바람직한 선택이었음을 직시해야 하고 자녀들을 당당하고 자긍심이 높은 자녀로 자랄 수 있도록 하는 도움이 필요하다. 이를 위해서는 한부모와 자녀를 위한 현실적응 프로그램이 적절히 요구되며, 한부모가정에 대한 편견을 버리고 어려서부터 한부모자녀라는 이유로 불평등한 대우를 받는 일이 없어야 한다(이재연 외, 2013).

2) 조부모와 손자녀

조부모가 손자녀를 돌보는 역할을 하게 되는 것은 예로부터 일상적인 생활의 일부로 알려져 왔다. 조부모가 한 가정 내에서 같이 살게 되면 그 손자녀는 핵가족에서와는 다른 경험을 하게 된다(정옥분, 2013). 이러한 경험은 아동의 여러 가지 발달 면에서 영향을 미치게 되는데, 긍정적인 측면과 부정적인 측면이 있다(조복희,

2006). 먼저 조부모와 함께 사는 대가족이 손자녀에게 유리한 환경이 된다는 긍정적인 이유를 다음과 같이 들 수 있다. 첫째, 부모는 아동에 대한 정보를 배워서 자녀를 지혜롭게 키울 수 있고, 부모를 대신해서 양육의 도움을 받을 수 있다. 둘째, 혈연으로 맺어진 조부모와의 긴밀한 관계에서 정서적 안정감을 얻을 수 있다. 셋째, 대가족을 통한 다양한 인간관계의 접촉을 통해 풍부한 사회적 자극을 받을 수 있다.

그림 10-4 조부모가 손자녀와 함께 즐거운 시간을 보내는 모습

하지만 이와 반대로 조부모와의 동거는 손자녀에게 바람직하지 않은 결과를 초래한다는 견해도 있다. 즉, 조부모 세대와 부모 세대의 양육방법의 차이로 두 세대에 의해 자란 손자녀는 눈치를 보게 되고 갈등이 빚어질 수 있다. 또한 조부모 세대의 강요된 권위 또는 과잉 보호적인 태도가 손자녀로 하여금 의존적인 성향을 갖게 하여 사회에의 적응을 힘들게 한다고 보기도 한다.

현대사회에서는 맞벌이의 증가로 육아의 문제가 중요한 이슈가 되고 있다. 보육시설에 맡기는 경우가 상당부분을 차지하고 있으나 여전히 친지, 그중에서도 조부모의 도움이 중요하다고 보고되고 있다(정옥분, 2013). 손자녀가 너무 어려서 육아를 탁아기관보다는 조부모가 맡게 되는 경우, 조부모는 한편으로 힘들어 하면서도 다른 한편으로는 보람을 찾는 역할을 하게 된다. 대부분 조부모는 자신의 시간을 전적으로 쏟아서 손자녀 양육하는 것을 원치는 않는다. 손자녀를 돌보는 일은 육체적으로나 정신적으로 상당히 힘든 일에 틀림없다. 그럼에도 불구하고 손자녀와 지내는 시간을 즐기고 의미를 부여한다면 양육이 덜 힘들어질 수 있을 것이다(박성연 외, 2014). 또한 조부모 자신의 신체적 · 심리적 건강을 돌보고 양육방식이나 생활습관에 대한 새로운 정보를 받아들인다면 큰 도움이 될 수 있다.

3) 다문화가정의 자녀

우리나라는 1990년대 중반부터 여성 결혼이민자 가정이 급속하게 증가하면서 다문화가정이 더 이상 낯설지 않게 되었다. 2005년의 경우 전체 결혼 비율 중 국제결혼의 비율이 13.5%나 차지했으며, 그 비율이 점차 감소하고 있기는 하지만 2012년에도 여전히 전체 혼인건수의 8.7%가 외국인과 혼인하였다(통계청, 2013). 이처럼 외국인과의 혼인이 늘어나면서 자연스럽게 다문화가정의 자녀 수도 증가하고 있다. 2013년 다문화가정의 전체 자녀 수는 19만 1,328명으로 거의 20만 명에 가깝고 이 중 만 6세 이하는 전체의 61%인 11만 6,696명으로 다수를 차지하고 있다(다누리, 2014).

다문화가정의 다수가 여성 결혼이민자 가정으로 문화적 차이로 부부간 소통에 어려움이 존재하며 동시에 자녀양육과 교육에 있어서도 어려움을 안고 있다(이순형 · 권미경 · 최인화 · 김미정 · 김혜라, 2011). 요즘 들어 여성의 사회진출이 늘어나면서 전통적인 어머니의 역할이 변화하고 있긴 하지만 여전히 자녀양육과 교육에서 어머니의 역할이 중요한 위치를 차지하는 현실에서 결혼이민자 가정의 어머니들은 우선 언어적 제한 때문에 많은 어려움을 느낀다. 자녀의 연령이 어린 시기는, 특히 양육환경이 중요한 요인인데, 이 같은 어려움은 영아의 발달에 부정적 영향을 미칠 수 있다.

다문화가정 자녀들의 언어발달에 대해 알아본 결과, 열악한 문화적 · 경제적 여건과 어머니의 한국어 사용능력의 부족으로 인해 일반가정 유아의 언어발달수준보다 더 낮게 나타났다. 이 시기는 어머니가 유아에게 언어적 자극을 더 많이 제공할수록 언어발달이 더 촉진되는 경향이 있다. 이러한 점에서 다문화가정의 자녀들은 다양한 양적 · 질적 언어 자극이 부족해 언어발달을 촉진할 수 있는 기회와 가능성을 부여받지 못하는 경우가 많아 언어발달이 지체될 가능성이 있다(이순형 외, 2011). 학령기 아동의 경우는 일상적인 의사소통에는 크게 문제가 없지만 독해, 어휘력, 쓰기, 작문능력이 낮고 학교수업에 대한 이해도가 낮은 것으로 나타났다(우현경 · 정현심 · 최나야 · 이순형 · 이강희, 2009). 또한 자녀의 사회 및 정서적 발달에서도 다문화가정의 아동이 일반가정의 아동에 비해 위축된 행동을 더 많이 나타냈고, 자아존중감 및 자기조절능력과 대처능력이 더 낮은 것으로 나타났다(정민영 ·

김민정, 2013). 또한 유아의 언어발달수준이 낮아 의사소통능력이 부족한 경우 또래와의 관계형성에도 부정적 영향을 미치게 된다. 따라서 다문화가정 유아들에게 단순히 어휘력이나 발음 등의 교육에 그치기보다는 자신의 생각과 감정을 효과적으로 주고받을 수 있는 체계적인 의사소통 교육을 제공하는 것이 필요하다(정민영 외, 2013).

다문화가정 어머니들 역시 다른 일반가정 어머니들처럼 자녀가 좋은 교육을 받아 부모 세대보다 더 나은 삶을 사는 사회구성원으로 성장하기를 바라기 때문에 자녀양육과 교육에 대한 관심과 열의를 가지고 있다. 하지만 이들 어머니들은 한국문화를 잘 이해하지 못하고 부족한 한국어능력으로 인해 자녀교육에 많은 어려움을 겪게 된다. 특히, 이들은 한국어를 사용하는 데 있어서 이해하는 것보다 표현하는 능력이 상대적으로 더 낮으며, 문법적 지식이 부족해 관용적 표현에 대한 이해력이 낮고, 생활문화에 대한 맥락적 이해력이 부족한 것으로 나타났다(우현경 외, 2009). 이에 따라 다문화가정 어머니들은 자녀와 충분한 대화를 나누고 실제적으로 학습을 지도하는 것에 많은 한계점을 지니고 있다(이순형 외, 2011).

한편, 2008년 다문화가족지원법이 제정되면서 중앙과 지방자치단체, 민간단체에서는 다문화가정을 지원하는 다양한 서비스가 제공되고 있다. 특히, 다문화가족지원법에 근거해 다문화가족의 안정적인 한국사회 정착 및 다문화가족 특성을 고려한 맞춤형지원을 통한 다문화가족의 건강하고 건설적인 자립지원을 도와주기 위해 정부지원기관으로 설립한 다문화가족지원센터는 2017년 현재, 전국에 217개소가 운영되고 있다. 이곳에서는 결혼이민자를 위한 지원뿐만 아니라 다문화가정의 자녀들을 위해서도 여러 가지 프로그램을 실시하고 있다. 만 3~12세 이하의 자녀를 양육하는 결혼이민자들에게 부모-자녀 간 관계를 향상시키는 데 도움을 주기 위해 부모성장과 부모-자녀관계 형성, 영양 · 건강관리 및 학교 · 가정생활지도에 대한 내용을 다루는 부모교육서비스를 제공한다. 뿐만 아니라 다문화가족의 자녀들에게도 독서 코칭, 발표토론, 숙제지도 및 진로지도 등 자녀의 전반적 생활과 발달에 도움을 주는 자녀생활서비스도 제공하고 있다. 그리고 취학 전 유아를 대상으로 방문학습을 통해 유아의 인지능력을 향상하기 위한 서비스를 제공하고 있다. 이 밖에도 지역사회 유관기관과 협력 네트워크를 구축하여 다문화가정의 자녀교육과 건강한 발달을 지원하기 위해 다각도의 노력을 기울이고 있다.

4. 또래

핵가족으로 이루어진 현대가족은 자녀의 출생 수가 적고 전업으로 일을 하는 어머니가 많아 어린 나이부터 어린이집 등 기관에서 하루 종일 생활하는 영유아들이 늘어나고 있다. 특히, 2012년부터 무상보육이 실시되면서 어린이집에 다니는 아이들 수가 급속하게 증가하였고, 일상생활 및 발달에 있어서 또래가 차지하는 비중이 더 커지게 되었다.

1) 또래관계의 발달

영유아가 또래와 상호작용하는 것은 아주 어린 시기부터 시작한다. 갓 태어난 신생아의 경우도 신생아실에서 한 아기가 울면 다른 아기들이 따라 우는 반응을 나타내며, 태어난 지 얼마 되지 않은 아기들도 서로 쳐다보고 만지면서 관심을 보인다. 이 같은 관심은 아이들이 성장하면서 또래 간의 상호작용으로 발달해가고 그 비율도 급속하게 증가한다. 출생부터 12세 사이 아동의 또래 및 성인과의 상호작용을 관찰해본 결과, 아동은 평균적으로 시간의 46%를 또래와 보내며 성인과는 단지 15%만을 함께 보내는 것으로 나타났다.

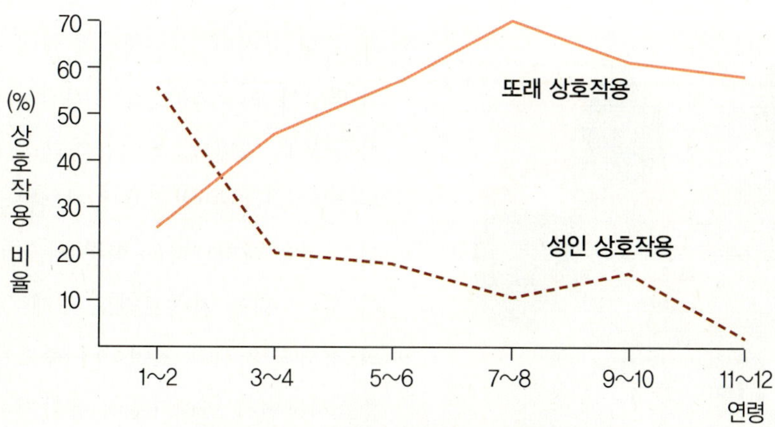

그림 10-5 연령에 따른 상호작용의 변화

출처 : 권민균 외(2012), p. 366.

과거에는 생후 6개월경부터 영아가 또래와의 사회적 상호작용을 나타낸다고 보았다. 그러나 생후 2개월경밖에 안 된 영아기 초기의 영아도 실제 놀이에 참여하는 것은 아니지만, 또래를 잘 알아차리고 높은 비율의 상호적 주시를 나타냈다. 그러다가 6~9개월경이 되면 영아는 1분 동안 한두 번씩 서로 직접적으로 쳐다보고, 소리내고, 웃으면서 만지는 행동을 나타냈다. 영아가 10~12개월이 되면 또래에 대한 관심이 보다 더 분명해지고, 여전히 짧게 쳐다보는 것이기는 하지만 관찰시간의 60% 이상을 또래를 향한 행동을 나타냈다(Brownell & Brown, 1992). 이 같은 초보적인 사회적 행동은 점차 발달해, 만 1~2세의 영아는 서로 물건을 주고받거나 한 영아가 뒤뚱거리면서 걸어가면 다른 영아가 따라가는 것 같은 상보적인 사회적 상호작용을 나타낸다. 그리고 또래와 긍정적 정서를 주고받으며 보다 적극적인 상호작용을 보인다. 동시에 서로 놀잇감을 뺏으려다 울고 소리 지르는 등의 부정적 반응도 같이 나타낸다(권민균 외, 2012).

만 2세부터 또래 간 상호작용은 급격히 증가하지만, 2~3세 아동은 놀이 유형에서 여전히 다른 아동들의 놀이를 지켜보는 방관자적 행동과 혼자 놀이가 대부분을 차지한다(문혁준 외, 2012). 본격적인 유아기에 접어드는 3~5세 유아는 인지발달 단계의 특성상 가상놀이가 특징적인 놀이 유형으로 발달해가면서 동성의 또래뿐만 아니라 이성의 또래와도 자연스럽게 놀이에 참여한다.

아동기에 접어드는 초등학교 시기의 아동부터는 이성 또래와의 상호작용이 줄어들고, 또래관계에서도 공동의 목표와 독자적인 역할을 지니는 협동놀이를 주로 한다. 또한 규칙이 있는 게임의 형태 내에서 역할이 보다 세분화되고 복잡한 사회적 구조를 지니며, 놀이규칙의 인지적 복잡성이나 기능이 점차 증가되는 놀이의 특성을 나타낸다(문혁준 외, 2012). 이 시기부터는 가족보다도 또래로부터의 정서적 지지와 조언이나 충고를 더 중요시하면서 또래그룹이 유아기에 비해 급격히 확장된다(권민균 외, 2012).

그림 10-6 친구들과 즐겁게 놀이하고 있는 유아

2) 또래 괴롭힘

또래 괴롭힘은 특정아동에게 지속적으로 의도적인 공격성을 보일 때 괴롭힘이 되며, 유아기부터 시작된다(문혁준 외, 2012). 때리거나 밀치는 등의 신체적 공격 및 위협, 듣기 싫은 별명 부르기, 조롱하기와 같은 언어적 공격행동 그리고 나쁜 소문을 만들어 친구를 고립시키는 관계에서의 따돌림 행동 등이 또래 괴롭힘 행동에 포함된다. 또래 괴롭힘 피해는 단순히 괴롭힘을 받는 시기에만 영향을 미치는 것이 아니라 이후 청소년기와 성인기의 부정적인 자아존중감, 우울증 등에도 영향을 주는 것으로 나타났다(권연희, 2013).

또래 괴롭힘의 종류는 표 10-2와 같이 크게 세 가지로 분류할 수 있다.

또래 괴롭힘 피해를 당하는 유아는 개인적 차원의 맥락에서 위축, 불안 등의 내면화 문제행동을 나타내고 있어 자기주장적이지 못하고 자기방어력이 낮아 또래 괴롭힘의 상대로 또 다시 지목되는 악순환을 경험하게 된다. 다른 한편, 또래 괴롭힘 피해는 분노, 공격성 같은 외현화 문제행동과도 관련을 가지고 있다. 외현화 문제를 가지고 있는 유아는 상대를 먼저 공격하는 문제행동을 나타내어 가해 유아를 화나게 해 또래 괴롭힘을 경험하는 결과를 낳기도 한다(권연희, 2013).

이와 동시에 또래 괴롭힘 피해는 환경맥락적 차원의 요인과도 관련이 있는데, 유아와 교사와의 관계가 친밀하거나 교사가 자신의 화를 잘 조절하는 능력을 가지고 있을 때는 교실 내의 분위기가 긍정적일 가능성이 높아 또래 괴롭힘의 위험 가능성이 낮아질 수 있다.

표 10-2 또래 괴롭힘의 유형 및 특징

유형	특성
신체적 괴롭힘	때리거나 차기, 물건 빼앗기 등을 일컬으며, 가장 쉽게 눈에 띄는 행동으로 주로 남아들 사이에서 많이 관찰된다.
언어적 괴롭힘	조롱하기, 협박하기, 놀리기 등을 일컬으며, 남아와 여아를 막론하고 가장 많이 일어나는 또래 괴롭힘의 형태이다.
관계적 혹은 사회적 괴롭힘	다른 사람을 괴롭히거나 상처를 주기 위하여 인간관계를 이용하는 것으로 특정한 사람을 따돌리기, 그 사람에 대한 소문을 퍼트리거나 거짓말을 하기 등을 일컫는다. 주로 여아들이 가해자나 피해자가 되는 경우가 많다.

출처 : Nowsel et al.(2001) ; 문혁준 외(2009), p. 269에서 재인용.

Box 10-1

원만한 또래관계를 위한 지침

❶ **또래와 잘 사귀지 못하는 아동은 자기보다 나이가 어리거나 나이가 많은 아동과 먼저 어울리게 하는 것이 좋다**

또래는 똑같은 수준이므로 조금의 양보도 허용하지 않는다. 그러나 나이가 어린 아동은 좀 만만해 보이므로 편하게 여겨 마음대로 해볼 수가 있고, 나이가 많은 아동은 동생 취급하며 봐주기 때문에 마찰이 적게 일어난다.

❷ **무조건 다양한 아이들과 어울려 놀 수 있도록 기회를 마련해주는 것이 좋다**

사회성은 직접 아이들과 어울려 노는 가운데 발달하는 것이므로 내 아이가 좀 더 나은 아이와 어울리기를 바라지 말고, 자유롭게 다른 아이의 집이나 놀이터를 왔다 갔다 하면서 놀 때 진정한 사회성이 키워진다.

❸ **어머니부터 이웃들과 활발한 교류를 한다**

집이 더러워지고 애들이 많아 정신없다는 이유로 이웃과 교류를 차단하면 결국 주변 사람들과 단절되어 살아가게 된다.

❹ **두세 명의 단짝을 만들어 주는 것이 좋다**

혼자서 지내던 아이에게 갑자기 대집단에 몰아버리면 아이 입장에서는 두렵고 당황스럽다. 대집단 경험은 두세 명의 소집단 경험이 익숙해진 후라야 가능한 것이다.

출처 : 권민균 외(2012), p. 372.

5. 미디어매체

1) 미디어매체 이용 실태

급속한 정보통신기술의 발달로 미디어매체는 우리 사회에서 개인과 가족의 일과 여가, 교육 등 다양한 활동에 많은 변화를 가져왔다. 미디어매체의 이용 연령도 빠르게 하향화되어 취학 전 영유아도 교육과 놀이 등을 위해 미디어매체를 활용하는 경우가 크게 증가하고 있다(이정림 · 도남희 · 오유정, 2013). 더욱이 자녀의 수가 적고 이로 인해 놀이의 대상으로 형제나 또래를 찾기가 어려워 TV, PC, 심지어는 스마트폰 등이 대신 친구가 되어주는 경향이 늘어나고 있다. 유아들이 밖에서 뛰어놀기보다 미디어매체 앞에서 보내는 시간이 더 늘어나게 된 것이다. 따라서 미디어매체는 자연스럽게 아동의 사회화에 있어서 한 역할을 담당하게 되었고, 대중문화를 보여 주는 창이 되었다. 미디어에 등장하는 사회적 인물들을 보면서 유아는 행동규범과 기준을 깨닫게 되고, 미디어를 통해 여러 가지의 사회적 · 정서적 상황을 경험한다(Wilson, 2008).

미국의 영유아 부모를 대상으로 한 연구(Cingel & Krcmar, 2013)에 의하면 1세 이하의 70%, 2~3세의 91%가 일주일에 적어도 몇 번은 미디어를 활용하며, 어린 아동들이 스크린 앞에서 보내는 시간이 점점 늘어나고 있다고 한다. 연구에서 밝혀진 주요 결과를 보면, 영유아가 미디어에 노출되는 시간이 이전보다 증가되었고, 영유아의 미디어 노출을 결정하는 핵심적 요인 중 하나는 부모의 태도였다. 그리고 양부모가정에 비해 한부모가정에서 전체적으로 미디어매체 이용시간이 많았고, 일찍 미디어매체를 사용한 영유아의 경우 전체적으로 미디어 이용시간이 길었다. 그리고 부모가 미디어 사용에 대해 긍정적으로 생각할수록 이용률이 더 높은 것으로 나타났다(이정림 외, 2013에서 재인용).

우리나라에서 영유아 부모 1,000명을 대상으로 만 2세 이하의 영아와 만 3~5세 유아의 미디어 노출에 관한 실태조사를 실시하였다. 그 결과, 거의 모든 가정에서 TV, 컴퓨터, 스마트폰을 보유하고 있었으며, 대부분의 영유아들이 TV 시청을 하고 있었고, 절반 이상의 영유아들이 스마트폰을 이용하고 있었다. 그리고 영유아 모두 컴퓨터에 비해 스마트폰을 더 많이 이용하고 있었는데, 이는 최근 스마트폰 사용이 증가하는 사회적 현상을 반영하는 것으로 볼 수 있다. 뿐만 아니라 영유아의 미디어매체 이용 연령이 점차 하향화되어가고 있는 것도 알 수 있었다(이정림 외, 2013).

그림 10-7 스마트폰에 몰입하고 있는 영아와 유아

한편, 부모는 자신의 양육 스트레스를 해소하기 위한 방안 및 부모 자신의 시간을 확보하기 위한 방안으로 영유아에게 미디어 노출을 경험하게 하는 경우가 많았고, 떼쓰는 아이를 다루는 방법으로 미디어를 보상으로 이용하는 경우도 많았다. 어떤 경우는 미디어를 교육적인 차원으로 인식하는 경우도 있어, 아이들에게 실제 경험 대신 컴퓨터나 스마트폰을 이용한 간접경험을 통해 유아들이 학습했다고 생각하고 자녀를 미디어매체에 노출시키는 경우가 있었다. 특히, 부모의 맞벌이로 영유아를 조부모가 양육하는 경우, 손자녀를 돌보다가 육체적으로 힘이 들 때 영유아를 쉽게 통제할 수 있는 스마트폰을 제공하는 경향을 보이고 있었으며, 취업모들이 귀가한 후 육체적으로 피곤해 영유아와 상호작용이 힘들 때 미디어에 영유아를 노출시키기도 하였다(이정림 외, 2013).

2) 미디어매체가 발달에 미치는 영향

미디어가 유아에게 영향을 미치는 것은 단순히 유아기 미디어에 얼마나 노출되었는가 하는 시간적인 양보다는 유아가 흥미를 나타내는 미디어의 종류에 따라 달라진다. 폭력적인 TV 프로그램은 유아의 공격적 행동에 영향을 미쳤다. 하지만 유아를 위해 만들어진 교육적 프로그램이나 상황극을 시청할 경우 미디어 노출은 유아의 이타심, 협동심과 타인에 대한 관용을 더 증가시키는 결과를 나타냈다. 따라서 미디어매체를 긍정적으로 활용할 수 있도록 부모를 위한 가이드라인이 주어졌을 때 특정 내용의 미디어가 유아에게 미치는 위험을 최소화시키고, 동시에 미디어가 갖는 긍정적 영향을 증진시킨다(Wilson, 2008)고 할 수 있다.

하지만 아동 및 청소년이 장시간 미디어를 이용하는 것은 신체적으로는 시력저하, 수면장애 등의 문제를 일으키며, 산만함, 대인관계문제, 폭력성 발현 등 정신적 · 사회적 발달에 부정적 영향을 미치기 때문에 주의를 요한다(강병재, 2008).

(1) TV

부모에게 자녀의 TV 시청에 관해 조사한 결과, 거의 반에 가까운 47.3%의 아동이 0세 때에 TV를 처음 접했고, 거의 대다수인 83%가 0~1세에 TV 시청을 시작하는 것으로 나타났다. 그리고 조사대상의 반 이상 아동이 매일 TV를 시청하고 있었고, 하루 평균 시청시간은 평일에 영아의 경우 약 85분 정도를 시청하였고, 유아의 경우 약 103분 정도를 시청하고 있었으며, 주말에는 영아의 경우 약 101분, 유아의 경우 약 139분을 시청하고 있었다. 이처럼 평일보다 주말의 시청시간이 더 길었고, 유아의 경우 주말에는 무려 TV 시청시간이 2시간을 초과하고 있어(이정림 외, 2013) TV 시청시간이 상당히 긴 것을 알 수 있다.

인지발달단계에서 전조작기에 해당하는 유아는 TV에 나오는 여러 가지 시각적 영상에 몰입은 잘 하지만 실제 내용에 대해 잘 이해하지 못하고 TV에 나오는 내용과 현실을 구별하는 데 어려움을 겪는다. 구체적 조작기에 들어서는 초등학생이 되기 시작해서야 아동은 TV 내용을 이해하게 되고 나오는 장면들을 앞뒤로 연결지으며 인과관계를 이해하기 시작한다(박성연, 2006).

그림 10-8 TV에 나오는 폭력적인 장면을 모방하는 유아

TV 시청은 프로그램 내용이 어떠한가에 따라 아동발달에 긍정적 영향을 미치기도 하고 부정적 영향을 미치기도 한다. 민경원(1995)은 어떤 만화영화를 선호하는가에 따라 아동의 친사회적 행동이 다르게 나타난다고 보고했다.

① 긍정적 영향

미국의 한 종단적 연구에 의하면그림 10-9, 유아기에 'Sesame Street'와 같은 교육적인 내용의 TV 프로그램은 유아의 어휘력발달, 학교준비도, 읽기에 도움이 되기도 해, 어릴 때 교육적 프로그램을 많이 시청한 남아들의 고등학교 때 학업성적이 더 높게 나타나기도 했다(박성연, 2006). 교육적 TV 프로그램은 각 사회의 가치체계나 사회적 규범과 개인의 역할 및 친사회적 행동을 학습하는 데 도움을 준다(정미라, 2002). 문자, 숫자, 신체구조, 분류방법 등 사회생활에 필요한 기본적인 내용을 합리적 용어로 설명하고 가르치는 우리나라의 '뽀뽀뽀'나 '텔레비전 유치원'과 같은 유아용 프로그램도 유아의 발달 및 교육에 긍정적 영향을 미치는 것으로 나타났다(문혁준 외, 2011). 또한 유아는 TV를 시청하면서 주인공이 경험하는 다양한 정서와 그 원인에 대해 배우게 되고 또 주인공에게 감정이입하는 경험을 가지게 된다(Wilson, 2008).

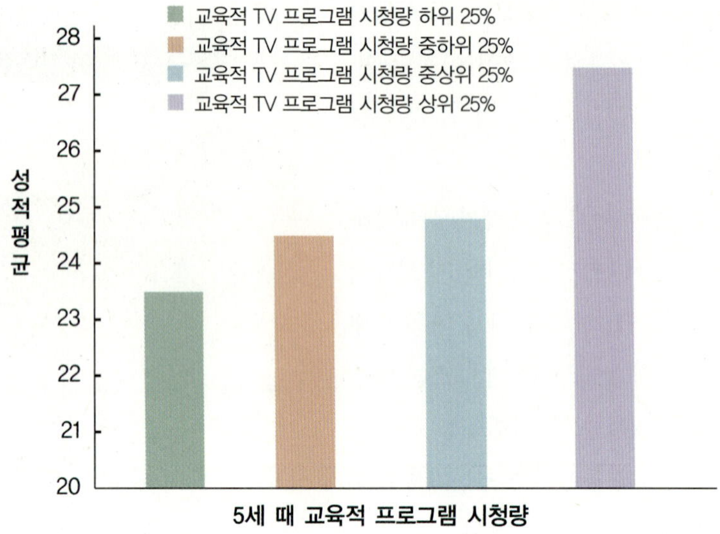

그림 10-9 5세 때 교육적 TV 프로그램 시청과 고등학교 남학생의 학교성적 간의 관계

출처 : Santrock(2004) ; 박성연(2006), p. 392에서 재인용.

② 부정적 영향

TV 프로그램은 여러 가지 측면에서 유아의 발달에 부정적 영향을 미친다. 유아는 TV 시청 시 대부분 신체활동이 줄어들게 되어 소모하는 칼로리 양이 적고 간식의 섭취량은 늘어나는 경향이 있어 비만의 위험성이 커지게 된다. 하루 4시간 이상 TV를 시청하는 유아는 2시간 이하로 시청하는 유아보다 체지방이 더 많은 것으로 나타났다(Anderson, Crespo, Barlett, Cheskin & Pratt, 1998 ; 박성연, 2006에서 재인용).

유아의 수동적인 TV 시청 태도는 적극적인 자발성 상실을 초래하고, 공상에 치우친 만화내용은 유아로 하여금 실제와 환상의 세계를 구분하는 데 혼란을 가져오게 해 사회부적응을 유발할 수 있다. 또한 유아는 고정화된 성역할개념에 자주 노출되어 사회적 편견과 선입관을 형성하게 된다(문혁준 외, 2012).

부모들이 TV를 '아이 보기' 수단으로 활용하는 데 반해, TV는 수동적 매체이므로 유아의 창의력이나 표현적인 언어능력에 도움이 되지 않는다(박성연, 2006). 그리고 부모와 자녀가 TV를 함께 시청하면서 많은 시간을 같이 보낸다 하더라도 이는 도리어 가족 간의 직접적인 상호작용을 방해하기 때문에 유아발달에 도움이 되기보다는 부정적인 영향을 미친다. 즉, 타인과의 의사소통의 단절을 가져오고 협력의 부재를 낳으며 부모 형제들과의 의사소통도 단절되게 된다(이숙희, 2010).

한편, TV가 유아발달에 미치는 대표적인 부정적 영향은 공격성의 증가이다.

TV 프로그램의 상당부분이 폭력적인 내용을 많이 담고 있으며, 인터넷 게임은 대부분이 폭력적이고 자극적이다. 따라서 이 같은 미디어매체에 노출되는 것은 유아의 사회적 발달에서 공격성과 폭력성을 증가시키는 결과를 가져오게 된다. 일반적으로 유아가 공격적인 프로그램에 오랫동안 노출되면 폭력에 대해 무감각해지고, 미디어매체 속에서 공격성이 정당화되거나 강화받는 것을 경험하기 때문에 유아발달에 부정적인 영향을 미친다. 한 종단연구를 보면 아동기에 TV 시청시간이 길수록 청소년기와 성인 초기에 공격성이 높게 나타났는데, 특히 남자의 경우 이 같은 경향이 더 두드러지게 나타났다그림 10-10(박성연, 2006).

하지만 다른 사회적 행동에서처럼 폭력적인 내용의 TV 시청과 유아의 공격성 간의 관계는 유아의 공격적인 성향이나 공격적 행동에 대한 태도, 유아의 행동에 대한 어른의 관심과 감독 등 복합적 요인들에 의해 영향을 받는다. 특히, 행동적으로나 심리적으로 문제가 있는 유아는 그렇지 않은 유아보다 공격적인 내용의 TV 프로그램을 더 많이 시청하는 편이며, 이는 다시 심리적 문제를 악화시키는 악순환의 고리

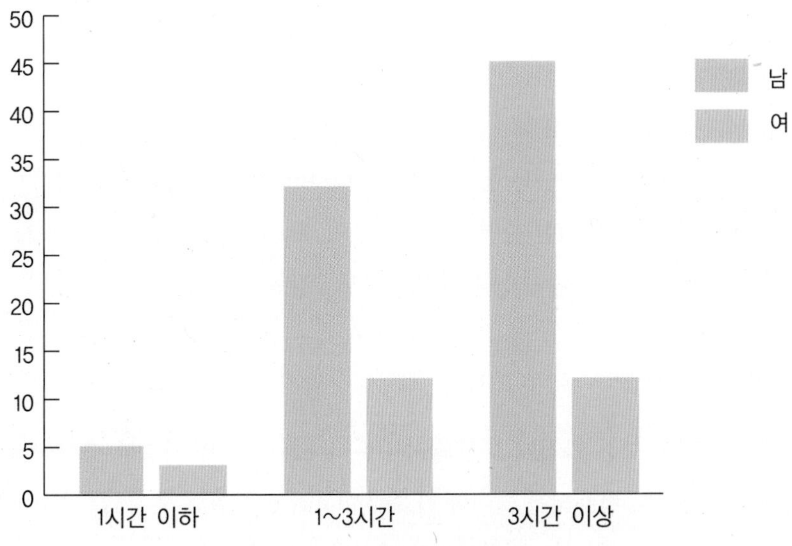

그림 10-10 TV 시청시간과 공격성 간의 관계

출처 : 박성연(2006), p. 393.

표 10-3 아동의 TV 시청과 컴퓨터 사용규제에 관한 지침

전략	설명
TV 시청과 컴퓨터 사용 제한하기	• 어린이가 볼 수 있는 것(시간제한이나 특정 프로그램)을 제한하는 명확한 규칙을 정하고 그 규칙을 충실히 지킨다. • TV나 컴퓨터 사용을 아이들 돌보는 대용물로 활용하지 않는다. • 아동의 침실에 TV와 컴퓨터를 두지 않는다.
TV나 컴퓨터 사용을 보상이나 벌로 사용하지 말기	TV나 컴퓨터가 보상이나 벌로 사용되면 아동은 점점 더 그것에 매력을 느낀다.
적절한 TV 및 컴퓨터 경험을 고무하기	교육적이고 친사회적인 TV나 컴퓨터 활동은 인지적 · 사회적 기술에 도움이 된다.
이해를 도와주면서 자녀와 함께 TV 보기	프로그램에 대해 함께 이야기를 나눔으로써 무비판적으로 수용하기보다는 TV 내용을 평가하도록 가르친다.
TV 내용과 일상적 학습경험을 연관짓기	예를 들어, 동물에 관한 프로그램은 동물원 방문이나 동물에 관한 책을 찾기 위한 도서관 방문, 또는 애완동물에 대한 관찰과 보살핌 방법을 자극할 수도 있다.
TV와 컴퓨터 사용의 모델이 되기	부모의 시청 유형이 아동의 시청 유형에 영향을 미치므로 부모 스스로 과다한 TV 시청이나 폭력적인 미디어 내용을 피하여야 한다.
온정적이고 합리적인 양육	온정적이며 합리적인 요구를 하는 부모의 아동은 교육적이고 친사회적인 내용의 매체를 더 좋아하고, 폭력적인 내용에 덜 이끌린다.

출처 : 박성연(2006), p. 394.

를 갖게 된다(박성연, 2006).

이런 점에서 보면 부모는 TV를 단순한 오락용으로 자녀에게 제공할 것이 아니라 TV가 제공할 수 있는 유익한 측면들을 고려하여 자녀가 긍정적이고 유익하게 잘 활용할 수 있도록 적극적으로 관심을 가지고 지도 · 감독하는 것이 필요하다.

(2) 컴퓨터

컴퓨터가 거의 모든 가정에 보급되면서 유아에게도 매우 익숙한 생활매체가 되었으며 어린 유아도 컴퓨터를 놀이나 학습에 이용하는 것이 드물지 않게 되었다.

영유아기 자녀를 둔 부모를 대상으로 가정에서 컴퓨터를 보유하고 있는지 여부를 알아본 결과, 전체의 97.4%가 컴퓨터를 보유하고 있어 거의 대부분 가정에 컴퓨터가 있는 것으로 나타났다. 컴퓨터를 처음 사용한 연령도 점차 하향화되어 가고 있어 조사 당시 유아기에 속한 아동은 최초 이용 연령이 평균 2.79세인 반면, 영아기에 속한 아동은 평균 1.05세로 나타났다. 하루 평균 컴퓨터를 이용하는 시간은 영아의 경우 평일에는 약 29분, 주말에는 약 36분 정도였으며, 유아는 평일에 약 41분, 그리고 주말에는 약 44분을 이용하고 있어, 어린 연령부터 컴퓨터에 많이 노출되어 있음을 알 수 있다(이정림 외, 2013).

① 긍정적 영향

컴퓨터가 유아에게 미치는 긍정적 영향으로는 우선 다양한 정보를 손쉽게 접하게 해준다는 점을 들 수 있다. 또한 컴퓨터 활동은 유아의 창의적 사고, 추론능력, 문제해결능력, 언어발달 및 수학발달에 도움이 될 수 있다(문혁준 외, 2012). 그리고 컴퓨터는 유아들에게 즐거운 놀이와 풍부한 경험을 제공하고, 사이버 공간에서 재미, 경쟁, 새로운 세계에 대한 경험 등의 미래지향적 놀이문화를 형성하는 데 도움을 준다. 뿐만 아니라 놀이를 통한 학습에 따른 강한 성취욕구, 다인과의 협력 및 의사소통을 하는 방법을 학습하는 데도 도움을 준다는 점 때문에 유아교육기관에서 효과적인 유아교육매체로 활용하는 경우가 많다(이숙희, 2010).

② 부정적 영향

컴퓨터가 유아발달에 미치는 영향에 대해 이야기할 때 대개 긍정적 영향보다는 부정적 영향에 대해 더 많이 이야기한다. 컴퓨터가 갖는 특성상 밤늦게까지 미디어매체를 이용하게 되면 수면시간이 불충분해 건강상 여러 가지 문제를 일으킨다(강병재, 2008).

그림 10-11 컴퓨터 게임에 몰입하고 있는 유아

컴퓨터가 유아발달에 미치는 부정적 영향을 요약하면 다음과 같다(문혁준 외, 2012 : 278).

- 사회적 기술을 익힐 수 있는 타인과의 상호작용 기회를 박탈해 사회적 고립 및

발달상의 문제를 야기한다.

- 지나친 비현실성과 가상공간 몰입은 현실 세계와의 괴리를 발생시키고 중독되기 쉽다. 특히, 공격성, 파괴력, 충동성과 같은 정서발달의 부정적인 요인을 자극시킨다.
- 블록이나 퍼즐처럼 직접 손으로 만지고 자료를 이용해 상호작용할 수 없으며 가상 현실적 경험만을 촉발시킨다.
- 컴퓨터에 몰입하는 동안 고정된 자세를 유지함으로써 신체활동을 제한해 발달을 저하시킨다.
- 컴퓨터는 아동이 주변사람과 언어를 사용할 기회를 제한해서 언어발달을 더디게 만든다.
- 여러 사람과 어울리는 경험을 제한시켜 외톨이가 되기 쉬우며, 게임이나 통신 기능의 성격상 아동을 몰입하게 해 균형 잡힌 생활에 방해가 될 수 있다.

한편, 유아는 컴퓨터로 게임을 하는 경우가 잦은데, 게임의 특성상 한 번 시작하게 되면 몰입하게 되는 경향을 지니고 있어 특별한 관심을 필요로 한다.

유아를 대상으로 한 컴퓨터게임 중독 연구를 살펴보면, 남아의 비율이 여아보다

미디어 중독 유아들이 보이는 공통적인 행동특성 (Box 10-2)

- 발달의 모든 영역들이 전반적으로 지체되고 있다.
- 사람들을 만나서 관계를 맺는 경험이 부족하고, 관계가 일방적인 편이라서 정서사회성발달이 원만하게 이루어지지 않는다.
- 공감능력의 결여에서 오는 공격성 문제가 심각하다.
- 스마트폰에 중독된 유아들의 경우 자아중심성이 강하다.
- 타인조망능력의 학습 기회를 놓치게 되는 경우가 많아져, 추후 반사회적 행동문제의 원인이 될 가능성이 크다.
- 신체활동을 통해 체험하고 경험을 통해 학습하는 기회도 적어진다.
- 다른 사람들과 마음을 나누고 사고할 수 있고, 다른 사람의 감정을 공감할 수 있는 능력과 자신의 감정에 대한 표현방법도 미숙해진다.
- 자신의 자존감을 증진시킬 수 있는 기회도 많이 차단될 수 있다.

출처 : 이정림 외(2013), p. 7.

많은 편이다. 그리고 컴퓨터게임 중독수준이 높을수록 도덕적 판단이 낮았고, 유아들이 게임에 몰입함으로써 신체적 및 사회적 활동이 낮아지기 때문에 컴퓨터게임 중독수준이 높은 유아가 그렇지 않은 유아에 비해 언어발달과 학습에 대한 관심 및 창의성발달의 수준이 낮은 것으로 나타났다. 게임에 중독된 유아의 경우 도덕적 판단수준이 가장 낮았고, 언어발달수준과 학습발달수준 그리고 표현력 발달수준이 낮은 것으로 나타났다(이숙희, 2007).

3) 올바른 미디어매체 이용을 위한 부모의 역할

어린이집이나 유치원 같은 육아지원기관에서는 가정에서처럼 미디어매체를 빈번하게 이용하지 않고 수업내용과 관련해서만 사용하는 편이다. 그리고 기관 내에서는 교사가 영유아의 미디어 이용을 통제하는 것이 가능해 동영상 시청도 교사가 필요한 경우에만 틀어주고 있어 문제가 되지 않는다. 하지만 가정에서 미디어에 많이 노출된 영유아는 어린이집이나 유치원에서 또래와의 상호작용보다 미디어 기기에 관심을 더 보이거나 산만하고, 수업집중도가 떨어지는 경향을 보였다(이정림 외, 2013). 이를 통해 볼 때 영유아의 올바른 미디어매체 이용을 위해서는 부모의 역할이 매우 중요하다는 것을 알 수 있다.

부모와 자녀 간의 활발하고 개방적이며 긍정적인 의사소통과 미디어매체 이용에 대한 부모의 태도는 자녀가 미디어매체를 지나치게 이용하거나 아동의 발달에 유해한 매체에 노출되는 것을 예방할 수 있다. 또한 부모들의 미디어 이용에 대한 인식과 태도는 영유아의 미디어 이용행태에 많은 영향을 미칠 수 있어, 부모들이 미디어매체 이용시간을 제한하거나 프로그램을 제한할 때 자녀의 미디어매체 이용시간이 적은 것으로 나타났다(이정림 외, 2013). 또한 부모가 자녀의 컴퓨터 사용을 모니터할 수 있을 때 유아의 게임중독을 방지할 수 있다. 이를 뒷받침해 주는 연구결과를 보면, 취업모의 자녀는 시간을 보내기 위해 컴퓨터게임을 하는 반면, 전업주부의 자녀는 컴퓨터게임이 학습에 매력적이어서 게임을 계속하는 것으로 나타났다(이숙희, 2007).

한편, 부모의 미디어매체 이용형태 및 가정환경이 영유아의 미디어매체 노출과 이용에 많은 영향을 미치고 있었다. 자녀가 미디어매체에 흥미를 갖는 정도는 가정의 물리적 · 인적 환경의 영향이 커 부모가 미디어를 많이 이용하거나 사용습관이 어떠한가에 따라서 달라지며 자녀는 부모가 보이는 모습을 닮아가는 것으로 나타났다(이정림 외, 2013). 그리고 유아가 인터넷게임에 얼마나 몰입하게 되는지는 부모를 포함한 가정환경 맥락에 영향을 받는다. 부모가 인터넷게임에 중독되어 있거나 많이 사용할 경우, 자녀도 인터넷게임에 과몰입하게 된다(강정원 · 장수진 · 김승옥, 2011). 그리고 자녀가 인터넷게임에 지나치게 몰입하지 않기 위해서는 부모가 평소 자녀의 인터넷 게임 이용에 관심을 가지고 지도하는 것과 자녀에게 합리적이며 애정적인 양육태도를 보이는 것이 중요하다(김승옥 · 이경옥, 2007 ; 이혜숙, 2009).

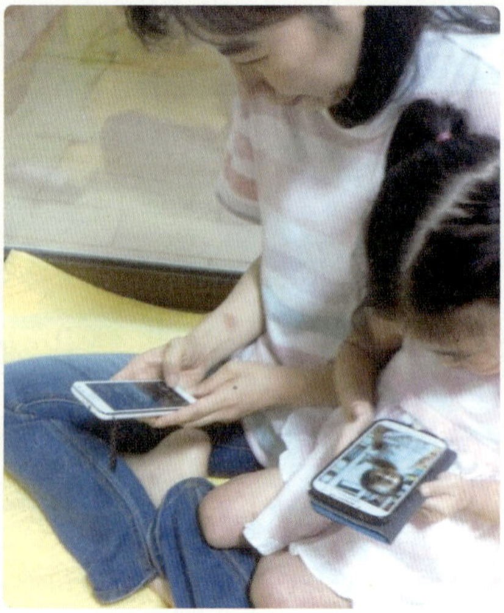

그림 10-12 부모의 스마트폰 사용과 자녀의 모방학습

그러나 부모들은 영유아의 미디어매체 이용 지도에 실제 어려움을 경험하고 있으며, 특히 스마트폰 사용에 대한 지도에 어려움을 겪고 있다. 최근 새롭게 떠오르는 미디어매체인 스마트폰은 언제 어디서나 사용할 수 있기 때문에 사용 제한에 어려움이 있다(이정림 외, 2013). 뿐만 아니라 영유아도 부모의 스마트폰을 사용하기가 어렵지 않고, 어떤 경우는 부모가 다른 일을 해야 할 때 또는 자녀를 달래기 힘들 때 자녀를 손쉽게 돌보는 방편으로 스마트폰을 이용하기도 한다. 따라서 부모들에게 스마트폰이 유해한 매체가 될 수 있다는 위험성에 대한 인지도를 향상시켜야 하고 부모교육 및 부모를 위한 지침 제공이 필요하다.

부모들 역시 자녀의 미디어매체 사용이 긍정적인 면과 부정적인 면을 동시에 지니고 있다는 데 동의하고 있으며, 자녀의 건전한 미디어매체 사용을 위한 방안 마련을 절실히 요구하고 있다. 동시에 부모교육의 필요성을 인식하고 있으며, 건전한 미디어 프로그램 개발 및 보급을 필요로 하고 있다(이정림 외, 2013).

미디어매체가 유아발달에 부정적인 영향을 미친다고 해서 미디어매체를 없앨 수는 없지만, 무엇보다도 부모들이 자녀의 미디어매체 이용시간을 적절하게 조절하고 부모의 감독하에서 이용할 수 있도록 지도하는 것이 필요하다. 그리고 부모부터가 미디어매체를 적절하게 사용해 자녀에게 좋은 모델이 되어 주는 것이 우선시되어야 한다. 이를 위해서는 부모가 미디어매체를 건전하게 이용할 수 있도록 부모를 위한 적절한 미디어 이용방법에 대한 교육이 필요하다.

다른 한편으로는 부모와 자녀가 함께 재미있게 놀이하는 방법을 모르거나 기회가 없어 놀이활동 대신 미디어매체가 그 역할을 대신하고 있는 경우도 많다. 그러므로 자녀의 발달적 연령에 맞춘 다양한 신체적 활동 및 놀이를 직접 경험하게 하고, 부모가 자녀와 함께 할 수 있는 다양한 놀이방법을 소개하는 것도 고려되어야 한다. 또한 부모와 자녀가 함께 놀이의 시간을 갖거나 아동이 또래와의 상호작용하는 기회를 많이 갖도록 하는 건전한 놀이문화의 확산 및 정착 또한 요구된다(이정림 외, 2013).

CHAPTER

11

유아교육기관 및 어린이집에서의 영유아발달

1. 유아교육기관 및 어린이집에서 영유아의 일과 | 2. 어린이집에서의 영아발달과 교사의 역할
3. 유아교육기관 및 어린이집에서의 유아발달과 교사의 역할 | 4. 유아교육기관 및 어린이집과 가정의 연계

CHAPTER 11

영유아의 건강한 성장과 발달을 위하여 가족 외적 환경요인 중 유아교육기관 및 어린이집에서 교사의 역할은 매우 중요하다. 영유아들은 교사 및 또래와 함께 생활하고 상호작용하며 큰 영향을 받는다. 질적으로 우수한 보육서비스를 제공하기 위해서는 교사가 발달 전문가로서의 역할을 충실하게 이행하며, 지속적으로 전문성 증진을 위하여 노력해야 한다. 본 장에서는 영유아들을 보육하는 교사의 역할은 무엇인지 살펴보고, 발달 전문가로서의 직업윤리 및 정체성을 고찰하며, 전문성 증진을 위한 방법을 알아보고자 한다.

1. 유아교육기관 및 어린이집에서 영유아의 일과

1) 영아의 일과

영아의 하루 일과는 영아의 생리적 리듬을 존중하여 구성되어야 한다. 또한 영아의 하루 일과는 예측 가능하도록 규칙성을 가지고 있어야 영아에게 심리적인 안정감을 줄 수 있다. 등원부터 시작하여, 자유놀이, 기저귀 갈기 및 화장실 다녀오기, 식사수유 및 간식, 낮잠 등과 같은 하루 일과가 어떻게 구성되는지 알아보고, 영아반에서 이루어지는 하루 일과의 실제를 알아보고자 한다.

(1) 등원

영아가 등원하면 교사는 영아와 부모를 반갑게 맞이하고 영아의 건강상태 및 기분을 확인하도록 한다. 등원시간은 부모와 교사가 영아에 관한 정보를 교환할 수 있는 중요한 시간으로 충분한 잠을 잤는지, 아픈 곳은 없는지 확인하도록 한다. 또한 영아의 안색을 살피고, 아픈 곳이 있다면 부모가 투약의뢰서를 작성하도록 하고 보관한다.

처음 어린이집에 등원하는 영아는 부모와 떨어지는 것을 힘들어하기 때문에 교사의 각별한 관심이 필요하다. 교사는 영아를 안아주고 부모가 데리러 올 것이라는 사실을 알려주며 영아를 안심시키도록 한다. 적응기간을 통해 영아가 안정적으로 적응할 수 있도록 부모와 교사의 노력이 필요하다.

(2) 기저귀 갈기 및 화장실 다녀오기

아직 배변훈련을 하지 않은 영아의 기저귀는 2~3시간마다 한 번 점검하고 갈아주며, 영아가 불편해 보이면 기저귀가 젖어 있는지 확인하도록 한다. 영아의 기저귀를 교환하거나 화장실에서 용변을 처리해 준 후에는 교사가 반드시 손을 씻도록 하고, 기저귀 가는 시간 동안 눈을 맞추고 노래를 불러주는 등 기분 좋은 시간이 되도록 한다. 배변훈련이 이루어진 영아들도 놀이에 집중하면 화장실에 갈 기회를 놓칠 수 있으므로, 적절한 시간 차이를 두고 화장실에 가고 싶은지 확인하도록 한다.

(3) 식사 및 간식

영아들은 규칙적으로 수유를 해야 하는데, 영아마다 수유시간이 다르기 때문에 적절한 시간에 수유하여 영아가 배고프지 않도록 한다. 교사는 수유한 시간과 양을 기록하여 부모에게 알리도록 한다. 수유하는 시간에는 영아와 개별적인 상호작용이 이루어지도록 배려한다. 영아와 애정적인 관계가 형성될 수 있는 의미 있는 시간이기 때문에 교사가 수유하는 동안 눈을 맞추고 이야기하는 등 상호작용이 이루어질 수 있도록 노력한다.

고형식으로 식사를 하는 영아들은 점심 메뉴를 소개하며 탐색하도록 기회를 주고, 영아의 식습관을 고려하여 적당량을 배식한 후 함께 먹도록 한다. 스스로 먹는 습관을 가질 수 있도록 기회를 주고, 먹고 난 후 양치하는 것을 도와준다. 종일제 프로그램에서는 오전과 오후에 간식을 먹는데, 적당량을 섭취할 수 있도록 한다.

(4) 낮잠 및 휴식

낮잠은 영아기에 중요한 일과이며, 영아의 건강을 위하여 반드시 적절한 휴식을 취해야 한다. 수면습관은 영아마다 다르기 때문에 부모로부터 영아의 수면습관에 관해 정보를 구해야 하며, 조용한 분위기에서 편안한 낮잠시간을 갖도록 배려한다. 낮잠시간 운영 시 교사의 역할은 다음과 같다(정미라 외, 2007).

- 부모와의 긴밀한 연락을 통해 영아의 생활리듬이나 수면습관, 또는 수면과 관계된 영아의 생활경험을 알고 있어야 한다.
- 쉽게 잠들 수 있도록 실내 조명, 온도, 환기, 소음 등을 조절한다.
- 조금 피곤하거나 배가 부를 때 낮잠을 잘 이룰 수 있으므로, 일과 계획 시 고려하여 반영한다.
- 낮잠을 자지 않으려는 영아에게 낮잠을 강요하지 말고 자고 있는 유아들에게 방해가 되지 않도록 누워서 휴식을 취하게 한다.
- 낮잠을 자는 동안 반드시 한 명의 교사는 낮잠 자는 방에 있어야 한다.
- 낮잠시간 후에 자고 난 자리를 정리하고 다음 활동을 할 수 있도록 돕는다. 먼저 일어난 영아는 조용한 활동을 하도록 하고, 늦게까지 자는 영아는 조명을

서서히 밝게 해서 서서히 깨도록 도와준다.

• 만 1세 미만의 영아들은 등을 바닥에 대고 자도록 하며 푹신한 침구를 사용해서는 안 되고, 가까운 곳에 푹신한 인형 등이 놓여 있지 않도록 주의해야 한다.

(5) 자유놀이

자유놀이시간에는 영아들이 안전한 환경에서 적극적으로 탐색하고 놀이할 수 있도록 교사가 놀잇감을 제공하고, 적절히 개입하여 영아들이 즐겁게 활동할 수 있도록 배려한다. 영아가 관심 있어 하는 영역에서 원하는 놀잇감을 가지고 놀이할 수 있도록 한다. 또한 학기 초에는 영아가 보육실을 낯설어 하기 때문에 함께 영역들을 살펴보고, 놀잇감을 소개하도록 한다. 또한 영아의 하루 일과는 정적인 활동과 동적인 활동, 실외놀이와 실내놀이가 균형을 이룰 수 있도록 계획하여 영아가 피로감을 느끼지 않도록 일과를 구성한다.

(6) 귀가

부모가 영아를 데리러 오면 순차적으로 귀가지도를 한다. 귀가 시에는 부모에게 전달해야 하는 통신문이나 투약기록, 수유기록 등 하루 일과 중에 이루어졌던 일들을 기록하여 부모에게 전달하도록 한다.

2) 유아의 일과

(1) 등원

유아교육기관 및 어린이집이하 유 · 보기관이라 함에서의 유아의 하루는 등원과 함께 시작된다. 양육자와 함께 등원한 유아는 교사와 첫 인사를 나누고 낮시간 동안 양육자와 분리된다. 양육자는 교사에게 유아가 지난 밤에 어떻게 지냈는지, 아픈 곳은 없는지, 투약해야 할 약이 있는지, 유아에 대한 정보를 전달하고, 교사는 양육자로부터 전달받은 정보를 바탕으로 유아의 컨디션을 잘 살펴야 한다.

영아기부터 유 · 보기관에 다닌 경험이 있는 유아는 부모와의 분리에 적응이 되어 있지만 유아기에 처음 유 · 보기관에 다니게 된 경우에는 양육자와의 분리에 어려움이 있을 수 있다. 교사가 유아를 반갑게 맞이하여 양육자와 자연스럽게 분리될 수 있도록 배려해야 한다.

(2) 간식과 식사

간식은 1일 2회, 오전과 오후로 나누어 주어지며, 1회의 점심식사가 제공된다. 균형 있는 음식 섭취와 바른 식습관을 익힐 수 있는 시간이며 또래와 상호작용도 함께 이루어진다. 교사는 유아의 개인적인 식습관을 알아보고 편식습관이나 음식 알레르기 여부를 파악하여 유아가 불편함 없이 식사를 마칠 수 있도록 돕는다.

그림 11-1 어린이집의 간식시간

(3) 낮잠시간

유아기 후반에는 낮잠을 자지 않는 유아가 많지만 만 3세 유아는 낮잠을 자는 경향이 있으므로 오후에 1회의 낮잠시간이 주어진다. 교사는 유아가 낮잠을 자기 전에 화장실에 다녀오도록 하여 자는 도중에 실수를 하지 않도록 하며, 조명을 낮추어 편안하고 조용한 환경에서 잠들 수 있도록 한다. 가볍고 편한 유아용 침구를 사용하여 잠들기 전과 후에 유아가 스스로 침구정리에 참여할 수 있도록 지도한다. 낮잠을 자지 않는 유아는 자고 있는 유아들에게 방해가 되지 않도록 책 읽기 등의 조용한 활동을 하도록 배려한다.

(4) 화장실 다녀오기

유아기 전반에는 소변보기에서도 실수가 있거나 옷이 젖는 경우가 있고, 만 5세 후반 정도가 되어야 대변 뒷처리를 스스로 할 수 있으므로 그 전까지는 교사의 보조가 필요하다. 유아기에 처음으로 유·보기관에 다니게 된 유아는 용변 볼 때 낯설어

할 수 있으므로 유아가 용변을 보고자 할 때 의사표현을 잘 할 수 있도록 교사가 평소 개방적인 태도를 보여야 한다. 또한 식사 전과 후, 낮잠 전과 후, 실외활동 후 등 활동 전후에 규칙적으로 화장실 가는 시간을 마련해 두어 유아가 소변을 참는 일이 없도록 한다. 이를 통해 스스로 손 씻기와 양치질하기 같은 위생습관도 함께 키울 수 있다.

(5) 자유선택활동

다양한 흥미활동영역 중 유아의 관심사에 따라 자유롭게 활동을 선택하는 시간이다. 흥미영역은 책 읽기 영역, 과학영역, 블록영역, 역할놀이영역, 미술영역, 음악영역 등으로 구성된다. 유아의 관심사에는 개인차가 있으므로 집단활동에서 선택하지 못했던 활동을 자유선택활동시간에 선택할 수 있다. 교사는 자유선택활동시간에 각 유아가 주로 어떠한 선택과 놀이 패턴을 보이는지 관찰하여 유아의 개별적인 발달특징을 파악하도록 한다.

(6) 대 · 소집단활동

만 3세 유아는 집중시간이 짧기 때문에 집단활동에 쉽게 적응하기 어렵다. 따라서 집단활동시간은 짧게 진행하다가 연령의 증가에 따라 조금씩 길게 연장한다. 누리과정에서 제시된 활동목표는 집단활동을 통해서 이루어지는 경우가 많다. 활동 패턴으로는 이야기 나누기, 동화 들려주기, 미술활동, 신체표현, 게임활동, 음률활

그림 11-2 대집단으로 신체표현놀이 중인 유아들

그림 11-3 소집단으로 미술활동 중인 유아들

동, 바깥 놀이, 야외학습, 견학 등이 있다.

(7) 귀가

교사는 유아가 하루일과를 어떻게 보냈는지 양육자에게 전달하고, 소지품이나 젖은 옷가지 등을 양육자에게 전달한다. 다음날 준비사항이나 전달할 사항은 직접 나누어 주거나 메모하여 전달하기도 한다. 차량운행이 있는 경우 귀가 일정은 부모 및 차량담당자와 공유한다. 많은 안전사고가 차량운행 도중 일어나므로 승·하차 시 사고가 일어나지 않도록 동승한 교사가 안전을 위해 주의를 기울여야 한다.

2. 어린이집에서의 영아발달과 교사의 역할

영아를 담당하고 있는 교사는 역할이 갖는 고유한 특성이 있으며, 영아와의 상호작용은 유아와는 달리 영아의 언어발달에 따른 제한점이 있으므로 영아와의 상호작용 원리를 아는 것이 중요하다. 따라서 영아교사의 역할을 좀 더 구체적으로 알아보고, 영아와의 상호작용 원리에 관해 알아보고자 한다.

1) 영아교사의 역할

담임하고 있는 영유아의 연령에 따라 교사의 역할이 달라질 수 있으며, 영아교사는 다음과 같은 고유한 역할을 수행하게 된다.

(1) 양육대행자의 역할

영아교사는 부모 대신에 영아를 양육하는 양육자의 역할을 수행한다. 종일제 보육시설에 재원하고 있는 영아는 오랜 시간 교사와 함께 생활하기 때문에 무엇보다 교사는 영아의 기본적 욕구를 충족시키고 양육자로서의 역할을 성실하게 수행해야 하며, 영아와 안정적인 애착관계를 형성하기 위하여 노력해야 한다.

(2) 놀이환경 제공자의 역할

영아기는 탐색에 대한 욕구가 강한 시기이므로 탐색할 수 있는 환경을 제공하고, 안전한 탐색환경을 조성하는 것은 교사의 중요한 역할이다.

(3) 놀이 제공자의 역할

영아교사는 영아의 하루 일과가 즐겁게 진행될 수 있도록 놀이를 계획하고 제공하는 역할을 수행해야 한다. 영아의 발달에 적합한 놀이를 계획하고, 대근육과 소근육을 다양하게 활용할 수 있는 놀이를 제공하도록 한다.

(4) 언어발달 촉진자의 역할

언어발달의 결정적인 시기인 영아기에는 교사가 영아의 언어발달을 위해 언어발달 촉진자의 역할을 수행해야 한다. 이 시기에 보육교사와 영아의 언어적 상호작용은 초기 어휘습득뿐 아니라 이후 언어발달 및 학업성취를 예측할 수 있는 요인이 된다(NICHHD, 2010). 따라서 영아교사는 적극적으로 언어적 자극을 주고, 영아와 언어적 상호작용을 시도하도록 한다.

2) 영아-교사의 상호작용 원리

보육교사들은 다양한 역할을 수행하는데, 특히 영아를 담당하고 있는 보육교사들은 영아의 정서적 안정을 위해 상호작용을 통한 영아와의 애정적인 관계형성을 위해 노력해야 한다. 애착이론에 의하면 양육자가 영아와 민감한 상호작용을 하면 영아가 신뢰감을 형성하여 안정된 애착을 형성할 수 있고, 애착형성은 이후 영아의 사회성 · 인지 · 정서발달에 영향을 미치게 된다. 이러한 애착이론은 최근 교사와 영아의 관계에서도 적용된다. 교사와 영아의 민감하고 긍정적인 상호작용을 통해 영아는 교사와 안정된 애착을 형성할 수 있다(김숙령 · 김선희 · 육길나 · 조숙진, 2006). 안정된 애착형성을 위해 영아와의 상호작용방법에 대해 영아교사들은 전문적 지식이 필요하다. 교사교육에 대한 연구들은(김현지, 2003 ; 이재민, 2008) 교사들이 현직 교육내용으로 영아와의 상호작용에 관한 내용을 가장 필요로 하는 것으로 보고했다. 이와 같이 교사의 전문성 증진을 위해 영아와의 상호작용에 대한 교육이 필요함을 알 수 있다.

상호작용이란 일반적으로 언어를 매체로 감정, 의견, 생각을 전달하는 것으로 억양, 몸짓, 표정 등도 언어와 함께 상호작용의 수단이 된다(유효순, 1993). 영아기가 언어능력이 폭발적으로 발달하는 시기라고 할지라도 자신의 사고나 정서를 표현하는 데 어려움이 있기 때문에 이를 지지해주는 교사의 역할이 중요하다(윤경아 · 서현, 2011). 교사와의 긍정적인 상호작용은 질적으로 우수한 보육환경의 중요한 요인이며(NICHD, 2005), 잘 훈련된 교사는 여아의 바람직한 발달을 위해 필수적이다(NICHD, 2001). 안정적인 애착형성을 위해 영아 담당 교사가 알아야 하는 영아와의 상호작용 원리는 다음과 같다(Hoing, 1985).

(1) 민감한 반응

영아기에는 기본적인 욕구와 영아의 개별적인 요구에 민감하게 반응하는 것이 중요하다. 영아기에는 수유, 기저귀 갈이 등 기본적인 신체적 · 정신적 욕구의 충족이 중요하기 때문에 세밀한 관찰을 통해 개별적인 욕구를 파악하여 영아와의 안정된 애착과 신뢰감을 형성하도록 반응적인 상호작용을 해야 한다(정효정, 2003). 교사의 민감성은 영아의 또래 간 사회적 기술이나 문제행동에도 영향을 미치는 요인으로 영아의 사회성발달에 중요한 영향을 미친다(김숙령, 2010).

(2) 긍정적 상호작용

영아와의 상호작용은 애정적이고 긍정적이어야 한다. 긍정적인 상호작용은 관심보이기, 인정하기, 애정표현하기를 통해 상호작용하는 과정에서 이루어진다(양옥승 외, 2011). 미소, 신체적 접촉과 같은 비언어적 행동에 보다 초점을 두고 언어적 행동과 병행해서 접근하면 더 효과적인 상호작용을 할 수 있다(최은정 · 하지영 · 서소정, 2009). 교사와 영아의 질적인 상호작용은 영아의 애착형성에 중요한 영향을 미친다(김숙령, 2010).

(3) 언어적 자극

영아기는 언어발달을 위해 다양하고 풍부한 언어적 자극이 필요한 시기이므로, 교사는 지속적으로 언어적 상호작용을 함으로써 영아의 언어발달을 촉진하도록 하며, 바람직한 언어 사용을 통해 좋은 언어 사용의 본보기가 되도록 한다. 교사와 영아가 다양한 상황에서 언어적으로 상호작용하는 것은 영아의 언어발달에 매우 중요한 역할을 한다(김정아, 2006 ; 남규, 2009).

(4) 기본생활습관 지도

영아기는 기본적인 자조기술을 습득하는 시기이므로 발달에 맞는 기본생활습관 지도가 일상적으로 이루어져야 한다. 예를 들면, 배변훈련, 옷 입고 벗기, 수저질하기 등 기본생활습관을 익힐 수 있도록 교육활동을 제공하여 단계적으로 지도하고 일과를 통해 기본생활습관을 지도하도록 한다.

(5) 적절한 환경과 활동계획

긍정적인 상호작용은 적절한 환경과 활동을 통해 이루어질 수 있으므로, 영아의 발달에 적합한 활동을 계획하고 적용하며, 물리적 환경을 준비하도록 한다. 교수사의 역할을 통해 교사는 영아기 발달수준에 맞는 활동을 계획하여 영아가 즐겁게 참여할 수 있도록 한다. 또한 영아기는 다양한 탐색활동을 통하여 스스로의 발달에 기여할 수 있으므로(Wittmer & Petersen, 2006), 영아 담당 교사는 영아가 다양한 탐색활동을 할 수 있도록 격려하고, 안전한 놀잇감과 놀이환경을 제공하여 사고가 일어나지 않도록 대비한다. 환경이 안전하지 않으면 교사는 영아의 행동을 제한하게 되기 때문에 긍정적인 상호작용이 어렵다. 영아기에는 입과 눈을 통해 주변환경 및 놀잇감을 탐색하기 때문에 입에 넣어도 해롭지 않은 놀잇감을 준비하고, 세탁 및 소독을 통해 위생적으로 놀잇감을 관리하도록 한다. 특히, 걸음마기 영아는 왕성한 탐색활동을 하기 때문에 안전사고 위험이 높은 시기이므로 주의해야 한다.

3) 표준보육과정의 상호작용지침

(1) 만 2세 미만 영아와의 상호작용

표준보육과정에서는 사회관계에 대한 교사지침에서 교사와 영아의 상호작용에 관한 내용을 포함하고 있다. 표 11-1은 만 2세 미만의 영아반 교사를 위한 사회관계 영역 교사지침으로 만 2세 미만의 영아와의 상호작용방법에 대한 구체적인 지침을 담고 있다.

표 11-1 만 2세 미만 사회관계영역 교사지침

내용범주	지침
자기 존중	• 자신을 인식할 수 있도록 개별적인 침대, 침구, 서랍장, 그 밖의 개인 소지품에 영아의 얼굴 사진을 붙여주고 이름을 적어준다. • 영아가 자신을 볼 수 있도록 거울을 제공한다. • 영아에게 신체적인 접촉과 언어적 표현으로 자주 애정을 표현한다. • 영아와 일대일로 얼굴을 마주보며 상호작용을 한다. • 간식시간, 기저귀 갈기나 낮잠시간 등의 일상생활 중에 대화하면서 영아들과 함께 하루 일과를 진행한다.
정서 인식과 조절	• 영아의 울음이나 몸 움직임은 영아의 주된 의사소통방법임을 인식한다. • 이 시기 영아는 부정적인 정서표현도 할 수 있음을 이해하고, 부정적 정서표현을 받아들인다. • 영아의 언어적·비언어적 신호를 해석하여 민감하고 일관성 있게 대한다. • 영아의 기질적 특성을 이해하고 반응속도와 생물학적 리듬을 파악하여 조화로운 관계를 유지한다.
사회적 관계	• 영아는 낯가림을 할 수 있고, 낯선 어른보다 친숙한 어른과 활발하게 상호작용한다는 것을 이해한다. • 양육자와 안정적인 애착을 형성하고, 돌보는 교사와 상호신뢰관계를 형성하는 것이 무엇보다 중요함을 안다. • 영아가 새로운 상황과 환경에 직면했을 때 안정감을 갖고 편안히 적응할 수 있도록 배려한다.

(2) 만 2세 영아와의 상호작용

표 11-2는 만 2세 담임교사를 위한 사회관계영역 교사지침으로 만 2세 걸음마기 영아를 위한 교사들의 상호작용방법을 설명하고 있다.

표 11-2 만 2세 사회관계영역 교사지침

내용범주	지침
자기 존중	• 영아는 자신에 대해 긍정적인 느낌과 자아개념을 가지고, 다른 사람에 대해 이해하기 시작한다는 것을 지각한다. • 영아 자신을 인식할 수 있도록 개별적인 침대, 침구, 서랍장, 그 밖의 개인 소지품을 사용하게 하며 영아의 얼굴 사진을 붙여주고 이름을 적어준다. • 영아와 개별적으로 신체적 · 언어적 상호작용을 하며 일대일로 얼굴을 마주보고 상호작용을 한다. • 영아가 혼자서 할 수 있는 일은 스스로 해볼 수 있는 기회를 제공하고 기다려주며, 자신을 조절할 수 있도록 돕는다. • 영아 스스로 한 일에 대해서 항상 격려를 해주어, 자신이 능력 있고 귀한 존재임을 느낄 수 있도록 한다. • 영아가 친근한 물체나 음식을 선호하고 친근한 사람들을 선택하는 것을 존중한다.
정서 인식과 조절	• 영아가 정서를 표현하는 방법이 훨씬 다양해짐을 이해한다. 영아가 다양한 방법으로 정서를 표현할 수 있도록 영아의 정서표현을 격려하는 대화를 많이 한다. • 영아가 부정적인 정서를 나타낼 경우 영아의 신체적 · 심리적 원인을 파악하고 상황을 바꾸어 주며, 단호한 목소리와 표정으로 말한다. 영아에게 대안을 제시하여 선택하도록 하고, 영아의 자기통제행동을 격려한다.
사회적 관계	• 또래에 대해 관심을 가지나, 아직까지는 사물을 가지고 하는 놀이나 병행놀이 단계임을 이해한다. • 영아는 좌절상황에 대처할 수 있는 기술이 없기 때문에 공격적이 되고 다른 영아에게 상해를 입힐 수 있다는 것을 이해하고 사전에 대처한다. • 놀잇감을 넉넉하게 준비하고 똑같은 놀잇감을 여러 개 마련하여, 분쟁을 사전에 예방하도록 한다. • 영아가 다른 친구들과 함께 놀이하고 생활하기 위해서 지켜야 할 기본적인 규칙과 약속이 있다는 것을 알게 하여 지킬 수 있도록 일관성 있게 지도한다. • 같은 놀잇감을 서로 가지려고 다툴 때 영아가 자신의 충동과 행동을 통제할 수 있도록 돕는다.

3. 유아교육기관 및 어린이집에서의 유아발달과 교사의 역할

누리과정은 신체운동 · 건강영역, 의사소통영역, 사회관계영역, 예술경험영역, 자연탐구영역의 5개 영역으로 구성되어 있다. 각 영역은 세부내용범주로 나누어져 있고, 그 내용범주는 3세, 4세, 5세의 각 연령별 세부내용으로 이루어져 있다.

1) 신체운동 · 건강영역

(1) 유아의 신체운동발달

누리과정의 신체운동 · 건강영역은 신체인식하기, 신체조절과 기본운동하기, 신체활동에 참여하기, 건강하게 생활하기, 안전하게 생활하기로 구성되어 있다.

만 3~5세의 유아들은 신체적 성장과 다양한 감각기관을 통한 경험을 쌓아나가며 자신의 신체에 대한 인식을 넓혀간다. 신체기관 및 운동능력이 성장하면서 자신의 몸 각 부위의 특성에 대해 알게 되고 몸을 움직이면서 신체기능 또한 알게 된다. 따라서 이 시기의 유아들은 다양한 감각적인 경험을 협응하여 활용할 필요가 있으며, 자신의 신체부위의 특성을 긍정적으로 이해하도록 지도해야 한다.

유아기는 신체조절능력의 증가로 다양한 운동능력과 도구를 사용할 수 있는 능력이 생기는 시기이기도 하다. 이에 따라 여러 가지 자조행동이 발달하기도 한다. 가위질과 그림 그리기, 색종이 접기의 활동이 연령증가에 따라 섬세해지며, 철봉 놀이나 공차기, 평균대 위 균형 잡기 등의 활동도 점차 능숙해진다. 단추 끼우기나 지퍼 채우기 등도 차츰 익숙해지며, 대부분의 유아가 만 5세 후반이 되면 배변활동 후 뒷처리를 혼자 할 수 있게 된다. 따라서 유아기에는 대근육과 소근육활동을 고르게 경험하여 균형 있는 조절능력을 키워야 한다.

유 · 보기관에서는 기구를 이용한 활동, 바깥활동 등 다양한 신체활동에 참여할 기회를 가져야 하며, 위생과 식습관에 대해 알아야 할 규칙을 습득해야 한다. 아직 신체조절능력이 완전하지 않기 때문에 안전사고가 일어날 가능성이 있으므로 안전교육이 매달 실시되어야 한다.

영아기에 보육경험이 없는 유아가 처음 유 · 보기관 생활을 하게 되면 집단생활에서 오는 각종 질병감염의 위험에 노출되기도 한다. 따라서 유행하는 질병의 예방접종이 필수적이며, 또한 손 씻기 등 위생교육을 통해 전염의 가능성을 감소시키기 위해 노력해야 한다.

(2) 유아의 신체운동 건강발달을 위한 교사의 역할

- 촉각뿐 아니라 청각, 시각, 후각, 미각 등 다양한 감각적 활동을 제공한다.

- 신체운동을 통해 교사와 유아의 긍정적 상호작용을 이루도록 한다.
- 교사의 지시에 따라 유아가 적절히 신체적 반응을 할 수 있도록 유도한다. 신체 부위를 지시하면 가리키는 등의 활동이 이에 포함된다.
- 신체 각 부분에 관심을 갖도록 교사가 유도하고 시범을 보인다.
- 유아가 신체활동에 즐거움을 느낄 수 있도록 배려하여 참여를 유도한다.
- 다른 친구들과 비교하지 않으며, 활동에 참여하면 구체적으로 칭찬하고 격려한다.
- 바깥에서 신체활동하기는 가능한 매일 규칙적으로 실시하는 것이 바람직하며, 계절의 특성을 고려해 시간을 조정한다.
- 놀이기구는 안전사고 발생위험이 높으므로 유아들이 놀이기구를 사용할 때 교사는 안전지도와 감독을 철저히 해야 한다.
- 몸과 주변을 깨끗이 하는 습관이 되도록 지도해야 하나, 지나치게 청결을 강조하여 유아들이 놀잇감 사용에 거부감을 느끼지 않도록 한다.

그림 11-4 바깥 놀이에서 신체활동 중인 유아들

- 식사시간 중에는 유아의 잘못을 지적하거나 나무라는 일을 삼가고 꼭 타일러야 할 일은 식사시간 이후에 하도록 한다.
- 유아기 전염성 질환에 대한 정보를 수시로 부모에게 전달한다.

출처 : 〈5세 누리과정지도를 위한 유치원 · 어린이집 교사 연수 자료집〉에서 요약발췌, 편집

2) 의사소통영역

(1) 유아의 의사소통발달

누리과정의 의사소통영역은 듣기, 말하기, 읽기, 쓰기로 구성되어 있다. 유·보기관에서 유아들은 또래집단과 교사와 상호작용하며 듣기와 말하기, 읽기와 쓰기 등 다양한 형태의 의사소통의 기회를 갖는다.

만 3~5세의 유아기는 언어발달이 폭발적으로 일어나는 시기로, 영아기에 많이 사용하던 몸짓 등의 비언어적인 표현이 줄어들고 구어 사용능력이 빠른 속도로 발달한다. 어휘력이 급속히 증가할 뿐 아니라 다른 사람과 상호작용의 기술 또한 능숙하게 변화해가는 특징이 있다.

이 시기의 유아들은 자신이 경험한 주변의 사물이나 사건에 대한 이야기를 이해하고, 경험한 사실이나 자신의 생각을 적합한 어휘를 사용하여 표현할 수 있는 능력을 함양해야 한다. 스토리텔링의 능력뿐 아니라 상대방의 말을 듣는 태도, 상대방의 말 속에 포함된 의도나 감정을 읽을 수 있는 능력과 상대방의 상황이나 조건, 기분을 배려해서 말할 수 있는 능력도 이 시기에 발달한다.

5세경이 되면 많은 유아들이 읽기와 쓰기에도 관심을 가진다. 읽기 능력은 문자를 읽고 해독하는 능력에 국한되는 것이 아니라 어른들과 함께 하는 책 읽기 경험도 포함한다. 책 읽기에 흥미를 느끼고 참여하고자 하는 동기를 키우는 것 또한 유아기에 주어진 과업 중의 하나이다.

(2) 유아의 의사소통영역의 발달을 위한 교사의 역할

- 유아의 눈앞에 듣기를 방해하는 요소를 제거한다.
- 유아의 호기심을 자극하는 다양한 시청각자료를 활용한다.
- 유아에게 이야기할 때는 유아의 이해수준을 파악하여 수준에 맞는 말로 하며, 필요할 경우 설명을 덧붙인다.
- 유아의 질문이나 의견이 맥락에서 벗어나도 수용될 수 있음을 보여 주는 개방적인 분위기를 조성한다.
- 교육적이면서 유아에게 흥미로운 작품을 선택한다.

- 교사 자신이 주의 깊게 듣고 적절한 반응을 보여 주는 모델이 되어야 한다.
- 시제나 문법체계를 혼동하여 사용하므로 적절한 문장으로 다시 들려준다.
- 발음이 지속적으로 불분명하면 조음이나 발성기관의 문제일 수 있으므로 부모와 상의하여 지도방법을 찾는다.
- 교사는 가급적 유아가 경험한 것에 기초하여 육하원칙에 따라 경험한 사건을 구체화해 볼 수 있도록 격려해야 한다.
- 유아의 말하기 능력은 생활 속에서 이루어지는 자연스러운 대화를 통해 향상되므로 일상에서 다른 사람과 의견을 교환하는 기회가 중요하다.
- 유아에게 소리 내어 읽어 주기, 함께 보며 읽기, 안내하며 읽기, 혼자 읽기 등 다양한 전략을 활용하여 책 읽기를 즐기도록 돕는다.
- 유아가 쓴 것을 비판하지 않고 유아의 쓰기 자체에 관심을 보이며 격려해 주어야 한다.
- 자발적 동기에 의한 쓰기 활동을 통해 쓰기의 즐거움을 경험할 수 있도록 한다.

출처 : 〈5세 누리과정지도를 위한 유치원 · 어린이집 교사 연수 자료집〉에서 요약발췌, 편집

표 11-3 부정적인 언어환경과 유아에게 미치는 영향

교사의 행동/상호작용	행동의 이유	아동의 반응/가능한 해석
무관심 • 아동의 존재를 인식하지 못한다. • 아동이 곁에 있을 때 말을 걸지 않는다. • 상호작용을 시도하려는 아동에게 거의 반응하지 않는다.	교사가 급하거나 바쁘거나 생각 중이다.	• 선생님은 나에게 관심이 없다. • 나는 중요한 존재가 아니다. • 나는 같이 시간을 보낼 만한 가치가 없다.
피상적인 반응 • 주의를 기울여서 듣지 않는다. • 관련 없는 질문이나 폐쇄형 질문을 한다. • 부적절한 대답을 한다. • 눈을 맞추지 않는다. • 아동의 말을 중간에 끊는다.	교사가 다른 생각에 빠져 있다.	• 선생님은 나에게 관심이 없다. • 내 생각은 중요하지 않다. • 나는 중요하지 않다. • 나는 같이 시간을 보낼 만한 가치가 없다. • 내 생각은 쓸 만하지 않다.

교사의 행동/상호작용	행동의 이유	아동의 반응/가능한 해석
무례한 반응 • 다른 아이와의 대화를 방해한다. • 성인과의 대화를 방해한다. • 아동이 요청에 즉시 반응하도록 재촉한다. • 목소리 톤이 상황에 맞지 않는다. • 미안해, 고마워 등 사회적인 예의를 무시한다.	• 교사가 생각을 하고 있지 않다. • 아동에게 미치는 장기적인 효과를 고려하지 않고 단기적인 수정에만 관심이 있다.	• 내가 말하는 것이 중요하지 않거나 흥미가 없거나 관련이 없다. • 선생님이 더 중요하다. • 나는 같이 시간을 보낼 만한 가치가 없다. • 나는 아무것도 통제할 수 없다. • 나는 유능하지 못하다.
빈정거리는 반응 • 부정적인 톤을 사용한다. • 부정적인 단어를 사용한다. • 아동을 농담의 대상으로 삼는다. • 아동을 비꼰다("얘는 너무 똑똑해서 선생님 말을 듣지 않아도 된다고 생각해").	• 교사가 그 상황을 통제하고 싶어 한다. • 교사는 권위를 위해서 빈정거린다. • 교사는 이것이 유머라고 생각한다.	• 창피하다. • 나는 중요한 존재가 아니다. • 나는 멍청하다. • 나는 가치가 없다. • 나는 아무것도 통제할 수 없다. • 나는 이 교사와 말하고 싶지 않다. • 나는 전혀 유능하지 않다.
평가적인 반응 • 아동을 부정적인 단어로 명명한다(이기적인, 게으른, 욕심 많은). • 아동에게 직접적으로 혹은 아이가 들을 수 있는 거리에서 아이를 어떻다고 명명한다.	• 교사는 그 상황을 통제하고자 한다. • 교사는 아동의 감정을 전혀 고려하지 않는다.	• 나는 중요하지 않다. • 나는 가치가 없다.
아동이 자기 생각을 표현하지 못하게 함 • 아동에게 "조금 있다가"라고 하고는 나중에 듣지 않는다. • "쉿"이라고 하며 아동에게 조용하라고 한다. • 아동에게 "지금 말고"라고 말한다.	• 교사의 계획에 따른다. • 교사는 일을 끝내려고 한 것이다. • 교사는 바쁘거나 빨리 끝내야 한다고 느낀다.	• 내 생각이 있지만, 내 생각은 중요하지 않다. • 나는 중요하지 않다. • 나는 가치가 없다. • 나는 아무것도 통제할 수 없다. • 내 생각은 내가 유능하지 못한 만큼 좋지 않다.
아동의 관심 무시하기 • 아동에게 지금 말하는 주제 말고 다른 것에 대해 말하라고 한다("난 지연이와 네가 싸웠다는 말에 이제 넌더리가 난다. 다른 말은 없니? 없으면 조용히 해라").	• 교사는 계획에 따른다. • 교사는 일을 마쳐야 하기 때문에 마음이 급하다.	• 나는 재미없다. • 내가 요구하고 바라는 것은 가치가 없다. • 나는 같이 시간을 보낼 만한 가치가 없다.

출처 : 박경자 외 공역(2009).

표 11-4 긍정적인 언어환경과 유아에게 미치는 영향

교사의 행동/상호작용	행동의 이유	아동의 반응/가능한 해석
아동에게 적극적으로 관여하기 • 반드시 해야 하는 것이 아닌 잡다한 일은 아동이 없을 때 한다. • 다른 성인과 아동이 없을 때 상호작용 한다.	교사는 아동이 자신을 항상 찾아주기를 원한다.	• 나는 중요한 존재다. • 나는 같이 시간을 보낼 만큼 가치가 있다. • 선생님이 나를 알아봐 주셨다.
아동에게 관심 있음을 말로 표현하기 • 반영을 사용해서 아동에게 주목한다("너는 공룡 퍼즐을 열심히 하고 있구나"). • 아동의 성취에 주목한다("컴퓨터 차례를 오랫동안 기다렸구나. 이제 네 차례다"). • 아동과 함께 웃는다. • 아동의 질문에 대답한다. • 아동이 같이 놀자고 청했을 때 진심으로 수용한다("그거 정말 재미있을 것 같은데. 나랑 같이 하자고 해서 고마워").	• 교사가 아동에게 진심으로 관심이 있음을 아동이 알았으면 한다. • 교사는 아동에게 온정과 자신이 옆에 있음을 전달한다. • 교사는 아동을 수용하고 있음을 전달한다. • 교사는 아동의 생각과 활동을 존중하고 있음을 아동이 알기를 원한다.	• 나는 중요한 존재다. • 나는 가치가 있다. • 내 생각/작품을 선생님이 알아차렸다. • 나는 유능하다. • 나는 이 선생님을 믿을 수 있다.
아동의 말을 적극적으로 듣기 • 아동의 생각에 잘 생각해서 대답한다. • 아동의 아이디어를 수용한다. • 아동의 말을 들어줄 수 없는 상황일 때에는 나중에 아동의 생각이 무엇이었는지 잊지 말고 물어본다. • 아동이 자신의 생각을 정교화시킬 수 있는 기회를 준다.	교사는 아동이 온정, 수용, 진실, 공감, 존중을 경험하기를 원한다.	• 나는 중요한 존재다. • 선생님이 내 생각과 나에게 관심을 가진다. • 나는 유능하다. • 나는 가치가 있다. • 나는 선생님과 나눌 대화의 내용을 어느 정도 통제할 수 있다. • 나는 유능하고 내 생각은 훌륭하다. • 나는 이 선생님을 믿을 수 있다.
아동에게 공손하게 말하기 • 중간에 방해하지 않고 아동이 말을 끝낼 기회를 준다. • 인내심을 보여 준다. • 수용적인 목소리 톤을 사용한다. • 대화 중 "고마워", "미안하지만"과 같은 사회적인 예의를 나타내는 표현을 사용한다.	• 교사는 아동과 관계를 맺고 싶어 한다. • 아동이 온정과 수용을 느끼길 바라며, 지금 그리고 이후에도 자신과 생각을 공유하기를 바란다. • 교사는 아동에게 진심으로 관심이 있다는 것을 아동이 알기를 원한다. • 아동을 존중한다는 것을 보여 주고 싶어 한다.	• 나는 중요한 존재다. • 내 생각은 가치 있다. • 나는 가치 있다. • 나는 재미있다. • 나는 유능하다. • 나는 대화 중 일부를 통제할 수 있다. • 나는 이 선생님을 믿을 수 있다.

교사의 행동/상호작용	행동의 이유	아동의 반응/가능한 해석
적절한 상황에서 전문가답게 아동에 대해 논의하기 • 아동을 명명하지 않는다. • 아동을 판단하는 말을 하지 않는다. • 적절한 상대와만 아동과 관련된 문제를 논의한다.	• 교사는 아동과 가족이 가치 있으며 존중받고 있다고 느끼길 원한다. • 아동과 관련해서 비밀을 지킨다. • 부정적인 말이 아동에게 미치는 영향을 안다.	• 아무도 나에 대해서 나쁜 말을 하지 않는 것으로 봐서 나는 괜찮은 아이다. • 나는 가치 있다. • 나는 이 선생님을 믿을 수 있다.
하루 중에 비형식적으로 아동과 대화하기 • 개별 아동과 현재 이들의 욕구와 관심에 집중한다(습식, 배변, 시험 불안, 버스 등).	• 교사는 아동과 이들이 중요하게 생각하는 것을 알고 싶어 한다. • 아동과 진심으로 대화하고 싶어 한다. • 아동이 존중받고 있으며 수용되고 있다고 느꼈으면 한다. • 교사가 온정적이며 아동에게 공감하고 있음을 아동이 알았으면 한다.	• 선생님은 나에 대해 듣고 싶어 하신다. • 내가 무엇을 말하든 간에 선생님은 관심을 가져주신다. • 선생님은 나를 좋아하신다. • 나는 가치가 있다. • 나는 사물에 대해 말할 수 있으므로 세상에 대해 얼마간 통제할 수 있다. • 나는 내 유능성을 선생님과 공유할 수 있다. • 나는 이 선생님을 믿을 수 있다.
아동의 흥미와 생각에 기초하여 대화하기 • 아동이 대화를 주도하도록 한다. • 각 아동에게 관심이 있다고 생각되는 주제를 제시한다.	• 아동이 진정으로 가치 있고 이들의 생각이 존중받으며 수용된다는 것을 알기를 원한다. • 아동이 온정적인 관계를 느끼기를 원한다.	• 나는 재미있다. • 나는 가치가 있다. • 나는 대화를 통제할 수 있다. • 나는 유능하고, 내 생각은 이야기 나눌 정도로 중요하다.
아동의 대답을 듣기 위해 질문하기 • 아동의 생각을 자극하는 질문을 한다.	• 아동이 자신의 생각과 의견이 진심으로 존중받고 수용된다는 것을 알기를 원한다. • 아동의 문제해결능력을 길러주고자 한다.	• 나는 재미있다. • 나는 가치가 있다. • 나는 내 대답의 길이와 생각의 내용을 통제할 수 있다. • 선생님이 내 생각을 듣고 싶어 할 정도로 나는 유능하다.
아동의 이름을 부정적인 명령이 아니라, 긍정적 상황에서 사용하기	아동의 자아개념이 이름과 아주 관계가 깊다는 것을 알고 이름에 대해 좋은 감정을 가지도록 노력한다.	• 나는 가치가 있다.
아동의 행동을 지도해 주는 말 사용하기 • 격려해 주는 말을 한다. • 좌절한 아동을 도와주기 위해서 말한다. • 자아개념이 손상되지 않고 아동의 행동을 변화시킬 수 있도록 조심스럽게 단어를 선택한다.	• 언어와 아동의 자아개념의 영향을 인식한다. • 긍정적인 방식으로 행동을 지도하고 친사회적 행동을 증가시키며 반사회적 행동을 줄이기를 원한다. • 아동이 온정, 수용, 진실, 공감, 존중을 느끼기를 원한다.	• 나는 선생님이 나에게 노력을 기울일 정도로 가치가 있다. • 나는 새로운 행동을 학습할 수 있다. • 나는 가르칠 만한 가치가 있다. • 나는 가치가 있다. • 나는 유능하다. • 나는 내 행동을 통제할 수 있다.

출처 : Kostelnik, M. J. et al.(2009) ; 박경자 외 공역(2009), pp. 141~143에서 재인용.

3) 사회관계영역

(1) 유아의 사회관계발달

누리과정의 사회관계영역은 나를 알고 존중하기, 나와 다른 사람의 감정 알고 조절하기, 가족을 소중히 여기기, 다른 사람과 더불어 생활하기, 사회에 관심 갖기 영역으로 이루어져 있다.

유아기에 접어들면 영아기에 형성되었던 초보적인 자아를 바탕으로 자아가 본격적으로 발달하기 시작하며, 신체적 자아와 사회적 자아 등 자아가 영역별로 좀 더 구체적으로 형성된다. 자신에 대해 관심이 증가하고, 자신을 다양한 방법으로 표현하며 설명할 수 있게 된다.

유아의 자아발달은 부모와의 분리와 밀접한 관련이 있다. 유아기에는 영아기보다 부모와 분리가 더 잘 이루어진다. 주 양육자와 분리개별화가 잘 이루어지면서 환경에 대한 탐색활동도 더 활발해진다. 이는 유아가 유치원이나 부모와 가족 외의 또래나 이웃, 교사와 관계를 맺고 상호작용을 할 수 있게 해주는 기본적인 능력이다.

부모와 가족 외 이웃과 또래와의 상호작용경험의 기회가 증가하면 유아들은 이러한 사회적 경험을 바탕으로 자신의 감정과 타인의 감정이 다르다는 것을 알게 되고, 이는 자아를 더 잘 형성하게 해주는 과정이 되기도 한다. 유아는 이렇게 자아를 형성하면서 스스로 감정을 조절하는 법도 터득하고 상대방의 감정을 읽고 조절하는 경험도 하게 된다.

연령의 증가와 함께 유아의 관심은 가족과 이웃 너머 자신이 살고 있는 지역사회와 국가, 세계로까지 확장될 수 있다. 대중매체의 이용과 글로벌화된 교육자료로 인해 유아들이 사회에 관심을 갖게 되는 시기는 점차 앞당겨지고 있다.

(2) 유아의 사회관계영역의 발달을 위한 교사의 역할

- 유아가 자신의 키, 몸무게 같은 신체변화를 점진적으로 기록하여 비교해 볼 수 있도록 한다.
- 유아가 나에 대해 표현한 결과들을 통해 유아 스스로 자신의 변화과정을 느껴볼 수 있는 기회를 가지도록 한다.

◢ 그림 11-5 다양한 사회적 관계와 활동을 경험하는 유아들

- 교사는 유아에게 지시, 명령, 위협, 경고, 비난, 충고 등 긍정적 자아개념 형성 및 의사소통에 걸림돌이 되는 언어를 사용하지 않아야 한다.
- 유아 스스로 선택하고, 계획하고 실천해 보는 경험을 통해 자율성을 길러주고, 자신이 맡은 바를 중요하게 여겨 책임을 다하는 성실한 태도도 함께 길러준다.
- 긍정적인 표현뿐만 아니라 부정적인 표현도 필요할 때가 있음을 알려주고 부정적인 감정을 표현하는 방법과 긍정적인 방법으로 해결하는 방법에 대해서도 다룬다.
- 다양한 가족문화와 다문화가족에 대한 반편견교육 등의 내용을 포함한다.
- 성에 대한 개념이 발달하는 시기이므로 가족구성원의 역할에 양성평등의식을 가지도록 지도한다.
- 유아 간 갈등상황에 교사가 개입할 때는 상황판단을 명확하게 하여 한 유아에게 일방적인 배려나 양보를 요구하지 않아야 한다.
- 유아가 일상생활 속에서 지역사회에 대한 관심을 자연스럽게 가지도록 한다.
- 직업이 꿈을 실현해 주는 것이며 모든 직업이 소중한 것임을 알게 한다.
- 우리나라 문화와 역사에 관한 활동, 세계 여러 나라 사람들의 다양한 모습을 알고 존중하도록 지도한다.
- 다른 사람 배려하기, 정직하기, 옳고 그름 판단하고 정의롭게 행동하기, 예절 바르게 행동하기, 약속이나 공공규칙 지키기가 몸에 습관화되도록 반복하여 지도한다.

출처 : 〈5세 누리과정지도를 위한 유치원 · 어린이집 교사 연수 자료집〉에서 요약발췌, 편집

Box 11-1

유아의 사회적 유능성을 발달시키는 교사의 역할

유아의 사회성발달을 촉진하기 위해서는 유아에게 관심이 있다는 사실을 전달하는 것이 중요하다(Gazda, Balzer, Childers, Nealy, Phelps & Walters, 2005). 유아가 사회적인 교훈을 잘 받아들이는 것은 심리적으로 안정되었을 때이므로 교사의 촉진하기는 유아의 사회적 유능성을 잘 성취하도록 도움을 준다.

❶ 공감

공감은 유아가 교사와 다른 관점을 가졌더라도 이를 인정하고 존중해 주는 행동이다. 타인의 감정에 대한 정서적인 과정뿐 아니라 이를 인식하는 인지적 과정도 포함된다. 교사는 유아의 관심사에 대한 정서적 반응과 인지적 고찰을 함께 해주어야 한다.

(예 : 유아 : 이건 소원의 나무예요. 이 나무에게 말을 하면 무엇이든 이루어져요.
교사 : 우와, 소원을 비는 나무라고! 나는 한 번도 소원을 비는 나무를 본 적이 없는데, 내가 소원을 말해도 될까?)

❷ 온정

아동에게 관심을 보이고 친근하게 대하며 반응해 주는 것이다. 눈높이 자세로 낮추고 미소 지으며 부드럽게 어깨를 토닥여 준다.

❸ 존중

유아가 스스로 배우고 판단할 수 있다는 것을 믿어주어야 한다. 또 스스로 생각하고, 결정하고, 해결책을 찾고, 생각을 이야기하도록 존중하는 것이다.

❹ 수용

가정배경이나 행동에 상관없이 아이를 수용하고 관심을 기울여야 한다. 수용은 판단하지 않는 것이며, 유아의 존재만으로 수용될 가치가 있다고 믿는 것이다. 그러나 반사회적인 행동을 용서하라는 뜻은 아니며, 좀 더 적절한 행동을 하도록 지도하면서도 수용하고 사랑한다는 것을 전달하는 것이다.

❺ 진정성

유아에게 진실된 말로 솔직해야 하며, 합리적이어야 한다. 유아가 교사의 말을 믿을 만하다고 여기기 때문에 신뢰할 수 있는 것이므로 "잘했구나"보다는 "밝은색을 다양하게 썼구나"라는 구체적인 지적에서 진정성이 드러난다.

출처 : Kostelnik, M. J. et al.(2009) ; 박경자 외 공역(2009), pp. 34~36에서 재인용.

4) 예술경험영역

(1) 유아의 예술경험발달

예술경험영역은 아름다움 찾아보기, 예술적 표현하기, 예술 감상하기로 이루어져 있다. 유아는 태내기부터 발달시켜온 감각능력을 바탕으로 아름다움을 지각하고, 감상하며, 표현할 수 있는 능력과 욕구를 가지고 있다.

유아기 초기인 3~4세에는 언어적인 표현능력이 미숙하므로 복잡한 언어표현은 어려우나 언어로 구성된 작품을 들려주면 이해할 수 있고, 차츰 스토리가 주는 재미를 감상할 수 있게 된다. 연령이 증가하면서 노랫말을 개사하거나, 간단하게 자신의 시각에서 이야기를 재구성하기도 하는 초보적인 형태의 언어적 창작을 하기도 한다.

음악이나 율동이 관련된 활동에서는 청지각과 신체적 운동능력이나 리듬의 발달을 전제로 연령의 증가에 따라 참여할 수 있는 활동의 범위가 넓어진다. 걸음마기 후반부터 유아기 초기에는 가사를 기억하고 읊조리는 정도인 유아가 많지만 차츰 멜로디를 제대로 따라 부를 수 있게 된다. 다양한 악기소리를 듣거나 체험해보는 데 흥미를 느끼며, 유아기 초기에도 북과 같은 타악기를 연주하는 데에서 즐거움을 느낀다. 유아기 후반부에 접어들면 건반악기를 연주할 능력도 생긴다. 음악에 맞춰 춤추는 리듬감각도 연령의 증가와 함께 발달한다.

미술활동은 간단한 도형 그리기에서 사물이나 사람을 그리는 수준으로 발달하며, 단순하던 색채감각이 다양한 색채를 구분할 수 있는 능력으로 변한다. 유아기에 생활 속에서 경험하는 다양한 사물과 소리, 빛, 색채와 같은 자연의 요소로부터 예술적인 요소를 함께 체험하게 된다. 이러한 체험은 관심을 갖고, 관찰하며, 탐색하고, 표현해보는 과정을 포함한다. 이 모든 과정은 독립적이기보다 서로 영향을 주고받으며 이루어진다. 따라서 예술경험은 통합적 활동으로 지도되어야 하며 다양한 감각적 경험을 제공하는 것이 중요하다.

(2) 유아의 예술경험영역의 발달을 위한 교사의 역할

- 교사는 다양한 장르의 음악을 준비하여 유아가 여러 음악에 대해 개방적인 태도를 갖도록 돕는다.
- 유아가 자신의 신체 각 부분이 만들어 낼 수 있는 움직임을 탐색하도록 유아가 충분히 신체를 움직일 수 있는 공간과 시간을 마련해준다.
- 다양한 움직임과 춤에 관심을 갖고 아름다움을 인식할 수 있도록 교사가 일상적 자연의 변화에 민감해야 하고 유아와 이를 소재로 대화를 즐겨야 한다.
- 미술적 요소에 대한 관심은 일상적 환경에서 자연스럽게 이루어질 수 있으므

그림 11-6 다양한 재료를 활용하여 미술활동 중인 유아들

로 생활용품, 장식품, 건축물, 미술작품과 자연물에 이르기까지 주변의 모든 사물이 대상이 된다.

- 일과 중에 자연스럽게 전래동요를 포함한 다양한 음악을 들려준다.
- 쉽게 다룰 수 있는 리듬악기를 자유롭게 사용하도록 기회를 자주 제공한다.
- 도구를 이용한 동작들이 움직임의 범위를 확장시키고 흥미를 일으키므로 창의적인 움직임 활동을 돕는 매개체를 이용한다예 : 지팡이, 타이어, 고무줄, 스카프, 테이프 등.
- 유아가 경험한 것이나 상상한 것을 표현하고 이와 관련된 이야기를 곁들임으로써 표현과 의사소통의 욕구를 충족하게 한다. 주변에서 구하기 쉬운 재료를 잘 정돈하고 준비하여 언제든 사용할 수 있도록 한다.
- 유아의 작품은 적절한 장소에 전시하여 만족감과 성취감을 높이도록 해준다.
- 유아가 각자 선호하는 색이나 형태가 다를 수 있으므로 서로 새로운 요소를 발견할 수 있는 협동미술활동도 심미감을 증진시키는 훌륭한 기회가 된다.
- 다양한 극놀이 주제에 맞는 의상과 소품을 제공하고 유아 스스로 극놀이 주제와 역할을 개발하도록 격려한다.
- 음악, 움직임과 춤, 미술, 극놀이는 그 자체로 가치 있고 훌륭한 경험이 되지만 이들을 통합적으로 표현하는 과정에서 유아는 각각의 특징을 더 잘 이해하고 활용하게 된다.
- 만 5세가 되면 자신이 좋아하는 예술작품에 대해 좀 더 집중하여 성숙한 태도로 감상할 수 있게 되므로 대집단의 교사 주도적 활동보다는 다양한 장르의 음악, 춤, 미술작품 및 극놀이를 접할 수 있게 해준다.

출처 : 〈5세 누리과정지도를 위한 유치원 · 어린이집 교사 연수 자료집〉에서 요약발췌, 편집

5) 자연탐구영역

(1) 유아의 자연탐구발달

자연탐구영역은 탐구하는 태도 기르기, 수학적 탐구하기, 과학적 탐구하기의 영역으로 구성되어 있다.

유아기는 호기심이 왕성한 시기로 이 시기의 유아들은 사물의 현상에 대해 왜? 어떻게?에 관심을 가진다. 물론 유아기 초기에는 전조작적 사고의 특성으로 나타나는 직관적 사고의 특성을 보여 반드시 인과관계를 논리적으로만 이해하지는 않지만 유아기 후반부에 접어들면 자연현상에 대해 간단한 인과관계를 수용할 수 있는 지적 진보를 보인다. 이러한 이해는 구체적인 사례나 경험을 통해 더 잘 이루어지기 때문에 유아기의 자연탐구는 구체적이어야 한다.

다양한 자연현상을 경험하면 자연현상에 대한 동기가 생기고 지적 호기심이 생기게 되며, 이러한 호기심과 관심은 자연탐구로 이어진다. 유아기에 궁금한 것을 탐색하고 탐구하는 태도를 기르는 것이 중요하며 이는 이후 생의 탐구정신으로 발전한다. 따라서 일상 속에서 의문을 품은 문제에 대해 적극적으로 탐구하도록 격려할 필요가 있으며 교사의 개입 없이 이루어지는 자발적이고 우연한 학습기회도 모두 활용할 수 있도록 일상생활에서 수학적 · 과학적 탐구정신을 기르도록 한다.

(2) 유아의 자연탐구영역의 발달을 위한 교사의 역할

- 교사는 유아가 호기심을 갖는 주변의 사물을 주의 깊게 탐색하도록 하여 궁금한 점을 발견할 수 있도록 한다.
- 교사는 유아가 가지게 된 궁금함이 구체화되도록 한다.
- 교사는 유아가 문제해결을 위해 관찰, 비교, 분류하기 등 다양한 방법을 활용하도록 한다.
- 교사는 유아가 생각한 바를 확인시켜주면서 결과와 비교할 수 있게 한다.
- 교사는 유아가 탐구과정에서 얻은 결과를 기초로 유사한 문제나 상황에서 해결책을 예측하고 추론하도록 한다.
- 유아가 문제해결과정에서 나의 생각이 다른 사람과 다를 수 있음을 알고, 논의

를 통해 새로운 방법을 계획하여 실행해보도록 한다.

- 교사는 유아가 부분과 전체의 관계를 인식할 수 있도록 한다.
- 놀이 및 일상에서 유아가 길이, 높이, 들이 등을 인식하고 비교하거나 순서지어 볼 수 있도록 한다.
- 유아가 청각적 패턴, 시각적 패턴, 운동적 패턴과 같은 다양한 패턴이 있음을 인식하고 규칙성을 재구성해 보도록 한다.
- 유아가 관심 있는 동 · 식물의 특성과 성장과정을 탐구하도록 한다.
- 어린 시절의 사진과 지금의 모습을 비교해 보면서 출생과 성장과정을 통해 변화를 인식하도록 한다.
- 계절이나 낮과 밤의 변화를 지속적으로 관찰해 보면서 변화의 규칙성을 이해하게 한다.

출처 : 〈5세 누리과정지도를 위한 유치원 · 어린이집 교사 연수 자료집〉에서 요약발췌, 편집

그림 11-7 흙 고르기 중인 유아

그림 11-8 씨 뿌리기 중인 유아

그림 11-9 나무의 성장을 관찰 중인 유아들

4. 유아교육기관 및 어린이집과 가정의 연계

영유아에게 양육의 일관성은 매우 중요하다. 주 양육자가 일관된 양육태도를 보이는 것뿐만 아니라 어머니와 아버지 같은 두 양육자 간의 양육일치 또한 의미 있는 요소이며, 부모와 유치원 또는 어린이집 교사의 태도가 연계되어 일관성을 가지는 것 또한 매우 중요한 요소이다. 따라서 부모와 교사는 항상 의사소통을 통해 유아의 발달에 대한 정보를 주고받고 상의해야 한다. 부모는 집에서 유아에게 일어난 일에 대해 교사에게 설명하며 교사가 유아를 배려할 수 있도록 해야 한다. 교사는 부모에

게 유아가 유치원 및 어린이집에 잘 적응하고 있는지 부모에게 알려주어야 하며, 전문적인 발달지식을 부모에게 전달하기도 한다. 본 장에서는 부모교육 및 다양한 부모와의 협력에 대해 논의하고자 한다.

1) 부모교육

(1) 부모교육의 필요성

부모교육은 자녀의 발달과정에 따라 지속적으로 이루어져야 하며, 본 장에서는 영유아기 부모교육의 필요성을 논하고자 한다. 다음은 영유아기 부모교육의 필요성을 기존 연구들을(이소희, 2005 ; 이연섭 · 강문희, 2002) 바탕으로 분류한 것이다.

① 영유아의 건강한 성장과 발달

부모는 양육자로서 자녀의 건강한 성장과 발달에 큰 영향을 미치기 때문에 영유아를 양육하는 데 필요한 지식과 기술을 갖추고 있어야 한다. 따라서 영유아의 성장과 발달에 필요한 발달 원리 및 양육방법에 대한 부모교육을 필요로 한다.

② 효율적인 정보 선택

현대사회는 다양한 정보를 손쉽게 접할 수 있는 정보의 홍수시대라고 할 수 있다. 다양한 정보 가운데 자신의 자녀에게 가장 필요한 정보를 효율적으로 선택할 수 있도록 도와주기 위하여 부모교육이 필요하다.

③ 역할 모델의 부재

핵가족화로 인하여 부모들은 주변에 양육에 대한 역할 모델이 없는 경우가 많다. 이와 같이 적절한 역할 모델의 부재와 자녀양육을 위한 가족 지원이 줄어들어 자녀양육에 대한 부모의 책임은 과거보다 증가하였고 부모역할에 대한 요구수준은 높아졌다(문혁준, 2004). 따라서 이로 인한 양육 스트레스가 증가하기 때문에 양육에 대한 부모교육이 필요하다.

④ 자녀양육에 대한 신념과 안정감

부모교육을 통해 부모들은 실질적인 도움과 조언을 얻을 수 있기 때문에 자녀양

⁚ 부모교육에 포함되어야 할 영아기 부모의 역할

Box 11-2

자녀의 발달단계에 따라 부모의 역할은 변화하며, 영아기 자녀를 둔 부모의 역할은 유아기 자녀를 둔 부모나 학령기 자녀를 둔 부모와는 구별되는 역할특성을 가지고 있다. 영아는 신체적 발달이 급격한 시기이며, 독립적인 생존이 불가능한 시기이다. 또한 양육자와 안정적인 애착을 형성하는 것은 이 시기에 가장 중요한 발달과업이라고 할 수 있다. 영아기 부모의 역할을 크게 구분하면 5가지로 분류할 수 있다(박성연 외, 2003).

❶ 양육자

영아기는 다른 어떤 시기보다 돌봄의 질이 중요한 시기이다. 영아기는 생존을 위해 양육자의 돌봄이 매우 중요한 시기이므로, 양육자는 영아의 요구에 민감하게 반응해야 하고, 영아를 안전하게 보호해야 한다. 따라서 안전한 환경을 조성하고, 기본적인 영아의 욕구를 충족시키기 위하여 최선을 다해야 한다.

❷ 기본적 신뢰감 형성의 조력자

영아기는 애착형성이 이루어지는 시기로, 양육자와 안정적인 애착을 형성한 영아는 이러한 신뢰감을 타인에게 적용하게 된다. 따라서 양육자와의 관계는 이후 사회성발달에 많은 영향을 미치게 된다. 또한 최근 연구들은 부모가 자신의 부모인 영아의 조부모와 형성한 애착관계가 영아와 부모의 애착관계와 관련성이 있다고 보고함으로써, 애착관계가 세대 간 전이된다고 주장한다(장미자 · 조복희, 1999 ; 전효정, 2003). 따라서 자신의 부모와 애착관계가 불안정한 부모는 자녀와 불안정한 애착을 형성할 가능성이 높다. 그러나 자신의 부모와 불안정한 애착을 형성했던 어머니의 경우 결혼 만족도가 높으면 자녀와 안전애착을 형성하는 있는 것으로 나타나서, 결혼 만족도가 부정적인 양육행동의 세대 간 전이를 차단하는 역할을 할 수 있다(Belsky, Youngblade & Pensky, 1980). 따라서 좋은 부부관계를 형성하는 것이 영아에게 좋은 부모역할을 하는 데 간접적인 영향을 미칠 수 있음을 알 수 있다.

❸ 자극 제공자

영아기는 탐색 욕구가 큰 시기로, 주변 환경을 탐색하면서 새로운 정보를 획득한다. 따라서 양육자는 영아의 발달 수준에 적합한 흥미 있는 자극들을 제공하여 영아의 탐색 욕구를 충족시킬 수 있도록 노력해야 한다.

❹ 자율성발달의 조력자

걸음마기 영아들은 점차 독립적인 욕구를 갖게 되기 때문에, 영아가 스스로 할 수 있는 일들을 성취하면서 자신감을 가지고 긍정적인 자존감을 형성할 수 있도록 도와야 한다. 따라서 이 시기에 양육자는 자율성발달의 조력자 역할을 해야 한다.

❺ 학습경험 제공자

영아는 스스로 먹고, 옷을 입고, 신발을 신고, 대 · 소변을 가릴 수 있는 자조기술을 습득해야 한다. 자조기술을 습득하기 위해서, 스스로 해볼 수 있는 학습경험을 제공하고 결과에 대해 칭찬해주도록 한다.

육에 대한 신념을 확립하고 정서적인 안정감을 얻을 수 있게 된다. 부모효능감이란 부모가 자녀를 바람직하게 양육하고 부모역할을 잘 할 수 있다는 부모 자신의 신념이라고 할 수 있는데(신숙재, 1999), 부모효능감이 높을수록 양육 스트레스는 낮아지는 것으로 나타났다(문성주, 2011). 따라서 부모교육을 통해 스스로 자녀의 발달에 긍정적인 영향을 미칠 수 있다는 신념인 부모효능감을 증진하는 것은 양육에 대한 정서적 안정감을 얻을 수 있는 좋은 방법이다.

⑤ 가정과 유아교육기관 및 어린이집과의 연계성

부모교육을 통해 교육목표를 공유하면 가정과 교육·보육기관의 연계성을 높일 수 있고, 일관성 있는 교육을 제공함으로써 교육효과를 증진시킬 수 있다. 따라서 유·보기관에서는 다양한 부모교육 프로그램 및 부모참여를 통해 부모와의 협력을 강화하여 가정과 유·보기관의 연계성을 높이기 위하여 노력해야 한다.

⑥ 사회에 필요한 인적 자원 양성

영아기는 교육적 효과가 크게 나타나는 시기로서 영아를 양육하는 부모의 역량

Box 11-3

부모교육에 포함되어야 할 유아기 부모의 역할

❶ 양육자

유아가 건강하게 성장할 수 있도록 안전하고 애정적인 환경을 조성해 주어야 한다.

❷ 훈육자

유아가 자기조절능력을 발달시킬 수 있도록 일관성 있는 규칙을 제시하고 해야 할 일과 해서는 안 될 일에 대해 가르쳐야 한다.

❸ 자아개념발달의 촉진자

유아는 부모의 양육에 따라 자율적 도전과 성취에 대해 다른 경험을 하게 되고 그 결과로 다른 자아존중감을 발달시키게 된다. 부모는 유아가 긍정적인 자아개념을 발달시킬 수 있도록 자율성을 수용해야 한다.

❹ 주도성발달의 조력자

주도적 탐색을 도와주고 지지해 주며 질문에 응답해 줌으로써 유아의 주도성과 호기심을 채워주어야 한다.

❺ 학습경험 제공자

환경의 탐색을 통해 지적 발달을 이룰 수 있도록 유아의 흥미와 관심에 맞는 학습환경을 제공해야 한다.

출처 : 박성연 외(2014), pp. 88~91.

을 강화하는 것은 사회와 국가에 필요한 인적 자원을 양성하기 위하여 필요하다. 따라서 영아기 부모에게 적절한 교육을 제공하는 것은 이후 미래사회에 필요한 인적 자원을 양성하는 첫걸음이라고 할 수 있다.

Box 11-4

부모교육의 사례

만 4세부터는 아이의 내면의 성장이 본격적으로 시작되는 시기이다. 자아를 인식하고 나 이외의 다른 사람에 대한 동료의식, 경쟁심도 생겨나기 때문에 긍정적인 자아형성을 위해 엄마, 아빠의 세심한 배려가 필요하다.

❶ 자아가 발달한다

신체뿐 아니라 지적인 능력도 왕성하게 자라서 '나'라는 존재를 조금씩 인식하는 능력이 생긴다. 다른 사람이 자신을 어떻게 생각하는지에 대해 의식하기 시작하는 것이다. 내면생활이 점점 풍부해져서 마음속 갈등이나 불안이 생겨나고 표출하기 시작한다. 엄마, 아빠가 아기를 흐뭇하게 바라보고 따뜻한 말을 해주면 아이는 편안함을 느끼게 된다. 이런 편안함은 다른 사람을 이해하려고 하는 마음과 배려하고자 하는 생각을 기르는 데 도움이 된다. 그러므로 아이를 독립적인 개체로 대해 주고 여유를 가질 수 있도록 너그럽게 바라봐주는 게 좋다.

❷ 친구들과 노는 것을 매우 좋아한다

친구들과의 관계도 본격적으로 형성되어 친구 집에 놀러 가서 하루 종일 있는 경우도 점차 늘어나게 된다. 장난감을 기지고 단순히 노는 것이 아니라 친구들과 협력해 무언가를 만들어 내기도 한다. 또한 친구들과 자동차 경주나 소꿉놀이 같은 상황을 만들며 하는 놀이는 익숙하지 않아서 경쟁심, 질투심과 같은 복잡한 감정도 상당히 강하게 나타나게 된다. 무조건 양보하게 하는 것보다는 입장을 바꾸어 생각해 볼 수 있도록 유도하여 양보와 타협에 대해 배울 수 있도록 도와준다.

❸ 손을 잘 사용한다

이제 손을 사용하는 능력이 거의 완성되어 손가락을 자유롭게 사용할 수 있게 된다. 가위질도 잘해서 종이 자르는 것을 즐기기도 하고, 풀칠도 능숙하게 할 수 있어서 새로운 것을 만들어 내는 것에 더욱 흥미를 갖게 된다.

❹ 칭찬해 준다

우리나라 아이들이 다른 나라 아이들에 비해서 자신에 대한 신뢰감을 갖는 것이 조금 부족하다고 한다. 아이가 자라면서 "나는 나름대로 좋은 점을 많이 가지고 있어."라고 하는 자신에 대한 긍정적인 이미지를 갖는 것이 무엇보다 중요하다. 엄마, 아빠는 아이가 스스로 긍정적인 이미지를 가질 수 있도록 도와주어야 한다. 평소에 "너는 안돼!"라고 말하거나 "지금은 부족해, 더 노력해!"와 같은 말을 들으면서 자란 아이는 자기 스스로에 대해 부정적인 이미지를 만들게 되고 자신감보다는 부담감과 열등감이 생기기 쉽다. 1등이나 100점과 같이 다른 아이들과의 비교를 통한 비교보다는 아이의 개성을 인정해주고 장점을 발견하여 칭찬하며 격려해 주는 게 중요하다.

❺ 안전교육을 시킨다

아이들은 자신이 집중하는 것 이외에 다른 것에는 주의를 잘 기울이지 못한다. 공을 주우려고 차도에 뛰어들기도 하는가 하면, 초록색 신호등만 보고 길을 건너기도 한다. 요즈음처럼 몇 발자국만 나가도 빠르게 달리는 자동차를 만날 수 있는 상황에서는 항상 조심하도록 교육을 해야 한다. 주차장이나 차도 등에서는 놀지 않도록 하는 것도 중요하다. 이 시기의 아이에게 가장 많이 일어나는 사고가 교통사고라는 통계가 있을 정도로 안전교육은 아무리 강조해도 지나치지 않다.

❻ 아이를 잘 꾸짖는 법

아이에게는 칭찬도 중요하지만 그에 못지않게 적절한 시기에 적절한 방법과 강도로 꾸짖는 것도 매우 중요하다. 어떻게 하면 '잘' 꾸짖을 수 있을까?

- 다른 사람을 끌어들여 야단치는 것은 좋지 않다.
- 일관성 있게 타이르는 게 중요하다.
- 차근차근 설명한다.
- 아이의 나이에 맞게 꾸짖는다.

출처 : 충북대학교 부속 어린이집 부모교육 자료(2014. 1).

(2) 가족의 유형을 고려한 부모교육

가족의 유형이 다양화된 오늘날에 유·보기관의 유아들은 다양한 가족배경을 가지고 있다. 유·보기관 및 교사는 유아의 다양한 가족배경을 파악하고, 각 가족의 특성에 따라 유아를 배려해야 한다.

- 맞벌이 부부가족을 위한 부모교육
- 조부모가 손자녀를 돌보는 가족을 위한 부모교육
- 한부모가족을 위한 부모교육
- 재혼가족을 위한 부모교육
- 다문화가족을 위한 부모교육

2) 유아교육기관 및 어린이집과 부모의 다양한 협력 프로그램

(1) 자원봉사

부모는 급식봉사, 청소봉사, 김장하기 혹은 견학이나 행사가 있을 때 자원봉사자로서 참여할 수 있다. 때로는 교구 제작 등 영유아를 위한 교육자료를 만드는 데 참여할 수도 있고, 특정 교육내용에 대한 전문가로서 일일교사로 수업에 직접 참여할 수 있다. 유・보기관에서는 자원봉사자가 필요할 때 사전에 부모에게 참여 여부를 확인하고 부모의 참여를 계획하도록 한다. 또한 자원봉사자로 참여하는 부모에게 사전에 자원봉사자의 역할에 대한 간단한 오리엔테이션을 실시하도록 한다.

(2) 수업참관

수업을 참관하는 것은 1년에 1~2회 정도 계획되며, 교사는 미리 수업참관에 대한 지침을 안내문으로 가정에 발송하도록 한다. 수업참관 시에 주의사항 등을 구체적으로 전달하여 수업참관 시 정숙한 분위기를 유지하도록 도움을 요청한다. 수업참관은 부모가 영아를 관찰함으로써 영아의 생활과 또래관계 등을 알 수 있는 기회가 된다(도미향 외, 2010).

(3) 참여수업

참여수업은 교사가 부모와 영유아가 함께 하는 수업활동을 계획하여 수업을 진행하는 것이다. 교사는 부모와 영유아가 쉽게 따라할 수 있도록 수업내용을 계획하도록 한다.

(4) 운영참여

영유아보육법제25조, 시행령 제21조의 2, 시행규칙 제26조에서는 어린이집의 장, 보육교사 대표, 학부모 대표 및 지역사회 인사를 포함하여 5인 이상으로 구성된 보육시설운영위원회를 설치하고 운영하도록 규정하고 있으며직장어린이집에서는 당해 직장의 업무 담당자 포함, 가급적 상・하반기 1회 이상 회의가 이루어지도록 정하고 있다. 따라서 어린이집에서는 부모를 포함한 보육시설 운영위원회를 설치하고 1년에 2회 정도 회의

그림 11-10 부모 참여수업

를 개최해야 한다. 이 외에 부모협동 어린이집에서는 어린이집 운영 및 교육내용에 관한 의사결정과정에서 부모의 운영 참여가 매우 적극적으로 이루어지고 있다.

(5) 면담

담임교사와 부모는 개별적인 면담과 집단면담을 통해 영아에 관해 의사소통하는 시간을 갖도록 한다. 개별적인 면담은 연 2회가량 시행되며 영아의 부모와 개별적으로 30분가량 영유아에 대한 개별적인 상담을 진행하도록 한다. 면담계획이 없는 시기라도 부모와 교사의 면담이 필요하다고 판단되면 약속을 하고 개별적으로 상담을 진행하도록 한다. 집단면담은 학부모 간담회 형식으로 진행될 수 있으며, 담임교사와 학급의 부모들이 모여 만나는 시간을 갖도록 계획한다.

개별적인 면담과 집단면담 이외에 수시로 교사와 부모는 의사소통을 해야 하며, 특히 등 · 하원 시 영유아에 대한 정보를 간단하게 주고받는 것이 바람직하다. 등원할 때는 영유아의 건강상태 등을 확인하고, 하원 시에는 유 · 보기관에서 있었던 일들에 관해 정보를 부모에게 제공한다. 이 외에도 필요하다면 전화로 비형식적인 면담이 이루어질 수 있다.

(6) 부모 오리엔테이션

어린이집에 새로 입소하였거나 재원 중인 영유아의 부모를 대상으로 운영 및 보육 프로그램에 관한 정보를 제공하기 위하여 2월 말 입학식 이전에 부모 오리엔테이션을 실시하도록 한다. 부모 오리엔테이션을 통하여 설립취지 및 시설 안내, 프로그램 안내, 건강·안전·영양·위생에 관한 유·보기관에 입소하기 위해 준비해야 할 준비물 안내, 부모 협력 프로그램에 대한 안내, 그리고 교직원 소개 등 부모와 신뢰감을 형성할 수 있도록 구체적인 정보를 제공하도록 한다(이미정 외, 2009).

그림 11-11 부모 오리엔테이션

(7) 강연회

강연회는 특정 주제에 대한 전문가를 초빙하여 강연을 듣는 형태로 가장 흔한 부모교육의 형태이다. 연간 1~2회가량 계획하여 시행하도록 하며, 영유아기 부모에게 필요한 주제를 선택하고, 해당 분야의 전문가를 초빙하도록 한다. 주제 선정에는 부모의 의견을 반영하여 부모가 관심을 가지고 참여할 수 있도록 계획한다. 강연회 시간은 가장 많은 부모가 참여할 수 있는 요일과 시간으로 정하여 가정에 미리 안내문을 보내고 참석 여부를 교사가 개별적으로 확인하도록 한다.

(8) 가정통신문

가정통신문은 유·보기관에서 부모에게 전하는 다양한 정보를 포함하고 있다. 어린이집에 관한 공지부터 영유아에 관한 발달 지식, 필수예방접종 리스트 등 영유아기 부모에게 유용한 정보를 제공하도록 한다. 또한 행사계획이나 식단, 프로그램에 관한 내용을 전달하도록 한다. 가정통신문 외에 인터넷 카페 등을 활용하여 교사와 부모가 활발하게 의사소통할 수 있는 방법을 모색하도록 한다.

(9) 워크숍

워크숍은 부모들이 활동에 실제로 참여하여 배워보는 교육활동으로, 부모들이 관심을 가지고 있는 주제나 취미에 관해 워크숍을 진행하도록 한다. 워크숍은 부모들 중에서 전문가가 있다면 진행을 부탁할 수 있으며, 영유아를 위한 교육자료를 제작하여 가정에서도 유・보기관과 비슷한 활동을 연계하여 해볼 수 있도록 할 수 있고, 부모의 요구에 따라 취미활동 및 특기개발을 위한 모임 등으로 구성할 수 있다(이미정 외, 2009).

표 11-5는 부모협력 프로그램의 연간계획안의 한 예이다.

표 11-5 부모협력 프로그램 연간계획안

월	프로그램	월	프로그램
3월	• 학부모 오리엔테이션 • 반별 부모 간담회 • 운영위원회 정기회의	9월	• 영아의 언어발달을 도와주려면(교육자료
4월	• 1학기 학부모 개별면담 • 부모교육 강연회(강사 초청) • 새로운 환경에 잘 적응하려면?(교육자료)	10월	• 2학기 학부모 개별면담 • 가을 가족 운동회 • 영아기에 적합한 책은?(교육자료)
5월	• 환영받는 아이로 키우려면(교육자료)	11월	• 학부모 간담회 • 자녀와의 대화(교육자료) • 김장 담그기(부모 자원봉사활동)
6월	• 사랑의 바자회(부모 자원봉사활동) • 부모교육 강연회(강사초청) • 예절 바른 아이로 키우려면(교육자료)	12월	• 불우 이웃 돕기 바자회(부모 자원봉사활동) • 영아들도 스트레스를 받아요(교육자료)
7월	• 부모 참여 수업 • 놀이는 영아에게 어떤 영향을 미칠까요(교육자료)	1월	• 부모교육 강연회(강사초청) • 우리아이 성교육은 어떻게?(교육자료)
8월	• 바른 식습관을 길러주려면(교육자료) • 우리 아이 창의성은 어떻게 길러줄까요(교육자료)	2월	• 학부모 오리엔테이션

출처 : 화성시 시립 숲속 어린이집

참고문헌

국내문헌

강란혜(1990). 아버지의 양육행동과 아동의 성역할 특성간의 관계분석. 이화여자대학교 대학원 석사학위논문.

강란혜(2008). **아동발달**. 창지사.

강미현(2009). 반응성 애착장애 아동의 놀이주제 특성과 자폐적 성향 감소 : 단일 대상 사례 연구. 나사렛대학교 대학원 석사학위논문.

강병재(2008). 게임과 몰입 유아의 행동 특성에 관한 분석. **열린유아교육연구, 13**(3), 1–21.

강선미(2009). 보육시설의 지역사회 연계 프로그램의 운영에 관한 연구. 건국대학교 대학원 석사학위논문.

강인언 · 이한우 · 정정란(2009). **최신 아동발달**. 학지사.

강정원 · 장수진 · 김승옥(2011). 유아의 인터넷 게임중독 경향성에 미치는 유아의 가족변인의 영향. **어린이미디어연구, 10**(3), 205–224.

고려원 · 오경자(1994), 부모 훈련을 통한 주의결핍과잉활동아의 치료 효과 연구. **한국심리학회지 : 임상, 13**(1), 217–233.

곽금주(2002). **아동 심리평가와 검사**. 학지사.

곽금주 · 김경은 · 김근영 · 김연수 · 이강이 · 한세영 공역(2012). **아동발달**(Laurence Steinberg, Deborah Lowe Vandell, Mare H. Bornstein(2011). *Development–Infancy Through Adolescence–*. Cengage Learing Korea: Seoul.

곽금주 · 정윤경 · 김민화 · 박성혜 · 송현주 공역(2006). Santrock, J. W.(2004). **아동발달심리학**. 시그마프레스.

곽노의 · 김유미 공역(2001). **유아의 두뇌발달**. Families and Work Institute, Rethinking the brain(2nd ed). 양서원.

곽은희(2011). 아버지의 자녀양육 참여, 성역할 고정관념, 유아 사회성과의 관계. 가톨릭대학교 대학원 석사학위논문.

교육과학기술부 · 보건복지부(2013). 3~5세 연령별 누리과정 해설서.

교육인적자원부(2006). 다문화가정 자녀교육 지원 대책.

권민균 · 권희경 · 문혁준 · 성미영 · 신유림 · 안선희 · 안효진 · 이경옥 · 천희영 · 한유미 · 한유진 · 황혜신(2005). **아동발달**. 창지사.

권민균 · 김정민 · 최형성 공역(2008). **아동과 발달**. 시그마프레스.

권민균 · 문혁준 · 권희경 · 성미영 · 신유림 · 안선희 · 안효진 · 이경옥 · 천희영 · 한유미 · 한유진 · 황혜신(2012). **아동발달**. 창지사.

권연희(2013). 유아의 문제행동과 또래 괴롭힘 피해의 관계에 대한 교사–유아 관계의 조절효과. **한국생활과학회지, 22**(3), 391–404.

권연희 · 박경자(1997). 친사회적 행동의 사회화에 있어 어머니 양육 행동의 역할. **생활과학논집, 11,**

91-101.

김경원 · 송우엽 공역(2009). **운동발달의 이해**(Daved S. Gallahue & John C. Ozmun. Motor Develoment. McGrew Hill Education). 레인보우북스.

김경화 · 이주연(2013). **유아발달론**. 공동체.

김권영(2004). 발달장애아의 의학적 진단 및 과제. **발달장애연구, 8**(2), 81-95.

김동일 · 김신호 · 이근재 · 정일호 · 정종진(2004). **아동발달과 학습**. 교육출판사.

김상희(1992). 가족 안에서 겪게 되는 경험의 차이와 형제관계. **공주대학교 논문집.**

김상희 · 김옥성 · 최해연 · 박수선 · 권수연(2013). **아동영양학**. 파워북.

김수강(2007). 영유아 어머니의 예방접종 행위모형 구축. 중앙대학교 대학원 박사학위논문.

김숙령(2010). 영아-교사 간 상호작용의 질적 수준과 교사의 민감성이 영아의 부모와 교사에 대한 애착과 사회적 행동에 미치는 영향. **한국영유아보육학, 61**, 197-215.

김숙령 · 김선희 · 육길나 · 조숙진(2006). 영아와 교사의 집단활동 상호작용에 있어서 영아교사의 민감성에 관한 연구. **유아교육학 논문집, 10**(4), 125-150.

김순환 · 이기숙(2008). 유치원 영어수업에서 영어담당교사가 사용하는 교수전략과 유아반응. **유아교육연구, 28**(5), 247-271.

김승국 · 김옥기(1985). **사회성숙도 검사**. 중앙적성출판사.

김승옥 · 이경옥(2007). 아동의 인터넷 게임 중독 및 과몰입의 개념적 이해. **어린이미디어연구, 692**, 62-83.

김영숙 · 윤여홍(2009). **특수아 상담의 이해**. 교육과학사.

김영옥(2003). 유아의 친사회적 행동 평가 척도 개발 연구. **아동학회지, 24**(5), 105-118.

김영천(2012). **질적연구방법론 I : Bricoleur**(제2판). 아카데미프레스.

김영혜 · 권봉숙 · 남혜경 · 오상은 · 이영은 · 이지원 · 임효숙 · 정향미 · 조인숙 · 주현옥 공역(2003). Hockemberry, M. J. **아동간호학 총론**. 현문사.

김윤진(2010). 유아의 친사회적 행동 관련 연구동향 분석 : 1990~2009년 학위논문을 중심으로. 경원대학교 교육대학원 석사학위논문.

김재원 · 박기홍 · 최민정(2004). 지역사회에서 주의력 결핍-과잉행동장애 선별 기준에 대한 연구. **신경정신의학, 43**(2), 200-208.

김재환 · 오상우 · 홍창의 · 김지혜 · 황순택 · 문혜신 · 정승아 · 이장한 · 정은경(2006). **임상심리검사의 이해**. 학지사.

김정아(2006). 영아 언어발달을 위한 상호작용적 그림책 읽기 모형의 적용 및 효과. 전남대학교 대학원 박사학위논문.

김정원 · 남규(2009). 그림책 일기 프로그램의 적용과정에서 표출된 다문화가정 이주여성의 반응 양상. **어린이문학교육연구, 10**(2), 73-103.

김지영 · 윤진주(2011). 보육교사의 전문성 발달과 효능감, 역할 수행 간의 관계. **아동교육, 20**(4), 127-137.

김진숙 · 이지연 공역(2010). **애착과 심리치료**. David, J. Wallin 저. 학지사.

김현지(2008). 영아교사의 상호작용 증진을 위한 보육교사 교육 프로그램 구성 및 효과. 경희대학교 대학원 박사학위논문.
김휘경(2006). 동료장학 실행 수준에 따른 보육교사 전문성 발달. 숙명여자대학교 대학원 석사학위논문.
남규(2009). 교사의 그림책 읽기 상호작용 유형에 따른 영아의 언어발달 비교. 건국대학교 대학원 박사학위논문.
남미경(2011). 대구 지역 유아교육기관의 지역사회 자원 활용 실태 및 적용 타당성 조사. **생태유아교육연구, 10**(4), 51–69.
노성덕 · 김호정 · 이윤희 · 윤은희 공역(2010). **DSM-IV-TR 진단에 따른 아동 · 청소년 상담 및 심리치료.** Robert R. Erk 편저. 시그마프레스.
다누리(2014). 통계자료_결혼이민자 자녀현황.
대학소아재활의학회(2006). **소아재활의학.** 군자출판사.
대한소아과학회(1998). www.pediatrics.or.kr
대한소아과학회(2005). 기본 접종 및 권장 접종.
대한소아과학회(2011). 한국소아발육표준치.
도미향 · 정미현 · 이명숙(2010). **보육과정.** 학현사.
도현심 · 이희선 · 김상희 · 최미경 · 이사라 · 김상원(2011). **인간발달과 가족.** 교문사.
랜덤하우스코리아(2006). **첫 아기 임신 : 계획임신에서 출산까지.** 랜덤하우스코리아.
문성주(2011). 부모교육 프로그램이 부모 효능감과 양육 스트레스에 미치는 영향. 광운대학교 대학원 석사학위논문.
문용린 역(2004). Kurtines, W. M., & Gewirtz, J. L.(Eds.)(1995). **도덕성의 발달과 심리**(Moral behavior and development: An introduction). Boston: Allyn & Bacon.
문혁준(2004). 취업모와 비취업모의 양육 스트레스. **대한가정학회지, 42**(110, 109–122).
문혁준 · 김경은 · 서소정 · 성미영 · 안선희 · 임정화 · 하지영 · 황혜정(2014). **유아발달.** 창지사.
문혁준 · 김정희 · 안선희 · 양성은 · 임연진 · 한세영(2012). **아동발달.** 창지사.
민경원(1995). TV 만화영화에 나타난 친사회적 행동분석. 부산대학교 대학원 석사학위논문.
민경환 · 이옥경 · 김지현 공역(2007). **정서심리학.** 시그마프레스.
민성혜 역(2007). **유아의 문제행동**(제2판). Susan B. Campbell 저. 시그마프레스.
박경자(1999). 유아의 친사회적 행동에 영향을 미치는 선행 요인. **대한가정학회지, 37**(1), 79–89.
박경자 · 김송이 · 권연희 공역(2009). **영유아의 사회정서발달과 교육.** 교문사.
박성연(2006). **아동발달.** 교문사.
박성연 · 김상희 · 김지신 · 박응임 · 임희수 · 전춘애(2014). **자녀와의 진정한 만남을 위한 부모교육.** 교육과학사.
박성연 · 도현심(1993). 성, 형제 수, 출생 순위 및 형제 성 구성에 따른 아동의 사회성. **아동학회지, 14**(2), 35–47.
박성연 · 백지숙 · 안지영 · 오미경 · 이사라 · 이주연 · 임희수 · 전춘애 · 지연경 · 한세영(2011). **인간발달.** 파워북.
박성연 · 송나리(1993). 외동이의 사회적 능력 및 인지능력 발달에 관한 연구. **아동학회지, 14**(1), 91–

107.
박순(2014). **아이의 영어두뇌**. 엘도라도.
박응임(1995). 영아-어머니 간의 애착 유형과 그 관련변인. 이화여자대학교 대학원 박사학위논문.
박응임 · 김상희 · 김지신 · 백종화 · 이주연 · 박민선(2017). **정신건강론**. 파워북.
박인균 역(2012). Paul, A. M.(2010). 오리진(Origins). 추수밭.
박현빈(2006). ADHD의 하위 유형에 따른 사회적 조망수용능력과 갈등 상황에서의 문제인식 및 대처 방식의 차이. 대구가톨릭대학교 대학원 석사학위논문.
백기자(2012). **뇌를 알면 우리 아이의 미래가 열린다**. 공동체.
백은주 · 조부경(2004). 유치원 교사의 전문성 발달수준 자기평가도구 개발. **유아교육연구, 24**(4), 95-117.
백중열(2013). **교사를 위한 유아미술교육 이론과 실제**. 공동체.
보건복지가족부(2008). 국민건강조사.
보건복지부 질병관리본부(2010). 2009 국민경제통보.
보건복지부(1996). 영유아 보육 프로그램.
보건복지부(2007). 장애인복지법.
보건복지부(2009). 장애인복지법 시행규칙.
보건복지부(2011). 보육사업 안내.
보건복지부(2011). 선생님, 우리 아이들 잘 크고 있나요 '발달이 늦은 영유아' 조기발견을 위한 어린이집 보육교사 안내서. 보건복지부.
봉진영(2011). 다문화가정 어머니의 자녀 양육과 교사의 교육 경험에 대한 탐구. 성신여자대학교 대학원 박사학위논문.
서수정 · 김태련 · 이경숙 · 신의진(2007). 어머니-영아 안정애착 형성을 위한 예방부모교육 프로그램 실시결과. **한국심리학회지 : 여성, 12**(7), 21-42.
서영숙 · 서혜전 · 정영희 · 양영아 · 안소영(2012). **보육과정**. 공동체.
서유헌(2005). **나는 두뇌짱이 되고싶다**. 랜덤하우스코리아.
소방방재청(2005). 어린이시설 안전점검 매뉴얼.
소비자안전센터 · 소비자안전국 위해정보팀(2014. 4). 어린이 안전사고 사례분석.
소준현 · 신윤오 · 조수철(1996). 주의력 결핍-과잉운동장애의 가정환경에 대한 연구. **소아 · 청소년정신의학, 7**(1), 44-51.
송길연 · 장유경 · 이지연 · 정윤경 공역(2006). **발달심리학**(David R. Shaffer(2002). Developmental Psychology: Childhood and Adolescence). 시그마프레스.
송미경 · 최윤희(2013). **특수아상담**. 시그마프레스.
송주승 · 정혜명(2009). 유아교육기관의 위생관리 실태 및 안전 인식에 관한 비교연구. 13(4), 75-92.
신숙재(1997). 어머니의 양육 스트레스, 사회적 지원과 부모 효능감이 양육행동에 미치는 영향. 연세대학교 대학원 박사학위 청구논문.
신은수 · 강금지 · 유희정(2009). **영유아를 위한 영양과 건강교육**. 창지사.
신의진(2007). 아동학대 유형-성학대를 중심으로. '학대아동을 위한 심리치료' 한국아동심리치료학회

2007 동계 학술대회 자료집.
신혜정(2007). 다문화가정 자녀의 자아정체성에 영향을 주는 요인에 관한 연구. 이화여자대학교 대학원 석사학위논문.
신희선 · 한경자 · 오가실 · 오진주 · 하미나(2002). DenverII 발달검사를 이용한 한국과 미국의 아동발달 비교연구. **지역사회간호학회지, 13**(1), 89-97.
심성경 · 김경의 · 이효숙 · 변길희 · 박유미 · 박주희(2010). **아동발달**. 학지사.
안귀여루 역(1996). Hall, C. S.(1954). **Freud의 심리학 입문**. 범우사.
안동현 · 김세실 · 한은선(2004). **주의력결핍장애아동의 사회기술훈련**. 학지사.
안동현 · 김태호(2013). DSM-5에서 아동기 정신장애의 진단분류. 한국아동심리치료학회 2013년 동계국제학술대회 자료집-아동 · 청소년 심리치료의 현황과 과제, 4-20.
안선희 · 김지은(2010). 영아 보육교사의 자질 및 역할과 전문성에 관한 심층사례 연구. **대한가정학회지, 48**(3), 87-97.
양옥승 · 김진영 · 김현희 · 김영실(2001). 한국 사립유치원 영어교육의 실태. **아동학회지, 22**(4), 299-313.
양옥승 · 조유나 · 나은숙 · 김호인 · 손복영(2011). **영아의 발달과 보육**. 신정.
여성가족부(2014). 2013 다문화가족지원사업 결과보고서 I (다문화가족지원센터 사업).
오경자 · 이혜련 · 홍강의 · 하은혜(1997). K-CBCL 아동청소년 행동평가척도. 중앙적성연구소.
오경자 · 정경미 · 송현주 · 양윤란 · 송원영 · 김현수 공역(2013). **이상심리학 원론.** Ronald J. Comer 저. 시그마프레스.
5세 누리과정 지도를 위한 유치원 · 어린이집 교사 연수 자료집(2012).
우남희 · 김유미 · 신은수(2009). 조기교육/사교육. 한국아동학회 30주년 기념논문집.
우영혜(2006). 자율장학을 통한 교수 실제 변화에 관한 질적 연구: A 유치원을 중심으로. 창원대학교 박사학위논문.
우현경 · 정현심 · 최나야 · 이순형 · 이강희(2009). 다문화가정 어머니의 한국어능력과 유아기 자녀의 언어발달. **아동학회지, 30**(3), 23-36.
울산시보육정보센터 교육자료(2011). 우리아이 건강과 영양.
위영희 · 이희정 공역(2006). **정서발달 : 생물사회학적 관점**. 시그마프레스.
유덕순(2006). 대근육활동이 유아의 기초체력에 미치는 영향. 중앙대학교 교육대학원 석사학위논문.
유은정 · 김혜연 · 박혜정 · 신현정 · 이찬숙 · 황현주(2012). **부모교육**. 양서원.
유효순(2007). **아동발달**. 창지사.
윤경아 · 서현(2011). 만 2세 교육과정에서 영아들이 교사에게 시도하는 개별적인 상호작용에 관한 문화기술적 연구. **아동학회지, 32**(1), 103-123.
윤현숙(1992). 반응성 애착장애아의 발달 및 병리특성에 관한 일 연구 : Schopler의 심리적 평가를 중심으로. 이화여자대학교 대학원 석사학위논문.
이경면(1996). 지역사회 중심의 특수교육 관련 서비스에 관한 연구. 단국대학교 대학원 석사학위논문.
이경숙 · 안혜숙 · 서수정 · 신의진(2001). 애착문제/장애 부모집단 심리치료 효과에 관한 연구. **한국심리학회지 : 발달, 14**(2), 153-174.

이경숙 · 염현경 · 신의진 · 남수영 · 양혜영 · 조성연 · 심희옥 · 성은현 · 서수정 · 김도연 공역(2010). **영유아정신병리핸드북**. C. H. Zeanah, Jr. 저. 학지사.
이경희(1989). 부모의 언어 통제 유형과 아동의 사회적 능력과의 관계. 고려대학교 대학원 박사학위논문.
이근주(2005). 어린이집 자율장학의 실태와 개선방향에 관한 연구. 중앙대학교 사회개발대학원 석사학위논문.
이미정 · 김진선 · 송승민 · 이사라 · 이희선 · 임명희 · 정정란 · 조성연 · 주영애 · 한세영(2009). **보육학개론**. 창지사.
이민희 · 정태연 공역(2004). **발달심리학 거장들의 핵심이론 연구**. 학지사.
이병래(1997). 정서지능 개념의 성립. **열린유아교육연구, 2**(2), 193–218.
이병인 · 윤미경 · 이지예 · 강성리 공역(2013). 유 · 아동기 문제행동 예방 및 지도. Barbara Kaiser, Judy Sklar Rasminsky, Challenging Behavior in Young Children. 시그마프레스.
EBS 〈언어발달의 수수께끼〉 제작팀(2014). **언어발달의 수수께끼**. 지식너머.
이사라 · 박지숙(2010). 학령기 자녀를 둔 부모를 위한 부모교육 프로그램의 효과에 관한 연구. **대한가정학회지, 48**(1), 1–14.
이상로(1982). **성격과 행동의 지도**. 중앙적성출판사.
이석주 · 이혜주(1996). 아동의 친사회적 행동 결정요인에 관한 연구. **교육이론과 실천, 6**, 135–153.
이성진, 이기우(1986). 한자녀 가정에 대한 조사연구. 대한가족계획협회, 1–55.
이소희(2005). **보육학개론**. 양서원.
이숙재 · 이봉선(2008). **영유아의 발달과 교육**(개정판). 창지사.
이숙희(2007). 컴퓨터 게임 중독 수준에 따른 유아의 도덕적 판단 및 유아발달수준의 차이. **아동교육, 16**(4), 33–44.
이숙희(2010). 컴퓨터 게임 중독 이행과 유아의 공격성 및 사회적 관계 변화 연구. **유아교육각론집, 14**(1), 185–202.
이순형 · 권미경 · 최인화 · 김미정 · 김혜라(2011). **유아 다문화 교육**. 교문사.
이순형 · 이혜승 · 이성옥 · 황혜신 · 이완정 · 이소은 · 권혜진 · 이영미 · 윤주 · 한유진 · 성미영(2005). **보육학개론**. 학지사.
이순희(2010). 포괄적 보육 서비스 실천을 위한 지역사회 자원 활성화 방안에 관한 연구. 인제대학교 대학원 석사학위논문.
이연섭 · 강문희(2002). **부모교육**. 창지사.
이옥(2003). 아동연구의 윤리적 관점. **아동과 권리, 7**(3), 1–18.
이윤식(2001). **장학론 : 유치원 · 초등 · 중등 · 자율장학론**. 교육과학사.
이은숙(2005). 형제자매 구성양식에 따른 아동의 정서지능의 차이 : 초등학교 5 · 6학년 중심. 경희대학교 교육대학원 석사학위논문.
이재민(2003). 어린이집 영아기 교사를 위한 보수교육의 실제와 기대. 이화여자대학교 대학원 석사학위논문.
이재연 · 박은미 · 황옥경 · 김형모 · 이은주 · 강현아(2013). **아동복지론**. 학지사.

이정림 · 도남희 · 오유정(2013). 영유아의 미디어매체 노출실태 및 보호대책. 육아정책연구소.

이종숙 · 이옥 · 신은수 · 안선희 · 이경옥 공역(2008). **아동발달**(제7판). Berk, L. E. 저. 시그마프레스.

이종숙 · 이옥 · 신은수 · 안선희 · 이경옥 공역(2009). Berk, L. E.(2006). **아동발달**. 시그마프레스.

이진용 · 김재은 · 이철 · 한호원 · 박문일 · 유윤희(2005). **첫 아기를 가졌어요 : 신세대 임신, 출산, 육아**. 서울문화사.

이차숙(2005). **유아언어교육의 이론과 실제**. 학지사.

이혜숙(2009). 유아의 게임 몰입성과 유아의 정신건강 및 어머니의 양육태도 간의 관계. 성균관대학교 대학원 석사학위논문.

이화도(2009). **유아인지발달**. 창지사.

이화여대 교육공학과(2004). **교육공학**. 교육과학사.

이희선 · 김상희(2009). 아동건강현황과 과제. **아동학회지, 30**(6), 61–74.

장미자 · 조복희(1999). 애착의 세대 간 전이 : 어머니의 내적 실행 모델과 영아의 애착 유형. **아동학회지, 20**(1), 147–164.

장은주 역(2001). Odent, M. **세상에서 가장 편안하고 자연스러운 출산**. 명진출판사.

장은진(2003). 주의력 결핍–과잉행동 아동을 위한 학교기반 다양식적 개입의 효과. 이화여자대학교 대학원 박사학위논문.

장휘숙(2010). **아동심리학**. 박영사.

전남련 · 성은숙 · 김기선 · 이은임 · 남궁기순 · 이효수 · 김재환 · 박은희 · 이선영 · 김연옥 · 엄은옥 · 백향기 · 나현행 · 강은숙 · 엄영숙(2012). **유아발달**. 양서원.

전효정(2003). 어머니–유아 애착의 세대 간 전이의 메커니즘 : 어머니의 내적 실행 모델과 자녀양육행동이 유아의 애착 유형에 미치는 영향. **열린유아교육연구, 8**(3), 159–174.

정계숙 · 김명애 · 김혜금 · 문혁준 · 심희옥 · 안효진 · 양성은 · 이정희 · 이희선 · 정태회 · 제경숙 · 한세영(2007). **부모교육**. 창지사.

정계숙 · 박명화 · 노진형 · 이은하 · 김미정 · 윤갑정 · 이정희 공역(2010). **유아기 심리적 장애**. J. Bilmes & T. Welker 저(2006). 창지사.

정계환(2011). 영아기 부모교육의 현황 및 요구에 관한 아버지와 어머니의 비교연구. 중앙대학교 대학원 석사학위논문.

정명숙 · 손영숙 · 정현희 공역(2011). **아동 · 청소년 이상심리학**(제7판). Rita Wicks–Nelson & Allen C. I srael 저. 시그마프레스.

정미라(2002). **어린이와 멀티미디어**. 이화여대 출판부.

정미라 · 배소연 · 이영미(2007). **영유아를 위한 건강 및 영양교육**. 양서원.

정민영 · 김민정(2013). 다문화가정 유아의 발달에 관한 조사 연구–경북지역을 중심으로. **어린이문학교육연구, 14**(2), 201–220.

정연수(2000). 형제의 성 구성, 연령터울에 따른 형제간 갈등과 어머니의 해결 전략에 관한 연구. 숙명여자대학교 대학원 석사학위논문.

정영희 · 이정덕(2007). 유아교육기관의 실내 환경 위생관리 실태 분석. **미래유아교육학회지, 14**(4), 403–425.

정옥분(2002). **아동발달의 이해**. 학지사.

정옥분(2003). **아동발달의 이론**. 학지사.

정옥분(2004a). **영유아발달의 이해**. 학지사.

정옥분(2004b). **전생애인간발달의 이론**. 학지사.

정옥분(2006). **사회정서발달**. 학지사.

정옥분(2012). **영아발달**. 학지사.

정옥분(2013). **아동발달의 이해**(개정판). 학지사.

정옥분 · 정순화(2008). **부모교육**. 학지사.

정은정(2003). 주의력 결핍-과잉행동장애 아동의 실행기능 결함. 이화여자대학교 대학원 박사학위논문.

정은희(2004). 농촌지역 국제결혼아동의 언어발달과 언어환경. **언어치료연구, 13**(3), 33-52.

정혜욱 · 이옥형(2011). **영유아발달의 이해**. 집문당.

조병효(1991). **현대장학론**. 교육과학사.

조복희(2007). **아동발달**. 교육과학사.

조성연 · 이정희 · 천희영 · 심미경 · 황혜정 · 나종혜(2005). **아동발달의 이해**. 신정

조수철 · 신민섭(2006). **소아정신병리의 진단과 평가**. 학지사.

조영달(2006). 다문화가정의 자녀교육 실태조사. 교육인적자원부.

조윤경 · 김수진(2014). **유아교사를 위한 특수아동의 이해**. 공동체.

조형숙 · 박은주 · 강현경 · 김태인 · 배정호(2013). **유아발달**. 학지사.

조혜경(2006). 어린이집 보육교사를 위한 장학에 대한 연구. **일립논총, 12**, 107-129.

조혜경 · 이순영 · 황성원 · 노은호 · 구경선 · 곽혜경 · 박금희 · 조미환 · 나은숙 · 문영보(2006). **보육학개론**. 창지사.

천근아 · 이은하 공역(2012). **스마트 브레인**. 데이비드 월시. 비아북.

최경숙(2006). **아동발달심리학**. 교문사.

최은정 · 하지영 · 서소정(2009). 보육시설에서의 영아-교사 상호작용과 영아의 발달수준, 교사의 민감성 및 초기 가정환경 간의 관련성에 관한 연구. **아동학회지, 30**(2), 71-95.

최자영 · 박유영(2012). 유아의 놀이특성과 또래 유능성 및 자아존중감 간의 관계. **유아교육학논집, 16**(3), 229-244.

충북대학교 부속 어린이집 부모교육 자료(2014. 1).

KISTI(2008. 4. 23). 글로벌동향브리핑(GTB).

통계청(2012). 2012년 사교육조사 보고서.

하영혜(2012). 영아전담 보육시설의 건강관리 현황 및 보육교사의 교육 요구.

하재근(2012). TV 쇼크 : TV, 내 아이의 두뇌가 위험하다. 경향에듀.

하정훈(2012). **삐뽀삐뽀 119 소아과**. 그린비라이프.

하정훈 · 정유미(2009). 삐뽀삐뽀 119 우리 아가 모유 먹이기. 그린비라이프.

한국청소년상담원(1996). 자녀의 힘을 북돋우는 부모. 청소년대화의 광장.

한유미 · 김혜선 · 권희경 · 양연숙 · 박수진(2006). **영유아 언어교육의 이해 - 이론과 실제 -**. 학지사.

허계형 · 문정숙 · 정영란(2001). 부모 작성 영유아 발달 선별도구 ASQ의 표준화를 위한 예비연구. **특**

수교육학연구, 36(1), 275–296.

홍강의(1993). 자폐장애. **소아 · 청소년정신의학, 4**(1), 3–26.

홍강의 · 오경자 · 신민섭(1995). 주의력 결핍–과잉활동장애 아동에서 약물 단독치료와 부모훈련 병합치료의 효과 비교. **소아 · 청소년정신의학, 6**(1), 65–73.

홍강의 · 최진숙 · 신민섭 · 황용승 · 안윤옥(1991). 자폐증 아동에 있어서 carbamazepine의 치료효과. **소아 · 청소년정신의학회지, 2**(1), 87–96.

홍용윤(2011). **어린이 안전지도관리사**. 메디컬코리아.

황혜신(2002). 조기영어교육이 유아의 이중 언어발달에 미치는 영향. **한국생활과학회지, 13**(4), 497–506.

황혜정 · 문혁준 · 안선희 · 안효진 · 이경옥 · 정지나(2011). **아동연구방법**. 창지사.

국외문헌

Abidin, R.(1992). The Determinants of Parenting Behavior. *Journal of Clinical Child Psychology, 21*(4), 407–412.

Ainsworth, M. D. S.(1982). The development of infant–mother attachment. In J. Belsky (Ed.), In the beginning–Readings on infancy(pp.135–143). NY: Columbia University Press.

Ainsworth, M.(1979). Infant–mother attachment. *American Psychologist, 34*, 932–937.

Ainsworth, M., Blehar, M., Waters, E. & Wall, S.(1978). *Patterns of attachment*. Hillsdale, NJ: Erlbaum.

Akshoomoff, N. A., Feroleto, C. C., Doyle, R. E. & Stiles, J.(2002). The impact of early unilateral brain injury on perceptual organization and visual memory. *Neuropsychologia, 40*, 539–561.

American Association on Mental Retardation(1992). *Mental retardation: Definition classification and systems of support*(9th ed.). Washington, DC: Author.

American Psychiatric Association(1980). *Diagnostic and statistical manual of mental disorders*(3rd ed.).–Text Revision. Washington, DC: Author.

American Psychiatric Association(1994). *Diagnostic and statistical manual of mental disorders*(4th ed.).–Text Revision. Washington, DC: Author.

American Psychiatric Association(2000). *Diagnostic and statistical manual of mental disorders*(4th ed.). Washington, DC: Author.

American Psychiatric Association(2013). *Diagnostic and Statistical Manual of Mental Disoredrs*(5th ed.). Americal Psychiatric Association, Washigton D. C.

Anderson, B.(1992). Effect of day–care on cognitive and socioemotional competence of thirteen–year–old Swedish schoolchildren. *Child Development, 63*, 20–36.

Annis R. C., & Frost B.(1973). Human Visual Ecology and Orientation Anisotropies in Acuity, *Science, 182*, 729–731.

Apgar, V.(1953). A proposal for a new method of evaluation in the newborn infant. *Current*

Research in Anesthesia and Analgesia, 32, 260–267.

Aslin, R.(1981). Experimental influences and sensitive periods in perceptual developmen: A unified model. In R. N. Aslin, J.R. Alberts, & M. R. Peterson(Eds.), Development of perception: Psychological perspectives: Vol. 2. The visual system(pp. 45–93). New York: Academic Press.

Azimitia, M. & Hesser, J.(1993). Why sibling are important agents of cognitive development: A comparison of sibling and peers. *Child Development, 64*, 430–440.

Baer, J. S., Barr, H. M., Bookstein, F. L., Sampson, P. D. & Streissguth, A. P.(1998). Prenatal alcohol exposure and family history of alcoholism in the etiology of adolescent alcohol problems. *Journal of studies on alcohol, 59*, 533–543.

Baltes, P. B.(2000). Life–span psychology theory. In A. Kazdin(Ed.). Encyclopedia of psychology. Washington, DC & NY city: American psychological association and oxford U. P.

Baranek, G. T.(1999). Autism During Infancy: A Retrospective Video Analysis of Sensory–Motor and Social Behaviors at 9–12 Months of Age, *Journal of Autism and Developmental Disorders, 29*, 213–224.

Barkley(Eds.). *Child psychopathology*(pp. 63–112). New York: Guilford.

Barkley, R. A.(1990). Attention deficit hyperactivity disorder A handbook for diagnosis and treatment. New York: Guilford Press.

Barkley, R. A.(1996). *Attention–deficit hyperactivity disorder*. In E. J. Mash & R. A.

Barkley, R. A.(1998). *Attention–deficit hyperactivity disorder: A handbook for diagnosis and treatment*(2nd ed.). New York: Guilford Press.

Barkley, R. A., DuPaul, G. J. & McMurray, M. B.(1990). A comprehensive evaluation of attention deficit with and without hyperactivity. *Journal of Consulting and Clinical Psychology, 58*, 775–789.

Bates, E.(1993). Commentary: Comprehension and production in early language development. Monographs of the Society for Research in Child Development, 58(3–4, Serial No. 233), 222–242.

Bayley, N.(1969). *Bayley Scales of Infant Development: Birth to two years*. San Antonio: The Psychological Corporation.

Bee, H.(1997). *The Developing* Child(8th ed.). New York: Longman.

Belsky, J.(1986). The effects of infant day care reconsidered. *Early Childhood Research Quarterly, 3*, 235–272.

Belsky, J., Youngblade, L. & Pensky, E.(1989). Child rearing history, marital quality, and maternal affect: Intergenerational transmission in a low–risk sample. *Development and Psychology, 1*, 292–304.

Bem, D. J.(1985). Exotic becomes erotic: A developmental theory of sexual orientation. *Psychological Review, 103*, 320–335.

Berk, L. E.(2000). *Child development*. MA: Allyn & Bacon.

Berk, L. E.(2005). *Infant and Children*. Boston: Allyn & Bacon.

Berk, L. E.(2006). *Child development*(7th ed.). Boston: Allyn & Bacon.

Berk, L. E.(2006). *Child development*. Boston, MA: Pearson.

Berk, L. E.(2007). *Infants and Children*. Boston: Allyn & Bacon.

Berndt, T. J., & Bulleit, T. N.(1985). Effects of sibling relationships on preschoolers' behavior at home and at school. *Developmental Psychology, 21*, 761–767.

Bettelhiem, B.(1967). *The empty fortress: Infantile autism and the birth of the self*. Oxford, England: Free Press.

Biederman, J., Wozniak, F., Kiely, K. et al.(1995). CBCL clinical scales discriminate prepubertal children with structured interview–derived diagnosis of mania from those with ADHD. *Journal of American Academy of Child and Adolescent Psychiatry, 34*, 464–471.

Bigner, J. J.(2006). *Human development*(7th ed.). Upper Saddle River, NJ: Pearso Prentice Hall.

Bloom, l.(1998). Language acquisiton in its developmental context. In W. Damon (Series Ed.) & D. Kuhn & R. S. Siegler (Vol. Eds.), Handbook of child psychology: Vol. 2. Cognition, perception, and language (5th ed., pp. 309–370). New York: Wiley.

Boone, R. T., & Cunningham, J. G.(1998). Children's decoding of emotion in expressive body movement: The development of cue attunement, *Developmental Psychology, 48*, 32–44.

Bornstein, M. H.(2002). Parenting infants. In M. H. Bornstein(Ed.). Handbook of parenting(2nd ed., Vol. 1). Mahwah, NJ: Erlbaum.

Bouchard, T. J. & McGue, M.(1981). Familial studies of Intelligence: A review. *Science, 212*, 1055–1059.

Boukydis, Z.(2006). Ultrasound consultation to reduce risk and increase resilience in pregnancy. Annals of the New York Academy of Science, 1094.

Bourgeois, F. J.(2004). *Obstetrics and gynecology*. Philadelphia: Lippincott, Williams, & Wilkins.

Bowlby, J.(1969). Attachment and loss(Vol. 1): Attachment. NY: Basic Books.

Bowlby, J.(1973). Attachment and loss(Vol. 2): Separation. NY: Basic Books.

Bowlby, J.(1980). Attachment and loss(Vol. 3): Loss. New York: Basic Books.

Bowlby, J.(1989). Secure and insecure attachment. NY: Basic Books.

Brooks–Gunn, J. & Duncan, G.(1997). The effects of poverty on children. *Future Child. 7*, 55–71.

Brownell, C. A., & Brown, E.(1992). Peers and play in infants and toddlers. In Handbook of social development: A lifespan perspective, V. B. Van Hasselt & M. Hersen, pp. 183–200, New York: Plenum Press.

Bussey, K., & Bandura, A.(1999). Social cognitive theory of gender development and differentiation. *Psychological Review, 106*, 676–713.

Campbell, S. B., Spieker, S., Burchinal, M, Poe, M. D., & The NICHD Early Child Care Research Network(2006). Trajectories of aggression from toddlerhood to age 9 predict academic and social functioning through age 12. *Journal of Child Psychology and Psychiatry, 47*(8), 791–800.

Cicirrelli, V. G.(1980). A Comparison of College woman'Feeling Toward Their Sibling Parents. *Journal of marriage and family, 42*, 111–128.

Cingel, D. P., & Krcmar, M.(2013). Predicting media use in very young children: the role of demograchics and parent attitudes. *Communication Stcies, 64*(4), 374–394.

Corkum, P. V. & Siegel, L. S.(1993). Isn't the continuous performance task a valuable research tool for use with children with attention–deficit–hyperactivity disorder *Journal of Child Psychology and Psychiatry, 34*, 1217–1239.

Cox, S. M., Werner, C. L., Gilstrap, L. C. & Cunningham, G. F.(2001). *Williams obstetrics*(21st ed.). NY: McGraw–Hill.

Crair, M. C., Gillespie, D. C. & Stryker, M. P.(1998). The role of visual experience in he development of columns in the cat visual cortex. *Science, 279*, 566–570.

DeLoache, J. S., & Todd, C. M.(1988). Young children's use of spatial categorization as a mnemonic strategy. *Journal of Experimental Child Psychology, 46*, 1–20.

Dempster, F. N.(1981). Memory span: Sources of individual and developmental differences. *Psychological Bullutin, 89*, 63–100.

DiPietro, J. A.(2004). The role of prenatal maternal stress in child development. *Current Directions in Psychological Science, 13*, 2.

DiPietro, J. A., Bornstein, M. H., Costigan, K. A., Pressman, E. K., Hahn, C.–S. & Painter, K.(2002). What does fetal movement predict about behavior during the first two years of life? *Developmental Psychobiology, 40*, 358–371.

Doll, E. A.(1953). Vineland Social Maturity Scale, in: Contributions Toward Medical Psychology: Theory and Psychodiagnostic Methods, Volume 2(A. Weider, ed.), Ronald Press, New York.

Dunkel–Schetter, C., Gurung, R. A. R., Lobel, M. & Wadhwa, P. D.(2001). Stress processes on pregnancy and birth. In a. Bum, T. A. Revenson & J. E. Singer(Eds.). Handbook of health psychology. Mahwah, NJ: Erlbaum.

Eisenberg, N., Fabes, R. A., & Spinrad, T. L.(2006). Prosocial development. In N. Eisenberg, W. Damon, & R. M. Lerner(Eds.). Handbook of child psychology(pp. 646–718). Hoboken, NJ: John Wiley & Sons.

Fabes, R. A., Hanish, L. D., & Martin, C. L.(2007). The next 50 years: Considering gender as a context for understanding young children's peer relationships. In G. Ladd(Ed.), Appraising te human developmental sciences: Essays in honor of Merrill–Palmer Quarterly (pp. 186–199). Detroit, MI: Wayne State University Press.

Fabes, R., Eisenberg, N., Nyman, M., & Michaelieu, Q.(1991). Young children's appraisals of others' spontaneous emotional reactons. *Developmental Psychology, 27*, 858–866.

Fagot, B. I., & Leinbach, M. D.(1989). The young child's gender schema: Environmental input, internal organization. *Child Development, 60*, 663–672.

Falbo. T. & Polit, D. F.(1986). A quantitative review of the only–child literature: Research evidence and theory development. *Psychological Bulletin, 100*, 176–189.

Famy, C., Streissgurth, A. P. & Unis, A. S.(1998). Mental illness in adults with fetal alcohol syndrome or fetal alcohol effects. *American journal of psychiatry, 155*, 552–554.

Field, T.(1991). Quality infant day care and grade school behavior and performance. *Child Development, 62*, 863–870.

Fischer, K. W. & Bidell, T. R.(1998). Dynamic development of psychological structures in action and thought. In W. Damon(Ed.), Handbook of child psychology(Vol. 1). NY: Wiley.

Fraga, C. G., Motchnik, P. A., Shigenaga, M. K., Helbock, H. J., Jacob, R. A. & Ames, B. N.(1991). Ascorbic acid protects against endogenous oxidative DNA damage in human sperm. Proceedings of the national academy of science of the United States, 88, 11003–11006.

Franco, P., Danias, A. P., Akamine, E. H., Kawamoto, E. M., Fortes, Z. B., Scavone, C., Tostes, R. C., Carvalho, M. H. & Nigro, D.(2002). Enhanced oxidative stress as a potential mechanism underlying the programming of hypertension in utero. *Journal of Cardiovascular Pharmacology, 40*, 501–509.

Frankenburg, W. K. & Dodds, J. B.(1967). The Denver Developmental Screening Test. *Journal of Pediatrics, 71*, 181–191.

Franz, C. E., Mclelland, D. & Weinberger, J. (1991). Childhood antecedents of conventional social accomplishment in middle adults: A 26–year prospective study. *Journal of Personality and Social Psychology, 58*, 609–615.

Frick, P. J. & Lahey, B. B.(1991). The nature and characteristics of Attention–Deficit Hyperactivity Disorder. *School Psychology Review, 20*, 163–173.

Frost, J. L., Wortham, S., & Reifel, S.(2001). Play and Child Development. Merrill Prentice–Hall.

Gazda, G. M., Balzer, F. J., Childers, W. C., Nealy, A. U., Phelps, R. E., & Walters, R. P.(2005). Human relations development: A manual for edu–cators. Boston: Pearson Education, Inc.

Gelman, S., Taylor, M., G., & Nguyen, S. P.(2004). Mother–child conversations about gender. *Monographs of the Society for Research in Child Development, 69*, vii–127.

Gesell, A. & Amatuda, C.(1941). *Developmental Diagnosis*. New York: Paul B. Hoeber.

Gestwicki, C.(2004). *Home school, and community relations*. NY: Thomson Delmar Learning.

Gillberg, C.(1991). Outcome in autism and autistic–like conditions. *Journal of the American Academy of Child and Adolescent Psychiatry, 30*, 375–382.

Godfrey, K. M. & Barker, D. J.(2001). Fetal programming and adult health. *Public Health Nutrition, 4*, 611–624.

Goldsmith. H.(1993). Temperament: Variability in developing emotion systems. In M. Lewis & J. M. Haviland(Eds.), Handbook of emotions(pp. 485–496). NY: The Guilford Press.

Goleman, D.(1995). Emotional intelligence: Why it can matter more than IQ. New York: Bantam.

Gottesman, I. I.(1963). Genetic aspects of intelligent behavior. In N. R. Ellis(Ed.), Handbook of mental deficiency(pp. 253–296). New York: McGraw–Hill.

Greenough, W. T. & Black, J. E.(1992). Induction of brain structure by experience: Substrates for cognitive development. In M. R. Gunnar & C. A. Nelson(Eds.), Minnesota Symposia on Child Psychology(pp. 155–200). Hillsdale, NJ: Erlbaum.

Greenspan, S. I. & Shanker, S. G.(2004). The first idea: How symbols, language, and intelligence evolved from our primate ancestors to modern humans. Cambridge, MA: Da Capo Press.

Gunnar, M. R., Morison, S. J., Chisholm, K. & Schuder, M.(2001). Salivary cortisol levels in children adopted from Romanian orphanages. *Development and psychopathology, 13*, 611–628.

Hamner, T. J., & Turner, P. H.(2001). *Parenting in Contemporary Society*(4rd ed.). MA: Allyn & Bacon.

Harlow, H. F. & Zimmerman, R. R.(1959). Affectional responses in the infant monkey. *Science, 130*, 421–432.

Harris, J. R.(1998). The nurture assumption: why children turn out the way they do: parents matter less than you think and peers matter more. NY: Free Press.

Harris, P. L.(2000). Understanding emotion. In M. Lewis & J. Haviland(Eds.). Handbook of emotion (2nd ed., pp. 281–292). New York: Guilford Press.

Harter, S.(2006). The self. In W, Damon & R. M. Lerner (Series Eds.) & N. Eisenberg (Vol. Ed.). Handbook of child psychology: Vol. 3. Social, emotional, and personality development (pp. 505–570). Hoboken, NJ: Wiley.

Hetherington, E. M. & Parke, R. D.(1993). *Child Psychology*. New York: Mcgraw–Hill.

Honein, M. A., Paulozzi, L. J., Marthews, T. J., Erickson, J. D. & Wong, L. Y.(2001). Impact of folic acid fortification of the U. S. food supply on the occurrence of tube defects. *Journal of the American Medical Association, 285*, 2981–2986.

Howes, C.(1990). Can the age of entry and the quality of infant child care predict adjustment in kindergarten? *Developmental Psychology, 26*, 292–303.

Howes, C., Unger, O. & Seidner, L.(1989). Social pretend play in toddlers: Parallels with social play and with solitary pretend play. *Child Development, 60*, 77–84.

Huston, A. C., Wright, J. C., Marquis, J., & Green, S. B.(1999). How young children spend their time: Television and other activities. *Developmental Psychology, 35*, 921–925.

Huttenlocher, P. R.(2002). Neural plasticity: The effects of environment on the development of the cerebral cortex. Cambridge, MA: Harvard University press. Jaakkola, J. J. & Gissler, M. Maternal smoking in pregnancy, fetal development, and childhood asthma. *American Journal of Public Health, 94*, 136–140, 2004

Isenberg, J. P., & Jalongo, M. R.(2001). *Creative expression and play in early childhood*. New

Jersey: Prentice-Hall. Inc.

Izard, C. E., & Ackerman, B. P.(2000). Motivational, organizational, and regulatory functions of discrete emotions. In M. Lewis & J. Haviland-Jones(Eds.). Handbook of emotions (2nd ed., pp. 253-264). New York: Guilford.

Johnson, D. E.(2000). Medical and developmental sequelae of early childhood institutionalization in Eastern European adoptees. In C. A. Nelson(Ed.). Minnesota Symposia on Child Psychology(Vol. 31, pp. 113-162). Mahwah, NJ: Erlbaum.

Johnson, M. H.(1998). The neural basis of cognitive development. In D. Kuhn & R. S. Siegler(Ed.), Handbook of Child Psychology: Vol. 2. Cognition, perception, and language. New York: Wiley.

Kagan, J. & Snidman, N.(1991). Infant predictors of inhibited and uninhibited behavioral profiles. *Psychological Science, 2*, 40-44.

Kagan, J.(1984). *The nature of the child*. NY: Basic Books.

Kagan, J.(1998). Biology and the child. In N. Eisenberg(Ed.), Handbook of child psychology: Vol 3. Social, emotional, and personality development(5th ed. pp. 177-236). NY: Wiley.

Kail, R. V.(2007). *Children and their development*(4th ed.). Pearson Education, Inc.

Kalat, J. W., & Shiota, M. N.(2007). *Emoiton*. CA: Wadsworth.

Kanner, L.(1943). Autistic disturbances of affective contact. *Nervous Child, 2*, 217-250.

Kee, D. W., & Bell, T. S.(2001). The development of organizational strategies in the storage and retrieval of categorical items in free-recall learning. *Child Development, 52*(4), 1163-1171.

Kisilevsky, B. S., Hains, S. M. J., Lee, K., Xie, X., Huang, H., Ye, H. H., Zhang, K. & Wang, Z.(2003). Effects of experience on fetal voice recognition. *Psychological science, 14*, 220-224.

Kochanska, G., & Aksan, N.(2006). Children's conscience and self-regulation. *Journal of Personality, 74*, 1587-1618.

Koestner, R., Franz, C. & Weinberger, J.(1990). The family origins of empathicconcern: A 26-year longitudinal study. *Journal of Personality and Social Psychology, 58*, 709-717.

Kuczynski, L., & Kochanska, G.(1990). Children's non-compliance from toddlerhood to age five. *Deevelopmental Psychology, 26*, 398-408.

Kuller, J. A.(1996). Chorionic Villus Sampling. In J. A. Kuller, N. C. Cheschier & R. C. Cefalo(Eds.), Prenatal diagnosis and reproductive genetics. St. louis: Mosby.

LaFreniere, P. J.(2000). Emotional Development: A biosocial perspective. Belmont, CA: Wadsworth/Thomson Learning.

Lagattuta, K., Wellman, H., & Flabell, J.(1997). Preschoolers' understanding of the link between thinking and feeling: Cognitive cueing and emotional change. *Child Development, 68*, 1081-1104.

Lamaze, F.(1970). *Painless childbirth: The Lamaze method*. Chicago, Regnery.

Lamb, M. E.(1986). *The father's role: Applied perspectives*. New York: Wiley.

Lambert, N. M. & Sandoval, J.(1980). The prevalence of learning disabilities in a sample of children considered hyperactive. *Journal of Abnormal Child Psychology, 8*, 33–50.

Law, K. L., Stroud, L. R., Niaura, R., LaGasse, L. L., Liu, J. & Lester, B. M.(2003). Smoking during pregnancy and newborn neurobehavior. *Pediatrics, 111*, 1318–1323.

Leboyer, F.(1975). *Birth without violence*. NY: Knopf.

Levy, F., Hay, D., Mc–Stephen, M., Wood, C. & Waldman, I.(1997). Attention deficit hyperactivity disorder: A category or a continuum? Genetic analysis of a largescale twin study. *Journal of the American Academy of Child and Adolescent Psychiatry, 36*, 737–744.

Lewis, M.(1995). Self–conscious emotions. *American Scientist, 83*, 68–78.

Li, De Kun, Liu, L. & Odouli, R.(2009). Presence of depressive symptoms during early pregnancy and the risk of preterm delivery: A prospective cohort study. *Human Reproduction, 24*, 1.

Loebel, M. & Yali, A. M.(1999). Effects of positive expectancies on adjustment to pregnancy. Paper presented at the meeting of the American Psychological Association, Boston.

Lovaas, O. I. & Smith, T.(2003). Early and intensive behavioral intervention in autism. In A. E. Kazdin & J. R. Weisz(Eds.), Evidence–based psychotherapies for children and adolescents(pp. 325–340). New York: Guilford.

Maccoby, E. E. & Martin, J. A.(1983). Socialization in the context of the family: Parent–child interaction. In E. M. Hetherington & P. H. Mussen(Eds.), Handbook of child psychology. 4. Socialization, Personality, and Social Development(4th ed.). New York: Willy.

Maccoby, E. E., & Martin, J. A.(1983). Socialization in the context of the family: parent–child interaction. In P. H. Mussen & E. M. Hetherington(Eds.), Handbook of Child Psychology(Vol. 4), Socialization, Personality and Social Development. NY: Wiley.

Main, M. & Solomon, J.(1986). Discovery of an insecure, disorganized/disoriented attachment pattern: Procedures, findings, and implications for the classification of behavior. In M. Yogman & T. B. Brazelton(Eds.), Affective development in infancy. Norwood, NJ: Ablex.

Markowitz, M.(2000). Lead poisoning. *Pediatrics in review, 21*, 327–335.

Martin, C. L., & Fabes, R. A.(2001). The stability and consequences of young children's same–sex peer interactions. *Developmental Psychology, 37*, 431–446.

Martorell, G., Papalia, D. E., & Feldman, R. D.(2013). *A child's world: Infancy through adolescence*(13th Ed.). NY: McGraw–Hill.

Mayer, J. D., & Salovey, P.(1997). What is emotional intelligence? In P. Salovey & D. Sluyter (Eds). Emotional development and emotional intelligence: Implications for educators (pp. 3–31). New York: Basic Books.

McClearn(Eds.). *Nature, nurture, and psychology*. Washington, DC: American psychological association.

McGee, R., William, S., Moffitt, T. & Anderson, J.(1989). A comparison of 13 year–old boys with attention deficit and/or reading disorder on neuropsychological measures. *Journal of*

Abnormal Child Psychology, 17, 37–53.

McGue, M., Bouchard, T. J. Jr., Iacono, W. G. & Lykken, D. T.(1993). Behavior genetics of cognitive ability: a life–span perspective. In Nature nurture and psychology(Ed. Plomin, R. & McClearn, G. E.), American Psychological Association also McClearn, G.E. et al. 1997. Substantial genetic influence on cognitive abilities in twins 80+ years old. *Science, 276*, 1560–1563.

McHale, S. M., & Crouter, A. C.(1996) The family contexts of children's sibling relationships. In Brody, G. H. (Ed), (1996). Sibling relationships: Their causes and consequences. *Advances in Applied Developmental Psychology, 10*, 173–195.

Merewood, A.(1998). Sperm under siege: More than we ever guessed, having an healthy baby may depend on dad. In K. L. Freiberg(Ed.), Human Development(26th ed.).

Minnett, A. M., Vandell, D. L. & Santrock, J. W.(1983)."The Effect on Sibling Status on Sibling Interaction: Influence of Birth Oder, Age Spacing, Sex of Child, and Sex of Sibling". *Child Development, 54*, 1064–1072.

Moore, K. L. & Persaud, T. V. N.(2003). *Before we are born*(6th ed.). Philadelphia: Saunders.

Morgan, B. & Gibson, K. R.(1991). Nutrition and environmental interactions in brain development. In. K. R. Gibson, and A. C. Peterson(Eds.). Brain Maturation and Cognitive Development: Comparative and cross–cultural perspectives. New York: Aldine De Gruyter.

Mulder, E. J. H., Robles de Medina, P. G., Huizink, A. C., Van den Bergh, B. R. H., Buitelaar, J. K. & Visser, G. H. A.(2002). Prenatal maternal stress: Effects on pregnancy and the (unborn) child. *Early Human Development, 70*, 3–14.

Muzi, M. J.(2000). Child development. Prentice–Hall. National Institute of Child Health and Human Development(2000). The relation of child care to cognition and language development. *Child Development, 71*, 960–980.

Neisser, U., Boodoo, G., Bouchard, T. J., Boykin, A. W., Brody, N., Cesi, S. J., Jalpern, D. R., Loehlin, J. C., Perloff, R. J., Sternberg, R., & Urbina, S.(1996). Intelligence: Knowns and unknowns. *American psychologist, 51*, 77–101.

Nelson, C. A.(2002). Neural development and lifelong plasticity. In R. M. Lerner, F. Jacobs & D. Wertlieb(Eds.), Handbook of applied developmental science(Vol. 1, 31–60). Thousand Oaks, CA: Sage.

Newman, J.(1995). How breast milk protects newborns. *Scientific American, 283*(6), 76–80.

NICHD Early Child Care Research Network(2001). Nonmaternal care and family factors in early development: An overview of the NICHD study of early child care. *Journal of Applied Developmental Psychology, 22*, 457–492.

NICHD Early Child Care Research Network(2002). Child–Care Structure → Process → Outcome: Direct and Indirect Effects of Child–Care Quality on Young Children's Development. *Psychological Science, 13*(3), 199–206.

NICHD Early Child Care Research Network(2005). Child care and child development: Results from the NICHD study of early child care and youth development. NY: Guilford Press.

Nihira, K., Foster, R., Shellhaas, M. & Leland, H.(1969). Adaptive Behavior Scales: Manual. Washington, D. C.: American Association on Mental Deficiency.

Omer, H. & Everly, G. S.(1988). Psychological factors in preterm labor: Critical review and theoretical synthesis. *American Journal of Psychiatry, 145*, 1507–1513.

Orenstein, P.(2006, December 24). What's wrong with Cinderella? The New York Times.

Ormond, G.(2009). Endocrine disruptors in the workplace, hair spray, folate supplementations, and risk of hypospadias: Case–control study. *Environmental Health Perspective, 117*, 2.

Owens, K.(1993). The world of the child. New York: MacMillan Publishing Co. Papalia, D. E., Gross, D. & Fedman, R. D.(2003). *Child development*. NY: McGraw–Hill.

Papalia, D. E., Olds, S. W. & Feldman, R. D.(2006). *A child's world: Infancy through adolescence*(10th ed.). NY: McGraw–Hill.

Papalia, I., Tos, P., Coppolino, S., Geuna, S., & Battiston, B.(2001). Voluntary motor control recovery after end–to–side neurorrhaphy: an experimental research. In F. C. Wei, D. C. Chuang, H. C. Chen(Eds.). Reconstructive Microsurgery, Monduzzi Editore, Bologna(2001), pp. 35–36.

Parke, R. D.(2001). Parenting in the new millenium. In J. P. McHale & W. S. Grolnick(Eds.), Retrospect and prospect in the psychological study of families. Mahwah, NJ: Erlbaum.

Parten, M.(1932). Social psrticipation among preschool children. *Journal of Abnormal and Social Psychology, 27*, 243–269.

Perera, F. P.(2003). Effects of transplacental exposure to environmental pollutants on birth outcomes in a multiethnic population. *Environmental Health Perspective, 111*, 2.

Piaget, J. & Inhelder, B.(1969). *The psychology of the child*. NY: Basic Books.

Piaget, J.(1951). *Play, dreams and imitation in childhood*. New York: Norton.

Piaget, J.(1952). *The origins of intelligence in children*. NY: International Universities Press.

Piaget, J.(1969). *The children's concept of time*. London: Routledge & Kegan Paul.

Plomin, R. & DeFries, J. C.(1998). The genetics of abilities and disabilities. *Scientific American, 278*, 40–48.

Plomin, R., & Petrill, S. A.(1997). Genetics and Intelligence: What's new? *Intelligence, 24*, 53–77.

Reiss, D., Neiderhiser, J. M., Hetherington, E. M. & Plomin, R.(2000). The relationship code: Deciphering genetic and social influences on adolescent development. Cambridge, MA: Harvard U. P.

Richters, J., Arnold, L., Jensen, P., Abikoff, H., Conners, C., Greenhill, L., Hechtman, L., Hinshaw, S., Pelham, W. & Swanson, J.(1955). NIMH collaborative multisite multimodal treatment study of children with ADHD: I. Background and rationale. *Journal of the American Academy of Child and Adolescent Psychiatry, 34*, 987–1000.

Ritz, B.(2002). Ambient air pollution and risk kof birth defects in Southern California, *American Journal of Epidemiology, 155*, 1.

Roelfsema, N. M., Hop, W. C., Boito, S. M. & Wladimiroff, J. W.(2004). Three dimensional sonographic measurement of normal fetal brain volume during the second half of pregnancy. *American Journal of Obstetrics and Gynecology, 190*, 275–280.

Rogers S. J., Hepburn, S. L., Stackhouse, T., & Wehner, E.(2003). Imitation performance in toddlers with autism and thosewith other developmental disorders. *Journal of Child Psychology and Psychiatry, 44*, 763–781.

Rovee–Collier, C.(1999). The development of infant memory. *Current Directions in Psychological Science, 8*, 80–85.

Rowe, D. C.(1994). *The limits of family influence: Genes, experience, and behavior*. New York: Guilford.

Rubin, K. H., & Krasnor, L. R.(1980). Changes in the play behaviors of preschoolers: A short–term longitudinal investigation. *Canadian Journal of Behavioural Science, 12*, 278–282.

Rubin, K. H., Burgess, K. B., Dwyer, K. M., & Hastings, P. D.(2003). Predicting preschoolders' externalizing behaviors from toddler temperament, conflict, and maternal negativity. *Developmental Psychology, 39*, 164–176.

Ruble, D. N., Martin, C. L., & Berenbaum, S. A.(2006). Gender developmnet. In W. Damon & R. Lerner (Series Eds.) & N. Eisenberg(Vol. Ed.), Handbook of child psychology: Vol. 3. Social, emotional, and personality developmnet (6th ed., pp. 858–932). Hoboken, NJ: Wiley.

Rushton, J. P. & Bons, T. A.(2005). Mate choice and friendship in twins. *Psychological science, 16*, 555–559.

Rutter, M.(1981). Psychological sequelae of brain–damaged children, *American Journal of Psychiatry, 138*, 1533–1544.

Rutter, M.(1990). Psychological resilience and protective mechanisms. In J. Rolf, A. S. Mastern, D. Cicchetti, K. H. Nuechterlein & S. Weintraub(Eds.), Risk and protective factor in the development of psycho–pathology(pp. 181–214). Cambridge, England: Cambridge University Press.

Rutter, M.(2002). Nature, nurture and development: From evangelism through science toward policy and practice. *Child development, 73*, 1–21.

Saarni, C., Campos, J. J., Camras, L, A., & Witherington, D.(2006). Emotional development: Action, communication, and understaning. In W. Damon & R. M. Lerner (Series Eds.(& N. Eisenberg (Vol. Ed.), Handbook of child psychology: Vol. 3. Social, emotional, and personality development (6th ed., pp. 226–339). Hoboken, NJ: Wiley.

Santrock, J. W.(2009). *Child development*. NY: McGraw–Hill.

Santrock. J. W.(2008). *Essentials of life–span development*. Boston: McGraw–Hill.

Scanlon-Johnes, S. & Rang, T.(1989). Smile production in order infants: The importance of a social recipient for the facial signal. *Child Development, 60*, 811-818.

Scarr, S. & Weinberg, R. A.(1983). The Minnesota adoption studies: Genetic differences and malleability. *Child development, 54*, 253-259.

Scarr, S.(1993). Biological and cultural diversity: the legacy of Darwin for development. *Child development, 64*, 1333-1353.

Scarr, S.(1998). American child care today. *American psychologist, 53*, 95-108.

Scott, N. H.(1996). Report on 1995-1996 beginning teacher induction program in New Brunswick(ERIC Reproduction Service No. ED 390-804).

Semba, R. D. & Neville, M. C.(1999). Breastfeeding, mastitis, and HIV transmission: nutritional implication. *Nutrition review, 57*, 146-153.

Shaffer(2000). *Social and personality*(4th ed.). Belmont, CA: Thopson Wadworth.

Shaffer, D. R. & Kipp, K.(2010). *Developmental psychology*(8th ed.). Belmont, CA: Wadsworth.

Shaffer, D. R. & Kipp, K.(2010). *Developmental psychology: child & adolescence*(8th ed.). Belmont, CA: Wadsworth.

Shaffer, D. R.(1999). *Social and personality development*(3rd ed.). California: Brooks/Cole.

Shaffer, D. R.(2002). *Developmental psychology: Childhood and Adolescence*. CA: Wadsworth.

Smilansky, S.(1968). *The effects of socio-dramatic play on disadvantaged preschool children*. New York: Wiley.

Sondergaard, C., Henriksen, T. B., Obel, C. & Wisborg, K.(2002). Smoking during pregnancy and infantile colic. *Journal of the American Academy of Child and Adolescent Psychiatry, 41*, 147.

Sorokin, P.(2002). New agents and future directions in biotherapy. *Clinical Journal of Oncological Nursing, 6*, 9-14.

Sroufe, L. A.(1996). *Emotional development: The organization of emotional life in the early years*. New York: Cambridge University Press.

Sroufe, L. A.(1997). Psychopathology as an outcome of development. *Development and Psychopathology, 9*, 251-268.

Steinberg, L., Vandell, D. L., & Bornstein, M. H.(2011). *Developmental Infancy through adolescence*. Belmont, CA: Wadsworth/Cengage Learning.

Stewart, M. A., Pitts, F. N., Craig, A. G. & Dieruf, W.(1966). The hyperactive child syndrome. *American Journal of Orthopsychiatry, 36*, 861-867.

Stipek, D.(1995). The development of pride and shame in toddlers. In J. Tangney & K. Fischer(Eds.), Self conscious emotions: The psychology of shame, guilt, embarrassment, and pride(pp. 237-252). New York: Guilford.

Stipik, D., Recchia, S., & McClintic, S.(1992). Self-evaluation in young children. Monographs of Society for Research in Child Developmnet, 57(1, Serial No. 226).

Studd, J. W.(2004). Progress in obstetrics and gynecology. Philadelphia: Elsevier.

Thatcher, R. W.(1991). Maturation of human frontal lobes: Physiological evidence for staging. *Developmental Neuropsychology, 7*, 397−419.

Thomas, A. & Chess, S.(1977). *Temperament and development*. NY: Brunner/Mazel.

Thomas, A. & Chess, S.(1984). Genesis and evolution of behavioral disorders: From infancy to early adult life. *American Journal of Orthopsychiarty, 141*(1), 1−9.

Thomas, R. M.(2000). *Comparing theories of child development*(5the ed.). Belmont CA: Wadsworth.

Thompson, R. A.(1990). Emotioan and self−regulation. Nebraska Symposium on Motivation(pp. 367−467).

Thompson, R. A.(2006). The developmen of the person: Social understanding, relationships, conscience, and self. In W. Damon & R. M. Lerner (Series Eds.) & N. Eisenberg(Vol. Ed.), Handbook of child psychology: Vol. 3. Social, emotional, and personality development(6th ed., pp. 24−98). Hoboken, NJ: Wiley.

Udipi, S. A., Ghugre, P. & Antony, U.(2000). Nutrition in pregnancy and lactation. *Journal of the indian medical association, 98*, 548−557.

Van den Bergh, B. R. H.(2004). High antenatal maternal anxiety is related to ADHD symptoms, externalizing problems and anxiety in 8−and 9 year−olds. *Child development, 75*, 1085−1097.

Vandell, D. & Corasaniti, M.(1990). Child care and family: Complex contributors to child development. *New Directions in Child Development, 49*, 23−38.

Waddington, C. H.(1957). *The strategy of the genes*. London: Allen and Unwin.

Waddington, C. H.(1966). *Principle of development and differentiation*. New York: Macmillan.

Wadhwa, P. D., Sandman, C. A. & Garite, T. J.(2001). The neurobiology of stress in human pregnancy: Implications for prematurity and development of the fetal central nervous system. *Progress in Brain Research, 133*, 131−142.

Wang, Q.(2006). Developing emotional knowledge in cultural contexts. *International Journla of Behavioral Development, 30*(Suppl. 1), 8−12.

Wellman, H. M., Ritter, K., & Flavell, J. H.(1975). Deliberate memory behavior in the delayed reactions of very young children. *Developmental Psychology, 11*, 780−787.

Wenar, C. & Kerig P.(2005). Developmental Psychopathology: From Infancy Through Adolescence. McGraw Hill.

Widen, S. C., & Russell, J. A.(2003). A closer look at preschoolers' freely produced labels for facial expressions. *Developmental Psychology, 39*, 114−128.

Wilcox, A. J., Weinberg, C. R. & Baird, D. D.(1995). Timing of sexual intercourse in relation to ovulation: Effects on the probability of conception, survival of the pregnancy, and sex of the baby. New England Journal of Medicine, 333, 1517−1519.

Wilcox, A. J., Weinberg, C. R., O'Conner, J. F., Baird, D. D., Schlatterer, J. P., Canfield, R. E., Armstrong, E. G. & Nisula, B. C.(1988). Incidence of early loss of pregnancy. *New England Journal of Medicine, 319*, 189-194.

Wilson, B. J.(2008). Media and children's aggression, fear, and altruism. *The future of children, 18*(1), 87-118.

Yehuda, R.(2005). Transgenerational effects of post-traumatic stress disorder in babies of mothers exposed to the world trade center attacks during pregnancy. *Journal of Clinical Endocrinology and Metabolism, 90*, 7.

Zahn-Waxler, C., Kochanska, G., Krupnick, J., & McKnew, D.(1990). Patterns of guilt in children of well and depressed mothers. *Developmental Psychology, 26*, 51-59.

Zeanah, C. H.(1996). Beyond insecurity: A reconceptualization of attachment disorders in infancy. *Journal of Consulting and Clinical Psychology, 64*(1), 42-52.

굿에듀 www.goodedu.com

다누리 www.liveinkorea.kr

세브란스병원 어린이질환자료

소아청소년정신건강클리닉 www.drchoi.pe.kr

ASEBA www.aseba.or.kr

연구윤리정보센터 www.cre.or.kr/contents/ethics-about(2014. 3. 25 인출)

우리말지기 blognaver.com/urimal/365.

중구육아종합지원센터 www.jgkids.or.kr

중앙아동보호전문기관 www.korea1391.org

통계청 www.index.go.kr

학지심리검사연구소 www.kops.co.kr

한국한부모가정사랑회 www.hanbumo.org

한국한부모가족지원센터 www.hanbumocenter.org

feral-children.com

찾아보기

ㄷ

ㄹ

ㅁ

저자소개

김상희
이화여자대학교 대학원 아동학 박사
현재 공주대학교 유아교육과 교수

김지신
이화여자대학교 대학원 아동학 박사
현재 안동대학교 생활환경복지학과 겸임교수

박응임
이화여자대학교 대학원 아동학 박사
현재 안동대학교 생활환경복지학과 교수

이사라
이화여자대학교 대학원 아동학 박사
현재 세종사이버대학교 아동가족상담학과 교수

한세영
미국 University of Wisconsin–Madison 아동학 박사
현재 이화여자대학교 대학원 아동학과 교수

이주연
미국 University of Wisconsin–Madison 아동학 박사
현재 전남대학교 생활복지학과 교수

박선영
이화여자대학교 대학원 아동학 박사
현재 충청대학교 아동보육과 교수

박민선
이화여자대학교 대학원 아동학 박사
현재 이화여자대학교 대학원 아동학과 겸임교수

송승민
미국 Pennsylvania State University 유아교육학 박사
현재 수원대학교 아동가족복지학과 교수

영유아발달

2018년 3월 2일 인쇄
2018년 3월 5일 발행

지은이 | 김상희 · 김지신 · 박응임 · 이사라 · 한세영
이주연 · 박선영 · 박민선 · 송승민
발행인 | 유제구
발행처 | 파워북
주 소 | 경기도 고양시 일산동구 호수로 358-25
동문타워2차 529호
전 화 | (02) 730-1412
F A X | (031) 908-1410
등 록 | 1997. 1. 31 제 2014-000067호
편 집 | 북스북스(hynho3196@nate.com)

정가 23,000원
ISBN 978-89-8160-357-1 (93370)